民　商　事　审　判

疑 ▪ 难 ▪ 问 ▪ 题

裁 判 精 要 系 列

婚姻家庭案件
疑难问题裁判精要

主编　安凤德

本卷执行主编　马立红

法律出版社
LAW PRESS·CHINA

总　　序

案例是“活的法”，是法律规范、法学理论、司法理念在法律实践中融会贯通的结晶。比较法上，重视案例不仅是英美法系的传统，在大陆法系也是各国的普遍做法，司法判例既是法律研究的重要对象，也是法制发展的重要基石。在我国，比照成例断案一直是古代法律文化与司法传统的重要组成部分，如汉朝有“决事比”，清朝有“律例、会典”。当前，深入发掘与研究疑难案例，搜寻类案，比对案情与处理思路，总结提炼典型案例中的裁判要旨与司法规则，更是日常司法工作的常态和必修课。这一点在最高人民法院加强案例指导与文书上网工作的大背景下，意义更加突出。

北京市第三中级人民法院（以下简称三中院）地处首都社会经济发展的重要区域，下辖的六个区中，既包括首都副中心、金融商务中心区等发达区域，也覆盖城乡接合部和广大农村地区，案件数量大，纠纷类型多，新类型案件层出不穷。近年来，三中院每年的总收案量达两万余件，结案压力大，案多人少的矛盾异常突出。但即使在这一情况下，自2013年建院以来，三中院始终高度重视案例研究、讨论、提炼工作，并以此作为促进审判规范化建设与人才培养的重要一环，通过建立与完善民商事法官例会制度、制作二审发改案例库、发布类案会议纪要、组织案例投稿等方式，鼓励干警发现疑难典型案件的价值，积极总结有效的审判方法、审判流程、审判标准，建立系统、规范的案例指导体系，统一全院法官裁判标准，提高审判质效。

该套丛书是三中院建院至今案例研究工作部分成果的转化。我们在广泛征集民商事典型案件的基础上，组织各庭调研骨干力量对相关问题进行梳理、筛选后，经过各庭组织审判人员集中研讨，确定所收录案件规范化的审判思路、裁判要旨及相关理论问题，进而由各执笔人进行具体写作。通过“明事实、讲法理、说事理”，使读者在掌握书中所载案例的裁判思路的同时，为读者学习理论知识，了解司法实务提供参考与借鉴。

这套丛书既是我们对过去工作的阶段性总结，也是我们工作的新起点，我们将继续不断努力，为社会主义法治建设作出新贡献。

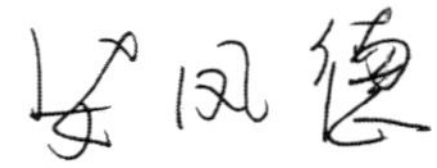

2020 年 8 月

总　　序

案例是“活的法”，是法律规范、法学理论、司法理念在法律实践中融会贯通的结晶。比较法上，重视案例不仅是英美法系的传统，在大陆法系也是各国的普遍做法，司法判例既是法律研究的重要对象，也是法制发展的重要基石。在我国，比照成例断案一直是古代法律文化与司法传统的重要组成部分，如汉朝有“决事比”，清朝有“律例、会典”。当前，深入发掘与研究疑难案例，搜寻类案，比对案情与处理思路，总结提炼典型案例中的裁判要旨与司法规则，更是日常司法工作的常态和必修课。这一点在最高人民法院加强案例指导与文书上网工作的大背景下，意义更加突出。

北京市第三中级人民法院（以下简称三中院）地处首都社会经济发展的重要区域，下辖的六个区中，既包括首都副中心、金融商务中心区等发达区域，也覆盖城乡接合部和广大农村地区，案件数量大，纠纷类型多，新类型案件层出不穷。近年来，三中院每年的总收案量达两万余件，结案压力大，案多人少的矛盾异常突出。但即使在这一情况下，自 2013 年建院以来，三中院始终高度重视案例研究、讨论、提炼工作，并以此作为促进审判规范化建设与人才培养的重要一环，通过建立与完善民商事法官例会制度、制作二审发改案例库、发布类案会议纪要、组织案例投稿等方式，鼓励干警发现疑难典型案件的价值，积极总结有效的审判方法、审判流程、审判标准，建立系统、规范的案例指导体系，统一全院法官裁判标准，提高审判质效。

该套丛书是三中院建院至今案例研究工作部分成果的转化。我们在广泛征集民商事典型案件的基础上，组织各庭调研骨干力量对相关问题进行梳理、筛选后，经过各庭组织审判人员集中研讨，确定所收录案件规范化的审判思路、裁判要旨及相关理论问题，进而由各执笔人进行具体写作。通过“明事实、讲法理、说事理”,使读者在掌握书中所载案例的裁判思路的同时,为读者学习理论知识,了解司法实务提供参考与借鉴。

这套丛书既是我们对过去工作的阶段性总结,也是我们工作的新起点,我们将继续不断努力,为社会主义法治建设作出新贡献。

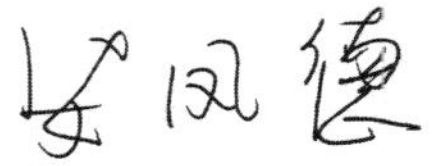

2020 年 8 月

目　录

第一章　婚姻感情破裂类纠纷

一、有配偶者与他人保持长期稳定的关系构成同居应承担损害赔偿责任

实务难题

2001 年修正的《婚姻法》[1]在救助措施与法律责任方面进行了加强，增加了离婚损害赔偿制度。尤其是在“有配偶者与他人同居”的情形下，无过错方的损害赔偿请求权，让时下社会上深受配偶一方“包二奶”“养二爷”困扰的人们有了感情宣泄的途径。那么，司法实务领域法院对离婚损害赔偿请求中“有配偶者与他人同居”问题是如何处理的？应该如何认定“有配偶者与他人同居”？如何准确适用“无过错方请求赔偿的条件”？当事人主张依据《婚姻法》第 46 条[2]第 2 项要求损害赔偿的，应根据当事人的陈述及证据，结合日常生活法则及全案情况判断是否构成与他人同居，是否造成损害后果，切实维护当事人的合法权益。

---

〔1〕《民法典》及相关司法解释的出台后，《婚姻法》《民法总则》《民法通则》《合同法》《物权法》《继承法》《最高人民法院关于适用〈中华人民共和国婚姻法〉若干问题的解释（一）》《最高人民法院关于适用〈中华人民共和国婚姻法〉若干问题的解释（二）》《最高人民法院关于适用〈中华人民共和国婚姻法〉若干问题的解释（三）》《最高人民法院关于人民法院审理离婚案件处理财产分割问题的若干具体意见》《最高人民法院关于贯彻执行〈中华人民共和国民法通则〉若干问题的意见（试行）》《最高人民法院关于人民法院审理未办理结婚登记而以夫妻名义同居生活案件的若干意见》《最高人民法院关于审理涉及夫妻债务纠纷案件适用法律有关问题的解释》《最高人民法院关于贯彻执行〈中华人民共和国继承法〉若干问题的意见》《最高人民法院关于人民法院审理离婚案件处理子女抚养问题的若干具体意见》已经废止，后文不再另作说明。

〔2〕具体规定参见《民法典》第 1091 条。

疑难案例

侯某与高某于2002年7月9日登记结婚。2013年1月，高某诉至法院要求与侯某离婚。2013年3月，法院判决双方离婚。侯某不服一审判决，向二审法院提起上诉。离婚诉讼二审期间，侯某对高某予以跟踪，发现高某在通州区玉桥东里某小区内租房与一女子共同居住，并于2013年5月13日当晚进行抓奸。于是侯某在二审期间提出了要求高某给付100 000元精神损害抚慰金的诉讼请求，二审法院调解无效后告知其另行起诉。2013年8月12日，侯某撤回离婚诉讼的上诉，法院裁定予以准许，离婚判决生效。2013年8月20日，侯某以高某长期与他人通奸，致使夫妻感情破裂，导致离婚，并给自己造成巨大精神损害为由起诉到法院，要求高某给付精神损害赔偿金100 000元。

法院观点

一审法院经审理认为，夫妻之间应当互相忠实、互相尊重，以维护平等、和睦、文明的婚姻家庭关系。无过错方作为被告的离婚诉讼案件，一审时被告未基于《婚姻法》第46条规定提出损害赔偿请求，二审期间提出的，人民法院应当进行调解，调解不成的，告知当事人在离婚后1年内另行起诉。就本案查明的事实，被告高某与他人存在不正当男女关系，伤害了原告侯某的个人感情，损害了双方之间的婚姻关系，高某的行为是不道德的，亦违反了我国当时的《婚姻法》规定的夫妻之间的忠实义务，侯某作为无过错方，同时作为离婚诉讼中的被告，其在离婚诉讼二审期间发现高某的不当行为，在二审调解未果的情况下，在撤回上诉后另案主张要求高某赔偿其精神损害抚慰金，理由正当，证据充分，法院予以支持，判决高某赔偿侯某精神损害抚慰金人民币50 000元。

宣判后，高某不服一审判决，向二审法院提起上诉。

二审法院经审理认为，结合侯某提交的照片等证据取得的时间来看，该组证据取得于双方婚姻关系解除之前，此时，双方已经经历多次离婚诉讼，感情也趋于破裂边缘。部分照片中记载的高某的行为明显超越了其所称的与照片中的女子系保姆雇佣关系，也难以被常人接受和容忍，可以认定高某与该女子存在不正当男女关系。高某自2012年与该女子相识，双方一直保持联系，符合“有配偶者与他人同居”的情形，本院有理由相信高某的行为对双方婚姻感情的破裂起到了加剧作用，原判决认定事实清楚，适用法律正确，驳回上诉，维持原判。

法官点评

本案是一起离婚后损害责任纠纷案件。根据《民法典》及相关司法解释的规定，离婚纠纷中无过错的一方在离婚登记机关办理离婚登记手续后或者在人民法院判决离婚、调解离婚（明确放弃损害赔偿请求的除外）后的特定期限内，有权向人民法院起诉要求其配偶承担损害责任，由此引发的纠纷称为“离婚后损害责任纠纷”。

本案的争议焦点在于高某的行为是否符合《婚姻法》第46条第2项规定的无过错方损害赔偿请求权的情形。高某认为，侯某仅通过拍摄自己和他人的照片不能证明照片中二人存在同居关系；且侯某与自己的离婚纠纷已经历四次，四次诉讼中，侯某都未提过存在与他人发生不正当关系的事实；离婚是由于双方感情不和造成的，与离婚诉讼上诉期间自己的行为没有关系，自己的行为在婚姻存续期间和离婚后都未给侯某造成任何的损害；故不应承担精神损害抚慰金。而侯某则认为，正是因为高某与他人通奸，才导致双方夫妻感情破裂，其行为对自己的精神造成损害，应当予以赔偿。可见，双方当事人对于《婚姻法》第46条第2项的认识和理解存在分歧。

根据《婚姻法》第46条的规定，有下列情形之一，导致离婚的，无过错方有权请求损害赔偿：(1)重婚的；(2)有配偶者与他人同居的；(3)实施家庭暴力的；(4)虐待、遗弃家庭成员的。《最高人民法院关于适用〈中华人民共和国婚姻法〉若干问题的解释（一）》（以下简称《婚姻法司法解释（一）》）第28条[1]作了补充规定，《婚姻法》第46条规定的“损害赔偿”，包括物质损害赔偿和精神损害赔偿。离婚精神损害赔偿是指夫妻一方有过错，导致婚姻关系破裂而离婚，并对另一方造成精神损害，有过错方应对无过错方的精神损害予以赔偿，它反映了婚姻义务的本质要求，明确了婚姻当事人双方应承担的义务和道德责任。现结合案情分析如下：

---

〔1〕 具体规定参见《最高人民法院关于适用〈中华人民共和国民法典〉婚姻家庭编的解释（一）》第86条。

（一）无过错方请求损害赔偿的条件

当事人请求损害赔偿须满足以下条件：(1)必须是无过错方。有权请求损害赔偿的主体限于离婚诉讼当事人中的无过错方，承担损害赔偿的主体限于离婚诉讼当事人中无过错方的配偶，即有过错方。(2)必须符合法定情形。当事人只有在符合《婚姻法》第46条规定的四种情形时才能提出损害赔偿，其他情形不能作为请求损害赔偿的理由。(3)必须以离婚为前提。在当事人基于离婚的案由诉诸法院，但法院判决不准离婚时，对于当事人基于《婚姻法》第46条提出的损害赔偿请求，法院不予支持。在婚姻关系存续期间，当事人不起诉离婚，而单独依据《婚姻法》第46条提出损害赔偿请求，人民法院不予受理。可见，当事人提出损害赔偿是以解除婚姻关系为代价的。这里所说的离婚既包括依诉讼程序离婚，也包括依行政程序即登记离婚。但登记离婚时，无过错方明确表示放弃请求损害赔偿的，当事人不得提出损害赔偿请求。

本案中，高某与侯某已离婚，侯某系无过错方，符合“以离婚为前提”“系无过错方”这两个条件。对于《婚姻法》第46条的四种情形，与本案有关的是“有配偶者与他人同居”，因此，高某的行为是否符合“有配偶者与他人同居”成为本案争议焦点。

（二）如何认定“有配偶者与他人同居”

1. 关于“有配偶者与他人同居”的理解

同居，是指共同居住。婚姻当事人，缔结婚姻之目的在于永久的共同居住生活，而以法律形式确定一种身份关系。婚姻当事人必然同居，这是婚姻内在的本质要求。因而，当事人具有合法的婚姻关系，就应当存在同居关系。对此不少国家的法律还明确规定了夫妻双方有同居的义务。我国当时的《婚姻法》中虽然没有明确规定，但确认夫妻之间互付同居义务是婚姻的法律后果之一，也是夫妻双方应当履行的婚姻义务之一。

有配偶者与他人同居意味着，不能与婚姻当事方共同生活，而与婚姻外的他人维持一种长期的关系，它存续的时间较长，并且在存续期间对象稳定。这样长期、稳定的关系，使婚姻形成的身份关系形同虚设，给婚姻及相对方带来比通奸更严重的影响。这是《婚姻法》第46条第2项的立法基础。

2.“有配偶者与他人同居”的证明

基于以上分析可见，当事人证明与他人同居的证据材料和证明当事人通奸存在一定的区别。当事人证明与他人同居应当能够形成一个证据链，即有通奸行为，通奸相对人为特定人，通奸关系有时间上的持续性，而且有共同居住的行为。对于如何界定共同居住的行为，在《婚姻法司法解释（一）》出台时，曾有学者认为，应当理解为一般有共同的居所，笔者认为，设定一个统一的标准对于司法实践并不现实，而是应当根据具体的情况，进行具体的分析，比如通过双方经常结伴出席社交场合、亲朋聚会，经常一起看电影、吃饭、逛街，经常一起过夜等行为，来认定双方有共同居住的行为。是否存在共同的居所，不应作为一个衡量的标准。

所以，本案一审法院仅通过侯某拍摄的照片认定高某与他人存在不正当男女关系，并不能证明高某存在与他人同居的行为，仅通过存在不正当男女关系这一事实而适用《婚姻法》第46条第2项是不恰当的。

在二审审理过程中，法官重点审查了侯某拍摄照片中女性与高某认识的时间，相处的状况等，认定该女性以保姆的名义一直与高某相处，双方持续性的发生关系长达一年，进而推断双方存在同居关系，而对损害赔偿予以支持，更为妥当。

（三）如何确定《婚姻法》第46条第2项损害赔偿中的损害后果

本案中，原告侯某提出的诉讼请求即要求被告高某给付精神损害抚慰金100 000元，一审判决中也将损害赔偿的性质界定为精神损害抚慰金。那么《婚姻法》第46条第2项规定的损害赔偿是否以精神损害为要件呢？对此，有一部分学者认为《婚姻法》第46条第2项的损害赔偿具有精神损害赔偿的性质，[1]但笔者持不同观点。

《民法典》规定，侵害他人人身权益，造成他人严重精神损害的，被侵权人可以请求精神损害赔偿。一般理解，精神损害赔偿是受害人因人格利益或身份利益受到损害或者遭受精神痛苦而获得的金钱赔偿。如果《婚姻法》第46条第2

---

〔1〕 参见张芯翠：《浅论离婚精神损害赔偿制度》，载《法制与经济》2011年第12期。

项的损害赔偿具有精神损害赔偿的性质，就是以精神损害的存在，且与当事人的行为存在因果关系为赔偿的要件，无过错方当事人就应当对自己所遭受的精神痛苦予以证明。不同的婚姻关系中，无过错方的精神痛苦程度是不一致的。比如，本案中双方当事人已经四度经历离婚诉讼，且无过错方发现配偶与他人同居的行为时间点处于双方一审判决离婚，二审上诉期间，这种情况下，无过错方实际并未经受严重的精神损害，其以精神损害抚慰金的名义赔偿，不符合情理和法理。而且，在很多情况下，婚姻存续期间，发现配偶与他人通奸所遭受到的精神损害与发现配偶与他人同居所遭受的精神损害并不存在较大区别，而我国法律规定并不支持对发现配偶与他人通奸所遭受的精神损害赔偿。[1] 前文也已经明确，《婚姻法》第46条第2项的规定，着重于对于同居义务的遵守而维持家庭的本质，而不仅在于忠实义务的违反。因此以精神损害为《婚姻法》第46条第2项的损害赔偿之后果，从法理上来看，并不合适。实际上在很多国家的法律制度中，对于干扰婚姻关系的损害赔偿也不具有单纯的精神损害赔偿的性质。[2]

实际上，笔者认为《婚姻法》第46条第2项在措辞上已经明确该规定中损害赔偿的损害后果是"导致离婚"。也就是说，夫妻一方与他人同居的行为，导致了夫妻感情的破裂，是当事人离婚的原因，有过错方即应当对无过错方予以赔偿。同时，《婚姻法司法解释(一)》第30条第1项[3]还规定，无过错方作为原告基于《婚姻法》第46条的规定向人民法院提起损害赔偿请求的，必须在离婚诉讼的同时提出。可见，该赔偿请求之权利发生并不以无过错方因对方之行为造成严重精神痛苦为前提，而是与夫妻身份关系的解除相关。基于此，笔者认为，在涉及干扰婚姻关系的精神损害赔偿案件中，法官应当秉持克制的态度，不应简单地将损害赔偿认为是对于无过错方因知晓对方违反忠实义务的精神损害赔偿。

裁判精要

《婚姻法》第46条第2项规定，有配偶者与他人同居导致离婚的，无过错方

---

〔1〕 从实证法的角度来看，单纯的通奸行为似乎并不能引起精神损害赔偿的后果。

〔2〕 参见薛军：《干扰婚姻关系的损害赔偿：意大利的法理与判例》，载《华东政法学院学报》2013年第3期。

〔3〕 具体规定参见《最高人民法院关于适用〈中华人民共和国民法典〉婚姻家庭编的解释(一)》第88条。

有权请求损害赔偿。当事人主张依据该规定要求损害赔偿的，应根据当事人的陈述及证据，结合日常生活法则及全案情况判断是否构成与他人同居，是否造成损害后果。有配偶者与他人维持一种长期、稳定关系的，可推断双方存在同居关系。夫妻一方与他人同居的行为，导致了夫妻感情的破裂，是当事人离婚的原因，构成《婚姻法》第46条规定的损害后果，有过错方即应当对无过错方予以赔偿。

就有配偶者与他人保持长期稳定同居导致离婚问题，《民法典》第1091条表述为："有下列情形之一，导致离婚的，无过错方有权请求损害赔偿：(一)重婚；(二)与他人同居；(三)实施家庭暴力；(四)虐待、遗弃家庭成员；(五)有其他重大过错。"《婚姻法》第46条规定："有下列情形之一，导致离婚的，无过错方有权请求损害赔偿：(一)重婚的；(二)有配偶者与他人同居的；(三)实施家庭暴力的；(四)虐待、遗弃家庭成员的。"两条相比，并无颠覆性变化。

二、夫妻感情破裂判断标准的认定

实务难题

离婚类案件中从宏观层面主要是三个问题：离婚的条件、财产的分割以及子女的抚养。而能否离婚是后续财产分割和子女抚养问题的基础。目前，离婚的法定条件是离婚问题的重点和难点，由于婚姻本身具有私密性、复杂性的特点，能否离婚在很多情况下都是一项主观意义上的单纯判断，而难以做出客观化的衡量。

判断夫妻感情是否确已破裂，应当从婚姻基础、婚后感情、离婚原因、夫妻关系的现状和有无和好的可能等方面综合分析。根据有关规定和审判实践经验，凡属于下列情形之一的，视为夫妻感情确已破裂。一方坚决要求离婚，经调解无效，可以依法判决准予离婚。(1)一方患有法定禁止结婚疾病的，或一方有生理缺陷，或因其他原因不能发生性行为，且难以治愈的。(2)婚前缺乏了解，草率结婚，婚后未建立起夫妻感情，难以共同生活的。(3)婚前隐瞒了精神疾病，婚后经治不愈，或者婚前知道对方患有精神病而与其结婚，或一方在夫妻共同生活期间患精神病，久治不愈的。(4)一方欺骗对方，或者在结婚登记时弄虚作假，骗取结婚证的。(5)双方办理结婚登记后，未同居生活，无和好可能的。(6)包办、买卖婚姻、婚后一方随即提出离婚，或者虽共同生活多年，但确未建立起夫妻感情的。(7)因感情不和分居已满3年，确无和好可能的，或者经人民法院判决不准离婚后又分居满1年，互不履行夫妻义务的。(8)一方与他人通奸、非法同居，经教育仍无悔改表现，无过错一方起诉离婚，或者过错方起诉离婚，对方不同意离婚，经批评教育，处分，或在人民法院判决不准离婚后，过错方又起诉离婚，确无和好可能的。(9)一方重婚，对方提出离婚的。(10)一方好逸恶劳、有赌博等恶习，不履行家庭义务、屡教不改，夫妻难以共同生活的。(11)一方被依法判处长期徒刑，或其违法、犯罪行为严重伤害夫妻感情的。(12)一方下落不明满2年，对方起诉离婚，经公告查找确无下落的。(13)受对方的虐待、遗弃，或者受对方亲属虐待，或虐待对方亲属，经教育不改，另一方不谅解的。(14)因其他原因导致夫妻感情确已破裂的。

我国《民法典》第1079条规定，夫妻一方要求离婚的，可由有关部门进行调解或直接向人民法院提出离婚诉讼。人民法院审理离婚案件，应当进行调解；如感情确已破裂，调解无效，应准予离婚。有下列情形之一，调解无效的，应准予离婚：(1)重婚或有配偶者与他人同居的；(2)实施家庭暴力或虐待、遗弃家庭成员的；(3)有赌博、吸毒等恶习屡教不改的；(4)因感情不和分居满2年的；(5)其他导致夫妻感情破裂的情形。一方被宣告失踪，另一方提出离婚诉讼的，应准予离婚。如何将现实生活中出现的离婚事由涵摄于法律规定的情形之下以及是否不符合法律规定条件的离婚均难以判决离婚，最终的问题在于感情破裂有没有可操作性的认定标准。

疑难案例

潘某、李某2013年10月1日经人介绍相识，2013年11月5日两人登记结婚，双方均系再婚，婚后未生育子女。孙某由潘某（与前夫所生子女）抚养，李某某由李某（与前妻所生子女）抚养。潘某、李某婚后共同居住，潘某于2015年8月1日搬出与父母共同居住生活至今。潘某、李某婚后，孙某、李某某均与其共同生活。现潘某以双方性格不合、经常吵架打架、李某酗酒且对家庭不负责任为由要求离婚，李某不同意离婚。李某认可每天一般在中午、晚上各喝一次酒，偶有喝醉，称其酒后一般都是睡觉，不认可因喝酒与潘某吵架打架。

法院观点

一审法院认为，夫妻感情是婚姻关系存续的基础，婚后，李某长期酗酒赋闲在家，双方因此所生矛盾日渐加深并最终导致潘某于2015年8月1日离家至今。现潘某要求离婚，一审法院予以准许。

李某不服一审法院判决，向法院提起上诉。上诉理由是，潘某第一次起诉离婚，一审法院无证据证明双方感情破裂，按惯例应起诉二次以上才可以判决离婚，双方不符合规定的离婚法定情形；上诉人饮酒适中，未达到无法自我节制程度，不构成离婚的理由。故请求撤销一审判决，改判双方不离婚。二审法院维持原判。

法官点评

世界范围内对于诉讼离婚标准的立法模式主要有列举主义、概括主义和例示主义三种，列举主义即法律明确地对离婚理由进行规定，非有其中之一情形，当事人不得提起离婚诉讼；概括主义即法律不具体列明离婚事由，仅对裁判离婚的依据进行抽象概括性的规定；例示主义即法律除明确规定一个抽象概括的离婚理由外，又逐一列举一些具体的主要离婚原因，以作为抽象离婚理由的例证。[1] 列举主义可操作性强，司法裁判标准统一，但无法穷尽所有的现实情况，无法维护法律的稳定以及与现实相结合；而概括主义给了法官极大的自由裁量权，但极易造成裁判标准的不统一；例示主义将概括主义和列举主义相结合，使离婚标准的原则性和实际性得到有机统一，是我国目前采取的裁判离婚标准，例示主义虽对前两者的缺陷有所克服，但也存在一定的问题。其中，例示情形与现实情形匹配度弱是问题的核心，根据有关资料分析，就2001～2010年北京市某基层法院1000件判决离婚的案件而言，高达78.6%的判决离婚案件中当事人主张的离婚原因不在四项法定的例示情形之列，[2] 即主张同居、家庭暴力、虐待遗弃、赌博吸毒等几类的并不占多数，占多数的反而是性格不合、吵架、草率结婚等原因，面对并非属于法定离婚情形的主张，法官如何进行裁量是摆在每个法官面前的一道难题。

自1969年起，大多数发达国家的立法相继从过错主义的离婚原则向破裂

〔1〕 参见廖玮：《论现行例示主义立法模式下的裁判离婚标准之完善》，载首届中国婚姻家事法实务论坛，2014年6月。

〔2〕 参见但淑华：《判决离婚法定标准的反思与完善——以司法适用为基础》，系2013年北京高等学校青年英才计划项目“我国婚姻法律制度的法社会学分析”和中华女子学院校级课题“我国离婚法律制度实证研究”的阶段性研究成果。

主义的离婚原则过渡，这是时代观念发生变化的结果，是从家庭观念向个人自由主义转变。过错主义往往限制有过错一方的离婚请求权，同时部分当事人正当的离婚要求也得不到支持。而目前世界通行的破裂主义离婚原则则是离婚自由的体现，比过错主义的离婚原则更为进步，保障了婚姻当事人的合法权利。[1] 20 世纪 90 年代初我国对 1980 年《婚姻法》修订工作的讨论中，争论最多的就是关于诉讼离婚的标准，主要有"感情破裂论"和"婚姻关系破裂论"两种。2001 年《婚姻法》将"夫妻感情确已破裂"作为诉讼离婚标准，采取概括性规定与例示感情确已破裂具体情形相结合的方式。而至今，"感情破裂论"与"婚姻关系破裂论"的争论仍然存在，坚持"婚姻关系破裂论"的学者主张"婚姻关系破裂"标准在司法实践中的可操作性较强，感情是夫妻之间的主观感受，夫妻之间的感受会随着时空的不同而发生相应的变化，第三人往往很难体会当事人之间的感受，而婚姻关系的着眼点在于婚姻关系本身，即婚姻双方的共同生活不复存在并且不可能期待婚姻双方重建此种共同生活。婚姻关系破裂的认定在一定程度上增强了司法的可操作性，除感情基础之外，婚姻还需要物质基础、家庭责任等诸多条件，婚姻关系破裂同时能够囊括各种引起离婚的不同情形，因而其相较于感情破裂而言更加合理。[2]

笔者认为，无论是感情破裂还是婚姻破裂，都应当指向司法实践的判断问题。目前对于夫妻婚姻关系的判断均是一项综合判断，不管是感情破裂认定中需要考虑的婚姻基础、婚后感情、离婚原因、夫妻关系的现状和有无和好的可能等因素，还是夫妻关系破裂中应当予以把握的夫妻双方经济依赖程度，配偶义务履行情况、夫或妻对另一方不良行为的容忍程度以及夫妻对于对方家庭成员的和谐关系等指标，[3] 均存在主观层面的判断，符合几个离婚条件才能算作夫妻感情破裂或者婚姻关系破裂呢？仅离婚原因一项就有各种各样的复杂情形，更不用说对于感情或者和谐关系的把握了，当一方起诉离婚时，是否就意味着夫妻的感情或者和谐关系出现恶化，其实也并不尽然，人作为复杂的高等生物，

---

〔1〕 参见徐安琪：《有无和好可能：夫妻感情是否破裂的判断标准》，载《上海社会科学院学术季刊》2000 年第 4 期。

〔2〕 参见梁继红：《对"感情破裂"的离婚条件的反思》，载《西南交通大学学报（社会科学版）》2006 年第 5 期。

〔3〕 参见张金勇：《"感情破裂"作为诉讼离婚标准的司法认定缺陷及困境突破》，载《甘肃警察职业学院学报》2012 年第 4 期。

行为的目的性往往十分复杂，抛出虚假离婚不谈，就单单以诉讼离婚来达到警告、威胁另一方的目的的情形就并不鲜见，此时需要司法者从主观上对其目的进行判断，主观判断虽会引发裁判标准的不一致以及裁判规则的多样化，但在诉讼离婚的标准上不可或缺，而离婚标准差异的原因在于司法者生活阅历、经验以及价值观的差异。

就本案而言，夫妻二人分居的期限并不满两年，但一审、二审均判决当事人离婚，这是当事人争议的主要问题，分居是司法实践中法院认定数量最多、认定率最高的离婚原因，由于分居反映的是夫妻间现状的客观状况，极易调查和举证，故而更容易作为离婚的事由。本案中，夫妻分居虽不满两年，但并不代表不能判决双方离婚。除分居之外，法官仍会对其他情形进行综合衡量，如在本案中，还存在三项离婚情形，一是性格不合，二是酗酒，三是吵架。这三种情形法律虽然并未有直接明确的规定，均不是导致离婚的法定理由，但亦可以作为相关的参考因素。

《民法典》中，对于夫妻感情破裂的认定标准的规定延续了《婚姻法》的规定，其第1079条的规定内容与《婚姻法》第32条[1]的内容基本一致，仅增加了两项内容，一是一方被宣告失踪，另一方提起离婚诉讼的，应当准予离婚。二是经人民法院判决不准离婚后，双方又分居满1年，一方再次提起离婚诉讼的，应当准予离婚。本案例阐释的内容为感情破裂的具体把握标准与审查要素问题，因相关法律条文内容无变化，故适用要点在《民法典》实施之后并无不同。

裁判精要

笔者认为性格不合与吵架在被广泛提及的离婚理由之下，其应作为感情不和的下位概念一并作为离婚的法定理由之一，性格不合加上长期吵架势必造成感情不和，在一方提起的离婚诉讼之后，调解不成的，应当判决离婚，但前提在于要保护居于弱势地位的女性的权益以及安排好未成年子女的抚养问题。在很多离婚案件中，法官虽然没有判决双方离婚，但一方坚决离婚的，夫妻关系亦名存实亡。而若夫妻被判决离婚后，也并不是没有复婚的可能。司法的主要精力应放在财产分割、子女抚养、弱势女性的倾向性保护上，对于夫妻感情的把握应当交予夫妻双方本身去判断，司法应保持其中立地位。

---

〔1〕 具体参见《民法典》第1079条。

三、因生理障碍引发的离婚案不应一概判决离婚

实务难题

在民事审判实践中，有时会遇到一些因生理缺陷引起的离婚案件，这类案件情况比较复杂，司法实践中的处理方式不一，因此存在一些值得探讨的问题。

疑难案例

上诉人（原审原告）王某，男，30岁，公司职员。

被上诉人（原审被告）刘某，女，31岁，公司职员。

2012年8月9日，王某与刘某登记结婚，双方均系初婚，婚后未生育子女。双方共同生活的时间大约为1个月，2013年3月正式分居。双方的主要争议点是位于北京市朝阳区某小区房屋和结婚礼金分割这两个问题。

关于该房屋购买及权属登记情况。2012年7月26日，刘某作为买受人签订的《北京市存量房屋买卖合同》记载：刘某购买位于北京市朝阳区某小区房屋，该房屋成交价格为2 000 000元，房屋家具、家电、装饰装修及配套设施设备等作价为350 000元，定金10 000元，贷款1 400 000元。2012年8月6日，刘某与中国工商银行股份有限公司签订《个人购房借款/担保合同》，约定刘某贷款1 400 000元。2012年8月7日，北京市朝阳区某小区房屋登记于刘某名下。原审中，王某、刘某均认可上述房屋市场价值为2 900 000元。

关于该房屋出资情况。王某认为，上述房屋系夫妻共同财产，其首付款出资300 000元，婚姻关系存续期间共同还贷，王某就此提供其名下中国农业银行的存折（该存折显示2012年7月20日取款100 000元）、中国建设银行凭条（该凭条显示2012年7月31日王某转账给刘某200 000元）、中国工商银行明细（该明细显示2013年3月18日王某转账给刘某11 000元、2013年7月3日王某转账给刘某5500元）。刘某认为上述房屋系婚前个人财产，首付款中有其母亲给的320 000元，其向同事的借款150 000元以及个人存款，上述王某名下存折取款100 000元系王某父亲支付的彩礼，与购房款无关，上述200 000元中

100 000元系王某向其三个朋友的借款，该借款已经用双方结婚的礼金予以偿还，剩余100 000元系王某个人存款。王某提供聊天记录、邮件，以此证明刘某同意上述房屋作为共同财产分割，王某每月还贷3000元。刘某认可聊天记录、邮件的真实性，但并不认可其证明目的，表示一直都是自行还款。王某又提供中国银行存折、中国建设银行凭条，以此证明2012年7月18日，其支付给刘某30 000元用于购买钻戒。刘某认可30 000元事宜，但是不认可系王某父亲支付，表示上述钱款属于购买戒指、烟酒的费用。原审中，王某方证人赵某出庭作证称王某并没有因为买房向其借款，刘某方证人付某出庭作证陈述刘某买房经过。

关于礼金问题。王某提供酒店明细等证据，以此证明其婚礼礼金已经全部支出。刘某对上述证据之证明目的不予认可，其提供证明等证据，以此证明其在淄博市婚礼没有收礼金。王某对上述证据不予认可。原审中经询问，王某与刘某确认在潍坊婚礼收取的礼金为80 000元。

关于离婚原因。王某称是由于性格不合、家庭琐事等原因，刘某则称是由于王某的性能力、性取向存在问题，双方婚后并未发生性关系，刘某至今尚为处女，并提交了医院的诊断证明；王某对此予以否认，称自己的性能力没有问题，也提交了相应的证明。但是，双方均同意离婚。

法院观点

原审法院经审理认为，婚姻关系的存续应以夫妻感情为基础。现王某起诉要求离婚，刘某亦表示同意，法院对此不持异议。关于性能力一节，刘某之证据不足以证明王某存在相关问题，王某对此予以否认，在现有证据条件下，法院对刘某提出的该意见不予采纳。位于北京市朝阳区某小区房屋问题，关于首付款一节，2012年7月31日王某转账之200 000元明显用于购买上述房屋，故该200 000元应为首付款组成部分，剩余100 000元部分，王某之证据不足以证明该100 000元系用于购买房屋，刘某以上述款项系彩礼抗辩，考虑到上述款项的提取人、支付地点、支付时间，结合王某陈述之30 000元情节，法院对刘某该抗辩意见予以采纳。关于月供一节，考虑王某、刘某结婚时间较短，各自银行卡各自保管，故婚后还贷部分应明确各自出资，结合双方的证据，法院认定王某出资应为28 500元。考虑到上述房屋的购买时间、出资等情况，法院认定上述房屋系夫妻共同财产，现双方均同意上述房屋归刘某所有，法院对此不持异议，关于房屋补偿款一节，考虑到刘某购买上述房屋的经过、双方的出资情况、额外费用的支出，法院依据照顾妇女的原则确定刘某应支付王某上述房屋补偿款 250 000 元。关于礼金一节，综合考虑王某、刘某双方婚礼规模、支出、双方礼金等因素，法院确定王某支付刘某 40 000 元。关于精神损害抚慰金一节，刘某该项诉讼请求无事实依据，法院对此不予支持。据此，原审法院于 2013 年 12 月判决如下：(1)准许王某与刘某离婚。(2)位于北京市朝阳区某小区 18 号楼 1 层 103 室房屋归刘某个人所有，刘某于判决生效后 7 日内支付王某房屋补偿款 250 000 元。(3)王某于判决生效后 7 日内支付刘某礼金款 40 000 元。(4)驳回王某其他诉讼请求。(5)驳回刘某其他诉讼请求。

判决后，王某不服，上诉至二审法院称：原审法院认定事实有误，适用法律错误，请求撤销原审判决第 3 项，对第 2 项予以改判，判令刘某支付王某房屋首付款 300 000 元，贷款 66 000 万元，房屋增值款人民币 450 000 元。刘某同意原判。

二审合议庭在合议时认为，对于王某是否存在生理障碍，从本案的综合情况来看，导致双方的婚姻关系破裂的主要原因在于王某一方，根据庭审查明的事实可以看出，王某的性能力和性心理、性取向都很可能存在问题，双方婚后也没有任何夫妻之间亲昵行为；根据医院的诊断记录，刘某目前还是处女之身。同时在法院二审审理中，法院也建议王某对自己的问题进行就医，同时也建议女方暂时予以等待，女方也同意等其治疗。但是王某予以拒绝，实际上是虚荣心在作怪，在刘某提出离婚被驳回一次后，其随即提出离婚申请。综合全案情况，合议庭认为，虽然原审判决在事实认定上存在一定问题，但是在实体处理上还是相对公正的。但是，在二审判决中，考虑到个人隐私和王某以后的生活，故对于可能涉及的性取向、性能力等个人隐私，不宜在判决书中体现，二审法院认为此部分事实以模糊处理为宜。

二审判决理由如下：根据庭审查明的事实可以看出，本案当事人双方均同意离婚，争议点主要是房屋和礼金问题。本案中，涉案房屋的购房合同签订和房屋所有权证书取得时间均为婚前，房屋所有权证书登记的房屋所有权人也为刘某。同时，双方结婚不久即已分居，真正共同生活的时间极短，在这种情况下，原审法院综合全案相关具体情况，对涉案房屋补偿款做出的处理，也最大限度地保持了双方的利益平衡。对于礼金问题。双方均认可婚礼收取的礼金为 80 000 元，原审法院据此判令王某给付刘某其中的 40 000 元，也无不妥。故判决维持原判。

关联案例

▶ 阮某诉潘某离婚案

上诉人:潘某

被上诉人:阮某

阮某、潘某原是自愿结婚。婚前潘某曾向阮某说明自己从未来过月经,不知患了什么病。但阮某并未因此引起注意,相反却急于与潘某结婚。直至婚后,发现潘某有生理缺陷,经医院鉴定,为先天性无子宫无阴道。阮某即向法院提起离婚诉讼。法院收案后,援引《婚姻法》第7条〔1〕,很快就判决准予离婚。该院之所以这样适用法律,其意无非是说潘某有生理缺陷,而这种缺陷就是《婚姻法》第7条第2项所指出的"医学上认为不应当结婚的疾病",本来就在禁止结婚之列;现已结婚,理应判决离婚。潘某不服,上诉至中级人民法院,并在上诉期内,经医院做人工阴道成形手术成功,医生认为她的生理缺陷已经矫正,可以过性生活。但中级人民法院没有考虑这个意见,作出维持原判的终审判决。对于此案的审理,有必要提出两个问题:当事人的生理缺陷可以通过医疗矫正的,是否还要作为判决离婚的理由?判决因生理缺陷引起的离婚案件,援引《婚姻法》第7条为法律依据是否适当?

▶ 张某诉李某离婚案

上诉人:李某,男

被上诉人:张某,女

女方张某以男方李某在"性生活上不协调"为由,提起离婚诉讼。法院在未取得医生对当事人的准确鉴定的情况下,即以李某"性生活异常"为由判决离婚。李某不服,认为判决书上所写的"性生活异常"一语概念不清,不能作为离婚理由。李某提出的意见是否值得考虑?

▶ 俞某诉周某离婚案

原告:俞某,男

被告:周某,女

俞某有睾丸发育不全的生理缺陷,根本不能过性生活,婚前他对周某隐瞒了此事。但婚后周某对俞某的生理缺陷并不介意,而且双方在日常生活中能互相照顾,彼此颇为融洽。以后俞某经几个医院诊疗,均认为其生理缺陷无法治愈,为不耽误周某的年华,俞某便主动向法院起诉离婚,周某则坚决不同意离婚,理由是双方感情并未破裂,且自己也患有心脏病和糖尿病,愿与男方相依为命。但法院没有采纳周某的意见,而以俞某有生理缺陷,本应禁止结婚的理由判决离婚,可对于此案判决是否合理?笔者也存疑惑。

从以上3个案例可以看出:办理因生理缺陷引起的离婚案件,不仅需要查明案情事实和正确适用法律,而且还需要懂得一些与案件有关的必要的医学知识。

---

〔1〕 具体参见《民法典》第1048条。

法官点评

（一）生理缺陷不等于应当离婚

何为生理缺陷，从广义上说，人体任何器官的缺陷，都可称为生理缺陷。但婚姻法领域里所涉及的生理缺陷不是一般的生理缺陷，而是指影响性行为或者不能发生性行为的生理缺陷，例如，男子睾丸发育不全、严重包茎，女子无阴道、阴道闭锁、阴道纵隔、阴道横隔以及两性畸形等，就是属于这类缺陷。这类生理缺陷是先天性畸形，与“医学上认为不应当结婚的疾病”在概念上是有区别的。所谓“医学上认为不应当结婚的疾病”，一般还指其他未经治愈的性病、恶性传染病、严重的精神病，先天性痴呆等严重遗传性疾病，以及经医生鉴定为不能结婚的其他疾病。从立法的角度来看，生理缺陷与“医学上认为不应当结婚的疾病”也是有区别的。例如，在1950年的《婚姻法》中就把“有生理缺陷不能发生性行为者”与患有“医学上认为不应结婚之疾病者”分别列为两项，这说明二者不属于同一概念。由于考虑到生理缺陷的情形并不多见，并且我国未实行婚前强制健康检查制度，所以1980年《婚姻法》删去了“有生理缺陷不能发生性行为者”禁止结婚的规定。据此，有的人误认为“生理缺陷”包含在“医学上认为不应当结婚的疾病”之内，上述阮某与潘某离婚一案的处理即是源于此逻辑。

在司法实践中，也有把男性阳痿、早泄和性取向不同于常人等当作生理缺陷，这是一种误解。男性阳痿、早泄是比较常见的，主要是由精神因素或体内其他脏器的病变所引起，不少阳痿、早泄的男性患者经过适当治疗是可以痊愈的。在原告以男性配偶阳痿、早泄为由提出离婚诉讼的案件中，有的被告原来性机能正常，只是后来由于某种原因引起性机能失调。对于此类案件，法院尤须慎重对待，不能轻易判离。上文关联案例2中，某法院以李某性生活异常为由，而判决他与女方离婚。其实“性生活异常”的含义很笼统，生理缺陷可以造成“性生活异常”，男性患阳痿、早泄等疾病也可以引起“性生活异常”，精神因素也可引起“性生活异常”。有的“异常”是长期的，有的“异常”是暂时的，上述判决中的“性生活异常”究竟属于何种性质，不得而知。这是法官对于生理障碍的概念未弄清楚，案件事实未查明的表现。上述情况表明：在审理因生理缺陷引起的离婚诉讼案件时，涉及医学方面的问题，审判人员应当请教有专门知识的人。

还应当劝说当事人去医院检查,以明确能否手术治疗。只有全面了解当事人双方的婚姻基础、婚后感情,同时查明生理缺陷一方的生理状况,才能作出正确的判断。有这样一个案例:女方向法院提出离婚诉讼,理由是男方生理上有缺陷,不能过性生活。法院在男方未经医院确诊的情况下,即根据女方所诉理由判决双方离婚。后来男方经医院检查,诊断为“性器官未见异常”。因此男方不服判决,致使法院工作被动。还有的离婚案件,一方当事人虽有生理缺陷,但法院未请有专门知识的人检查能否治愈,即判决当事人双方离婚。及至当事人经过手术治疗,医生认为可以过性生活以后,当事人即不服判决,缠讼不休。这些事实说明,审判因生理缺陷引起的离婚案件时,一定要全面查明事实,尊重医学科学,不可草率行事。

(二)此类案件是否一律都要判决离婚

生理缺陷的种类很多,程度也各不相同。不能一听说当事人有生理缺陷,就不问具体情形一律判决准予双方当事人离婚。根据医疗机构的临床经验和医学科学的记载,生理缺陷大体有以下几种情况:(1)无法矫正,也不能发生性行为的。(2)一般不妨碍性生活,也不妨碍受孕或分娩,无须手术处理,如阴道纵隔等。只有出现症状时,才需要做必要的手术治疗,而且愈后一般都是良好的。(3)只需做小手术便可矫正的,如女性阴道横隔、阴道闭锁,男性包茎等。即便是先天性无阴道、无子宫的女性患者经阴道成形手术后,虽不能生育,但也无碍性生活。据某医院介绍,该院近年来曾经为200多位这样的患者做过手术治疗。手术成功后,她们都结了婚,而且大多数夫妇都生活得很融洽。

鉴于上述情况,对因生理缺陷引起的离婚案件,应慎重对待,不能“一刀切”,要先搞清当事人生理缺陷的性质、轻重和是否可以矫正,法院再根据实际情况进行全面审查,依法做出适当处理。(1)当事人的生理缺陷可以矫正,并且夫妻感情又未破裂的,应当通过调解促使双方重归于好,必要时也可以判决不准离婚。(2)当事人的生理缺陷无法治好,不能过性生活而导致感情破裂的,则应准予离婚。(3)当事人的生理缺陷虽无法治好,不能过性生活,但夫妻感情并未破裂,经过调解双方愿意保持夫妻关系的,则不要简单判决准予离婚。关联案例部分所举的第3个案例,周某并不嫌弃有生理缺陷的丈夫,夫妻感情也未破裂,法院仅根据男方有生理缺陷而判决双方离婚,显属不妥。(4)双方当事人都有生理缺陷,婚前彼此已明白相告,为了达到生活上互相照顾的目的而结婚的,或者一方明知对方有生理缺陷而仍坚持与之结婚的,如发生离婚纠纷,应尽量调解促使双方和好。例如,调解无效,感情确已破裂的,亦应准予离婚。

(三)关于法律适用问题

对于法律适用问题,有的观点认为,审理因生理缺陷引起的离婚案件,应当适用《婚姻法》第7条第2款关于“患有医学上认为不应当结婚的疾病”禁止结婚的规定。其理由是,生理缺陷是“医学上认为不应当结婚的疾病”的一种情形,因此,有生理缺陷的就不应当结婚,结了婚的就应当离婚。这种论断是缺乏法律依据的。婚姻法虽然规定患有其他在医学上认为不应当结婚的疾病禁止结婚外,已不再禁止有生理缺陷不能发生性行为者结婚。特别是对于结婚时生理正常,曾生育子女,后一方体质发生变化,不能进行性生活,另一方要求离婚的案件,更要慎重对待,应尽力通过医疗解决。同时对夫妻感情,要看到有广泛的内容,还有对子女的社会责任。所以,凡因一方或双方有生理缺陷而寻致感情破裂的,应依法准予离婚;凡感情没有破裂的,就不应当准予离婚。

对于因生理缺陷引起的离婚案件是否需要调解。有的认为,审理这类案件不必调解,可直接判决准予离婚。其理由是,生理上有缺陷的人本来就不应当结婚,如对方提出离婚,就应当照判勿论。也有的认为,审理这类离婚案件同其他离婚案件一样,必须经过调解的程序。其理由有二:第一,《婚姻法》第32条第2款规定:“人民法院审理离婚案件,应当进行调解;如感情确已破裂,调解无效,应准予离婚。”这一规定适用于一切离婚案件。第二,从实际情况来看,审理因生理缺陷引起的离婚案件也确实有必要做好调解工作。例如,在一个离婚案件中,一对青年男女经过两年多的恋爱,感情甚好,婚前女方只告诉男方自己从来无月经,但本人也不知道生理上有什么缺陷。女方曾表示去医院检查治疗后再结婚,但男方结婚心切,坚持婚后才陪同女方去医院诊疗。婚后男方才发现女方无阴道,不能过性生活。男方经过激烈的思想斗争之后,终于向法院提出离婚诉讼。女方则要求法院暂缓判决,待她去医院检查治疗后,如能治好就不同意离婚;如确实不能治好就同意离婚。但审判人员不采纳女方意见,而是认为凡有生理缺陷者,无论治疗不治疗都不能过性生活,都应当判决离婚。于是,在女方治疗期间,一审法院很快就判决准予当事人双方离婚。女方上诉后,二审法院很快就作出维持原判的终审判决。女方经医生诊断为先天性无阴道、无子宫,但有卵巢。经过人工阴道成形手术后,医生认为她虽不能生育,但可以过性生活,可以结婚。可惜此时离婚判决已经生效,夫妻关系已经解除。然而离婚后男方对女方还有感情,曾向女方的邻居打听女方的治疗情况和健康情况。此类案件,如果判决前根据实际情况适当进行调解,准予当事人双方不离婚也许是有可能的。这个案例说明,审理因生理缺陷引起的离婚案件时,切不可一律判决准予离婚了事,而必须调查研究,查明事实,正确适用法律。只要双方当事人感情尚未破裂,一方当事人的生理缺陷又可以治愈,就应当对他们尽力做好调解和好的工作。即使一方当事人的生理缺陷无法治愈,并且因此导致双方感情破裂,也最好用调解的办法解除其婚姻关系。这样做有利于消除当事人之间的对立情绪,也有利于社会和谐。另外,还须注意的是,凡因生理缺陷引起的离婚案件,当事人常常羞于启齿,更不愿被张扬出去。有的当事人因生理缺陷情况被披露而大为不满,甚至为此而缠讼不休,故对这类案件应当作为隐私案件,不公开审理,在判决书中也最好隐去涉及生理障碍等个人隐私的内容。

对于一方当事人生理缺陷不能治愈,但双方感情尚未破裂的离婚案件,是否要判决离婚?对于这个问题,实践中也有两种观点。一种观点认为,既然一方当事人生理缺陷无法治愈,夫妻不能过性生活,即使双方感情尚未破裂,亦已失去夫妻意义,应当判决离婚。另一种观点则认为,只要当事人双方感情尚未破裂,即使一方有无法治愈的生理缺陷,也不应当判决离婚。第二种观点是正确的,理由是,第一,从法律上看,1950 年《婚姻法》虽曾规定“有生理缺陷不能发生性行为者”禁止结婚,但 1980 年《婚姻法》已取消了上述规定;这样修改的目的就是考虑到有些生理缺陷者为了达到相互照顾的目的,愿意结为夫妻。既然生理缺陷者自愿结婚尚且不在法律禁止之列,那么已经结婚的,如果双方感情尚未破裂,当然就不应当判决离婚。第二,从实际情况来看,这类案件的双方当事人如果感情尚未破裂,也以不判决离婚为宜。有这样一个案例,男方有生理缺陷,并且婚前对女方作了隐瞒。但婚后双方互相帮助,感情还好。后来男方经医院诊疗,已知自己的生理缺陷无法治愈,且无法正常过夫妻性生活,主动提出离婚。而女方却坚决不同意离婚,理由是双方感情不错,自己又患有慢性病,愿与男方相依为命,白头到老。但法院并未采纳女方意见,而以一方不能过性生活为由,判决双方离婚。这个案例的处理结果非但不能解除当事人精神上的痛苦,而且双方生活上都会遇到不少困难。

裁判精要

我国《民法典》及《婚姻登记条例》中，并没有规定禁止有生理缺陷的人结婚，然而夫妻共同生活的内容是多方面的，性生活是其中很重要的一部分；夫妻间的性生活可以更好地调节和增进夫妻感情，对于夫妻任何一方来说，都非常必要。若夫或妻一方存在生理缺陷，以至于不能正常地过性生活，就难以达到婚姻生活的基本要求。如果一方明知对方有生理缺陷不能发生性行为，而其他如性格、志趣等方面都很情投意合，自愿结为夫妻，能在生活上互相照顾，法律仍保护这种婚姻关系。但是，结婚时不知对方有生理缺陷，而且经过医治无法治愈，导致感情破裂的，本人坚决要离婚，经调解无效，可以由人民法院判决离婚，这是符合《民法典》关于夫妻双方感情破裂经调解无效，应准予离婚的法律规定的。

当然生理缺陷并不是法定的不能结婚的情形，在配偶一方明知另一方存在生理缺陷又自愿结婚的情形下，其婚姻关系依然受法律保护，但是鉴于生理缺陷会严重影响夫妻之间的生活和感情，有生理缺陷一方应在婚前如实告知对方，给对方选择权。

根据以往案例总结，对于夫妻一方存在生理缺陷的情况一般有两种：一种是因生理缺陷而无法进行正常的夫妻性生活，另一种则是因生理缺陷能过夫妻性生活但是无法生育子女。根据现行法律，对于后一种情况并没有直接的法律、法规或者司法解释的依据。人民法院审理离婚案件，认定准予或不准离婚始终都是以夫妻感情是否确已破裂作为区分的界限和依据，一方不能生育并不是离婚的法定理由。因此，在审理因夫妻一方或双方生理缺陷不能生育的离婚案件，应当从婚姻基础、婚后感情、离婚原因、夫妻关系的现状和有无和好的可能等方面综合分析判决夫妻感情是否确已破裂，而不应单纯以不能生育子女作为可以判决离婚的理由。但是研究发现，司法实践中因不能生育而判决离婚的案例的确不少，这值得我们深思。

四、“不签协议就不离婚”并不构成对意思表示自由的限制

实务难题

离婚协议是夫妻双方就解除婚姻关系及相关事项如财产分配、子女抚养权归属等所达成的一致意思表示，对夫妻双方均产生约束力，其是一种基于人身关系建

立的特殊合同，具有复合性，兼具民事法律行为与身份法律关系，不仅适用合同的相关规定，如合同生效、合同效力、合同履行等问题，同时也应遵循婚姻的价值理念，保障婚姻自由、男女平等。

协议离婚是夫妻双方离婚的方式之一，其建立在夫妻双方意思自治的基础之上，充分体现双方关于身份关系解除的意愿，以及对双方财产的归属、子女的抚养等问题达成合意，故在实践中，越来越多的夫妻选择签订离婚协议书的方式，以自愿表达各方意见的协议形成约束各方的效果达到离婚目的。对于离婚协议的法律效力的认定，除当事人是否具有缔约能力，内容是否违反国家法律、行政法规的强制性规定以及社会公序良俗以外，主要围绕协议是否在双方意思表示真实、自由的情况下签订进行审查。在实践中，也常常会出现订立离婚协议特别是其中财产分割条款时存在欺诈、胁迫等情形，影响协议效力的情形。关于签订离婚协议过程中的当事人意思表示是否真实的认定，须借鉴合同法的有关规定，结合个案严格审查。

疑难案例

王某与梁某原系夫妻关系，双方于2010年5月登记离婚。离婚当日，双方签署《离婚协议书》，约定："一、双方婚后无子女。二、双方婚后无共同住房，车号为京PJ××××车主为男方，离婚后归男方所有，除此之外双方无其他共同财产。三、双方婚后无债权，第二项中车辆贷款60 000元人民币由男方负责偿还，除此之外双方无其他债务。四、男方同意支付给女方150 000元人民币，支付方式：按照自离婚之日起每月付2000元人民币，直至付清为止。"该协议在民政局予以备案。后王某以离婚后梁某一直未履行约定的付款义务为由，起诉至法院，要求梁某支付财产分割款150 000元。梁某主张当初如不签署上述离婚协议，王某即不同意离婚，现其没有能力支付上述款项。

法院观点

一审法院认为，依据我国当时的《婚姻法》规定，离婚时，夫妻的共同财产由双方协议处理。本案当事人双方在离婚时已经就财产分割问题签署离婚协议书，该离婚协议系双方当事人真实意思表示，应予履行。现梁某以没有能力履行为由进行抗辩，于法无据，法院不予支持。法院判决支持了王某的诉讼请求。

梁某不服，以其如果不签订支付给王某150 000元的离婚协议书，王某就不同意离婚，其是为了离婚才签下该协议，并非其真实意愿为由，向二审法院提起上诉，要求撤销原判，改判驳回对方诉讼请求。

二审法院经审理认为，本案在二审期间争议的焦点为梁某签署离婚协议书是否为其真实意思表示。梁某主张其签订离婚协议书是由于王某表示不签协议书就不离婚，因此其被迫签下协议书，因而该份协议书并非其真实意思表示。首先，梁某未就上述主张提供证据佐证，法院难以采信。其次，退言之，即便其上述陈述属实，"不签协议就不离婚"亦未限制梁某的意思表示自由，即使不通过签署离婚协议达到协议离婚的目的，梁某亦可通过向法院起诉要求离婚，梁某想要离婚并非只有签订协议这唯一的选择，但梁某并未向法院起诉而是选择签订离婚协议书，此行为表明梁某系经过权衡最终认可或接受协议内容，签订该协议是其真实意思的表示。另经审核，离婚协议书内容亦未违反国家法律、法规的强制性规定，合法有效。协议双方均应依约定全面适当地履行各自义务。现梁某以没有履行能力为由拒绝履行协议约定义务，缺乏法律依据。遂判决驳回上诉，维持原判。

法官点评

离婚协议的效力考察亦应遵循合同效力的原理。根据《民法典》的相关规定，有效合同包括以下方面要件：(1)合同当事人订立合同时具有缔约行为能力；(2)合同当事人意思表示真实；(3)合同内容不违反强制性法律规定和公序良俗、社会公共利益。因此，一份有效的离婚协议书应当也满足以上三个要件。关于离婚协议签订过程中，出现"不签协议就不离婚"的情形，应当重点考虑其是否属于当事人意思表示不自由的表现，以及出现意思表示不自由对该离婚协议效力的影响。

当事人意思表示自由的限制表现在以下五个方面：(1)欺诈，即一方当事人故意告知虚假事实或者隐瞒真实事实，致使对方因此陷入错误认识，并据此作出不真实的意思表示，该欺诈具有不正当性。(2)胁迫，即一方当事人为达到非法目的，故意告知对方实施危害行为，如以给公民及其亲友的生命健康、荣誉、名誉、财产等造成损害，或者以给法人的荣誉、名誉、财产等造成损害为要挟，其手段具有非法性，造成对方精神上的巨大压力或肉体上的暴力强制，致使对方因恐惧而作出不真实的意思表示。(3)乘人之危，即一方明知对方处于危难之际或有某种急迫需要，故意利用这一条件向对方施加压力，迫使对方作出不真实的意思表示，严重损害对方的利益。(4)重大误解，即一方当事人对行为的性质、对方当事人、标的物的品种、质量、规格和数量等发生错误认识，导致合同目的与当事人的真实意思相违背，并造成较大损失。(5)显失公平，即一方当事人利用自身优势、较强地位或利用对方轻率、没有经验，致使双方当事人之间的权利义务明显不对等，违反公平交易、等价有偿原则，使对方作出违背真实意愿的意思表示。当事人意思表示不自由、不真实会产生影响合同效力的后果。其中，因欺诈、胁迫订立且损害国家利益的合同属无效合同，未损害国家利益的合同属可撤销合同；因乘人之危、重大误解、显失公平订立的合同属可撤销合同。

通过上述五种限制意思表示自由情形的相关定义可知，与“不签协议就不离婚”最为接近的情形为胁迫。而其是否构成胁迫，则首先需要考察胁迫成立的法律要件：(1)有胁迫行为存在。对此必须注意几点：第一，胁迫是以将来施以损害相要挟，使相对人产生恐惧而为一定意思表示，如向相对人表示若不在合同上签字则将对其或其亲属的人身实施伤害，而不是现实的直接对相对人施以人身强制，使其在丧失自由的情形下为意思表示，如一面殴打受胁迫人一面令其在合同签字或通过控制其身体强制其在合同中签字或加盖指印，则属强制或绝对强制行为，意思表示属无效。第二，胁迫行为不一定要直接对相对人实施，利用相对人的情感对其亲属或友人进行的威胁，也可成立。第三，用以要挟的损害对象，不仅包括人的生命、身体健康、自由，也包括人的名誉、荣誉及财产等。第四，已开始的损害，不足以构成胁迫。但若告知对方将通过自己的作为或不作为使其损害继续而令其陷入恐惧的，也为胁迫行为。(2)胁迫人须有胁迫的故意，这包括有使相对人产生恐惧的意思和使其因恐惧而为一定意思表示的意思(心理状态)。(3)相对人因受胁迫而产生恐惧，并在恐惧的作用下为迎合胁迫人的意思而为意思表示。表意人若并未因胁迫而产生恐惧，或虽因胁迫产生恐惧但并未因之而为意思表示的，胁迫都不能成立。(4)胁迫人所为之胁迫是不当或不法。《德国民法典》第123条和《瑞士债务法》第29条都明文规定，胁迫须以违法为要件。根据德国学者解释，违法之胁迫包括目的违法，即胁迫人无权利获取相对人所表示的利益(如以举报犯罪要求相对人为赠与)；手段违法，即用以恐吓祸害违反法律(如以绑架其子要挟表意人与之订立合同)；以及目的和手段皆违法(如以杀害其子女要挟表意人赠与其财物)。只要目的和手段有一项违法，即构成胁迫。我国台湾地区“民法”对于胁迫是否违法行为构成要件未予以明确,学者是对此有两种解释:一种认为,应似德国和瑞士的规定那样,以违法为胁迫的构成要件;另一种认为,应作较宽泛的解释,宜以“不当”为胁迫的构成要件。所谓不当,含有违法之意,但含义较之更广,在某些情形下,即使目的和手段都不违法,亦可认定为胁迫。关于胁迫对合同生效有何影响,包括我国法律在内的各国立法规定较为一致,认定受胁迫之相对人得撤销其意思表示,与诈欺情形相同。

结合上述对于胁迫构成的法律要件进行分析,本案由于协议离婚只是离婚的方式之一,夫妻双方都享有自由选择以协议离婚或者诉讼离婚的方式达到离婚目的的权利。故“不签协议就不离婚”并非阻却夫妻一方选择诉讼离婚的事由,故当事人并非陷入必须签订离婚协议书的恐惧之中,胁迫与恐惧不具有因果关系,且夫妻一方提出“不签协议就不离婚”系对于离婚方式及离婚条件的正常意思表达,并不存在目的及手段违法之处,故该情形不构成胁迫。当事人最后仍然选择签订离婚协议书,即表示该签订行为系其真实意思表示,并未有瑕疵。因此,在离婚协议书签订的过程中,在双方均为适格的民事行为主体,离婚协议内容未违反国家法律、法规的强制性规定,双方意思自治表达自由的情形下,该离婚协议书即为有效协议,对夫妻双方均具有约束力,任何一方不得随意拒绝履行。

综上所述,双方签订离婚协议并据此办理离婚登记后,一方以对方表示“不签协议就不离婚”,构成对其“胁迫”为由,要求撤销离婚协议中财产约定的,不予支持。即“不签协议就不离婚”并不构成对当事人的意思表示自由的限制。

《民法典》第 147 ~ 151 条,分别对重大误解、欺诈、显失公平进行了规定,较之《合同法》的相关规定,增加了受第三人欺诈以及第三人胁迫情形,将一方基于欺诈实施的民事法律行为的效力全部改为“可撤销”,并对基于重大误解实施的民事法律行为以及显失公平法律行为的后果,删除了“可变更”,仅保留“可撤销”的规定。

裁判精要

在当事人具有缔约行为能力的前提下,对其意思表示是否真实进行判断,应重点考察是否存在欺诈、胁迫、乘人之危、重大误解、显失公平等法律规定的当事人意思表示自由受到限制的情形,对此应由主张上述情形存在的一方当事人承担举证责任。该方当事人不仅须举证证实相对方存在欺诈、胁迫等不正当行为，亦应同时举证证明相对方所实施的上述行为与其作出的违背真实意愿的意思表示之间具有因果关系。

第二章 夫妻忠诚义务类纠纷

一、对违反夫妻忠诚义务的非过错方利益在分配夫妻共同财产时应当予以倾向性的保护

实务难题

在夫妻双方的婚姻关系存续期间，由夫妻一方未履行夫妻忠实义务而导致的夫妻感情破裂的情形时有发生，而在离婚诉讼中，对于夫妻其中一方出轨的证据很难进行举证，我国《民法典》也仅对违反夫妻忠诚义务的“有配偶者与他人同居”以及“重婚”进行了明确的规定，并设立了相应的损害赔偿机制，而对于违反夫妻忠诚义务的其他情形并未规定，因而在实践中对违反夫妻忠诚义务的非过错方利益在分配夫妻共同财产时予以倾向性的保护有所欠缺。

疑难案例

李某、王某于2007年5月23日登记结婚，于2009年5月3日生一女王某某。李某起诉至原审法院称：2007年5月23日，我与王某登记结婚，婚后生育一女王某某。婚后双方感情尚可，但2009年孩子出生后，王某就频繁找碴与我吵架并殴打我，我和邻居都曾多次报警。我为感化王某，挽救婚姻，将精力都投入照顾孩子和家庭中，为孩子和王某付出了大量的精力和心血，但王某仍旧毫无家庭责任感，经常夜不归宿，与其他女性长期保持非法同居关系。2010年11月6日，我与王某协商，自愿达成夫妻婚后协议，约定在婚后夫妻任何一方若有外遇行为，将放弃所有个人名下财产。在签署了该协议后，王某仍不知悔改。2010年12月28日，王某驾驶机动车，趁我上车没关车门时启动机动车高速行

驶，连闯几个红灯，此次事件经南湖派出所出警处理；2011 年 9 月 12 日，王某开车行驶到京平高速路中段，与我发生争吵，强行将我拉出车外，摔毁我手机并将我遗弃在高速公路上，此事件有机场高速民警出警处理；2013 年 12 月 20 日，我当场发现王某与异性在北京海淀区某小区同居；2014 年 1 月 16 日，王某在天津市北辰区某酒店嫖娼，被公安民警当场抓获。王某自 2010 年起，为达到隐匿、转移财产的目的，拒不支付家庭生活费，并取走了家中仅有的 140 000 元存款。我要支付家庭一切费用，以及每月还贷 5000 余元，根本无法生活。综上所述，王某违背道德常理和法律禁止性规定，违背夫妻间忠诚的义务，长期与异性保持不正当男女关系，严重伤害了夫妻感情，也给我精神上造成了极大的伤害，导致夫妻感情破裂，且无和好可能。王某对婚姻破裂有严重过错，应给予我经济补偿，故我起诉请求：（1）我与王某离婚；（2）婚生女王某某由我抚养，王某每月支付抚养费 10 500 元；（3）婚后财产均归我所有；（4）王某给付我精神损害赔偿金 200 000 元。王某辩称：同意离婚，孩子出生后一直由我父母帮助照顾，要求孩子由我抚养。我在婚姻存续期间不存在婚外情行为，要求依法分割夫妻共同财产及共同债务。原审庭审中，李某主张因王某婚姻存续期间存在过错，应按照双方于 2010 年 11 月 6 日签订的夫妻婚后协议，所有财产均归李某所有，并提供了该份协议、视频资料、照片、出警记录等证据，王某表示视频及照片中其与婚外女性并未有亲密举动，且视频显示李某有向警方行贿行为，其与案外人张某在天津游玩住酒店时开的房间为套间，两人各住一间，不认可其存在“外遇”情形，且双方签订的协议书中未约定财产归李某所有。

法院观点

原审法院经审理后认为，李某、王某婚后不注重感情培养，现双方均同意离婚，法院准许。李某所供证据未能证明王某婚姻存续期间存在过错，故李某据此要求王某给付精神损害赔偿金及所有财产均归李某所有的请求，法院不予支持。据此判决：（1）准予李某与王某离婚。（2）婚生女王某某由李某抚养，王某自 2015 年 9 月至婚生女王某某年满 18 周岁止每月给付抚养费 5000 元整。（3）北京市朝阳区某住宅楼 16 层 1605 号房屋及房屋内家具家电由李某使用；该房屋尚欠物业费 50 679.2 元，由李某与王某各负担 50%。（4）北京市昌平区东小口镇中滩村某商务办公楼 8 层 802 号房屋及房屋内家具家电由王某使用。

(5)北京市丰台区某小区15号楼1层108号房屋归王某所有,王某于判决书生效后10日内给付李某房屋折价款700 000元整。(6)京N×××××号奥迪A6小型轿车归王某所有,王某于判决书生效后10日内给付李某车辆折价款160 000元整。(7)王某于判决书生效后10日内给付李某共同存款12 000元整,李某与王某其他各自名下存款及已收房屋租金归各自所有。(8)驳回李某与王某其他的诉讼请求。宣判后,李某与王某双方均提出上诉。

二审法院经审理认为,根据本案所查事实及双方的上诉请求、理由及抗辩意见,归纳本案双方主要的争议焦点为:(1)李某提供的夫妻婚后协议是否有效;(2)王某是否在双方婚姻破裂中存在过错;(3)夫妻共同财产如何分割的问题;(4)李某主张的精神损害赔偿金能否支持。

关于第一个争议焦点即李某提供的夫妻婚后协议是否有效的问题。该协议从形式上仅为李某所书写的一句话,内容也不全面、明确,结合本案事实及双方经常发生争吵感情不和的实际关系,二审法院认为尚不足以认定双方已达成了婚内财产约定,故对李某所主张的双方签订的夫妻婚后协议合法有效,应按该协议约定分配财产的上诉意见不予采纳。关于第二、三个争议焦点即王某在双方婚姻破裂中是否存在过错及夫妻共同财产如何分割的问题。夫妻应当互相忠实,互相尊重。离婚时,夫妻的共同财产在双方协议不成时,由人民法院根据财产的具体情况,照顾子女和女方权益的原则判决。根据本案双方陈述及李某提供的视频、照片、出警记录等相关证据,可以证明王某在与李某婚姻关系存续期间与其他异性在酒店开房、多次去其家中及关系比较密切的事实,因此,综合本案全部事实及证据可以认定王某应对双方婚姻破裂负有一定的责任,根据照顾子女和女方权益的原则,法院酌情判决李某对夫妻共同财产适当予以多分。关于第四个争议焦点即李某主张的精神损害赔偿金能否支持的问题。《婚姻法》第46条规定:“有下列情形之一,导致离婚的,无过错方有权请求损害赔偿:(一)重婚的;(二)有配偶者与他人同居的;(三)实施家庭暴力的;(四)虐待、遗弃家庭成员的。”本案中,尽管王某在与李某婚姻关系存续期间与其他异性在酒店开房、多次去其家中及关系比较密切的情形,但该情形并不属于上述给付精神抚慰金的四种法定赔偿情形,李某以此主张200 000元精神抚慰金,于法无据,二审法院难以支持。

据此,二审法院判决:(1)维持一审判决第一、二、四、五项。(2)撤销一审判决第八项。(3)变更一审判决第三项为:北京市朝阳区某住宅楼16层1605

号房屋及房屋内家具家电由李某使用;该房屋尚欠物业费 50 679.2 元,由李某负担 40%,由王某负担 60%。(4)变更一审判决第六项为:京 N×××××号奥迪 A6 小型轿车归王某所有,王某于本判决书生效后 10 日内给付李某车辆折价款 180 000 元整。(5)变更一审判决第七项为:王某于本判决书生效后 10 日内给付李某共同存款 14 000 元整,李某与王某其他各自名下存款及已收房屋租金归各自所有。(6)驳回李某与王某其他诉讼请求。

法官点评

本案是基于离婚纠纷下的夫妻共同财产的分配,而女方主张男方在夫妻关系存续期间有出轨行为成为本案夫妻财产分配的关键性问题。“出轨”属于违反夫妻忠实义务的范畴,夫妻相互忠实是婚姻伦理的必然要求,是人类两性关系进步的重要成果和标志,是人类社会在婚姻演化过程中的巨大进步。夫妻忠实义务涵盖的范围很广,在立法上目前采狭义理解,即夫妻双方互负贞操义务。《民法典》第 1043 条规定夫妻应当互相忠实,在法律上明确了夫妻忠实义务,而对于夫妻忠实义务是法定强制性义务还是法律倡导性义务,则存在不同的观点,一种观点认为“应当”的字样表明夫妻忠实义务是法定强制性义务,而另一种观点认为夫妻忠实义务不是一个严格意义上的法律规范,因为它缺乏法律规范的构成要素,属于法律倡导性义务。我们认为,《民法典》基本原则在婚姻关系中处于指导地位,通常在婚姻法规范有具体规定的情况下,必须适用具体规定,不能直接适用基本原则,在没有具体规定的情况下,《民法典》基本原则对《民法典》规范起到补充作用。夫妻忠实义务作为原则性的规范存在,是对《民法典》相关规则的补充。但如何界定违反夫妻忠实义务的标准以及违反夫妻忠实义务的法律后果在我国法律上并未有详细直接的规定,我国也没有将违反夫妻忠实义务作为离婚的法定情形之一。同样仅仅因为违反了夫妻忠诚义务,并不能自动产生损害赔偿责任,损害的后果不能仅仅来自婚姻关系危机和破裂本身,婚姻关系出现问题本身就会导致配偶一方的情感和心理上的痛苦,损害赔偿责任须基于损害的发生必须是公然和严重地违反了配偶之间的义务。

但在现实生活中,夫妻中男方出轨的现象屡见不鲜,很多出轨情形并非我国法律意义上的“有配偶者与他人同居”或“重婚”,因此并不能请求过错方承担损害赔偿责任。出轨可以分为四个层次:一是关系暧昧,即发现配偶有第三者，但出轨的程度不详；二是通奸，即配偶有临时、隐蔽的婚外性行为；三是同居，即配偶与第三者不以夫妻名义，持续稳定的共同居住；四是重婚，即配偶与第三者以夫妻名义同居或领取结婚证。夫妻忠实义务要求夫妻一方不得与配偶以外的第三方有性行为，而我国法律仅对婚外情中的“同居”和“重婚”作出干预，而对同样违反夫妻忠诚义务的“关系暧昧”和“通奸”并未有直接的规定，原因在于“同居”和“重婚”最具客观性，比较容易认定，而“关系暧昧”和“通奸”却很难认定。只有比较可操作的行为才能纳入法律管辖的范围，而且“同居”和“重婚”行为后果比较严重，是对社会道德的公然蔑视和挑战，而“关系暧昧”和“通奸”是私底下的行为。但我们认为对于通奸行为，虽然取证难度较大，但其行为性质对夫妻忠实义务来说与同居和重婚并无区别，亦应当予以制止。有学者认为基于通奸行为的特殊性，若对其在法律上予以惩戒，会导致捉奸成风的社会现象，浪费社会资源，引起家庭关系的不稳定，弊大于利，不宜实施。而我们认为夫妻忠实义务应当是建立在诚实基础上的义务，如果一方配偶瞒着另一方与第三者通奸，以不为无过错一方知晓而换回的家庭稳定和谐，从本质上就破坏了夫妻忠实义务的核心价值，这种对错误行为的放纵必然会影响整个损害赔偿制度的有效执行，重婚和同居行为极易演化为普遍的通奸行为。

本案中，李某提供了视频资料、照片以及出警记录，意图证明王某有出轨行为，而这里的出轨则是指王某与他人的通奸行为，通奸是违背夫妻忠实义务的行为，但我国法律上对其行为后果并未有明确的规定，违反夫妻忠诚义务包含哪些情形在复杂的现实环境中很难进行罗列，由于列举法的不可穷尽，列举违反夫妻忠诚义务的情形也并非明智之举。对于违反夫妻忠诚义务的界限，我们认为需要满足一个特定的可操作性标准，即与婚外第三人发生性行为，这不仅包括重婚行为以及有配偶者与他人同居的长期性行为，还包括通奸行为等暂时性行为。这些行为都会对婚姻中的忠诚一方造成严重的伤害，不仅须予以道德上的谴责，还须予以法律上的惩戒，我们认为，离婚损害赔偿制度的设立目的在于对权利的救济，同时借鉴《民法典》侵权责任编过错归责原则的思路，考虑过错方的过错程度，通过财产损害赔偿的方式对非过错方进行精神和感情上的抚慰和补偿，若由于通奸等违反夫妻忠诚义务而导致的离婚，虽不能主张损害赔偿责任，但在分配夫妻共同财产时，对违反夫妻忠诚义务的一方可根据案件具体情况予以少分或其他酌情处理方式以保护无过错的利益。出于《民法典》上照顾子女和女方的原则，在分配夫妻共同财产时对女方可根据案件的具体情况予以倾向性的照顾。本案正是基于上述的考虑才在物业费的负担、共同存款以及车辆折价款几个方面对于李某予以了倾向性的保护。

但由于私生活的隐秘性,违反夫妻忠诚义务的取证非常困难,即使拿到证据,也必然会涉及第三人的隐私及名誉,那就产生了第二个问题,当事人证据证明到何种程度才能证明夫妻其中一方违反了夫妻忠诚义务。换句话说,在无过错方很难举证证明出轨方有与他人同居事实的情况下,无过错方的证明程度应达到何种标准才能认定另一方的过错。离婚案件的事实与相应的法律规范之间存在相对隐秘的关系,如夫妻一方出轨的事实,这种隐秘性直接影响了当事人在诉讼中的举证,而证据认证的对象主要源于当事人收集的证据材料,离婚案件中证据数量少、证据种类单一、举证难的特征,在很多情况下,使法官的认证活动陷入"无源之水、无本之木"的尴尬境地,在婚外情的问题上,当事人出于该项行为对自己名誉的影响或是出于离婚损害赔偿等不利后果的考量,其往往采取秘密形式,无过错方很难知晓和发现,几乎无法取得证据。我国民事诉讼证明标准采取的是"高度盖然性"标准,这种盖然性所要求的证明,其必须确信是依据日常经验可能达到的那样的高度。但单一化的证明标准并不能完全切合复杂多变的现实环境,机械地在任何案件中均要求"高度盖然性"标准,会产生不当提高或者降低证明度的情形,增加当事人的举证负担或者降低举证要求,影响对案件事实的正确认定,以及程序事项的恰当处理和裁判的客观公正。离婚诉讼往往同时涉及当事人身份关系的解除,财产关系的处理以及子女的抚养等不同的问题,针对少数取证特别困难的离婚案件,应当实行"较高盖然性"的证明标准,以适当降低其证据要求,保护当事人的合法权益。在运用间接证据来进行举证,这些间接证据虽然单个不能作为认定证据适用,但如果形成了证据链条,同样具有证明效力。我们认为,此类案件的证据采信需要满足两个标准:一是合理怀疑的标准。夫妻关系中的忠诚一方提供的证据需要使一个善意的理性第三人产生合理的怀疑。这是一个比较模糊的标准,但亦在法官的自由裁量权的范围之内,就本案而言,李某提供了视频资料、照片以及出警记录,但并没有王某违反夫妻忠诚义务的直接证据。任何事件并非孤立存在,王某与案外人张某去天津游玩,居住在同一个房间内,并多次去张某家中见面,曾在张某家留夜至3点,这些事实足以让一个善意的理性第三人产生合理怀疑。满足合理怀疑的标准并不代表当事人就违反了夫妻忠诚义务,还须满足第二个标准,即抗辩不能的标准。被控告违反夫妻忠诚义务的一方应提供充足的证据消除善意的理性第三人的合理怀疑,若不能提供充足的证据,则推定当事人违反了夫妻忠诚义务,应为此承担相应的责任。王某未能提供充足的证据来消除法官合理的怀疑,故而推定王某违反夫妻忠诚义务,在分配夫妻共同财产时对李某予以倾向性的保护。

《民法典》中,对于离婚时夫妻共同财产处理的规定基本延续了《婚姻法》的规定,其第 1087 条的内容与《婚姻法》第 39 条的内容基本一致,但增加了照顾无过错方权益的原则,与本案例所阐释的内容相符,本案例所阐释的理念正是对违反夫妻忠诚义务的非过错方利益在分配夫妻共同财产时予以倾向性保护,《民法典》吸收了司法实践以及理论研究的最新成果,内容较为科学。就本案例而言,本案对于无过错方权益的倾向性保护的具体把握标准与审查要素,与《民法典》的精神相一致,故适用要点在《民法典》实施之后并无不同。

裁判精要

对于出轨等违反夫妻忠诚义务而导致的离婚,虽不能主张损害赔偿责任,但在分配夫妻共同财产时,对违反夫妻忠诚义务的一方可根据案件具体情况予以少分或其他酌情处理方式以对无过错方利益在分配夫妻共同财产时予以倾向性的保护。

二、违反夫妻忠实义务的过错方并不因此丧失平等分割夫妻共同财产的权利

实务难题

处理离婚纠纷,应避免简单机械地套用道德标准来平等保障婚姻当事人的利益。《婚姻法》修订时,没有提到离婚财产分割中要考虑当事人的过错因素。立法者对当事人过错的考虑,都交给了离婚过错损害赔偿制度,离婚财产分割无须考虑当事人过错。实务中关于共同财产分割的判决很少提及当事人的过错,但离婚案件中,夫妻共同财产的分割是否考虑过错因素仍存在一定争议,应该进一步探讨。

疑难案例

2011 年 8 月 6 日李某与赵某登记结婚,婚后二人感情一般,未生育子女。

2012 年 7 月 28 日，李某、赵某作为买受人与北京首开天成房地产开发有限公司签订北京市商品房预售合同，购买坐落于朝阳区东坝乡某地块 D21 号住宅楼 2 层 1 单元 202 号房屋，总价款 2 009 169 元，约定合同签订当日支付 769 169 元，剩余款项贷款支付。合同实际履行人李某、赵某于 2012 年 7 月 28 日付款 769 169 元，2013 年 4 月 10 日付款 200 000 元，2013 年 6 月 20 日付款 800 000 元，2013 年 9 月 7 日赵某作为借款人，李某、赵某均作为抵押人签署公积金贷款借款合同，贷款支付房款共计 240 000 元。本案审理过程中，双方均认可涉案房屋现值 3 300 000 元。另外，截至 2015 年 11 月 11 日，李某、赵某就涉案房屋贷款已还本金 98 298.48 元，尚有贷款 141 701.52 元未还，每月还贷金额 4399.52 元，尚有 34 期未还。涉案房屋于 2015 年 2 月 6 日已办理产权登记，登记房屋所有权人为李某、赵某，共有份额为共同共有，登记房屋坐落为朝阳区东坝中街某小区 12 号楼 2 层 1 单元 202 号。

李某起诉至原审法院称：我和赵某婚姻存续期间，赵某存在家庭暴力行为。我和赵某感情已经彻底破裂，要求依法解除我和赵某的婚姻关系，依法分割夫妻共同财产。赵某辩称：我同意离婚。2015 年 10 月 25 日中午在李某不知情的情况下我回到双方位于北京市朝阳区东坝乡某小区 12 号楼 1 单元 202 号的家中，发现家中有陌生男性身份证、证照、银行卡及生活用品，另外还发现李某与该男性出行票据、烟酒、性用品，出行票据包括 2015 年 9 月 19 日李某与该男性北京至烟台飞机票、同日蓬莱国际机场至蓬莱汽车票，2015 年 9 月 20 日长岛二人游览门票。赵某于 2015 年 10 月 25 日当日取得房屋所在楼栋单元门物业留存监控录像，录像显示自 2015 年 10 月 6 日至 25 日，李某与该男性多次先后进出单元门。李某婚内出轨是导致婚姻破裂的直接原因，给我造成了极大的伤害和打击，我要求李某赔偿我精神损害抚慰金 100 000 元。鉴于李某的严重过错，我要求在分割夫妻共同财产时对有过错方不分，并从李某个人财产中对我予以赔偿。

法院观点

一审法院经审理认为，感情是维系婚姻关系的基础，现李某起诉要求离婚，赵某亦表示同意，法院据此认定双方感情确已破裂，对李某的离婚请求予以支持。在婚姻关系中，一方对另一方进行持续性、严重的精神及身体虐待，可以认定为家庭暴力。李某、赵某夫妻关系存续期间虽有矛盾，但双方感情尚属融洽，难以认定赵某存在家庭暴力行为。根据赵某提交证据，法院认定李某婚内与异性保持不正当关系，时间上具有连续性，形式上已经构成同居，是造成双方感情破裂的根本原因，赵某作为无过错方，主张精神损害抚慰金于法有据，但其主张金额偏高，法院酌情支持50 000元。李某、赵某均主张房屋所有权，法院认为赵某在京无其他住所，且该房屋贷款尚未还清，赵某作为贷款合同借款人，房屋归其所有更利于后续合同履行，房屋归赵某所有为宜，赵某应按照房屋可供分割价值给付李某对应折价款，房屋未还贷款由赵某偿还，李某按照未还贷款本金数额向赵某支付折价款。法院依据双方均认可的房屋现价值扣减未还贷款本金，认定房屋可供分割价值为3 251 064.79元。据此，原审法院于2016年2月判决：(1)准予李某与赵某离婚；(2)李某于判决生效后10日内给付赵某精神损害抚慰金50 000元；(3)位于朝阳区东坝中街某小区12号楼2层1单元202号房屋归赵某所有，赵某于判决生效后10日内给付李某折价款1 625 532.4元，房屋剩余贷款由赵某负担；(4)驳回李某的其他诉讼请求。

原审法院判决后，李某不服，以其婚内并未与异性保持不正当关系，亦未构成同居；涉案房屋应判归其所有，房屋价值未经评估，赵某存在家庭暴力等为由，提起上诉，请求改判驳回赵某关于精神损害抚慰金的诉讼请求，改判涉诉房屋归李某所有，李某给付赵某1 625 532.4元折价款，房屋剩余贷款由李某负担。赵某同意原审法院判决。二审法院终审判决驳回上诉，维持原判。

法官点评

婚姻以夫妻双方的忠贞为基础和核心，无论是从传统的家庭伦理道德还是从法律的角度出发，忠实义务不仅是对夫妻双方的约束更是婚姻的保障，也是全社会对家庭道德的底线要求。本案中，李某的行为已触碰了这一底线，构成了当时的《婚姻法》上规定的过错，赵某有权要求赔偿。但李某并不因此少分或不分夫妻共同财产。具体涉及以下几个问题。

（一）如何理解违反夫妻忠实义务的过错

按照一般理解，“过错”，是指夫妻一方对另一方有打骂、虐待行为，或是有婚外情、有不良恶习如吸毒、赌博等。《民法典》并没有对“过错”下定义,我们只能根据法律的精神和相关的司法解释理解与掌握。《民法典》第1043条规定了夫妻之间相互忠实的义务;《民法典》第1091条规定:“有下列情形之一的,导致离婚的,无过错方有权请求损害赔偿:(一)重婚;(二)与他人同居;(三)实施家庭暴力;(四)虐待、遗弃家庭成员;(五)有其他重大过错。”从以上法律规定我们可以这样理解,婚姻关系中的过错,是指一方违反法律规定的夫妻忠实义务或通常的道德标准,或对另一方实施侵权或不道德行为,导致另一方受到不同程度损害的行为。根据一夫一妻制度的基本原理,目前在《民法典》上,只有重婚、有配偶者与他人同居、家庭暴力、虐待遗弃家庭成员四种行为被认定为过错。有些当事人认为夫妻一方有婚外情就是过错方,其实法律对过错有严格的规定,一方有婚外情不必然就是过错方。另一方有婚外情可能表现为多种形式,程度也不相同,如一方仅与婚外异性保持暧昧关系,经常打电话、送礼物,但是没有其他出轨的行为;更进一步,夫妻一方与婚外异性发生性关系,但也是偶尔为之;再严重一层,夫妻一方与婚外异性同居甚至涉嫌重婚罪。在《民法典》上,夫妻一方只有达到与婚外异性同居或重婚的程度才能构成过错,原因在于重婚或同居破坏了我国的“一夫一妻制”。重婚、有配偶者与他人同居均是违反夫妻忠实义务的行为,是过错的最主要表现形式。根据最高人民法院相关司法解释的规定,同居是指有配偶者与婚外异性,不以夫妻名义,持续、稳定地共同居住。人民法院认定同居,应当具备共同居住、不以夫妻名义、持续、稳定等几个条件。一审法院认定李某婚内与异性保持不正当关系,时间上具有连续性,形式上已经构成同居,是造成双方感情破裂的根本原因。李某的行为违反了夫妻忠实义务,无疑严重损害了夫妻之间的互相信任,严重侵害了赵某的感情,法院应当予以否定性评价。

(二)离婚损害赔偿体现对违反夫妻忠实义务行为的惩罚

《民法典》第1091条规定了离婚损害赔偿制度,即指在离婚诉讼中,因过错方的行为导致夫妻离婚时,过错方应对无过错方给予民事赔偿的法律制度。离婚过错方赔偿一般包括两个方面:财产损害赔偿和精神损害赔偿。财产损害赔偿是指有形的物质损失,如调查过错方有重婚情况的花费、起诉离婚的起诉费、家庭暴力治疗的医疗费等。根据法律的规定,物质损害赔偿需要按照实际损失赔偿，即物质损害赔偿以实际损失为限。因此，物质损害赔偿的标准就是实际的损失额。具体的损失额需要根据实际情况来确定，所以需要保存好因过错方造成的物质损失的证据，如收据、发票、医疗费清单等。精神损害赔偿，是指无形的损失，是在精神上造成的损害。具体包括，因家庭暴力造成的精神损害、因婚外情造成的精神崩溃、因虐待造成的心灵损害等。精神损害赔偿没有具体的数额标准，具体可参照《最高人民法院关于确定民事侵权精神损害赔偿责任若干问题的解释》第5条的规定，根据对方的过错程度、侵害的手段，以及所造成的后果等情况确定。对于精神损害赔偿，由于各地区经济水平存在差异，因此精神损害赔偿并没有明确的数额标准。无过错方作为原告向人民法院提起损害赔偿请求的，必须在离婚诉讼的同时提出。在婚姻关系存续期间，当事人不起诉离婚而单独依据该条规定提起损害赔偿请求的，人民法院不予受理。也就是说，离婚过错方赔偿一般是以离婚为前提的，不离婚就不能请求过错方赔偿。但是如果过错方提起离婚，无过错方不想离婚的，也未提起损害赔偿请求的，可以在离婚后一年内就此单独提起诉讼。无过错方作为被告的离婚诉讼案件，一审时被告未提起损害赔偿请求，二审期间提出的，人民法院应当进行调解，调解不成的，告知当事人在离婚后一年内另行起诉。也就是说，无过错方不想离婚且也未提起离婚过错方赔偿的，在法院判决离婚后一年内可以再行提起诉讼，请求过错方给予损害赔偿。

（三）过错方仍享有平等分割夫妻共同财产的权利

在司法实践中，照顾无过错方原则曾有法律依据。例如，1950年生效的我国第一部《婚姻法》规定，协议不成时，由人民法院根据家庭财产具体情况、照顾女方及子女利益和有利发展生产的原则判决。1981年修改的《婚姻法》规定："协议不成时，由人民法院根据财产的具体情况，照顾女方和子女权益的原则判决。"1993年最高人民法院颁布的《关于人民法院审理离婚案件处理财产分割问题的若干具体意见》规定："人民法院审理离婚案件对夫妻共同财产的处理，应当……坚持男女平等，保护妇女、儿童的合法权益，照顾无过错方，尊重当事人意愿，有利生产、方便生活的原则，合情合理地予以解决。""对不宜分割使用的夫妻共有的房屋，应根据双方住房情况和照顾抚养子女方或无过错方等原则分给一方所有。分得房屋的一方对另一方应给予相当于该房屋一半价值的补偿。在双方条件等同的情况下,应照顾女方。”上述法律及司法解释的规定,在司法实践中被称作照顾无过错方原则。2001 年修订的《婚姻法》仅仅将司法解释中的对隐匿财产等行为的处罚措施纳入法律,而对于其他过错,仅规定了损害赔偿方式,而不是对财产分割的份额予以调整。该法第 12 条规定:“……同居期间所得的财产,由当事人协议处理;协议不成时,由人民法院根据照顾无过错方的原则判决。……”该法第 47 条第 1 款规定:“离婚时,一方隐藏、转移、变卖、毁损夫妻共同财产,或伪造债务企图侵占另一方财产的,分割夫妻共同财产时,对隐藏、转移、变卖、毁损夫妻共同财产或伪造债务的一方,可以少分或不分。离婚后,另一方发现有上述行为的,可以向人民法院提起诉讼,请求再次分割夫妻共同财产。”这一规定比较突出的特点是,第一,提出了在分割夫妻共同财产时的照顾无过错原则;第二,第一次提出了对隐匿财产行为的惩罚。这是对损害夫妻共同财产的行为承担责任,并不能想当然地将其与过错方的道德责任相提并论。由于对同一过错,不能重复惩罚,一般认为当时的《婚姻法》否决了对财产分割中的照顾无过错方原则,各地多数法院基本上都暂停了对该原则的继续适用。而且,根据全国人民代表大会常务委员会法制工作委员会《中华人民共和国婚姻法释义》的分析,“根据本法的规定,在夫妻共同财产分割时,法院考虑的因素仅是子女权益和女方权益,不涉及过错或无过错的因素。但为了体现公平,照顾无过错方的利益,本法第四十六条规定了离婚损害赔偿制度”。

在离婚案件中,离婚财产分割表面上涉及当事人的财产分割问题,实际上涉及当事人在婚姻关系存续期间夫妻财产即经济利益的清算。共同财产制推定双方对家庭的贡献相同,因而离婚时一般应当平均分割夫妻共同财产。夫妻一方有造成夫妻感情破裂的过错行为与分割夫妻共同财产之间没有必然关系。也就是说,过错行为并不影响平等分割夫妻共同财产的权利。另外,因一方有过错导致离婚的,无过错一方有权要求损害赔偿。法律及相关司法解释没有规定因一方有过错在离婚时应当少分或不分财产,有过错行为与分割夫妻共同财产二者之间没有关系。本案中,李某婚内与异性保持不正当关系,时间上具有连续性,形式上已经构成同居,是造成双方感情破裂的根本原因。赵某作为无过错方已经获得精神损害赔偿金,夫妻共有房屋归赵某所有后,赵某应按照房屋可供分割价值给付李某一半的折价款,因此一审法院判决正确。

裁判精要

为平等保护婚姻当事人的利益，违反夫妻忠实义务的过错方导致离婚，应根据无过错方的请求给予其财产损害赔偿和精神损害赔偿，但过错方仍然享有平等分割夫妻共同财产的权利。

《民法典》第 1087 条第 1 款规定，“离婚时，夫妻的共同财产由双方协议处理；协议不成的，由人民法院根据财产的具体情况，按照照顾子女、女方和无过错方权益的原则判决”。上述规定在《婚姻法》第 39 条的基础上增加了“无过错方权益”，与《最高人民法院关于人民法院审理离婚案件处理财产分割问题的若干具体意见》的规定精神一致，因此，本案例在《民法典》实施后不再具有指导意义。

三、欺诈性抚养关系中过错方承担民事赔偿责任的范围

实务难题

欺诈性抚养纠纷是近几年我国发生频率较高的诉讼纠纷，目前我国没有针对欺诈性抚养的立法。最高人民法院对被欺诈方在离婚后支付的抚养费的返还进行了明确的规定，但对婚姻存续期间抚养费的返还并未作明确规定。而且对于过错方承担民事责任的范围，也没有涉及，这使法官在实务中处理此类问题时产生了困难。

疑难案例

1997 年 12 月 11 日，张某与魏某登记结婚。二人婚后生育一女张小某（1998 年 6 月 18 日出生）。2005 年 4 月 1 日，双方因性格不合在当地民政局协议离婚。离婚协议书中约定：张小某由男方抚养，女方不支付抚养费。离婚后，张某自行抚养张小某至 2014 年 5 月 30 日。2014 年 3 月 10 日，张某自行委托朝阳医院研究中心对其是否为张小某的生物学父亲进行鉴定。2014 年 3 月 21 日，经朝阳医院研究中心鉴定，该中心给出鉴定意见：“不支持张某是张小某的生物学父亲。”张某为此支付鉴定费 4842 元。

张某诉至一审法院称：我不是张小某的父亲。我在不知情的情况下与魏某

共同抚养张小某多年，离婚后亦自行抚养张小某多年。魏某对此负有全部过错。故起诉要求张小某由魏某自行抚养；魏某返还我自1998年6月18日至2005年4月1日张小某的抚养费49 200元、2005年4月1日至2014年4月1日张小某的抚养费129 600元；赔偿我因违反计划生育政策被征收的社会抚养费175 912元、鉴定费4842元、精神损害抚慰金200 000元。

魏某辩称：其一，张小某出生时，我并不知道张小某非张某的亲生女儿，直到现在我才知情。其二，我不应返还张某如此高额的抚养费。张小某出生至上幼儿园期间一直在我父母家生活，张某并没有支付抚养费。离婚后，我和我的父母也私下给张小某生活费。其三，张某主张的社会抚养费系其不符合计划生育政策生育二胎才予以征收，与我无关。

庭审中，魏某对朝阳医院研究中心出具的亲缘关系意见书提出异议，要求对张某、魏某与张小某亲子关系重新进行鉴定。2014年6月4日，经北京天平司法鉴定中心鉴定，给出鉴定意见："不排除'魏某'是'张小某'的生物学母亲，排除'张某'是'张小某'的生物学父亲。"

法院观点

一审法院认为，张小某非张某的亲生女儿，张某对张小某既无法定的抚养义务，亦不存在约定的抚养义务，作为张小某的法定代理人魏某理应返还相应的抚养费。抚养费的具体数额，法院依据抚养年限和当地实际生活水平酌情判决。关于张某主张的社会抚养费，因其系在不知张小某为其非亲生女儿的情况下被依法征收，且该款项已无法退还，魏某理应赔偿。张小某非张某亲生女儿的事实确给张某造成了精神上的极大伤害，故魏某应给付张某精神损害抚慰金并支付其因鉴定支出的费用。精神损害抚慰金的数额，法院酌情定为30 000元。张某主张过高部分，法院不予支持。魏某不知张小某系张某非亲生女儿的辩称，法院不予采信。据此，于2014年10月一审法院作出判决：(1)张小某由魏某自行抚养。(2)本判决生效后10日内，魏某返还给张某、张小某的抚养费共计148 700元。(3)本判决生效后10日内，魏某赔偿张某社会抚养费、精神损害抚慰金、鉴定费共计210 754元。(4)驳回张某其他诉讼请求。判决后，魏某不服，上诉至二审法院，认为张某及其现任妻子对于社会抚养费的征收也有责任，请求改判上诉人支付一半的社会抚养费即87 956元。张某同意原判。二审判决维持了关于魏某支付张某抚养费、精神损害抚慰金、鉴定费的判项。

法官点评

本案是典型的欺诈性抚养纠纷，司法实践中的案由原来多为其他财产所有权纠纷。从《民事案件案由规定》的规定来看，该类纠纷应当属于抚养纠纷。一般认为，欺诈性抚养，是指妻子（欺诈方）对丈夫（受欺诈方）隐瞒所生子女是非婚生子女的事实，使丈夫在被蒙骗中将妻子与他人所生子女当作自己的亲生子女抚养。丈夫一旦知道欺诈性抚养的真相，通常会引发有关返还抚养费、赔偿精神损害等纠纷。

（一）欺诈性抚养的法律性质

欺诈性抚养法律性质的界定存在以下四种学说：一是行为无效说。该学说认为，女方在婚姻关系存续期间故意隐瞒子女是与他人通奸所生的事实，致使男方受欺骗后违背自己真实意思而将该子女当成亲生子女进行抚养，依照《民法典》的规定，当属无效民事行为，男方有权请求返还已支出的抚养费。此学说是否合理，应该从民法理论上加以分析。以欺诈的手段，使对方在违背真实意思情况下作出的法律行为无效，是指受欺诈方与欺诈方之间的法律行为无效。在欺诈性抚养关系中，受欺诈方是夫，而欺诈方是妻，并非被抚养人（非婚生子女）。也即欺诈性抚养关系的一方主体不是非婚生子女，那么夫与非婚生子女的抚养关系就不能适用无效法律行为的规则。因此，欺诈性抚养关系是无效法律行为的学说并不严谨。二是无因管理说。该学说认为，男方无法定义务对非亲生子女予以抚养，其行为构成无因管理，应返还其已支出的抚养费用。该学说忽视了一个重要条件，就是无因管理需要主观上有为他人管理事务的意思。在欺诈性抚养关系中，受欺诈方对非亲生子女的抚养是因为受欺骗而为之，并没有为生父母管理事务的主观意思。按社会一般人的理性，也不可能为生父母负担抚养义务。三是不当得利说。该学说认为，对于非亲生子女的生父和生母而言，无抚养义务之人已支付的抚养费实属不当得利，生父、生母自应返还不当得利给无抚养义务之人。不当得利说主张生父生母受有不当利益的客观事实，但未能体现生父生母主观恶意的状态，与不当得利似有不合。我国著名民法学者杨立新认为,欺诈性抚养关系中的非婚生子女的生父母主观具有恶意,而不当得利的构成要件不需要主观具有恶意,所以如果把欺诈性抚养关系认定为不当得利,在客观上可以评价,但是在主观上无法评价。四是侵权行为说。该学说认为,婚姻关系是夫妻双方为了圆满安全幸福的家庭生活而成立的,因此婚姻关系的任何一方都有基于婚姻关系的身份所享有的圆满安全幸福的身份权益。欺诈性抚养关系是妻子与第三人发生婚外性行为引起的,这种婚外性行为生育子女就是干扰婚姻关系的共同侵权行为,侵害了无法定抚养义务人的财产权和人格权,应对其承担侵权民事赔偿责任。笔者认为,用侵权行为理论来解释欺诈性抚养较为合理。根据我国《民法典》的规定,侵害民事权益,应当承担侵权责任。民事权益包括民事权利和民事利益。就欺诈性抚养来说,其不仅侵害了男方(无抚养义务人)的人格权(尤其是名誉权),也实际损害了男方的经济利益,再加之其符合侵权责任的构成要件,即行为人有过错、有损害结果发生以及两者存在因果关系,同时也为无抚养义务人主张精神损害赔偿提供了法理支持,故对于欺诈性抚养按《民法典》理论来定性和处理更妥。

欺诈性抚养关系的侵权人的主观过错有两种形式。一种是故意的欺诈,即明知子女不是对方的亲生子女却谎称为对方的亲生子女。另一种是过失,即女方不知道所生的子女不是对方的婚生子女,经过亲子鉴定才知道不是对方的亲生子女,这虽然不是故意所为,但是其后果还是构成欺诈,因此也应当承担侵权责任。本案中,魏某辩称其并不知道女儿非张某亲生,其到诉讼时才知晓。从双方结婚时间及女儿出生时间来看,张某在女儿出生后,并未提出异议,推定其与魏某在婚前有性行为。所以魏某虽然不是故意所为,但是仍应当承担侵权责任。欺诈性抚养关系侵权行为的主体,是否包括非婚生子女的生父?这在实务界还有争议,我们认为这要看侵权行为的主观方面,是单方还是双方当事人均有过错:如果仅仅是女方进行欺诈,而非婚生子女的生父根本不知情,则不构成共同侵权,仅仅是实施欺诈的女方承担侵权责任。如果非婚生子女的生父亦知情,即主观上具有过错,则该非婚生子女的生母和生父属于共同侵权,该非婚生子女的生母和生父应当承担连带责任。本案中,张某对张小某的真实亲子关系是事后鉴定得知的,事先张小某的生父主观上并无欺诈的故意,其和魏某不属于共同侵权,因此张小某的生父不承担侵权责任。

（二）欺诈方应该承担财产损害赔偿责任

最高人民法院1992年4月2日在《关于夫妻关系存续期间男方受欺骗抚养非亲生子女离婚后可否向女方追索抚养费的复函》中答复，“在夫妻关系存续期间，一方与他人通奸生育了子女，隐瞒真情，另一方受欺骗而抚养了非亲生子女，其中离婚后给付的抚育费，受欺骗方要求返还的，可酌情返还；至于在夫妻关系存续期间受欺骗方支出的抚育费用应否返还，因涉及的问题比较复杂，尚需进一步研究，就你院请示所述具体案件而言，因双方在离婚时，其共同财产已由男方一人分得，故可不予返还”。该复函肯定了离婚后的欺诈性抚养，抚养费是应当返还的。对于婚姻关系存续期间的欺诈性抚养，该复函以问题比较复杂、尚需进一步研究为由，未作明确答复。欺诈性抚养实质是子女生母采取欺骗手段，让非婚生子女生母配偶相信该子女为婚生子女，并为之提供抚养费用，该行为后果是使受欺诈一方支付财产，代该子女生父母“履行”抚养义务，造成受欺诈方财产损失，其实质是一种侵权行为。在欺诈性抚养关系中，侵权人应该承担赔偿财产损失的侵权责任。无论在婚姻关系存续期间还是离婚以后，妻子对丈夫隐瞒所生子女是非婚生子女的事实，使丈夫因受欺诈而将妻子与他人所生子女当作自己的亲生子女抚养，法律应当赋予受欺诈方向欺诈方追索已支付抚养费的权利，且该抚养费不仅是夫妻离婚后支付的抚养费，还应当包括婚姻关系存续期间受欺诈方支付的抚养费。总之，过错方应当赔偿的财产损失，第一是支出的抚养费损失，第二是支出的抚养费的利息损失。这两项损失都是欺诈性抚养关系所造成的财产损失的后果，应当予以赔偿。张小某非张某的亲生女儿，因此张某既无法律上的抚养义务，亦不存在约定的抚养义务，作为张小某的法定代理人魏某理应返还相应的抚养费。张某并未要求抚养费的利息。根据本案的实际情况，即张某支付鉴定费4842元的事实，张某要求魏某赔偿鉴定费合理合法。张某要求的抚养费，一审法院依据抚养年限和当地实际生活水平酌情确定魏某返还给张某、张小某的抚养费共计148 700元。

（三）欺诈方应该承担精神损失的赔偿责任

我国《民法通则》第120条第1款规定，公民的姓名权、肖像权、名誉权、荣誉权受到侵害的，有权要求停止侵害，恢复名誉，消除影响，赔礼道歉，并可以要求赔偿损失。《最高人民法院关于贯彻执行〈中华人民共和国民法通则〉若干问题的意见（试行）》第150条规定，公民的姓名权、肖像权、名誉权、荣誉权和法人的名称权、名誉权、荣誉权受到侵害，公民或者法人要求赔偿损失的，人民法院可以根据侵权人的过错程度、侵权行为的具体情节、后果和影响确定其赔偿责任。另外，最高人民法院2020年12月29日修正的《关于确定民事侵权精神损害赔偿问题的解释》规定，精神损害赔偿的范围包括侵害他人名誉权，给他人造成精神损害的。配偶一方同他人发生婚外性行为将会对另一方的名誉、地位、尊严产生巨大的伤害，魏某与他人的婚外性行为，形成了怀孕并生育子女的结果，对张某名誉和尊严均是一种极大的伤害。精神损害赔偿金本身兼具经济补偿、精神抚慰和违法惩戒的多重功能，精神损害赔偿金除尽可能填补损失外，更主要的目的是抚慰和缓解被侵权人因精神损害所生之痛苦、失望、不满和怨愤，使其获得心理上的慰藉，以及制裁侵权人的违法行为，以维护整个社会抚养制度的稳定，促进精神文明建设。本案中，魏某隐瞒女儿张小某系非婚生的事实，使张某误认为女儿系其亲生而承担抚养义务，这一欺诈行为给对方造成的严重的精神创伤，如该种行为导致受害者损害赔偿请求落空，不仅有失公允，而且在理论上也缺乏支撑，离婚损害赔偿救济制度的功能就会被弱化。但是，确定精神损害赔偿数额应进行综合考虑。在处理离婚案件时，“子女最佳利益原则”已成为司法实践中公认的原则。虽然在欺诈性抚养案件中，该子女并非受欺诈方亲生，但在处理该类案件时，要综合考虑欺诈方的过错程度、欺诈方的经济能力、受欺诈方抚养非婚生子女时间长短等因素确定精神损害赔偿数额，不能因为支付过高的精神损害赔偿费用而严重影响非婚生子女的身心健康和生活环境。本案中，张某提出200 000元精神抚慰金是否过高，是否需要调整，应综合考虑魏某的过错程度、经济能力、张某抚养非婚生子女时间长短等因素。一审法院酌定数额为30 000元是适当的。

综上所述，欺诈性抚养通常会引发有关返还抚养费、赔偿精神损害等纠纷。一般认为，欺诈方应该向受欺诈方承担财产损害和精神损失的赔偿责任。二审法院判决维持了关于魏某支付张某抚养费、精神损害抚慰金、鉴定费的判项，是正确的。

裁判精要

欺诈性抚养，是指欺诈方对受欺诈方隐瞒所生子女是非婚生子女的事实，使受欺诈方被蒙骗将妻子与他人所生子女当作自己的亲生子女抚养。欺诈方应该向受欺诈方承担财产损害和精神损失的赔偿责任。

《民法典》第179条规定："承担民事责任的方式主要有：（一）停止侵害；（二）排除妨碍；（三）消除危险；（四）返还财产；（五）恢复原状；（六）修理、重作、更换；（七）继续履行；（八）赔偿损失；（九）支付违约金；（十）消除影响、恢复名誉；（十一）赔礼道歉。法律规定惩罚性赔偿的，依照其规定。本条规定的承担民事责任的方式，可以单独适用，也可以合并适用。"《民法典》第1165条第1款规定，"行为人因过错侵害他人民事权益造成损害的，应当承担侵权责任"。上述规定沿袭了《民法总则》和《侵权责任法》的相关规定。《民法典》并未对欺诈性抚养进行专门规定，欺诈方承担民事责任的方式和范围无须进行变更，本案例仍具有指导意义。

四、婚姻案件中"婚外情"证据的把控

实务难题

资料显示，当前40%～50%的离婚案件，是由"第三者"插足引起的。[1] 离婚诉讼中，婚外情的有无往往成为双方争议的焦点，对当事人的权益影响甚巨。但是，由于婚外情证据的自身特征及裁判者的不同认识，婚外情行为的认定一直是该类案件审理的难点问题。本案主要涉及婚姻法领域的一个疑难问题：婚姻案件中婚外情证据如何把控？

疑难案例

2009年11月15日，惠某父母出资购买涉案房屋，该房屋于2011年10月20日登记到惠某个人名下。惠某与侯某于2012年5月9日登记结婚。2013年1月14日，惠某与侯某将涉案房屋变更登记为二人共同共有。2013年7月4

---

〔1〕 参见刘余香：《论对"第三者"的法律规制》，载《法学杂志》2011年第8期。

日，惠某与侯某将涉案房屋变更登记为侯某单独所有。应惠某申请，法院赴公安机关对侯某在桂林市的开房信息进行了核查，查明侯某与案外人贺某多次开同一房间住宿。侯某称2012年11月26日在桂林市金埔大酒店是其自己一个人住的，未与贺某同住；2012年11月27日其在阳朔县万丽花园大酒店只住了一晚；2013年1月31日其在阳朔县玫瑰木二号店只住了两晚；上述两次是与贺某一起住的，但开的是标准间。在大连市都是各自住大床房；2012年12月31日其在云南丽江花自在客栈开的是标准间，是与贺某一起住的；2013年3月8日至9日，其在云南大理亦乐居客栈，连续两晚与贺某一起入住，开的是标准间；其他时间都不存在与贺某一起住的情况。惠某以此指认侯某存在婚外情行为。侯某对此不予认可，并称贺某是其同事，已婚，其与贺某经常因公一起出差，公差结束后往往会借机游览周边景点，出于安全及经济原因，再加上彼此间比较熟悉、信任度较高，因此才登记了一间房，但却人各一床，彼此间并未发生任何不正当行为。因双方感情不和，惠某已搬离涉案房屋，现该房屋由侯某及其父母居住使用。

惠某诉称，在变更房屋登记至侯某个人名下后，我发现侯某存在婚外情行为，侯某对此亦坦然承认。我认为，侯某行为严重欺骗了我，也严重侵害我和我父母的情感，更违反了我将房屋变更至其名下的初衷，故诉讼请求撤销两次变更登记行为。侯某辩称，惠某所述我存在婚外情之事实我不认可，要求法院驳回惠某全部诉讼请求。

法院观点

一审法院认为，房屋第一次变更至夫妻共同名下，属夫妻约定财产属性，受当时的《婚姻法》规范。房屋第二次变更至侯某个人名下，属赠与行为，受当时的《合同法》规范。侯某虽否认其存在婚外情，但经查证，侯某确实存在与异性开房共居之事实，该行为与生活常理不符，惠某以此认为侯某存在婚外情并无不当。惠某依据当时的《合同法》之规定，行使法定撤销权于法有据，故对惠某要求撤销第二次变更登记行为的诉讼请求，予以支持。惠某要求撤销第一次变更登记行为，无法律依据，不予支持。据此，一审法院判决：(1)撤销惠某与侯某于2013年7月4日达成的关于2307室房屋权属变更登记行为，将该房屋恢复至惠某与侯某共同共有状态；(2)驳回惠某的其他诉讼请求。

判决后，惠某、侯某不服，均持各自意见上诉至二审法院。二审法院经审理后认为：关于侯某是否存在严重侵害惠某的行为，诚如侯某所述，其与贺某同宿一室期间人各一床别无其他，生活中确实不排除存在这种纯洁男女关系的可能性，但是，根据本案查明的事实，侯某与贺某原属同事关系，均为已婚青年男女，开房同居时间地点多在外地城市出差期间，且根据法院调取的开房记录及侯某的自认，双方存在长期、多次同宿一室的事实，根据逻辑推理和日常生活经验，惠某主张侯某存在婚外情行为的事实更加符合生活常识。法院认为，惠某提供的证据的证明力已具有明显优势，足以证明其主张，法院依法对其证据予以采信。关于惠某能否行使法定撤销权，因侯某存在严重侵害惠某的行为，惠某根据《合同法》第192条[1]之规定主张法定撤销权，具有事实与法律依据，法院予以支持。二审法院依照相关规定，判决：(1)撤销一审民事判决；(2)撤销惠某与侯某于2013年1月14日及2013年7月4日达成的关于2307室房屋权属变更登记行为，侯某于判决生效之日起30日内协助惠某将上述房屋变更登记为惠某个人所有。

法官点评

（一）证明标准的厘清

证明标准，是指法官在诉讼过程中认定案件事实所要达到的证明程度。[2]在民事诉讼中，大陆法系和英美法系国家均以“盖然性”作为证明标准，但对“盖然性”程度的要求有所不同。大陆法系国家在民事诉讼中一般采用“高度盖然性”的证明标准。德国学者以刻度盘为例子对“盖然性”作出形象而直观的描述：假定刻度盘两端为0和100%，将刻度盘两端之间分为四个等级：1%～25%为非常不可能，26%～49%为不太可能，51%～74%为大致可能，75%～99%为非常可能。其中0为绝对不可能，100%为绝对肯定，50%为可能与不可能同等程度存在。据此，民事诉讼的证明标准应当确定在最后一个等级，即在穷尽了可以获得的所有证据之后，如果仍然达不到75%的证明程度，则应当认定事实

〔1〕 具体规定参见《民法典》第663条。

〔2〕 参见江伟主编：《民事诉讼法》（第4版），高等教育出版社、北京大学出版社2013年版，第222页。

不存在；超过75%的，应当认定待证事实存在。[1] 英美法系国家民事诉讼的“盖然性”证明标准，通常表述为“盖然性”占优，在美国通常表述为优势证据标准，它要求诉讼中一方当事人所提供的证据比另一方所提供的证据更具有说服力或者更令人相信……这一标准在确定哪一方在证据的数量和质量上更有优势不做高度要求。一些评论家将这种证明标准表达为51%的概率，意即只要一方当事人证据的优势超过51%他就可以胜诉。[2]

2008年12月31日实施的《最高人民法院关于民事诉讼证据的若干规定》[3]［以下简称《证据规定》(2008)］第73条第1款规定，双方当事人对同一事实分别举出相反的证据，但都没有足够的依据否定对方证据的，人民法院应当结合案件情况，判断一方提供证据的证明力是否明显大于另一方提供证据的证明力，并对证明力较大的证据予以确认。有学者认为，这一规定实际上确立了“高度盖然性”的证明要求。[4] 但仍有人认为，上述规定为优势证据标准的规定。《最高人民法院关于适用〈中华人民共和国民事诉讼法〉的解释》第108条第1款、第2款规定，对负有举证证明责任的当事人提供的证据，人民法院经审查并结合相关事实，确信待证事实的存在具有高度可能性的，应当认定该事实存在。对一方当事人为反驳负有举证证明责任的当事人所主张事实而提供的证据，人民法院经审查并结合相关事实，认为待证事实真伪不明的，应当认定该事实不存在。据此，该解释从本证和反证两个角度规定了“盖然性”的程度要求，即对待证事实负有举证责任的当事人所进行的本证，需要达到“高度盖然性”的程度，而反证只需要使本证的对待证事实的证明陷入真伪不明即可。我们认为，对于“高度盖然性”的把握应遵循以下两个标准：(1)证明度达到75%以上；(2)符合日常生活经验及老百姓认知规律。

(二)婚外情证据的特点及认定难的原因

婚外情并不是一个法律概念或法律术语，人们对此有不同的理解，难以对

---

〔1〕 参见［德］汉斯·普维庭：《现代证明责任问题》，吴越译，法律出版社2000年版，第108页。

〔2〕 参见张卫平主编：《外国民事证据制度研究》，清华大学出版社2003年版，第217页。

〔3〕 根据2019年10月14日最高人民法院审判委员会第1777次会议《关于修改〈关于民事诉讼证据的若干规定〉的决定》修正。

〔4〕 参见江伟主编：《民事诉讼法》(第4版)，高等教育出版社、北京大学出版社2013年版，第225页。

其作出精准的定义。本节所指的婚外情特指有配偶者与异性发生婚外性行为的情形,而不包括重婚及长期同居的情形。

"一夫一妻制"是我国《民法典》的基本原则。《民法典》第1041条规定了一夫一妻的婚姻制度。《民法典》第1042条第2款规定,禁止重婚,禁止有配偶者与他人同居。我国改革开放以来,随着人们物质生活水平的提高、人员流动性的增强,以及人们思想观念的开放,一些地区出现了重婚、"包二奶"、婚外情及其他形式的已婚者与他人同居现象。这些丑恶现象严重违反了我国当时的《婚姻法》规定的一夫一妻制原则,违背了社会主义道德风尚,败坏了社会风气,破坏了婚姻家庭关系的健康和稳定。[1] 对此,《刑法》及相关司法解释对重婚等构成刑事犯罪的行为进行了制裁。但是,有些人为规避法律,采取不登记结婚、不举办婚礼、亦不以夫妻名义共同生活等方式逃脱法律制裁。对于变相的违反"一夫一妻制"的行为如何制裁,存在较大争议。有人认为,通过扩张《刑法》解释的方式,将有配偶者与他人长期同居的认定为重婚,予以刑事制裁;有人认为《刑法》具有谦抑性,不能对其进行随意扩张解释,与他人长期同居的行为应由《民法典》调整,而一般的婚外性行为如通奸、嫖娼及其他偶发的婚外性行为应纳入相应行政规范及道德的调整范畴。我们认为,应根据行为危害性的严重程度,对违反"一夫一妻制"的行为建立多层次、无缝隙的规制体系:构成重婚的,依法追究刑事责任;重婚、有配偶者与他人同居导致离婚的,无过错方有权请求损害赔偿;通奸、嫖娼及其他偶发的婚外性行为除承担相应行政责任外,在离婚案件中因其对婚姻的解体存在过错,将在夫妻共同财产分割及子女抚养等方面处于不利地位。

鉴于可能面临的法律制裁以及道德谴责,婚外情行为的当事人往往会极力掩饰相关痕迹,以至于受害方发现确切性接触证据是极其困难的。从证据形式上来看,实践中遇到的该类证据十分繁杂,可谓五花八门,例如:(1)过错一方或婚外异性作出涉及婚外情行为的书面材料;(2)过错方与婚外异性亲密关系的各种照片;(3)反映婚外情内容的录音录像等视听资料;(4)手机短信、通信软件聊天记录和电子邮件等;(5)关于过错方与他人租房相关单据,同居区的邻居、保安等服务人员的证人证言,警方的笔录等其他证据。

---

[1] 参见最高人民法院民事审判第一庭:《婚姻法司法解释的理解与适用》,中国法制出版社2002年版,第14页。

从证据属性上讲，婚外情证据属于隐私性证据，具有以下特征：

1. 隐秘性强。性行为本身具有私密性，发生在私密场合，外人无从知晓。而涉及婚外同居、婚外性行为的情形，当事人更是不愿为外人所知晓，因此取证的难度非常大。

2. 合法性危机。由于取证难度大，受害方为取得婚外情证据不得不穷尽各种手段，甚至采取不正当的手段，如采取跟踪、偷拍、窃听、暗访、捉奸等形式。在取得相应婚外情证据的同时，又因取证手段的不正当可能侵害他人隐私权等合法权益，而陷入合法性危机。该类证据是否为非法证据以及应否排除，成为法院认定该类证据的难点。

3. 碎片化。实务中反映婚外情的相关证据形式多样，这些证据除了极少数能够直接反映婚外性行为或婚外情事实，大多都是碎片性的，且存在保存困难、稳定性差、易删减编辑、难以辨明身份等特点。

正是基于以上特征，受害方取得直接证据难度较大，考虑到离婚诉讼中的法律成本及受害方的不利地位，涉事当事人往往拒不承认相关事实，致使法院对婚外情行为难以认定。对于碎片化的证据，法官不得不根据日常生活经验及逻辑推理对这些证据作出符合社会常理和生活法则的判断。

（三）婚外情证据的认定规则

首先，虽然我国《民事诉讼法》确立了“高度盖然性”的证据证明标准，但鉴于婚外情证据的特殊性及举证特别困难，我们认为，为缓和证明的难度，对证据的认定标准不宜过苛。其次，对证据的审查判断，应依据《证据规定》(2008)第64条以及《最高人民法院关于适用〈中华人民共和国民事诉讼法〉的解释》第105条的相关规定，按照法定程序，全面、客观地审核证据，依照法律规定，运用逻辑推理和日常生活经验法则，对证据有无证明力和证据证明力大小进行判断，并公开判断的理由和结果。因此，我们认为，在审理涉婚外情行为案件时应根据日常生活经验对事实进行甄别还原，按照普通人的标准去认识，利用现代自由心证规则进行评判。如无直接证据认定婚外情的情况下，法官可以通过其他相关证据所反映的细节，运用日常生活经验法则进行判断。正如我国台湾地区法院的一个案例，“最高法院”95年度台上字第234号判决称：通奸之足以破坏夫妻间之共同生活而非法之所许，此从公序良俗之观点固可断言，惟本件原审既未认定上诉人与诉外人杨女间有“通奸”之行为，得否仅以上诉人于特定期间内与杨女有密切电话通联、其机车多次停放杨女住处楼下、杨女之母与他人之录音对话显示上诉人与杨女交往，及上诉人与杨女先后四次同班机出入边境，即谓上诉人与杨女之交往已逾越通常男女社交礼仪范畴，违背夫妻之忠贞义务，而故意以背于善良风俗之方法，侵害被上诉人基于配偶关系之身份法益，并令上诉人依“民法”第195条之规定，赔偿被上诉人非财产上之损害，亟待进一步厘清。原判决未详加审酌，所为上诉人败诉之判决，自属难昭折服。[1]

本案中，根据查明的事实，侯某与贺某原属同事关系，二人均为已婚青年男女，开房同居时间地点多在外地城市出差期间，且根据法院调取的开房记录及侯某的自认，双方存在长期、多次同宿一室的客观事实。此外，根据双方当事人的陈述及查明的案件细节，在双方日常生活中侯某还存在背地里打电话、出差回京后仍在宾馆住宿等不正常现象。另根据当事人庭审表现，侯某在关键事实陈述时依赖代理律师，其父亲作为代理人却一言不发等庭审细节，二审法院综合上述情形认为诚如侯某所述，其与贺某同宿一室期间人各一床别无其他，生活中确不排除存在这种纯洁男女关系的可能性，但是，根据逻辑推理和日常生活经验，证明侯某存在婚外情行为的证据具有“高度盖然性”，更加符合生活常识。对于侯某而言，其旦否认存在婚外性行为，辩称各住各床，但不能自证其清，其并未提出贺某存在生理疾病或性取向有问题等反证以反驳惠某的主张。二审法院认定侯某存在婚外情行为符合证据规则。

（四）婚外情行为的法律后果

婚姻以两性的忠贞为基础和核心，无论是从传统的家庭伦理还是道德、法律角度出发，忠实义务不仅是对双方的约束更是对婚姻的保障，也是全社会对家庭道德的底线要求。本案中，侯某的行为已触碰了这一底线，法院予以否定性评价。惠某将其父母出资购买的婚前房屋赠与侯某，显然具有追求美好婚姻生活的良好初衷。但侯某的行为无疑严重损害了夫妻之间的互相信任，严重侵害了惠某的感情，必然给其造成精神痛苦。关于赠与行为法定撤销权的行使，

---

〔1〕参见詹森林：《第三人干扰婚姻关系之侵权责任——台湾法之经验及比较法之观察》，载《华东政法大学学报》2013年第3期。

《民法典》第1065条规定了夫妻对婚姻关系存续期间所得的财产以及婚前财产的约定对双方具有约束力，该规定明确了夫妻约定的财产关系受法律保护，夫妻双方应当按照诚实信用原则认真履行。但是，该夫妻财产约定并不能排斥合同法的适用。就夫妻之间的赠与而言，一方赠与另一方动产已经交付的，依照《民法典》的相关规定，当然不能随便撤销。依据《最高人民法院关于适用〈中华人民共和国民法典〉婚姻家庭编的解释（一）》第32条之规定，夫妻之间赠与的房产在变更登记之前撤销赠与，可以按照《民法典》第658条的规定处理，赠与人在法定条件下享有任意撤销的权利。同理，如果赠与的房产已经登记过户，但受赠的夫妻一方对另一方有扶养义务而不履行、严重侵害赠与人或者赠与人的近亲属、不履行赠与合同约定的义务等，赠与人可以按照当时的《合同法》第192条的规定行使法定撤销权。[1] 涉案房屋系惠某婚前购买，且登记在惠某名下，原本属于惠某婚前个人财产。2013年1月14日，双方约定并将该房屋登记为双方共同共有。2013年7月4日，双方约定并将该房屋登记到侯某一人名下。显然该两次变更登记行为均属于惠某将自己的房产赠与侯某的行为。两次赠与行为与身份关系无关，可以适用当时的《合同法》的相关规定。侯某存在严重侵害惠某的行为，惠某根据当时的《合同法》第192条之规定主张法定撤销权，二审法院予以支持具有事实与法律依据。

裁判精要

在审判实践中，当事人对婚外情证据需要举证到何种程度，没有明确的标准。本案依据优势证据规则及日常生活经验对个案事实作出判断，并明确提出可以依据《合同法》的规定调整婚内赠与行为，对婚姻法领域的该类疑难问题作出了有益的探索。

《民法典》第464条第2款规定，婚姻、收养、监护等有关身份关系的协议，适用有关该身份关系的法律规定；没有规定的，可以根据其性质参照适用本编规定。由此可知，对于夫妻之间赠与行为，婚姻家庭编没有相关规定的，可以适用合同编的规定。而《民法典》第663条规定的赠与人可以撤销赠与的三种情形，基本沿袭了

[1] 参见杜万华、程新文、吴晓芳：《〈关于适用婚姻法若干问题的解释（三）〉的理解与适用》，载《人民司法》2011年第17期。

《合同法》第192条的规定。故就本案而言，在当事人的请求权基础、法院处理思路、法律路径的解析方面，均不因《民法典》的出台而受到影响。

五、婚姻存续期间夫妻一方与婚外异性生育子女，对方可主张精神损害赔偿

实务难题

依据《民法典》第1091条规定，无过错方在离婚时有权请求损害赔偿的具体情形包括四种：(1)重婚；(2)与他人同居；(3)实施家庭暴力；(4)虐待、遗弃家庭成员的。而在司法实践中，下列情形并不罕见，即夫妻一方与婚外异性存在不正当两性关系，现有证据并不足以证实其双方存在同居或重婚关系，但其双方已经生育子女，甚而夫妻关系无过错相对方在不知情的情形下，对上述子女履行了抚养义务。上述情形下，无过错相对方提出的精神损害赔偿之诉应否得到支持，审判实践中一直存在不同的意见。一种意见认为，与婚外异性生子一方确有过错，且对于婚姻相对方造成精神伤害，应当支持。另一种意见则认为，过错方的行为不符合法律中关于精神损害赔偿的构成要件，无过错方的主张没有法律依据，不应支持。

疑难案例

安某与律某均系俄罗斯人，二人于1979年在苏联登记结婚，双方在中国有住所地。现律某诉至法院，称安某与婚外异性袁某长期同居，并公开以夫妻名义生活，构成重婚，且已经生育一子，给律某造成重大精神伤害，现要求离婚，由安某给予其精神损害赔偿。安某否认与袁某同居及重婚，其称与袁某发生了一夜情并共同生育一子。

法院观点

一审法院认为，安某在与律某夫妻关系存续期间，与其他女性发生不正当两性关系，且有一个非婚生子，违反了夫妻之间互相忠实的义务，对双方的夫妻感情造成了伤害。现律某作为无过错方，坚持要求离婚，应认定双方夫妻感情已经破裂，准予双方离婚。本案中，安某虽在婚姻关系存续期间与其

他女性发生不正当两性关系，但律某提供的证据不足以证明安某与其他异性持续稳定共同生活及重婚，故其要求安某承担损害赔偿责任的请求，没有法律依据，法院据此在判决双方离婚的同时驳回了律某要求安某赔偿精神损失的诉求。

律某对此不服提出上诉。二审法院经审理后认为，安某在婚姻关系存续期间与婚外异性发生不正当两性关系且已生育子女，有违夫妻间的忠诚义务。安某的上述行为无疑对作为配偶的律某的精神造成了巨大伤害，从这一角度律某有权要求安某赔偿其精神损失。据此，综合安某行为的具体情形、损害后果以及其经济能力等，改判其向律某支付精神损害赔偿金300 000元。

法官点评

（一）关于离婚精神损害赔偿制度的规定

离婚精神损害赔偿，是指配偶一方侵害配偶他方的合法权益，导致婚姻关系破裂，离婚时对无过错配偶遭受的精神利益的损害和精神创伤，所应承担的民事责任。

依据前述法律及其相关司法解释的规定，上述损害赔偿责任的承担主体为离婚诉讼当事人中无过错方的配偶；赔偿内容包括物质损害赔偿和精神损害赔偿。涉及精神损害赔偿的，适用《最高人民法院关于确定民事侵权精神损害赔偿责任若干问题的解释》的有关规定；提起此项诉求的时间条件为：无过错方作为原告提出诉求的必须在离婚诉讼同时提出，无过错方作为被告的离婚诉讼案件，如果其不同意离婚也不基于此条规定提出损失赔偿请求的，可以在离婚后1年内单独提起诉讼，无过错方作为被告的离婚诉讼案件，一审时其未提出损害赔偿请求，二审期间提出的，人民法院应进行调解，调解不成的，告知当事人在离婚后1年内另行起诉。

（二）对法律规定情形以外严重侵害配偶权行为所提精神损害赔偿诉求的处理

实践中，有些判例突破了《婚姻法》第46条规定的范围，在当事人提供的证据不能证明配偶一方重婚或与他人同居的情形下，仅凭配偶一方存在婚外情、出轨、通奸等即判决其承担离婚损害赔偿责任，认为此有利于制裁婚外情的不良社会风气，维护无过错方权益。但我们倾向于不应将离婚损害赔偿制度的适用范围随意扩大，理由在于：首先，从《婚姻法》第46条的规定本身来看，是通过列举形式对损害赔偿的适用情形进行了列明，并无概括性或参照适用的规定。其次，从该规定立法本意来看，其侧重点在于制裁重婚及与他人婚外同居的行为，即制裁的是挑战一夫一妻制的行为，而一般婚外情行为应属道德调整范畴。最后，如确认婚外情、通奸，导致离婚的，可通过分割财产时对无过错方的照顾来维护其权益，不必一定通过离婚损害赔偿制度来解决。但正如前文所述，现实生活尚存诸多夫妻一方侵害配偶权的行为，且一些行为对于配偶的精神侵害程度不亚于甚至超出《婚姻法》第46条规定的情形。本案中，安某在婚姻存续期间，与婚外异性生育子女且已抚养至5岁，对已与其共同生活30余年的配偶律某的精神无疑造成了巨大伤害，即属于上述情况。此种情形下，无过错方在离婚时提出精神损害赔偿的，应当如何处理，尚无明确的法律法规及司法解释的规定。前文谈到，司法实践中存在两种不同意见，基于此，也产生两种不同的处理方式。对此，人民法院出版社出版的《最高人民法院司法观点集成》持前种意见，本案的二审判决亦采纳了上述观点，就一审的该项判决结果进行了改判。但应明确，这里的精神损害赔偿与《婚姻法》第46条规定中的"有配偶者与他人同居"以及"重婚"所产生的损害赔偿并不相同，后者赔偿要件为"持续、稳定地与婚外异性共同居住或以夫妻名义共同生活"，而前者为"婚姻存续期间与他人通奸生育子女"；前者的法律依据为《婚姻法》第46条的规定，而后者的法律依据系当时的《民法总则》及《最高人民法院关于确定民事侵权精神损害赔偿责任若干问题的解释》的有关规定。

（三）确定精神赔偿数额应考虑的因素

1. 结婚时间的长短

结婚时间的长短意味着夫妻双方在一起共同生活的时间长短。夫妻双方在婚姻关系中共同生活，对于共同组建的家庭都会承担相应的责任和义务，并为维系婚姻关系投入一定的时间、精力和物力，这些投入就是双方对家庭的贡献。结婚时间越长意味着投入的时间、精力和物力越多，贡献也就越大。从这个角度来看，如果同样是发生不忠诚情况时，对于存续期间为几个月的婚姻关系与存续期间为几年甚至几十年的婚姻关系所造成的伤害必然是不相同的。如本案例中的安某与律某在30余年的婚姻关系存续期间，承认与袁某之间有一夜情并生育了子女，对于律某的精神打击应当是十分大的。鉴于此，对于双方婚姻关系存续期间较长的并且做出家庭贡献程度较大的无过错当事人，在获得赔偿的时候应当有所倾向。

2. 过错方的过错程度

过错方的过错程度即侵权情节的严重程度，与无过错方受到的伤害程度有直接的关系，同时也是法院确定损害赔偿数额的重要依据。过错方的过错程度可以通过考察过错方的主观意图，以及采取的具体行为手段、次数、持续时间等情节进行判断。不同主观意图及行为方式反映出过错方主观恶性的区别，相应地对无过错方造成精神损害的程度亦有所差别，同样其受到惩罚的程度亦应随主观恶性的加重而加重。

3. 造成无过错方精神伤害的严重程度

损害后果的大小是一般侵权案件中赔偿金额定额的关键性要素。在离婚精神损害赔偿案件中，侵权方对于受害者精神上的损害程度以及产生的后果直接决定了受害者事后的心理恢复程度。因而立足于侵害行为所造成的损害后果来看，以损害后果作为判断赔偿数额是相对合理的。损害后果主要指的是受害人的心理状态和由这种心理状态引发的生理状态。相同事件给不同无过错方造成的精神伤害程度不同，很难寻求客观的衡量标准，但仍有一定规律可循。比如，从无过错方的个体差异考察，不同年龄，不同阶段的人抗击能力和恢复能力不同，一般而言双方婚龄较长、无过错方年龄较大、处于孕期、哺乳期及患病期间的当事人所受伤害程度较重，恢复亦较为困难，对其损害赔偿数额应考虑适当增加；从精神伤害的所引发的客观损害考察，直接或间接造成较为严重后果的，如有证据证实造成无过错方流产、患抑郁症等情形的，精神损害赔偿数额亦应增加。

4. 当地生活水平的高低

在确定赔偿金额的过程中，一方面要建立在当地生活水平的基础上，根据当地的经济水平来确定赔偿的额度，令受损害方能够得到充分的补偿。另一方面也要避免因为过度的赔偿导致侵权方的正常生活负担沉重，从而产生矫枉过正的效果。

5. 过错方经济能力及无过错方的经济状况

考察过错方的经济能力，直接决定了过错方对于赔偿金数额是否具备支付能力，从而使裁判结果具有可执行性，同时也决定能否达到惩戒其违法行为的效果和作用。而无过错方的经济状况，影响着一定数额的赔偿金能否达到抚慰其精神伤害的目的，特别是对于经济困难的无过错方，赔偿金的数额也会影响其生活条件。如果侵权人主观上具有严重的加害倾向产生了严重的损害后果，侵权人经济能力尚可，而另一方经济能力较差，这种情况这应当适当提高赔偿金额的数额，这种赔偿功能才能得到充分的发挥。除了这些因素之外，在确定赔偿金额的范围时，还应当进行综合分析，对于侵权行为的手段、方式、地点等因素进行考量，侵权行为在某种意义上直接体现了社会危害性。一般来说，侵权行为情节较为严重的，对于受害者产生的精神损害程度也较为恶劣。

6. 过错方的认错态度

侵权人的认错态度也是很重要的一个考量因素。认错态度也将从两个维度来进行考量，一方面是侵害人对于侵害行为的认识程度，另一方面是侵害人对于受害人权益的弥补程度。在侵害行为产生后，侵权人如果对于自己的侵权行为产生了清醒的认识，并且对无过错方表达出充分的歉意，则肯定会让受侵权方的心理产生莫大的弥补，将会在很大程度上降低受害人受到的精神折磨，则可以对赔偿金额的数额进行一定程度的降低；反之，如果侵权人在侵权行为产生后丝毫不知悔改，甚至继续这种侵害行为，那么无疑是对受害者的一种扩大侵害，因而应当适当提高赔偿金额。除此之外，婚姻关系双方在婚姻关系期间对于婚姻关系的奉献和投入等因素也应当列入考量的范围内。

综上所述，对于无过错方离婚时或离婚后提出精神损害赔偿的诉求，过错方行为符合《婚姻法》第46条规定四种情形之一的，依据上述条款规定判决过错方给予其精神损害赔偿；而对于上述四种情形之外严重侵害配偶权的侵权行为，则应依据当时的《民法通则》以及《最高人民法院关于确定民事侵权精神损害赔偿责任若干问题的解释》的有关规定予以认定和处理。对于精神损害赔偿数额的确定，应综合考虑过错程度、行为方式、伤害程度、双方经济状况等因素，合理确定。

《民法典》第1091条规定："有下列情形之一，导致离婚的，无过错方有权请求损害赔偿：（一）重婚；（二）与他人同居；（三）实施家庭暴力；（四）虐待、遗弃家庭成员；（五）有其他重大过错。"即在保留《婚姻法》第46条三种情形的基础上，将“有配偶者与他人同居”修改为“与他人同居”，并增设第5项“有其他重大过错”，该兜底条款，赋予法院判断的裁量权，为离婚的无过错方提供了较为灵活的救济手段。《民法典》实施后，类似本案所涉四种情形之外严重损害夫妻感情并导致双方离婚的情形，经法院认定属“有其他重大过错”，即可适用离婚损害赔偿制度予以处理，而无须再行借助其他法律制度解决。

裁判精要

夫妻一方在婚姻关系存续期间与婚外异性生育子女的行为，虽不属于《民法典》第1091条所规定的无过错方可要求离婚损害赔偿的情形，但属于严重违反夫妻忠实义务的行为，对于上述行为无过错方有权依据其他规定，要求过错方给予其精神损害赔偿。同时，夫妻一方因另一方隐瞒真相而受欺诈抚养了另一方与他人所生育子女，受欺诈抚养方有权请求另一方返还实际支出的抚养费用。

第三章　夫妻法定财产制纠纷

一、夫妻一方隐匿转移财产行为的认定

实务难题

《民法典》第1062条第2款规定，夫妻对共同所有的财产，有平等的处理权。因日常生活需要而处理夫妻共同财产的，任何一方均有权决定。据此，夫妻一方处分共同财产具有家事代理的权利，但应以日常生活需要为限，超出该限度的，应由夫妻双方共同为之，或授权一方为之。例如，一方因非日常生活需要而单方处分夫妻共同财产的，可能会侵犯到另一方的财产权益，受侵害方可基于相关规定请求分割该部分共同财产。《民法典》第1092条规定，夫妻一方隐藏、转移、变卖、毁损、挥霍夫妻共同财产，或伪造夫妻共同债务企图侵占另一方财产的，在离婚，分割夫妻共同财产时，对该方可以少分或不分。离婚后，另一方发现有上述行为的，可以向人民法院提起诉讼，请求再次分割夫妻共同财产。人民法院对前款规定的妨害民事诉讼的行为，依照民事诉讼法的规定予以制裁。

在夫妻离婚或离婚后的财产纠纷中，常有一方以另一方隐匿转移财产为由要求多分财产，另一方则以日常生活支出或对方知情进行抗辩。此时，摆在法官面前的难题是如何把握夫妻家事代理的范围，什么样的情形构成《民法典》第1092条规定的隐匿、转移财产，是否有明确的时间节点，财产分割应具体把握怎样的尺度，都是需要明确的，只有解决了这些问题，才能公平合理地分割夫妻共同财产。

疑难案例

2011年3月24日，李某与张某协议离婚，离婚协议书对子女抚养、共同财

产的分割均进行了明确约定，同时约定任何一方有隐瞒、虚报、转移婚内财产情形的，另一方发现后有权取得该部分财产的全部份额。2011 年 8 月 2 日，双方再次签订离婚协议书，对第一次签订的离婚协议书中的财产分割部分内容进行了变更，并约定“至此两人离婚后所涉及的财产问题就此了结”。上述两份协议均未涉及张某所拥有的某货运公司 48% 的股份，2010 年 8 月 22 日，张某与李甲签订了股权转让协议，约定张某以 2 400 000 元的价格将上述公司 48% 的股份转让给李甲，并办理了变更登记，但李甲未实际支付对价。

2011 年 11 月，李某诉至法院称：张某私自转移、抽逃其所拥有的某货运公司的股份，按照离婚协议书的约定，张某应支付其对价 2 400 000 元。张某辩称：离婚协议书签订之时，双方已协商一致，将张某名下的股权过户给李甲，李某对此是知情并同意的，系双方对李甲的赠与。李甲出庭证明，2010 年 7 月李某与张某就商量将该公司的股份转到其名下，双方协议离婚时曾提到过股权转让的事，李某表示知道了。刘某出庭证明，协议离婚之时，李某曾提到该公司，张某说不是给儿子了吗，李某就一愣，然后就说那好吧，先办眼前的吧。

法院观点

原审法院判决驳回李某的诉讼请求，李某不服提起上诉。

二审法院认为，根据查明的事实，张某以 2 400 000 元的价格将某货运公司 48% 的股权转让给李甲。刘某证言证实，张某告知李某将该公司股权转让给李甲一事，李某表示“那好吧，先办眼前的吧”，李某对此并未提出异议；李甲证言亦证明，张某、李某离婚时曾提到过股权转让之事，李某表示知道了。综合以上证据可证明，李某对张某转让该公司股权是知情的。2011 年 8 月 2 日，双方再次签订离婚协议书。李某在明知股权转让的情况下，仍未涉及该股权，并作出离婚后所涉及的财产问题就此了结，双方从此不再打扰对方的生活的约定。至此，双方对夫妻共同财产已分割完毕，李某不得再次要求分割。遂判决驳回上诉，维持原判。

法官点评

在离婚诉讼案件中，常有一方通过非法隐匿、转移、毁损夫妻共同财产等手段,损害另一方当事人的利益。为遏制这一难题,最高人民法院于1993年发布的《关于人民法院审理离婚案件处理财产分割问题的若干具体意见》对此作了专门的规定,该意见第21条规定:“一方将夫妻共同财产非法隐藏、转移拒不交出的,或者非法变卖、毁损的,分割财产时,对隐藏、转移、变卖、毁损财产的一方,应予以少分或不分。具体处理时,对隐藏、转移、变卖、毁损财产作为隐藏、转移、变卖、毁损财产的一方分得的财产份额,对另一方的应得的份额应以其他夫妻共同财产折抵,不足折抵的,差额部分由隐藏、转移、变卖、毁损财产的一方折价补偿对方。对非法隐藏、转移、变卖、毁损夫妻共同财产的一方,人民法院可依照《中华人民共和国民事诉讼法》第一百零二条的规定进行处理。”这一规定在审判实践中起到了较好的效果,但如何准确认定夫妻一方存在隐匿转移财产等行为,需要衡量好夫妻财产平等处理权的问题,并应从对象、行为内涵、时间节点等因素综合考虑,把握好“可以少分或不分”的具体尺度。

(一)隐匿转移的对象需是夫妻共同财产

夫妻财产共同共有制度是我国婚姻法律体系中的法定夫妻财产制,在无特别约定或法律不存在明文规定的情况下,夫妻婚后所得财产推定为夫妻共同共有。《婚姻法》第17条[1]第1款规定:“夫妻关系存续期间所得的下列财产,归夫妻共同所有:(一)工资、奖金;(二)从事生产、经营的收入;(三)知识产权的收益;(四)因继承或赠与所得的财产,但本法第十八条第(三)项规定的除外;(五)其他应当归共同所有的财产。”但符合《婚姻法》第18条[2]规定的情形则属于夫妻一方的个人财产,该条规定列举的情形包括以下几类:(1)一方的婚前财产;(2)一方因身体受到伤害获得的医疗费、残疾人生活补助费等费用;(3)遗嘱或赠与合同中确定只归夫或妻一方的财产;(4)一方专用的生活用品;(5)其他应当归一方的财产。即婚前个人财产不因婚姻关系的缔结而变为夫妻共同财产;婚后一方因遗嘱或赠与所得的财产原则上属于夫妻共同财产,但被继承人或赠与人有明确表示的,应当尊重其意愿,属于继承人或受赠人所有;因身体受到伤害获得相应的补偿及一方专用的生活费用,由于财产的属性具有人身

---

〔1〕 具体规定参见《民法典》第1062条。
〔2〕 具体规定参见《民法典》第1063条。

性,应属于个人财产。《民法典》还允许夫妻双方对婚前、婚后财产进行书面约定,排除法定财产制的适用,或对法定财产制进行补充。《婚姻法》第19条[1]第1款规定:"夫妻可以约定婚姻关系存续期间所得的财产以及婚前财产归各自所有、共同所有或部分各自所有、部分共同所有。约定应当采用书面形式。没有约定或约定不明确的,适用本法第十七条、第十八条的规定。"此时,因夫妻财产约定具有物权合同的性质,只要双方就婚前财产、婚后所得全部或部分财产达成书面约定,在无法定禁止的情形下,双方应该按照约定履行,夫妻财产约定中没有涉及的财产,仍应按照法律规定进行认定。

婚姻关系存续期间,一方有权处理其个人财产,另一方无权加以干预;对于夫妻共同财产,双方具有平等的处理权,但此平等处理权应当保持在一定的限度范围内,如果一方未与另一方协商一致、非为家庭生活而超出该限度处理夫妻共同财产,就会侵犯到另一方的财产权。因此,隐匿转移夫妻共同财产的情形应当控制在夫妻共同财产这一对象范围内,非夫妻共同财产不在此限。

(二)隐匿转移行为的内涵

夫妻对共同财产的平等处理权应当限制在日常生活需要的范围内,如果一方非因日常生活需要处分夫妻共同财产,应经双方协商一致,如未经协商私自处分,另一方对处分所得的去向亦不知情的,就有可能涉及隐匿转移财产问题。因此,厘清日常家事代理的范畴,显得尤为重要。

对于日常家事的范围,各国立法的表述存在一定的差异,《法国民法典》强调日常家事为家庭日常生活与子女教育;《德国民法典》强调日常家事是能使家庭的生活需求得到满足的事务;《日本民法典》与我国台湾地区"民法"则没有在立法上明确日常事务的范围;我国《民法典》虽未明确日常家事这一概念,但从"日常生活需要"的表述来看,基本符合日常家事的特征,是对日常家事的肯定,但对日常生活需要的具体范围,则无明确的规定。从理论上看,有学者认为,日常家务包括未成熟子女(未结婚之未成年人)之夫妻共同生活。通常必要的一切事项,一家之食物、光热、衣着等之购买,保健(正当)娱乐,医疗,子女的教育,家具及日常用品之购置,女仆、家庭教师之雇用,亲友的馈赠,报纸杂志之

---

[1] 具体规定参见《民法典》第1065条。

订购等,皆包含在内。[1] 另有学者认为,日常家事的范围包括购买必要的生活用品、医疗医药服务、合理的保健与锻炼、文化消费与娱乐、子女教育、家庭用工的雇用等决定家庭共同生活必要的行为及其支付责任。[2] 由此可见,日常家事须与家庭日常生活相关,但具体范围无法通过列举的方式加以穷尽,法官在认定时应当结合自身生活经验、一般常识及社会观念进行综合判断。

日常家事的一般范围应当包括家庭生活所必要的一切事务,该事务表现为家庭生活开支,因为家庭生活开支系为维持家庭正常生活及提高生活水平所需的费用,是经常的或必要的开支,其外延相当广泛,它涵盖了必要的日用品的购买、医疗和医药服务、合理的保健与锻炼、文化消费与娱乐、子女教育以及家庭用工的雇佣等决定家庭共同生活必要的一切事务,其主要包括以下范围:(1)维持共同生活的费用;(2)抚育子女的费用;(3)家庭成员所需的医疗费用;(4)其他日常生活所需的费用。

当然日常家事代理权的范围又不能一概而论,因人因事都会有所变化,常因婚姻当事人的社会地位、资产、职业、收入等的不同而有所区别,具有一定的灵活性;同时,婚姻生活地的传统和风俗习惯对家事的范围也有影响。但可以肯定的是,下列事务不属于家事代理的范围:(1)处分不动产;(2)处分具有重大价值的财产;(3)处分与婚姻当事人一方人身有密切联系的事务,如领取劳动报酬、放弃继承。

夫妻一方在未取得另一方同意的情况下,非因日常生活需要对夫妻共同财产做出重要处理决定,只要受让人善意、支付对价并完成交付,即可取得所有权,另一方不得以不同意或不知道为由对抗善意第三人。如果一方私自处理了夫妻共同财产,并予以隐匿转移的,必然会侵犯到另一方的利益。此时,受侵害方可以根据《民法典》第1092条的规定,要求侵害方少分或不分财产。但如果受侵害方事后追认的,可以视为对私自处理方的免责,另一方不能再根据该条的规定请求分割财产。

综上所述,隐藏转移财产应当包含几项因素:(1)非日常家事代理范围;(2)财产所得未置于双方的共同控制之下,或未用于家庭生活支出;(3)未达成一致意见,受侵害方对财产的处理不知情,事后亦未予以追认。

---

〔1〕 参见史尚宽:《亲属法论》,荣泰印书馆1980年版,第284页。
〔2〕 参见蒋月:《夫妻的权利与义务》,法律出版社2001年版,第61页。

(三)行为后果

通常来说,私自处分夫妻共同财产的一方在经济能力上处于相对优势地位,对财产的控制程度也相对较强,隐匿转移财产的可能性更大。隐匿转移财产的一方多在离婚诉讼中存在过错,《民法典》为保护弱者,体现公道正义,遂作出“可以不分或少分”这一带有惩罚性质的规定。一般情况下,对夫妻共同财产的分割,通常是均分,同时需要兼顾妇女儿童的权益,故存在隐匿转移行为时,对所有夫妻共同财产进行“可以”少分或不分的整体分割,而非“应当”或“必须”,对于具体案件应当具体分析,针对不同的情况作出适当的裁判。如果是离婚后发现的,请求分割的范围应限定为被隐藏、转移,变卖或毁损的财产,不应包括已被依法分割的财产;对于财产的价值确定,应以离婚时的价值为基准,并参考请求权行使时的现值,如果价值上涨,则采用现值,如果价值贬损,离婚时价值可以确定的,应以离婚时的价值为准。如此一来,既能体现裁判的公平与正义,又能达到惩罚违法者,保护受害人的立法目的。

婚姻关系存续期间,夫妻一方非因日常生活需要,在未征得另一方同意的情况下,私自处分夫妻共同财产,事后亦未取得另一方的追认,财产所得未置于双方的共同控制之下,或未用于家庭生活支出,就构成隐匿转移夫妻共同财产。离婚时,受侵害方可以要求侵害方少分或不分共同财产,如离婚后发现该行为的,可以再次要求分割所隐匿转移财产价值。法官应当综合考虑双方的经济能力、子女抚养等因素,遵循照顾妇女儿童的原则,进行公平的分割。

前述案例中,某货运公司48%的股权价值巨大,张某将该财产赠与李甲,属于非日常家事,理应与李某协商一致,在未取得李某同意的情况下,该行为系无权处分,未经李某追认,李甲因纯获利行为而无善意取得之可能,张某的赠与行为处于效力待定状态。张某赠与股权之时,存在私自转移之可能,李某有权要求分割该股权。但协议离婚之时,张某告知李某将该公司股权转让给李甲一事,李某表示“那好吧,先办眼前的吧”,此表示虽非追认,但可以推定李某对赠与行为是知情的,2011年8月2日,双方再次签订协议书,并作出“离婚后所涉及的财产问题就此了结,双方从此不再打扰对方的生活”的约定。由此可以推定,李某在知晓张某将股权赠与李甲的情况下,仍作出财产分割完毕的约定,可视为对李某赠与行为的追认,自然不涉及隐匿转移财产,双方对夫妻共同财产分割完毕后，李某不能再次要求分割。

裁判精要

夫妻一方隐匿、转移财产行为的认定，应当综合隐匿、转移对象、行为内涵及时间节点加以判断。即夫妻一方隐匿、转移的必须是夫妻共同财产，且处分大额财产的行为非为一般生活需要，该类行为的发生可以涵盖整个夫妻关系存续期间。只有夫妻一方非为生活需要，私自处分大宗夫妻共同财产的，且无合理解释的，即可认定为隐匿、转移财产。对于隐匿、转移财产行为，离婚时，受侵害方可以要求侵害方少分或不分共同财产，如离婚后发现该行为的，可以再次要求分割所隐匿转移财产价值。

本案例的研究重点是夫妻一方隐匿、转移财产行为的认定，涉及《婚姻法》第47条第1款的规定，“离婚时，一方隐藏、转移、变卖、毁损夫妻共同财产，或伪造债务企图侵占另一方财产的，分割夫妻共同财产时，对隐藏、转移、变卖、毁损夫妻共同财产或伪造债务的一方，可以少分或不分。离婚后，另一方发现有上述行为的，可以向人民法院提起诉讼，请求再次分割夫妻共同财产”。重点是对于“离婚时”应如何理解。《民法典》第1092条规定：“夫妻一方隐藏、转移、变卖、毁损、挥霍夫妻共同财产，或者伪造夫妻共同债务企图侵占另一方财产的，在离婚分割夫妻共同财产时，对该方可以少分或者不分。离婚后，另一方发现有上述行为的，可以向人民法院提起诉讼，请求再次分割夫妻共同财产。”《民法典》删掉了“离婚时”三字；通过对比上述法律条款可以看出，对于《婚姻法》第47条中“离婚时”应如何理解，笔者认为，夫妻共同财产的认定时限，涵盖了整个夫妻关系存续期间，《民法典》中删除了《婚姻法》第47条中的“离婚时”三字，和笔者的研究结论一致。

二、夫妻一方未经另一方同意出卖夫妻共同房产的法律效力认定

实务难题

近年来，因夫妻一方处分夫妻共有房屋而导致的夫妻双方或夫妻另一方与房屋买受人之间的纠纷案件日趋增多，而因近几年房屋价格不断飞涨、房地产新政的出台等因素，这类案件也体现出矛盾更加尖锐、纠纷愈加复杂的趋势，各地法院对

此类案件裁判尺度不一。在《最高人民法院关于审理买卖合同纠纷案件适用法律问题的解释》出台之后,标准才逐渐统一。

疑难案例

李某与雷某于2004年2月20日结婚。2009年8月19日,张某(乙方)与雷某(甲方)签订房屋买卖协议书。协议书约定“一、甲方自愿将位于某小区1号楼3单元1002号,建筑面积93.31平方米,卖与乙方,双方议定卖价人民币伍拾万元……四、乙方于2009年8月19日,一次性将全部房款人民币肆拾玖万元整付给甲方……九、补充协议:1.甲方配合乙方办理产权过户手续,介于乙方的担心,乙方欠甲方壹万元整,等甲方配合乙方办理完乙方的产权手续时,当天乙方付给甲方剩余壹万元整。2.如甲方拿到房产证时在一个月之内及时配合乙方办理产权过户手续,如不及时办理,甲方双倍返还房款”等内容。同日,张某给付雷某购房款490 000元,张某入住该楼房至今。2011年8月18日,雷某取得涉案房屋产权。但雷某一直未与张某办理房屋过户手续。

张某依据其与雷某签订的房屋买卖协议书起诉至法院,请求法院判令:(1)确认房屋买卖协议有效;(2)雷某协助办理产权变更登记。如果法院认定购房协议无效,要求雷某按照协议约定双倍返还已付房款、赔偿装修费用。张某称,其与雷某签订合同时雷某称没有结婚,并提交了北京某房地产经纪有限公司证明一份,证明雷某本人在卖房时说自己未婚。对此,雷某予以否认,并称:不同意张某的诉请。我同意过户,但张某非本市居民,限购令出台之后张某不具有购房资格,要求我过户在他人名下,我不同意,故未办理过户。李某辩称:我和雷某系夫妻关系,涉案房屋系我们共同购买,登记在雷某名下,雷某卖房时未与我商议,擅自处分房产,不同意张某的诉请。

法院观点

一审法院认为,当事人应当按照约定全面履行自己的义务。张某与雷某于2009年8月19日签订的涉案房屋买卖协议书系双方真实意思表示,不违反法律的强制性规定,合同合法有效,双方均应按照合同约定履行各自的权利义务。张某在限购政策规定实施前已支付了购房款,履行了合同义务,雷某亦在限购政策规定实施前履行了交付房屋义务，但其未履行办理房屋产权变更登记义务，故张某要求雷某协助办理产权变更登记的诉讼请求，理由正当、证据充分；雷某主张张某不具备购房资格，要求解除双方买卖协议，无法律依据，法院不予采纳。李某辩称自己不知情，房屋买卖协议侵犯自己的共有财产所有权，因自签订房屋买卖协议至张某诉至法院历时逾2年之久，在此期间雷某与李某共同居住生活，该辩解与常理不符。一审法院判决：(1)张某与雷某签订的房屋买卖协议书有效；(2)雷某、李某按照房屋买卖协议书的约定协助张某办理涉案房屋的产权变更登记，限判决生效后10日内履行。

李某不服，向二审法院提起上诉，请求撤销原判，依法改判，其上诉理由为原审法院认定事实错误，涉案房屋系夫妻共同购买，在诉讼发生前，涉案房屋一直在出租，李某对于雷某出售房屋的事情完全不知情；原审法院适用法律错误，合同有效与合同能否履行并非同一法律概念，本案不构成表见代理，不构成善意取得，原审法院要求李某承担合同义务无法律依据。张某同意原判，雷某未提上诉。

二审法院经审理认为，处分共有的不动产，应当经占份额2/3以上的按份共有人或者全体共同共有人同意，但共有人之间另有约定的除外，依据审理查明的事实，涉案房屋系雷某与李某的夫妻共同财产，所有权登记在雷某名下，雷某未经李某同意擅自处分共有房屋，侵犯了李某的共有权利，构成无权处分。当事人一方以出卖人在缔约时对标的物没有所有权或者处分权为由主张合同无效的，人民法院不予支持。故张某与雷某签订的房屋买卖合同为有效合同，原审法院认定正确。然而，合同有效不一定能够引起物权发生变动。本案中，张某要求雷某依据合同约定协助办理涉案房屋的过户手续，因雷某欠缺处分权，其须征得共有人李某的同意，方有权处分共有财产。而李某现明确表示不同意将涉案房屋所有权转让给张某，故张某诉请缺乏法律依据，原审法院对于张某要求雷某协助办理产权变更登记的诉讼请求予以支持，依据不足。关于张某要求雷某赔偿损失事宜，张某可另案主张。综上所述，原审法院处理不当，二审法院予以纠正。二审法院判决：(1)维持一审法院判决第一项；(2)撤销一审法院判决第二项；(3)驳回张某的其他诉讼请求。

法官点评

本案系由于夫妻一方未经另一方同意出卖夫妻共同房产而引发的不同主体的利益冲突，涉及房屋买卖合同效力的判断、房屋所有权的最终归属、出卖共有物与出卖他人之物的关系、共有房屋的夫妻另一方与受让房屋的第三人之间的利益平衡、交易安全与所有权安全的博弈等问题。

（一）夫妻一方未经另一方同意是否有权出卖共有房屋

我国《物权法》第97条规定了处分共有物的原则，《合同法》第51条规定了处分他人之物的合同效力，《民法典》删除了《合同法》第51条的规定。关于共有人处分共有物的行为，我国台湾地区的学者认为，“出卖他人之物”与“私卖共有物”没有区别的必要，审判实务也通常将擅自处分共有物作为出卖他人之物的一种特殊情形对待。[1] 我国大陆众多学者的观点为未经许可擅自处分共有物是无权处分，在此不一而足，仅举几例说明，比如，有的观点为认为，处分财产只能由享有处分权的人行使。即使是对共有财产享有共有权的共有人，也只能依法处分其应有的份额，而无权擅自处分共有财产，某个共有人未经其他共有人同意擅自处分共有财产也构成无权处分。[2] 有的观点认为，在对共有人擅自出卖共有物行为定性上，应当注意区分无权处分和无权代理。具体而言，在共有人中之一人或数人未经其他共有人同意擅自以自己的名义出卖共有物的，应当定性为无权处分。[3] 但也有的学者认为《合同法》第51条的规定是关于处分“他人之物”，处分人对所处分的财产没有所有权，因此不适用于处分共有物的问题。比如，梁慧星认为未得其他共有人同意而出卖共有物，出卖人为共有人之一，不属于无权处分，不适用《合同法》第151条的规定，买卖合同应当有

---

〔1〕 参见应秀良：《共有人擅自处分共有物的若干问题——与我国台湾地区民法的比较研究》，载浙江省金华市中级人民法院官网2014年2月18日，http://www.jhcourt.cn/NewsShow.aspx? id=2993。

〔2〕 参见江平主编：《中华人民共和国合同法精解》，中国政法大学出版社1999年版，第41页。

〔3〕 参见王闯：《试论出卖他人之物与无权处分——兼释〈合同法〉第132条与第51条之间的关系》，载王利明主编：《民商法理论争议问题——无权处分》，中国人民大学出版社2003年版，第118页。

效。只是因为存在权利瑕疵,当其他共有人向买受人主张权利时,出卖人应当依据第 150 条的规定对买受人承担权利瑕疵担保责任。[1]

我国台湾地区“民法”区分动产和不动产,规定了共有物处分的不同原则。我国当时的《物权法》区分按份共有和共同共有采取了不同的原则,该法第 97 条规定:“处分共有的不动产或者动产以及对共有的不动产或者动产作重大修缮的,应当经占份额三分之二以上的按份共有人或者全体共有人同意,但共有人之间另有约定的除外。”按份共有的情形下,采取“多数决”原则,经占份额2/3以上的按份共有人同意即可;在共同共有的情形下,须经全体共有人同意。上述两种情形下,如果共有人之间另有约定的除外。

出卖他人之物与以出卖人自己的名义出卖共有人之物有很大的相似点,二者均是以出卖人自己的名义处分,不同之处是前者无处分权,后者有部分处分权。对于夫妻共同财产来说,没有约定即为共同共有,夫或妻未经另一方同意,无权擅自处分。涉案房屋系雷某与李某婚姻存续期间所购,在双方对权属无其他约定的情形下,该房屋属于夫妻共同财产,为双方共同共有,丈夫一方李某在诉讼中明确表示不同意妻子雷某对共有房屋的处分。因此,雷某未经李某同意擅自将房屋出售给张某的行为,侵害了房屋共有人李某的权利。

(二)夫妻一方处分夫妻共有房屋的合同效力判断

关于无权处分合同的效力问题,理论界与实务界一直有无效说、有效说与效力待定说几种观点,直至 2012 年 5 月 10 日最高人民法院颁布《关于审理买卖合同纠纷案件适用法律问题的解释》(已修正)对此问题有了定论,根据该法第 3 条的相关规定,无权处分合同应为有效。

尽管我国民法通说并未完全接受德国法上的物权行为独立性和无因性理论,但是已经接受了处分行为和负担行为的概念。当时的《物权法》的颁布施行明确了物权变动区分变动的原因与结果的原则。因此,区分物权变动的原因与结果、区分负担行为与处分行为、区分合同的效力与合同的履行、厘清买卖合同

---

[1] 参见梁慧星:《物权变动与无权处分》,载王利明主编:《民商法理论争议问题——无权处分》,中国人民大学出版社 2003 年版,第 50 页。

与无权处分行为的关系至关重要。[1] 我国台湾地区现行"民法"第819条第2项规定"共有物之处分、变更及设定负担，应得共有人全体之同意"，王泽鉴认为，此处的"处分"，应作限制解释，不包括负担行为在内，仅指处分行为而言。共有人中之一人或数人未得全体共有人的同意出卖(或出租)共有物时，系属于债权行为，不以有处分权为必要，其买卖契约(或租赁契约)当然有效。[2] 擅自处分共有物的合同本身有效，但只是对于其他共有人不生效力而已。

"处分"包括负担行为与处分行为。负担行为表现为债权行为，其法律效果是债权的产生和变更；处分行为表现为物权行为，其法律效果是财产权利的产生和变更。买卖及租赁均属于负担行为，负担行为与处分行为最主要之区别，在于处分行为之生效，须以处分人有处分权为要件，而于负担行为，则不以负担义务者对给付标的物有处分权为必要。[3] 区分负担行为和处分行为的意义在于，债权合同仅使债务人对债权人负担履行债务的义务，而不使诉争债务在成立的当时即实现，使买受人因买卖合同的缔结立即取得标的物的所有权。买卖合同属于债权行为，基于债的关系的相对性，买受人只能向出卖人请求给付，其他共有人不是买卖合同的当事人，买卖合同对其他共有人不生效。因此，买卖合同并不会引起损及真正权利人的法律效果。这与处分行为不同，处分行为如果有效，会立即实现该行为所欲变动的法律关系。因此，如果行为人不享有处分权，其行为需要真正权利人的承认，才能发生法律效力，以防止侵害人违反权利人的意思，在权利人未参加意见的情况下，致使权利人受到损害。

《合同法》第51条的"处分"是指处分行为，"该合同有效"实际指"该处分行为有效"。《合同法》第51条中真正效力未定的是处分行为，而非负担行为。因此，出卖他人之物及共有物，效力未定的是处分人履行合同的行为以及履行合同的结果，即无权处分行为，而非合同的效力未定。

合同的效力不受处分权有无的影响，而是取决于当事人的意思表示是否真实以及是否满足法定的无效原因。只要签订合同的双方意思表示真实，达成合

[1] 参见最高人民法院民事审判第二庭编著:《最高人民法院关于买卖合同司法解释理解与适用》,人民法院出版社2012年版,第78页。
[2] 参见王泽鉴:《民法物权》,北京大学出版社2009年版,第227页。
[3] 参见王泽鉴:《民法学说与判例研究》(第4册),北京大学出版社2009年版,第58页。

意，且不具有《合同法》第52条[1]规定的无效情形，即使没有办理物权登记，合同依然有效。《物权法》第15条规定肯定了这一结论。根据《最高人民法院关于审理买卖合同纠纷案件适用法律问题的解释》（已修正）第3条第1款规定："当事人一方以出卖人在缔约时对标的物没有所有权或者处分权为由主张合同无效的，人民法院不予支持。"因此，综上分析，本案张某与雷某签订的合同无论涉案房屋的共有人李某是否事后同意或者承认，该合同均自成立时即生效。

（三）合同有效，涉案房屋能否过户的问题

一种观点认为，既然合同有效，应该继续履行，房屋应当过户。理由如下：第一，涉案房屋在2009年时价格为500 000元，目前市价至少已翻3倍，本案中不排除由于房屋价格上涨，夫妻受利益驱使，而串通一气想反悔的可能性。第二，张某是善意的，应保护市场交易安全。自张某与雷某签订房屋买卖协议至张某起诉已逾两年之久，张某已经实际占有居住在涉案房屋里近3年。在此期间雷某与李某共同居住生活，丈夫一方李某主张自己一直不知道房屋已售的事实，不合常理。第三，本案中张某由于限购政策的影响，已经不符合购买房屋的条件，如果房屋不能过户对其很不公平。即使有后续的损害赔偿，也不能弥补其无法在北京拥有一套权属为其本人所有的房屋的结果，这是金钱所不能解决的问题。第四，通过法院判决过户，强制执行可以实现张某的诉请，从而均衡双方的利益。本案张某与雷某早在2009年8月19日签订房屋买卖合同，且当日就已经支付约定500 000元购房款的490 000元，并于当日入住，一直实际占有使用房屋至今，若合同无效或合同解除会导致当事人之间利益明显失衡。

另一种观点认为，合同有效，房屋不能过户。理由如下：第一，要区分物权变动的原因与结果，区分合同的效力与合同的履行问题。合同有效并不必然导致房屋过户的结果发生。当事人不违反法律规定而合意订立的合同，法律应该予以保护，对于合同的效力也应该给予肯定。雷某与张某签订的房屋买卖合同有效，但是合同有效并不必然导致房屋过户的结果发生。这正是区分物权变动

[1] 《合同法》第52条规定："有下列情形之一的，合同无效：（一）一方以欺诈、胁迫的手段订立合同，损害国家利益；（二）恶意串通，损害国家、集体或者第三人利益；（三）以合法形式掩盖非法目的；（四）损害社会公共利益；（五）违反法律、行政法规的强制性规定。"

的原因与结果的重要意义所在。第二，房屋买卖合同是一种标的额相对较大的合同，张某作为完全民事行为能力人购买设有抵押、没有办下产权证的房屋，在签订合同时应对合同订立后可能出现的履行障碍有一定程度的预见和判断，因此，张某应自行承担过户不能的交易风险。第三，国家的房屋新政并不是一蹴而就的，而是由一个限贷到限购的循序渐进过程。对国家政策和法律不知道、不了解、不清楚，不能构成合理抗辩。“新国八条”于2011年1月26日出台，北京于2011年2月实行了“京十五条”，张某对此浑然不觉。而直至雷某2011年7月联系张某要其之前的购房合同去办房产证事宜之时，雷某也没有任何防备措施以防雷某办证后可能出现的意外。第四，张某不能证明李某对于雷某出售房屋一事是知晓的，且其也没有证据李某与雷某是串通一气的。第五，所有权是对世权，债权是对人权，物权具有排他性，我国《民法典》第311条第1款规定“无处分权人将不动产或者动产转让给受让人的，所有权人有权追回”，因此，所有权可以对抗债权，李某基于所有权可以对抗张某的债权。第六，关于法院判决强制过户的问题。司法实践中，法院的强制过户不能轻易使用，除非是为了保护利益明显失衡的交易主体的权益，本案中的情形并非明显显失公平，张某的损失可另案起诉，得到补偿。

以上两种观点导致了一审、二审法院对此问题的分歧，也造成了审理结果的差异，笔者赞同第二种观点，合同有效，但房屋不能过户：

第一，对于负担行为的买卖合同的效力来说，其不以出卖人对于买卖标的物享有所有权为要件。而对于物权变动的处分行为来说，在未经共有人同意之前，其效力待定。本案中，对于雷某的处分行为，房屋共同共有人李某不同意，根据相关规定，处分共有的不动产应当经过全体共同共有人的同意。因此，雷某的处分行为无效，涉案房屋不能过户。

第二，买受人对于房屋买受的损失可通过向出卖人主张违约责任，或者解除合同，请求损害赔偿来获得补偿，对此，《最高人民法院关于审理买卖合同纠纷案件适用法律问题的解释》（已修正）第3条第2款规定：“出卖人因未取得所有权或者处分权致使标的物所有权不能转移，买受人要求出卖人承担违约责任或者要求解除合同并主张损害赔偿的，人民法院应予支持。”本案中，至于前面观点说到的就算有金钱补偿，张某仍无法在北京获得一套真正在其名下的房产的问题，属于经济主体在市场中的交易风险，法律的创设是为了维护整个市场交易秩序的有序进行，不能为了某个人的绝对公平而破坏整个法制的严谨和权威。每一个市场主体在交易活动中均应自觉遵守既定的“游戏规则”,并恰当评估可能遇到的交易风险,张某作为市场交易主体,只能自行承担该风险。这就是保护所有人利益与保障交易安全的价值取舍与利益平衡。

裁判精要

应区分合同成立及合同履行的法律事实及法律效果,合同成立发生债权,合同履行发生物权变动。夫妻一方未经另一方同意,擅自处分夫妻共同房产,与第三人订立房屋买卖合同,买卖合同的效力不以夫妻另一方是否同意出售或出卖人对于买卖标的物享有所有权为前提,合同自成立时生效。关于第三人能否取得房屋所有权,应考察其是否符合《物权法》第106条(《民法典》第311条)善意取得要件,并履行《物权法》第14条(《民法典》第214条)规定的过户登记要件,否则在夫妻另一方不同意的情形下,第三人不能取得房屋所有权。《民法典》中删除了《合同法》第51条内容,但不影响本案解析中对合同效力及房屋能否过户部分的分析论述。

就处分共有不动产的问题,《物权法》第97条规定:“处分共有的不动产或者动产以及对共有的不动产或者动产作重大修缮的,应当经占份额三分之二以上的按份共有人或者全体共同共有人同意,但共有人之间另有约定的除外。”对此,《民法典》第301条规定:“处分共有的不动产或者动产以及对共有的不动产或者动产作重大修缮、变更性质或者用途的,应当经占份额三分之二以上的按份共有人或者全体共同共有人同意,但是共有人之间另有约定的除外。”从条文内容来看,虽该条款整条所涉内容有微调增加,但《民法典》中对于“处分”共有不动产的规定与《物权法》的规定完全一致,《民法典》与《物权法》关于共有人共同处分的规定,针对的是物权有效转移的问题,而非合同效力问题。《民法典》的实施不影响本案例的论述,该类案件的裁判路径并无变化。

三、非法同居期间以结婚为目的购房不构成夫妻共同财产

实务难题

夫妻之间的财产关系是公民财产关系中最为特殊和复杂的一种,其中的伦理因素是不可忽视的。夫妻共同财产制是我国的夫妻法定财产制,指夫妻在婚姻

关系存续期间所得的财产，除双方另有约定外，归夫妻共同所有，夫妻对共同所有的财产有平等的处理权的制度。

夫妻共同财产制具有重要的法律和现实意义。首先，夫妻共同财产制将夫妻视为一个整体，符合夫妻双方共同生活、共同劳动的社会现实，符合长期以来人们对夫妻人身和财产关系的认识，有利于维护婚姻家庭的稳定。其次，夫妻共同财产制与我国的社会主义初级阶段的经济状况是相适应的。我国仍然是发展中国家，人民的物质财富总量总体上还有待提高，夫妻共同财产制有利于促进双方共同劳动、共同经营和管理，能够更大限度地发挥物质财富的效益、提高家庭收入水平、促进社会生产发展。最后，夫妻共同所有制有利于规范夫妻与第三人的债权债务关系，从而保护交易的动态安全、维护社会经济秩序。当然，在离婚或因其他原因解除婚姻关系时，夫妻间的共同财产归属及补偿往往会引发纠纷。

值得注意的是，在夫妻双方没有约定的情况下，我国仅认可夫妻在婚后取得的财产为夫妻共同财产，而不认可婚前取得的财产为夫妻共同财产。

然而在现实生活中，非婚同居的情况屡见不鲜。出于共同生活或为结婚作准备的需要，双方往往会产生一定财产关系。非婚同居双方往往也共同生活、共同劳动和经营，甚至孕育子女；就这一角度而言，同居关系与婚姻关系存在一定相似性。在同居关系结束时，一方可能主张按照夫妻共同财产来处理同居双方间的财产关系。

虽然同居关系与婚姻关系存在一定相似性，但同居关系本身可能影响婚姻家庭关系的存在与稳定，法律上虽不禁止，道德上却是谴责的。尤其在一方有配偶却与他人同居时，认定双方系为结婚而购买房屋且涉案房屋属夫妻共同财产，将违反法律规定，并有悖公序良俗。

疑难案例

王某与甘某于2008年年底相识，二人于2009年年初确立恋爱关系并开始同居生活。而王某与前妻朱某于2010年5月才经法院调解离婚。双方于2009年6月以甘某的名义购买万象新天房屋，甘某于2010年12月取得该房屋所有权证书。2009年9月以甘某的名义购买京棉新城房屋一套，甘某于2015年6月取得该房屋所有权证书。该房屋现由甘某实际控制。王某与甘某于2010年7月登记结婚，双方未约定婚姻存续期间所得财产为各自所有。王某与甘某婚后育有一女王N某，王某与甘某于2011年9月分居，其女王N某随甘某共同生活至今，现居万象新天房屋处。

法院观点

2013年3月，甘某诉至法院要求与王某离婚，王某同意离婚，并认为万象新天、京棉新城的两套房屋是夫妻二人共同财产，应依法分割。朝阳法院一审判决准予离婚，但将当事人同居期间所购置房屋认定为夫妻共同财产。2014年10月，二审法院认为本案基本事实不清，二审不宜直接处理，故决定撤销原判，发回朝阳法院重审。此后，朝阳法院2015年12月判决认为，涉案两套房屋均系甘某婚前购买，王某虽在此过程中进行了不同形式的出资，但结合其前一段婚姻的存续情况，不宜将该两套房屋认定为夫妻共同财产，对于王某的出资，甘某应结合房屋升值因素予以返还。

甘某与王某均不服一审判决，提起上诉。甘某称万象新天房屋和京棉新城房屋均完全系甘某个人出资购买，虽然王某曾经有过出资，但属于甘某向王某借款。王某称万象新天房屋和京棉新城房屋的认购、出资、装修、还贷及双方结婚共同生活等事实，足以认定双方财产混同、共同买房，应属夫妻共同财产。

二审法院经审理认为，结合甘某与王某确定恋爱关系的时间及相关证据材料，足以认定王某与甘某结婚之前对万象新天地房屋和京棉新城房屋均有出资，甘某上诉称王某的出资行为均属于其与王某之间的借贷关系，没有事实和法律依据。一审结合双方恋爱关系及婚姻关系的期限、房屋购买时间、王某婚前出资情况、房屋升值等因素，判决万象新天房屋和京棉新城房屋归甘某所有，并酌定甘某给付王某房屋折价款，并无不妥。故二审判决驳回上诉，维持原状。

法官点评

依据双方当事人的诉辩主张，本案的审理思路可作如下梳理：首先，甘某认为王某给付部分房款的行为属于民间借贷行为，双方存在民间借贷关系，而王某主张其对房屋进行了出资，关于该行为的定性是需要明确的；其次，王某认为基于自己对房屋的出资行为，同时该房屋是当事人在同居期间，以结婚为目的购买的，因此涉案两套房屋均属于夫妻共同财产，这一主张是否正当、合法，是本案的重点所在，也是实践中争议较大的问题。

(一)同居一方给付房屋部分价款的行为是否属于民间借贷行为

民间借贷,是指自然人、法人、其他组织之间及其相互之间,而非经金融监管部门批准设立的从事贷款业务的金融机构及其分支机构进行资金融通的行为。民间借贷是一种民事法律行为,借贷双方通过签订书面借贷协议或达成口头协议形成特定的债权债务关系,从而产生相应的权利和义务。要构成民间借贷关系,双方之间必然要有一个形成特定债权债务的合同。双方行为究竟是否属于借贷,对于财产纠纷的处理有极其重大的影响:如果将王某行为定性为借贷,那么甘某仅需偿还王某本金及利息。

本案中,甘某认为万象新天房屋和京棉新城房屋均系其个人出资购买,王某的各种行为均系代替甘某交纳房款,属于民间借贷行为;王某向其朋友借款,也是代甘某对外借款,且后来的借款也是甘某个人偿还的。因此,上述两处房产均系甘某的个人财产,王某无权要求分割。王某则主张,其行为不是借款,而是跟甘某对房屋的共同出资。

甘某主张双方之间就万象新天房屋和京棉新城房屋产生的财产关系属于借贷关系,须对此进行举证。根据本案双方提交的证据,虽然万象新天房屋和京棉新城房屋均系甘某与王某登记结婚之前以甘某的名义签订买卖合同并支付房款、办理银行贷款,但结合双方确定恋爱关系的时间、双方提交的银行存取款记录、凭证及证人证言等,足以认定王某在与甘某结婚之前对万象新天房屋和京棉新城房屋均有出资,而甘某与王某登记结婚时亦未约定夫妻分别财产制,故婚后任何一人支付房款或银行贷款的行为均应当视为夫妻共同支付,具体是甘某还是王某实际交纳的钱款,均不影响上述钱款属于甘某和王某夫妻共同钱款的性质。甘某并没有提供双方间签署的书面借款合同或者借条,也没有提供任何可以证明口头借贷合同存在的证据,其主张双方之间存在借款关系没有事实和法律上的依据。

同居关系与婚姻关系有着一定相似性,双方存在共同生活的事实,尤其在实现结婚目的之时,可以合理推定双方有婚后继续共同生活的意图。结合社会生活现实,在没有任何借款合同存在的证据时,且双方均为购置财产给付一部分价款,加之双方以结婚为目的、婚后通常共同生活的因素,应当否认同居一方提出的另一方给付房屋价款或利息属于借贷的主张。

(二)同居期间出资、共同生活和结婚的目的能否使房屋成为夫妻共同财产

关于同居期间出资、共同生活和结婚的目的能否使房屋成为夫妻共同财产这一问题,也是一个实践中的难题。1989 年最高人民法院公布实施的《关于人民法院审理未办理结婚登记而以夫妻名义同居生活案件的若干意见》第 10 条规定:"解除非法同居关系时,同居生活期间双方共同所得的收入和购置的财产,按一般共有财产处理。"然而这一规定是否意味着同居期间共同购置的财产都属于一般共有财产呢? 答案是否定的。

首先,虽然该规定本身没有强调同居的种类,但从该司法解释名称来看,"以夫妻名义同居生活"是关键切入点,也是对该司法解释调整的范围进行的限制,那么在这个范围之外的同居关系,不适用该条规定,双方同居期间购置的财产也不属于该条所称一般共有财产。该司法解释所称"以夫妻名义同居生活"存在以下几层应有之义:第一,同居双方应以言语或行为表示双方处于夫妻关系中,如以夫妻相称、共同生活等。同居双方之间不仅要以夫妻方式相待,在对外关系上,也要向其他人表示双方存在"夫妻关系"。第二,在经济关系上,双方也要像夫妻一样相互协助、不分彼此。虽然随着夫妻财产关系独立性的加强,当前社会中越来越多夫妻约定财产分别所有,但同居期间双方的经济混同、共同购置较大价值物品,仍然对认定"以夫妻名义同居生活"有重要意义,因为这符合人们对一般夫妻财产关系的认识,也是夫妻双方所采主流方式。总而言之,判断双方是否"以夫妻名义同居生活"需要在考量各方面因素的基础上综合判断,而不符合这一标准的同居关系持续期间内,双方所购置的财产等不能按该司法解释被认定为一般共有。

其次,该解释强调"共同所得的收入和购置的财产"。通常观点是,同居双方的"共同所得"须同时具备两个条件,一是双方共同生活,这是形成共有关系的基础;二是双方共同劳动、经营或管理,这是产生共有关系的前提条件。只有同时具备这两个条件,才能构成共同所得,否则应视为个人所得。对于"共同购置的财产",应当理解为双方对该财产的购置都有贡献,这样的贡献主要应当是经济上的,份额上没有严格要求,应在具体案件中视情况而定。

与此同时,考虑到同居关系具有极强的社会伦理属性,为维护婚姻家庭的稳定和尊重人们的基本道德情感,在一些情况下,即使双方构成了"以夫妻名义

同居生活”，同居期间的收入或购置的财产也不应认定为共同财产，“一方有配偶，在婚外与其他异性同居”就是这样的情况之一。此时，可行的替代措施为根据双方对该财产的投入比例进行判定。

裁判精要

双方当事人为结婚目的购置房屋等财产，在没有借款合同等证据且双方婚后通常共同生活的情况下，不宜认定双方存在民间借贷关系，所购财产应系双方共同出资购得。对于婚前同居生活的双方共同出资且以结婚为目的所购置财产，在发生财产纠纷时不应认定为婚后夫妻双方的共同财产。如果双方当事人在购置财产时符合《最高人民法院关于人民法院审理未办结婚登记而以夫妻名义同居生活案件的若干意见》第10条规定的情形，即双方确以夫妻名义同居生活，且双方对相关财产的购置均有经济上的贡献，则相关财产可以作为一般共有财产处理。但是，基于同居关系极强的社会伦理属性，以及法律与道德对婚姻家庭稳定性的强调与关注，这一问题还应当具体分析，如在一方当事人有配偶且在婚外与其他异性同居等情况下，应采取根据双方对相关财产的投入比例等替代性标准作出判定。

《民法典》婚姻家庭编中，第1042条规定：“禁止包办、买卖婚姻和其他干涉婚姻自由的行为。禁止借婚姻索取财物。禁止重婚。禁止有配偶者与他人同居。禁止家庭暴力。禁止家庭成员间的虐待和遗弃。”第1062条规定：“夫妻在婚姻关系存续期间所得的下列财产，为夫妻的共同财产，归夫妻共同所有：（一）工资、奖金、劳务报酬；（二）生产、经营、投资的收益；（三）知识产权的收益；（四）继承或者受赠的财产，但是本法第一千零六十三条第三项规定的除外；（五）其他应当归共同所有的财产。夫妻对共同财产，有平等的处理权。”第1063条规定：“下列财产为夫妻一方的个人财产：（一）一方的婚前财产；（二）一方因受到人身损害获得的赔偿或者补偿；（三）遗嘱或者赠与合同中确定只归一方的财产；（四）一方专用的生活用品；（五）其他应当归一方的财产。”《民法典》对于禁止有配偶者与他人同居、夫妻共同财产、一方个人财产范围之规定，沿用了《婚姻法》中的相关规定，本案例阐释的对于违反夫妻忠实义务与他人非法同居，虽然在与原配偶离婚后双方重新组建了家庭，但关于判断夫妻共同财产与婚前个人财产所属的具体把握标准与审查要素与《民法典》的精神相一致，故适用要点在《民法典》实施后并无不同。

四、享受已死亡配偶生前工龄优惠所购公房不属于夫妻共同财产

实务难题

中共中央于1993年发布《关于建立社会主义市场经济体制若干问题的决定》,提出加快城镇住房制度改革,控制住房用地价格,促进住房商品化和住房建设的发展。1994年,《国务院关于深化城镇住房制度改革的决定》开始深化城镇住房制度改革,以促进住房商品化和住房建设的发展。1998年,《国务院关于进一步深化城镇住房制度改革加快住房建设的通知》全面推进公有住房改革。

长期以来,我国住房领域改革主要依据的是上述国家政策及地方政策。房改政策符合我国国情,在历史上发挥了重要作用。然而,到了全面依法治国的今天,难免出现房改政策与现行法律不尽一致之处,从而造成司法难题。一方面,房改政策规定灵活、具体,能够高效解决改革中出现的各种问题。另一方面,政策的实用主义价值取向决定其对诸如体系性、逻辑性等民事法律所追寻的价值目标难以全面顾及。反映到审判实践中,用当下民事法律框架解决历史遗留问题必然会出现价值冲突:遵从当年政策裁判更符合历史实际与人们一般认知,但逻辑上有可能存在难以自恰之处。其中,享受已死亡配偶生前工龄优惠购买公房问题即为典型一例。

1994年《国务院关于深化城镇住房制度改革的决定》规定,职工购买现已住用的公有住房,可适当给予折扣,售房单位应根据购房职工建立住房公积金制度前的工龄给予工龄折扣。根据上述政策,工龄优惠在房改购房时可折抵部分购房款,甚至在一方配偶去世后,健在一方在房改购房时,仍可使用去世一方生前工龄予以折抵房款,实践中这是政策所允许的。问题是,所购公房的权属应当如何认定,是认定为夫妻共同财产还是健在一方的个人财产? 如果认定为夫妻共同财产,如何跨越自然人的民事权利能力与意思表示? 如果认定为健在一方的个人财产,工龄优惠如何定性,是否属于财产? 如果属于财产,可否转让、继承? 如果不属于财产,为何又能折抵房款? 由于没有明确法律规定,因此在分家析产、继承、共有物分割等案件中这一问题凸显出来。

疑难案例

孔某与荆某系夫妻关系,二人共育有三个子女,长子孔甲、长女孔乙、次子孔丙。1994 年 6 月 21 日孔某去世,2013 年 2 月 27 日荆某去世。2001 年 11 月 20 日,荆某作为乙方与北京市朝阳区人民政府军队离休退休干部安置办公室(以下简称安置办)签订住房出售协议书,购买了涉诉房屋,协议书约定:上述住房房价按每平方米建筑面积成本价 1485 元和《军队现有住房出售管理办法》规定的各项折扣,该住房所处地段、层次、朝向等调节系数及装修、设备标准等调价金额计算,经计算该房的实际售价为 46 043.99 元,详见"房价计算表";乙方一次性付清全部房价款的,甲方同意减收实际售价的 20%,乙方实际应缴房价款为 36 835.19 元。涉诉房屋的《军队离休退休干部专项住房出售统计表》显示,计算涉诉房屋价格时考虑了男方军(工)龄 39 年、女方军(工)龄 20 年,以及军人职业折扣率 8%。此后,荆某登记为涉诉房屋所有权人。2010 年 10 月 22 日,荆某与孔丙签订房屋买卖合同,将涉诉房屋过户至孔丙名下。孔甲、孔乙提交安置办于 2013 年 11 月 28 日出具的证明一份,内容为:"坐落于朝阳区某小区 401 楼 2 单元 1 号住宅,在 2003 年 1 月经单位优惠售房(成本价),出售给孔某爱人荆某(孔某病故),房产面积 99.13 平方米,产权证号朝私字第××××××× 号。"孔甲、孔乙欲以此证明 1 号房屋系其父亲单位根据国家政策以成本价卖给父母的,是父母的共同财产。

2014 年 9 月,孔甲、孔乙诉至原审法院称:涉案房屋是父母遗产,未进行继承分割,未经孔甲、孔乙同意母亲荆某无权将房屋卖给孔丙,二人的买卖合同无效。起诉请求:确认孔丙与荆某 2010 年 10 月签订的房屋买卖合同无效。

孔丙辩称:涉诉房屋就是荆某个人财产。涉诉房屋是在 1994 年分的,父亲孔某在 1994 年就去世了。2001 年 11 月底用荆某的名字和单位签订了购房协议书,2003 年 1 月取得了产权证,登记在荆某名下。我和我母亲签订买卖合同,实际是赠与我的。

法院观点

一审法院经审理认为,依法成立的合同受法律保护。本案孔甲、孔乙要求确认荆某与孔丙于 2010 年 10 月 22 日所签的房屋买卖合同无效,其所持主要理由为涉诉房屋系荆某配偶孔某单位分配的房屋,使用了孔某的工龄优惠和军人职业折扣,故涉诉房屋应为孔某与荆某的夫妻共同财产,孔丙明知该房屋是共有财产,却以不合理的低价购买,故该买卖合同应为无效。根据已查明的事实,本案涉诉房屋系孔某去世近9年后荆某单独签订购房协议书而取得,计算房价时虽使用了已去世配偶孔某的生前工龄优惠和军人职业折扣,但上述优惠和折扣应属于对孔某的政策性补贴。本案审理中,孔甲、孔乙未提供证据证明购买涉诉房屋时交纳的购房款系孔某与荆某的共同财产,考虑购房时间点距离孔某去世较久,根据生活常识和购房协议的买受人为荆某的情况,可以认定购房款系使用荆某的个人财产支付。购买涉诉房屋的民事行为系荆某单独作为买方所实施,涉诉房屋应属荆某的个人财产。孔甲、孔乙认为,涉诉房屋属于孔某与荆某共同财产的诉讼主张不能成立。对于荆某购买涉诉房屋时使用了孔某的工龄优惠和军人职业折扣,对此应否作出相应补偿一节,与本案不属同一法律关系。荆某以买卖等方式处分登记在其个人名下的涉诉房屋是其合法权利,孔甲、孔乙未举证证明荆某于2010年10月25日与孔丙签订房屋买卖合同时不具备相应的民事行为能力,该买卖合同系二人的真实意思表示,内容不违反法律、行政法规的强制性规定,应为合法有效。关于孔丙未向荆某实际支付购房款,不构成合同无效的理由。孔甲、孔丙的诉讼请求依据不足,法院不予支持。据此,一审法院于2015年9月判决如下:驳回孔甲、孔乙的诉讼请求。

判决后,孔甲、孔乙不服原审判决,提起上诉。其上诉理由为:(1)原审法院认定涉诉房屋系荆某在孔某去世近9年后以自己的个人财产单独购买,是荆某的个人财产,缺少事实和法律依据。原审法院判决的理论依据是被废止的最高人民法院批复,该理论依据与现行的房改政策不符,根据住房和城乡建设部的意见,涉诉房屋应属于夫妻共同财产。(2)根据相关司法解释规定,荆某的处分行为属于无权处分,且孔丙没有支付合理对价,不属于善意取得,因此二人之间的房屋买卖行为应归于无效。上诉请求撤销原审判决,依法改判支持孔甲、孔乙的诉讼请求。

二审法院经审理认为,当事人一方以出卖人在缔约时对标的物没有所有权或者处分权为由主张合同无效的,人民法院不予支持。现孔甲、孔乙以荆某无权处分为由,要求确认房屋买卖合同无效,法院不予支持。本案涉诉房屋系孔某去世近9年后荆某单独签订购房协议书而取得,计算房价时虽使用了已去世配偶孔某的生前工龄优惠和军人职业折扣,但上述优惠和折扣应属于对孔某的政策性补贴。考虑到购房时间点距离孔某去世较久，在无证据证明购房款系来源于夫妻共同财产的情形下，可以认定购房款系使用荆某的个人财产支付。购买涉诉房屋的民事行为系荆某单独作为买方所实施，涉诉房屋应属荆某的个人财产，其有权处分自己财产。综上所述，孔甲、孔乙的上诉请求及理由，缺乏事实及法律依据，法院不予支持。据此判决：驳回上诉，维持原判。

法官点评

本案中，虽然当事人的诉讼请求系以无权处分为由确认孔丙与荆某2010年10月签订的房屋买卖合同无效，而构成无权处分的理由为涉案房屋属于其父母的夫妻共同财产。审理该案件的前提须明确涉案房屋是否属于夫妻共同财产，即使用工龄优惠所购公房的权属认定问题。工龄优惠是否属于财产或财产权益？享受已死亡配偶生前工龄优惠后所购公房房屋权属如何认定？

（一）工龄优惠是否可视为财产性权益

第一种意见认为，工龄优惠只是属于一种政策性补贴，而非财产或财产权益。2000年2月7日《最高人民法院关于在享受本人工龄和已死亡配偶生前工龄优惠后所购公房是否属夫妻共同财产的函的复函》（以下简称复函）认为，夫妻一方死亡后，如果遗产已经继承完毕，健在一方用自己的积蓄购买的公有住房应视为个人财产，购买该房时所享受的已死亡配偶的工龄优惠只是属于一种政策性补贴，而非财产或财产权益。夫妻一方死亡后，如果遗产没有分割，应予查明购房款是夫妻双方的共同积蓄，还是配偶一方的个人所得，以此确认所购房屋是夫妻共同财产还是个人财产；如果购房款是夫妻双方的共同积蓄，所购房屋应视为夫妻共同财产。复函认为，工龄优惠只是属于一种政策性补贴，而非财产或财产权益。对于夫妻共同财产认定的落脚点在于遗产有无分割，是否使用夫妻共同存款购房。但是，上述复函已被2013年2月18日《最高人民法院关于废止1997年7月1日至2011年12月31日期间发布的部分司法解释和司法解释性质文件（第十批）的决定》以与现行房改政策不一致为由废止。

第二种意见认为，工龄优惠属于财产性权益。理由是，成本价购买公房政策是我国住房领域计划经济体制到市场经济体制过渡期间给予的福利政策。

售房单位根据购房职工建立住房公积金制度前的工龄给予工龄折扣,工龄可以折抵部分购房款,即该工龄优惠在购房时依政策转化为财产权益。因此,在房改政策中实际折抵了购房款的死亡配偶的工龄优惠可以视为财产性权益。复函被废止,故其认为工龄优惠不属于财产或者权益之认定也被否定。鉴于工龄具备人们认可的经济价值,属于财产性利益。

我们同意第二种意见,认为第一种意见虽有利于简化纠纷,明确裁判标准,但与日常生活观念不符,通常认为工龄优惠可以折抵房款,就应当具有财产价值。

(二)工龄优惠应认定为一方个人权益还是夫妻共有权益

我们认为,工龄优惠应认定为夫妻共有权益。理由是,我国所确立的法定财产制是夫妻婚后所得共同制,除夫妻个人特有财产和夫妻另有约定外,夫妻双方或一方在婚姻关系存续期间所得的财产,均归夫妻共同所有。

需要注意的是,工龄优惠并不是现实的财产,在未购公房前,其财产价值并未显现,因此不存在夫妻共同财产分割或继承的问题。

(三)所购公房应认定为健在一方个人财产还是夫妻共同财产

第一种意见认为,所购公房应认定为夫妻共同财产。理由是,上述复函认为利用共同积蓄购房的,可以认定为夫妻共同财产。参照复函精神,工龄优惠属于财产性权益,可以视为在购房时转化为夫妻共同财产。1999年《建设部关于唐某房改房产权认定问题的复函》(已废止)规定,按照目前我国城镇住房制度改革的有关政策,按成本价或标准价购买公有住房以城镇职工家庭(夫妇双方)为购房主体,且每个家庭只能享受一次。本案中,唐某按房改政策购买住房时享受了其配偶的工龄优惠,该住房应当视为其夫妇双方共同购买。因此,我们认为,该住房应视为唐某与其配偶共有财产。建设部的意见认为享受了工龄优惠的可视为共有财产,且该意见现行有效。

第二种意见认为,应认定为家庭共同共有。理由是,鉴于工龄优惠属于财产性权益,健在一方使用工龄优惠购房的,应认定为继承人共有财产的转化。健在一方作为遗产管理人对遗产进行管理,其增值部分应归属于全部继承人。

第三种意见认为，应认定为健在一方个人财产。理由是，从民事主体资格的角度来看，公民的民事权利能力始于出生，终于死亡，已死亡配偶在购房时显然已不具备民事权利能力。已死亡配偶未从事购房的民事法律行为，不具有取得房屋所有权的意思表示，不应认定其对房屋享有所有权。根据不动产物权登记的权利推定原则，所购公房应认定为健在一方的个人财产。

我们同意第三种意见，因为第一、二种意见无法解决自然人民事权利能力的问题，第三种意见符合法理及实践操作，是否使用已死亡配偶生前工龄优惠购房，均不能影响房屋所有权的归属。从民事主体资格来看，公民从出生时起到死亡时止，具有民事权利能力，依法享有民事权利，承担民事义务。因此，已死亡一方在购房时不具备民事权利能力，无购房的意思表示，不存在购房的民事行为，因此不可能成为房屋权利人。

（四）所购公房的分割问题

在认定为健在一方个人财产的前提下，则其他继承人要求确认或分割房屋份额的，不予支持。对于认定为个人财产后出现的可能剥夺工龄优惠所体现的财产权益的问题，应对思路是可以参照回迁房的处理办法，采用内外有别的认定方法，对外认定为个人财产，权利人享有完全的所有权。对家庭内部来讲，要考虑多种因素予以公平分割。对家庭内部来讲，考虑到房改房的出售及价格均受国家房改政策的调整，所购房屋包含了夫妻工龄、职务、家庭人口等因素，在家庭内部分割时不能简单等同于普通商品房。鉴于工龄优惠属于财产性权益，继承人要求使用死亡一方工龄优惠的产权人给予一定经济补偿的，可予支持。关于补偿标准，可参照工龄优惠折抵的购房款在总房款中所占的比例，在此限度内酌定计算升值部分的分割比例。需要注意的是，成本价购买公房计算公式较为复杂，必要时可采用评估的方式计算工龄折扣在购房款中所占比例。

裁判精要

在房改政策中实际折抵了购房款的工龄优惠，具备人们认可的经济价值，属于财产性利益。利用死亡配偶一方工龄优惠购房的，根据不动产物权登记的权利推定原则，所购公房应认定为健在一方的个人财产，而不宜认定为夫妻共同财产。

《民法典》第 13 条规定，自然人从出生时起到死亡时止，具有民事权利能力，依法享有民事权利，承担民事义务。因此，关于自然人民事权利能力的问题，本案的分析思路与《民法典》的相关规定是一致的。与此同时，笔者还注意到，《民法典》第 1122 条规定，遗产是自然人死亡时遗留的个人合法财产。依照法律规定或者根据其性质不得继承的遗产，不得继承。由此可知，与《继承法》相比，《民法典》采用"概括 + 排除"的方式规定遗产范围，即"自然人死亡时遗留的个人合法财产"，不再进行一一列举，扩大了遗产范围。本案中，笔者将在房改政策中实际折抵了购房款的工龄优惠，定性为财产性利益，继承人虽然不能主张房屋所有权，但可以主张就财产性利益进行折价补偿，契合《民法典》扩大遗产范围的理念。

五、婚后混合出资所购房屋应根据出资的具体情况进行分割

实务难题

房产是家庭最重要的生活资料，是居有定所的安身立命之本。房产分割是离婚纠纷中争议最大的问题，也是案件审理的难点。房屋产权应如何认定，需要结合房屋买卖合同的签订时间、房款的出资、房屋所有权证的取得时间等因素加以综合考虑。对于婚后混合出资的房屋，需要考虑出资性质的界定，按照照顾妇女和儿童的原则，并在此基础上确定房屋的归属及房屋补偿款的数额。

疑难案例

王某系王甲与游某之女。王某与孔某于 2002 年登记结婚，婚后生育一女，2013 年经原审法院判决离婚，女儿由王某抚养。

2009 年，孔某作为王某的代理人签订房屋买卖合同，购买诉争房屋一套，总价款为 2 000 000 元，其中首付款为 800 000 元。孔某、王某与招商银行签订《个人贷款借款合同》，贷款 1 200 000 元用于支付房款。2014 年 4 月，诉争房屋贷款已结清。关于首付款情况，480 000 元来自王某与王甲名下共有房屋卖房款 960 000 元，王甲、游某给付王某 240 000 元。关于贷款，夫妻关系存续期间还贷 469 821 元，其中王甲、游某给付王某 100 000 元；离婚后还贷 730 179 元，离婚后还贷额中王某、孔某分别支付了 365 089.5 元。经鉴定，房屋市值为 5 629 727

元。王甲、游某称其所付钱款系对房屋的出资。王甲、游某、王某诉至法院要求：(1)确认房屋为游某、王甲、王某、孔某的共有财产；(2)依法分割房屋，房屋归游某、王甲、王某所有，由游某、王甲、王某按孔某出资比例给付孔某房屋折价款。

法院观点

一审法院经审理后认为，孔某与王某在婚姻关系存续期间共同贷款购买诉争房屋并取得产权，因此诉争房屋是孔某和王某的夫妻共同财产。王甲、游某主张对诉争房屋享有共有权，但现有证据只能证明王甲、游某曾向王某的账户转账 900 000 元，不能证明孔某、王某与王甲、游某有共同购买诉争房屋的意思表示，因此对王甲、游某要求诉争房屋共有的诉请不予支持。王甲、游某给付王某的 900 000 元，不能视为二人参与购买诉争房屋的出资，亦不能视为对孔某、王某双方的赠与，对此款项不予处理，王甲、游某可另行主张权利。关于诉争房屋的归属，王某与孔某均主张诉争房屋归其所有，给对方折价款。诉争房屋应平均分割，现孔某同意在其取得诉争房屋产权的情况下给付王某折价款 2 900 000 元，且孔某亦提供证据证明其有能力支付相应折价款。据此，一审法院判决：房屋归孔某所有；孔某给付王某房屋折价款 2 900 000 元。

判决后，王甲、游某、王某不服，提起上诉，请求撤销原判，改判诉争房屋归王某所有。

二审法院认为，房屋为孔某和王某的夫妻共同财产。480 000 元系王某婚前个人财产，夫妻在婚后购买房屋，夫妻一方以婚前个人财产支付的购房款在离婚分割房屋时应计算增值。对于王甲、游某的出资部分，未能提供有效证据证明上述款项系其赠与王某一方，应视为对王某、孔某夫妻双方的赠与，考虑到王某、孔某双方婚生女由王某抚养，王某对于诉争房屋的出资比例较大，且王某亦有能力给付孔某房屋折价款。本着照顾子女与女方权益的原则，判决撤销原判，涉案房屋归王某所有，王某给付孔某房屋折价款 1 900 000 元。

法官点评

房产向来是夫妻家庭生活的重要财产和生活资料，是离婚及离婚后财产纠纷中双方当事人争夺的主要对象，房产的取得可能在婚前，也可能在婚后，但是房产不能简单依据取得的时间认定为婚前财产或婚后共同财产。因为实践中的情况十分复杂，既包括房产的实际取得标准存在差别，如房产是以实际交付为取得标准，还是以取得房屋所有权证为标准；也包括房屋产权登记存在差异，如房屋产权登记在夫妻一方名下或双方名下；更有房屋的出资存在千差万别，如婚前一方支付首付款、婚后夫妻共同还贷或父母出资还款，婚后所购房屋由一方婚前财产转换资金购买，婚后父母出全资及部分出资、夫妻还贷等混合出资情形，本案中涉案房屋即属于混合出资的情形之一。裁判者在处理该类纠纷时，应知晓相关规定的出台背景，了解其历史沿革，厘清其相互之间的关系，剥离房屋出资存在的情形并进行认定，同时综合考虑房屋取得时间及房屋产权登记情况，最终对房屋的属性予以确定。本案中，涉案房屋的购房款包括主要来自王某婚前所购房屋的卖房款及其父母出资所构成的首付款及共同还贷部分，在明晰出资款来源的基础上，裁判者应当综合考虑相关因素，按照照顾妇女、儿童的原则，对房屋进行公平分割。

（一）根据法定夫妻财产制涉案房屋应认定为王某和孔某共有

法定夫妻财产制，是指如无约定当然适用的夫妻财产制度。《婚姻法》第17条规定了法定夫妻共有财产："夫妻在婚姻关系存续期间所得的下列财产，归夫妻共同所有：(一)工资、奖金；(二)生产、经营的收益；(三)知识产权的收益；(四)继承或赠与所得的财产，但本法第十八条第三项规定的除外；(五)其他应当归共同所有的财产。"《婚姻法》第18条规定了法定夫妻个人财产："有下列情形之一的，为夫妻一方的财产：(一)一方的婚前财产；(二)一方因身体受到伤害获得的医疗费、残疾人生活补助费等费用；(三)遗嘱或赠与合同中确定只归夫或妻一方的财产；(四)一方专用的生活用品；(五)其他应当归一方的财产。"从性质上看，我国法定夫妻财产制属婚后所得共同制，即婚后夫妻一方所得财产，除法律另有规定或当事人另有约定外，均属夫妻共有。

《民法典》第209条规定："不动产物权的设立、变更、转让和消灭，经依法登记，发生效力；未经登记，不发生效力，但法律另有规定的除外。"除法律另有规定外，财产未经物权转移手续的，不发生物权变动效力。问题在于《民法典》婚姻家庭编关于法定夫妻财产的规定是否属于"法律另有规定"，即夫妻基于身份而取得的财产共有权，是否需要符合物权法律方面的要求？笔者认为，物权法律方面的权属变动形式应区别是否具有夫妻身份，夫妻财产关系内部和外部应有所区别。

夫妻财产关系内部，夫妻财产权利归属的确定应适用《民法典》婚姻家庭编。夫妻对婚后所得财产归属没有特别约定的，应适用法定夫妻财产制。基于夫妻身份，婚后取得的财产无须通过法律行为，无须符合《民法典》规定的变动形式，只有婚姻关系缔结，一律推定为共同共有。根据《民法典》相关规定，夫妻一方因继承和赠与所得的财产属夫妻共同财产，除非被继承人和赠与人明确指定财产只归一方所有。亦即婚后所得财产应适用推定共有规则，除非一方能提供反证证明其所得为一方所有。

在夫妻财产关系的对外效力上，应适用《民法典》物权编。未登记的不动产物权无公示效力，不得对抗善意第三人。夫妻对共有财产享有平等权利，但如共有的不动产物权只登记了夫妻一方，另一方之共有权对外无对抗效力。例如，登记人未经另一方同意，擅自处分共有物，另一方可采用以下方式进行救济：如买受方未变更登记的，共有人可提出登记异议，并向法院提起确认之诉，确认自己对该房屋之共有权，买受人不能取得产权，只能要求出卖人承担违约责任；在不动产变更登记后，买受人取得了产权，此时共有人只能追究出卖人的责任。《民法典》规定的物权变动原则是基于保障安全交易的考虑，对卖房人基于夫妻法定财产制对抗财产交易安全的排除适用。

王某与孔某婚后所购房屋，虽然登记在王某名下，双方对婚后财产无任何特别约定，应适用夫妻法定财产制，推定为王某与孔某共有。

（二）王甲、游某在涉案房屋中的出资应视为对王某、孔某的共同赠与

王甲、游某在涉案房屋中的出资是应认定为对夫妻双方的赠与，还是认定为对己方子女的赠与？

现实生活中，有的父母可能出于子女单位能够报销相关物业费、暖气费等原因，也有的考虑到将来可能发生的遗产税等问题，将父母自己出资购买的不动产登记在子女名下，实际上并无赠与子女的意思表示。父母挂子女之名购房，用子女的名义登记产权，但实际是父母本身的财产，没有赠与的真实意思。审判实践中应区分“赠与”与“挂名”的实际情况，否则离婚时因挂名登记导致父母与子女之间争夺产权，极有可能损害父母的切身利益。

《最高人民法院关于适用〈中华人民共和国婚姻法〉若干问题的解释(二)》(以下简称《婚姻法司法解释(二)》)第22条[1]规定:"当事人结婚前,父母为双方购置房屋出资的,该出资应当认定为对自己子女的个人赠与,但父母明确表示赠与双方的除外;当事人结婚后,父母为双方购置房屋出资的,该出资应当认定为对夫妻双方的赠与,但父母明确表示赠与一方的除外。"笔者认为,该条文中的"应当认定为赠与",是指父母实际出资时意思表示不明的情况下,从社会常理出发认定为赠与,如果当事人有证据证明父母对子女购房的出资是借贷关系的,则应当按照借贷关系处理。这与《民法典》第1062条、第1063条也是相印证的,能够保持法条间的相互一致性。《民法典》第1062条明确规定,夫妻在婚姻关系存续期间,因"继承或赠与所得的财产"属于夫妻共有财产。《民法典》第1063条第3项明确规定"遗嘱或赠与合同中确定只归夫或妻一方的财产"方能认定为夫妻一方的个人财产。本案中,王甲、游某对王某、孔某购房所出非全资,而是部分购房款,虽然登记在王某名下,应认定为对王某、孔某双方的赠与,但这不代表可以简单地进行对半分割,以下详述。

(三)王某出卖婚前房屋所得价款在涉案房屋中的出资为个人婚前财产的形式转换

判断财产是否一方婚前个人财产,可以从以下两个方面来综合判断:

1. 财产权的取得时间。认定夫妻财产是个人婚前财产还是婚后夫妻共同财产,应当以结婚为临界点。结婚之前取得财产权的,无论财产实际取得时间是在婚前还是婚后,其性质均为婚前个人财产;如果结婚之后取得财产权的,无论实际取得财产时夫妻双方的婚姻关系是否还存在,其性质均为夫妻共同财产。例如,婚前夫妻一方接受继承,遗产在婚后才分割,该遗产虽然是婚后实际取得,但其所有权在婚前就已经取得,所以应认定为一方的婚前财产;如婚姻存续期间,夫妻一方接受继承,遗产在离婚后才分割,该遗产虽然是离婚后实际取得,但其所有权在婚姻关系存续期间取得,所以应认定为夫妻共同财产。

2. 是否存在特殊的约定。原则上夫妻一方的婚前财产,不因婚姻关系的延

---

〔1〕 具体规定参见《最高人民法院关于适用〈中华人民共和国民法典〉婚姻家庭编的解释(一)》第29条。

续而转化为夫妻共同财产，但如果夫妻双方就婚前财产的权属有明确约定，应当尊重双方当事人的意思自治，排除法定夫妻财产制的适用。1993 年《最高人民法院关于人民法院审理离婚案件处理财产分割问题的若干具体意见》第 6 条规定："一方婚前个人所有的财产，婚后由双方共同使用、经营、管理的，房屋和其他价值较大的生产资料经过八年，贵重的生活资料经过四年，可视为夫妻共同财产。"这一司法解释规定婚前财产只要经夫妻共同使用、经营、管理并经过一定期限就可以转化为夫妻共同财产，既不符合婚后所得共同制的原理，也不符合所有权取得的理论，2001 年修正后的《婚姻法》没有采纳这一司法实践中的做法，故该意见已废止。

未经形式变化的财产，认定其性质属婚前个人财产还是夫妻共同财产难度不大，但需要注意的是如果婚前财产在婚后发生了形式变化该如何去判断？如果婚前财产在婚后只是发生了物理形式上的变化，由实物变现为金钱，或是由金钱简单转化为独立实物，仍应认定为婚前个人财产；如果一方婚前个人财产与夫妻共同财产或另一方个人财产直接或间接结合而得一新物，该物为夫妻共同财产，婚前财产及转化形式所得应当视为对新物的出资，个人出资部分及增值在共同财产进行分割时应当视为个人的份额。

本案中，王某婚后获得的婚前房屋的卖房款是婚前财产的转化形式，该款项作为婚后购房的部分首付款，在离婚对房屋进行分割时，该部分出资及增值应当为王某所有。

（四）涉案房屋应如何分割

涉案房屋为王某、孔某因婚后所得，双方取得房产共有权，但其价值实质是婚前个人财产、王某父母出资、婚后共同财产的混合体，各部分出资对按揭房产的价值实现都功不可没。

在对房屋进行具体分割时，应先将王某所卖婚前房屋款项从总房款及还款利息中予以扣除，王某父母出资和双方婚后共同还贷部分进行平分，参照如下公式计算：一方分割部分 = 一方在房屋中的总出资 ÷ 实际总房款（总房款本金 + 已还利息）× 离婚时房屋的市场价值，这种计算方法相对比较公平。当然，这只是夫妻共同房产分割的一个参考，不能一概机械为之，可以在此基础之上，参考其他因素予以酌定，婚前出首付款婚后共同还贷的房产，离婚分割时既要保护个人婚前财产的权益，也要公平分割婚后共同共有部分的财产权益。实际分割时，要根据《民法典》第 1087 条的规定精神，要根据“财产的具体情况”，本着照顾子女和女方权益的原则进行裁决。也就是说，分割夫妻共同财产时，要全面考虑财产的资金来源、双方结婚时间长短、是否存在过错、夫妻对家庭所做贡献、子女抚养情况、双方的住房情况等因素综合判断，避免出现显失公平的情况。

二审判决正是在查明出资情况的基础上，综合考虑了资金来源、子女抚养、双方住房、家庭贡献等情况，同时衡量了双方的执行能力，最终判决房屋归王某所有、王某给付孔某补偿款，能够平衡双方利益。故二审判决是正确的。

裁判精要

夫妻婚内所得财产，在无特别约定的情况之下，可推定为夫妻共同财产。离婚时，婚内所购房屋出资存在多种情形组合之下，需要综合考虑出资的情况，结合《民法典》及其司法解释的相关规定，厘清出资的规定。在夫妻共同财产具体分割时，要全面结合财产的资金来源、双方结婚时间长短、是否存在过错、夫妻对家庭所作贡献、子女抚养情况、双方的住房情况等因素综合判断，避免出现显失公平的情况。

《民法典》第 1062 条、第 1063 条分别规定了夫妻共同财产和一方的个人财产的范围，其基本延续了《婚姻法》的相关规定。因此，本案判决及分析不因《民法典》的实施而受到影响。

六、一方自行购买婚前承租公房时使用对方工龄，离婚时应向对方支付经济补偿款

实务难题

房产通常是很多家庭中价值最高的财产，因此，离婚案件中涉及的房产分割问题往往成为离婚诉讼的争议焦点。如何认定房屋的权属性质并合理分割一直是司法实践中的重点、难点，乃至社会关注的焦点。但我国法律规范体系尚不甚完善，当时的《婚姻法》及其相关的司法解释给出了夫妻共同财产分割的基本原则和法律依

据，但并不能涵盖、解决司法实务中的所有争议问题，司法实践中仍会遇到有关财产分割问题在法律中没有直接具体规定的情形。

“房改房”是随着房改政策的深化而出现的特殊事物，相关政策、指导性意见众多且各时期的变动较大，而我国法律法规及司法解释对这类房屋的规定还不够充分，法院如何掌握裁判尺度具有一定的困难。根据《国务院关于深化城镇住房制度改革的决定》，以房改优惠价购买公有住房，以户为单位，每户只享受一次。也就是说，夫妻关系存续期间，以一方名义参加了房改购房，即使双方离婚，另一方也不能再享受这种优惠政策，加之这种房改房的优惠价远远低于房屋的实际价值，从而使房改中所购的唯一一套住房成为离婚时双方争执的主要焦点。

婚姻关系存续期间使用双方工龄，夫妻一方以个人财产所购婚前承租的公房的权属如何定性，以及离婚时将房屋判决归一方所有时，以何标准给予另一方适当的经济补偿？对于此种情形，法律法规尚无明确规定，学理上也有不同观点，这在一定程度上影响了审判工作的顺利开展。

根据我国相关规定，一方的婚前财产为夫或妻一方的个人财产，除有约定外，个人财产也不因婚姻关系的建立和存续自动转化为夫妻共同财产。因此由夫或妻一方婚前承租，婚后以个人婚前财产或婚后个人财产购买的房屋，通常应认定为个人财产。但是在实际操作中，由于公有住房的出售价格中包含了夫妻双方的工龄折扣等福利待遇，这种福利待遇并非给夫或妻一方的，而是给双方的，所以婚后使用双方工龄以个人财产购买由一方婚前承租的公有房屋的权属认定问题，在房改政策的背景下，值得探讨。

解决此问题需要考虑房改房取得的时间，购房款的来源以及工龄在购买房屋时的“贡献”可否视为一种“出资”等因素。房屋所有权取得的时间，一般作为认定房屋是夫妻共同财产还是一方个人财产的重要依据。无论登记于一方名下还是登记于双方名下，只要是婚姻关系存续期间取得所有权的房屋，原则上应认定为夫妻共同财产。但是，如果一方能够提供充分的证据证明该房屋系其以婚前个人财产购买，且登记于个人名下，应当认定为一方个人财产，不因婚姻关系的存续而转化为夫妻共同财产。所以，在衡量某一财产是否属于夫妻共同财产时，可以采用逆推的方法，即看其与个人财产的性质是否相符，如不能得出肯定的判断，那么该财产应推定为夫妻共同财产。另外，如果夫妻双方工龄的“贡献”被认定为购买房屋时的一种“出资”，那么房屋便可视为夫妻双方共同出资购买，应认定为夫妻共同财产;反之宜认定为一方个人财产,而另一方的损失则以经济补偿的方式予以适当弥补。

疑难案例

吴某与孙某于1999年12月经人介绍相识,2000年9月登记结婚,婚后生育一女。由于双方婚前感情基础薄弱,婚后双方又矛盾频发且长期得不到解决,夫妻分居达5年之久,夫妻感情确已破裂。

吴某诉至法院,请求判令解除与孙某的婚姻关系,女儿由其抚养,孙某一次性支付抚养费200 000元,依法分割夫妻共同财产房屋一套、车辆一辆。孙某同意离婚,同意孩子由吴某抚养并每月支付抚养费600元。但孙某认为,夫妻共同财产只有车辆一辆,登记在其名下位于北京市朝阳区光熙门北里×号楼的×号房屋(以下简称×号房屋)是其婚前财产,不应作为夫妻共同财产进行分割。

法院观点

一审法院认为,双方的夫妻感情确已达到破裂程度,双方均同意离婚,法院准予离婚。关于子女抚养和车辆分割,孙某对于吴某的主张均无异议,故法院对吴某的诉讼请求予以支持。关于房屋分割,吴某主张×号房屋系夫妻共同财产,应平均分割。孙某不同意吴某主张,认为×号房屋系其婚前个人财产,应属其个人所有。根据本案的证据和吴某的自认,可以看出×号房屋系孙某于婚后以个人财产出资购买的婚前承租的公有房屋,且登记在孙某名下,应不纳入夫妻共同财产分割,归孙某所有,但应全面考虑夫妻各方在房改房中所体现的福利优惠,按照房改房政策将夫妻各方的工龄等因素在房改房出售价格中的比例予以折算,由孙某给予吴某100 000元的补偿。

判决后,吴某不服原审判决,提出上诉,要求撤销原审法院关于房屋分割的判决,依法改判×号房屋归其所有,其于判决生效之日起10日内支付孙某补偿款1 275 000元。其上诉主要事实与理由为:涉案房屋是在结婚登记以后购买的,并且购买房屋使用了夫妻工龄之和进行了计算,吴某因此不能再享受单位住房补贴,该房屋应为夫妻共同财产,原审仅判决孙某向吴某支付100 000元补偿款显失公平。

二审法院认为,本案二审的争议焦点为诉争房屋是否为夫妻共同财产;原审判决房屋补偿款数额是否合理。首先,关于×号房屋是否为夫妻共同财产。根据双方提供的证据和吴某的陈述,×号房屋过户时间虽发生在吴某与孙某登记结婚之后,但购房款源于孙某婚前个人财产,再考虑到该房屋原为孙某婚前承租的公有住房,×号房屋最终登记在孙某名下等情况,原审判决未将该房屋纳入夫妻共同财产范畴进行分割是正确的。吴某主张×号房屋为夫妻共同财产,于法无据,因此对其意见不予采纳。其次,有关房屋补偿款数额是否合理。×号房屋虽非夫妻共同财产,但根据吴某提供的证据,可以证明孙某购买该房屋时根据房改房出售政策计算了夫妻双方的工龄,享受了相应优惠,而双方离婚后,吴某不能使用该房屋,也因孙某购买房屋计算吴某工龄这一事实的客观存在不能再享受单位发放的住房补贴待遇,故孙某应向吴某支付补偿款。补偿款的数额应综合夫妻各方在房改房中所体现的福利优惠、双方工龄折算情况及吴某住房补贴损失情况等因素酌情判处,据此,法院将补偿款数额调整为300 000元。

法官点评

回顾本案的审理过程,结合案件事实和法律规定,笔者认为本案的审理思路可分为两步:首先,婚后使用双方工龄,以个人财产所购婚前承租的公房属于个人财产还是夫妻共同财产。其次,基于对房屋性质的认定进行分割或者补偿。如果认定为夫妻共同财产,则按照夫妻共同财产分割的基本原则和法律规定进行分割;如果认定为个人财产,那么对于另一方的损失应予以合理补偿。

(一)婚后使用双方工龄,以个人财产所购婚前承租的公房应属个人财产

由于房改房体现了很强的政策性和福利性,房屋的售价中包含了夫妻双方的工龄优惠,因此认定其性质时就不像普通商品房那样简单清晰。

第一种观点认为,鉴于我国房改房出售和价格均受国家房改房政策的调整,按房改政策出售的房屋价格不是单纯的房屋市场价格,该出售价格中包含了夫妻双方的工龄折扣等福利待遇,由于夫妻一方购买的房改房将影响另一方福利政策的再次享有,使对方失去了享受福利购房的可能性。因此,无论是从

所有权取得的时间上，还是从房屋的福利性质上，只要是用双方工龄购买，无论是用一方个人财产还是夫妻共同财产购买，都应当认定为夫妻共同财产。这种观点似乎放大了工龄优惠在房改房购买中的作用，有失公平，也与《民法典》中关于个人财产不因婚姻关系的存续而转化为共同财产的精神相悖。

第二种观点认为，工龄优惠可视为一种财产性利益，可认定为购买房改房时的出资。现代意义的财产，既包括房屋、现金等有形财产，也包括以电子等方式存储或交付的存款、股票等以虚拟形式存在的财产。工龄优惠符合财产或财产权益的本质属性。"夫妻一方以个人财产购买的单位房改房中包含的'夫妻双方的工龄折扣等福利待遇'，夫妻一方以家庭为单位申请，以个人财产购买的经济适用房、'两限房'中所包含的政策优惠等，就都属于经济支持，且都是夫妻共同财产。"[1]

第三种观点认为，单位在房改中以优惠价出售给本单位职工的公房，其购房主体是特定的，即仅限于本单位职工，房改中以优惠价出售的房屋，优惠部分的费用系由单位承担，作为一种福利待遇给予本单位职工，因此，所购房屋不能列入夫妻共同财产的范围。但此观点似有不妥。根据政策规定，以房改优惠价购买公有房屋，每个家庭只能享受一次。享受住房福利待遇的对象应是夫妻双方，因为此类房屋是国家作为一种住房补贴一次性卖给夫妻双方的，与夫妻双方职务、级别、工作年限等相挂钩，往往购买价格远远低于房屋的市场价值，而不仅是售房单位的职工一方的个人福利。[2] 因此，除非主张该房为个人财产的一方举证证明该房为其婚前个人财产、以个人财产购买或夫妻双方约定属于其个人所有，否则这种房改房应属于夫妻双方共有财产。

我们认为，此类房屋应属一方个人财产，原因如下。

首先，从房屋取得时间上看，虽然是婚姻关系存续期间取得，但也并非一律是共同财产。根据《民法典》的规定，一方的婚前财产为夫或妻一方的个人财产，除有约定外，个人财产也不因婚姻关系的建立和存续自动转化为夫妻共同财产。一方婚后用个人财产购买房屋，只是把个人财产由货币转化成了实物，财产形态的变化并不能改变财产的性质。所以，房屋仍属于出资购买一方的个

---

〔1〕 贺剑：《夫妻个人财产的婚后增值归属——兼论我国婚后所得共同制的精神》，载《法学家》2015年第4期。

〔2〕 参见赵军蒙：《关于婚姻家庭案件中涉房纠纷审理情况的调研报告》，载《山东审判》2011年第6期。

人财产。

其次，从购房款的来源上看，仅有一方出资，另一方只是贡献了自己的工龄。诚然，工龄优惠确实使出资一方得以用更优惠的价格购买到房屋，但这只是国家给的福利政策，并不能作为购买房屋的出资。复函中规定："夫妻一方死亡后，如果遗产已经继承完毕，健在一方用自己的积蓄购买的公有住房应视为个人财产，购买该房时所享受的已死亡配偶的工龄优惠只是属于一种政策性补贴，而非财产或财产权益。"这条规定所述情形与本案极为相似，都是用个人财产购买公有住房并使用了对方工龄。而且强调，工龄优惠并非一种财产或财产权益。虽然这条规定已经失效，已经没有了法律上的约束力，但是新的相关法律或司法解释尚未出台，因此其对司法实践仍不乏启发和借鉴意义。

最后，需要注意的是，关于房屋权属登记的时间以及登记在谁的名下，都不是决定房屋权属的唯一或根本因素。案涉房屋过户时间在婚后，这一点上述已经解释过。至于登记姓名，由于房改房权属登记的特殊性，在出售房改房时，不办理共有产权，房屋权属证书只办理在一人名下。[1] 但在审理涉及房改房的案件时，并不能仅仅根据房屋权属证书上的具名就简单地认定为个人财产，而应当根据法律法规以及房改政策综合作出认定，即这类房改房虽然存在名实不相符的情况，但还要根据实际的出资情况来认定财产属性，不能仅以房屋权属证书为准。

综上所述，决定案涉房屋权属的根本因素在于购房款的来源，即房屋是用一方个人财产出资购得还是双方共同出资购得。案涉房屋系男方用个人财产出资购得，且登记在个人名下，虽使用了女方的工龄优惠，仍然认定个人财产为宜。

（二）房屋因被认定为一方婚前财产而由一方取得时，是否应当向对方支付经济补偿以及应当以何标准向另一方支付经济补偿

夫妻关系存续期间用个人财产以房改优惠价所购住房固然属于个人财产，不应纳入夫妻共同财产进行分割，但是由于购买房屋时计算了对方的工龄这一事实的客观存在，使对方在离婚后既不能继续基于夫妻关系使用房屋，也不能再享受单位发放的住房补贴等待遇，此种情况的存在使双方利益处于明显的不

〔1〕 参见赵军蒙、夏珍：《离婚诉讼中房屋分割问题探析》，载《山东审判》2010年第5期。

平衡状态，故房屋取得者作为受益一方，应向对方支付一定的经济补偿。由于购房时以房屋成本价购买，房屋价格很低，而近年来房价增长速度飞快，房屋购置价与房屋现值之间存在巨大的反差，诉讼双方通常会对以何标准作为经济补偿的基础产生巨大争议，因此，司法裁判者在诉讼中对此如何掌握显得尤为重要。对此问题的讨论，自房改政策实施以来曾有以下几种不同意见。

第一种意见认为，在补偿标准无明确规定的情况下，应按实际交纳的购房款为参照依据进行补偿，但这种意见已经基本已被否定。主要是因为实际交纳的购房款远远低于所购房屋的实际价值，未完全体现其商品价值。例如，按此标准进行补偿，势必造成补偿款数额过低，完全无法体现出未取得住房一方当事人享受政府给予的优惠政策，也不利于其在离婚后解决自身居住问题，这样是极不公平的。

第二种意见认为，应按市场价为参照予以补偿。主要是考虑市场价与房屋的实际价值较为接近，将来房屋进入市场，增值部分双方都能受益，有利于保护双方当事人的合法权益，对于未获得房屋一方来说是有利的。[1] 但是，也有人担心这种补偿标准实践中较难行通。一是当前大部分家庭的经济收入短期内都难达到一次性支付该部分费用的能力，按此处理，案件长期得不到执行；二是从当前的住房状况来看，绝大多数的家庭均没有闲置住房，所购住房短期内尚不具备上市交易实现增值收益的条件；三是房屋的市场价虽然由房屋的价值所决定，但不等同于房屋的价值，它受市场供求关系的制约，由于当前房屋供求关系矛盾比较突出，房屋的市场价一般高于其实际价值，这样可能会造成双方均不愿要房的局面，难以调解解决，如按此标准判决补偿，同样可能有失公平。

第三种意见认为，按照购房时房改售房评估机构依据当地政府公布的同类住房房改出售的成本价及折旧标准评估确定的价格，由取得房屋产权的一方给予另一方经济补偿，较为合理可行。

笔者认为，对未取得房屋一方的经济补偿标准和额度并非固定不变，而是随着社会的发展和政策法律的变迁而调整。司法实践中应注重个案的特殊性，具体问题具体分析，根据案情合理确定补偿数额，不可畸高畸低。要综合考虑我国当前的经济社会发展状况、居民收入水平、房地产市场价格、夫妻各方在房改房中所体现的福利优惠、双方工龄折算情况及一方住房补贴损失情况等因素

---

〔1〕 参见刘建华：《论离婚案件中房改优惠住房的处理》，载《山东审判》1999年第1期。

来确定。经济补偿数额应贴近市场价格才能体现房屋的实际价值，也能更好地保护未获得房屋一方的利益，充分弥补其因为工龄的使用造成的损失。

裁判精要

夫妻关系存续期间，一方用个人财产以房改优惠价所购婚前承租公房属于个人财产，不应纳入夫妻共同财产进行分割，但由于购买房屋时使用了对方的工龄，导致对方在离婚后既不能基于夫妻关系继续使用房屋，亦不能再享受单位发放的住房补贴等待遇，故房屋取得者作为受益一方，应向对方支付一定的经济补偿款，弥补其因为工龄的使用而造成的损失。

就夫妻共同财产的认定问题，规定在《民法典》第1062条，较之于《婚姻法》第17条，第1062条增加了“劳务报酬、投资收益”，其他仅作表述上的改变；第1063条对夫妻一方财产进行了规定，较之于《婚姻法》第18条无实质变化。本案中所涉及“一方自行购买婚前承租公房时使用对方工龄”情形的房屋性质系共有财产或一方财产，在《民法典》中仍找不到依据，因为本案中诉争房屋不属于第1062条的“劳务报酬、投资收益”范畴，且《民法典》未对工龄性质进行界定。《最高人民法院关于适用〈中华人民共和国民法典〉婚姻家庭编的解释（一）》第27条规定，由一方婚前承租、婚后用共同财产购买的房屋，登记在一方名下的，应当认定为夫妻共同财产。但通过前文的论述可以看出工龄不能认定为财产，仅是国家给予的一种福利政策，而诉争房屋由孙某使用个人财产购买，应归其个人所有，因工龄折算在房屋购买时起到了一定优惠作用，故对另一方予以适当的经济补偿是符合民法公平原则的。

就本案而言，在当事人的请求权基础与诉讼路径以及法院的审判思路方面，本案的处理仍须以购买房屋的财产来源为基础，故《民法典》的实施并不影响本案对法律路径的解析。

七、两限房由一方在婚前申请，婚后签订房屋买卖合同，首付款由另一方用个人财产支付的，应认定为一方个人财产

实务难题

两限房是限价商品住房的俗称，“两限”即限制销售价格、限制住房套型面积。

对于婚姻家庭案件中涉及的普通商品住房等私房以及房改房等公房的权属认定问题，有《民法典》等法律以及相关司法解释等相应规定，但对于两限房的分割问题则没有法律、司法解释的规定。北京市高级人民法院于2016年8月公布的《关于审理婚姻纠纷案件若干问题的指导意见》针对两限房分割的两种情形进行了规定，但对于由一方在婚前申请，在婚后签订房屋买卖合同且首付款由另一方用个人财产支付的情形，则未作出规定。对于该情形如何处理，实践中亦争议较大。处理难点在于对于国家政策与法律规范、法律效果与社会效果的考量上，具体涉及政策性因素的考量与房产权属认定的关系、申请人资格与购买主体的关系、房产增值与损失补偿的关系三个问题。如果该两限房为申请人一方婚前家庭所购的唯一住房，分割时利益平衡难度更大。原因在于将该两限房判归申请一方所有，保护了申请一方的所有权及居住权益，但其可能不具备足额补偿另一方的经济能力，导致另一方短期内无法获得资金补偿，居住权益受损。具体到法律适用问题，关于房屋权属的认定，存在申请人一方个人财产、申请家庭成员共同财产以及夫妻共同财产等不同观点。在是否属于夫妻共同财产的问题上，第一种观点认为，虽然两限房以一方婚前所属家庭为单位由一方在婚前申请，但购房行为发生于婚后，故该房产应作为夫妻共同财产进行分割。第二种观点认为，两限房属于保障性住房的范围，购房主体特定，购买价格亦非房屋价值的直接体现，两限房由申请人一方婚前家庭申请并获得审核通过在先，双方结婚在后，故离婚时另一方主张为夫妻共同财产的，不予支持，另一方出资行为的性质为代付，属于债权。在权属认定的基础上，还涉及两限房政策性价格优惠是否属于财产性权益以及对一方婚前家庭成员或另一方是否应当补偿以及补偿标准的问题。

疑难案例

马某与李某系夫妻关系，马小某系双方之女。马小某作为申请人向申请限价商品住房一套，申请家庭人口为三人，即其以及父母马某、李某。《北京市团结湖街道限价商品住房购买资格审核备案通知单》记载备案日期为2008年11月21日。此后2009年6月22日，马小某与黄某登记结婚。同月28日，马小某作为买受人与保利（北京）房地产开发有限公司（出卖人）签订《商品房预售合同》（限价商品住房），约定马小某购买涉案房屋，房屋总价款510 615元，首付款310 615元，贷款200 000元。涉案房屋首付款用黄某个人财产支付，首期贷款从2009年11月27日开始偿还,每月1700元。2012年1月5日,涉案房屋取得所有权证,登记所有权人为马小某。2015年6月8日,经北京市第三中级人民法院调解,马小某与黄某离婚。此后,马某、李某、马小某三人以黄某为被告提起诉讼,要求确认涉案房屋为三人所有。截至2009年6月一审庭审之日,房屋剩余贷款本金为118 888.97元。一审中,双方对房屋现价值达成一致意见为2 000 000元。马小某、马某、李某不要求在三人之间进行份额及补偿款的分割。

法院观点

一审法院认定涉案房屋属于夫妻共同财产,于2016年2月4日作出判决:(1)涉案房屋归马小某所有,房屋剩余贷款由马小某负责偿还,马小某于判决生效后15日内支付黄某房屋折价款700 000元;(2)驳回马小某、马某、李某的其他诉讼请求。一审宣判后,马小某、马某、李某、黄某均不服,马小某、马某、李某主张涉案房产不属于夫妻共同财产,黄某则对一审判决进行房产分割时计算了马某、李某的份额提出异议,均向二审法院提出上诉。二审法院于2015年6月22日作出判决:驳回上诉,维持原判。

法院生效裁判认为,关于涉案房产的权属问题,涉案房产为限价商品住房,属于具有保障性质的政策性住房。本案中,马小某为经家庭推举的限价住房的申请人,于婚前提出购房申请,经审核家庭符合申请购房条件,黄某与此无关,亦不具备申请人资格,故不能简单地将限价房是婚后购买的即认定为夫妻共同财产。因涉案房屋的申请人、购买人均为马小某,权属证明中载明的权利人亦为马小某单独所有,故马小某与其父母马某、李某一方主张三人共有,缺乏事实及法律依据。一审判决认定涉案房产属于夫妻共同财产,属适用法律有误,但判决涉案房产归马小某所有,房屋剩余贷款由马小某负责偿还,马小某支付黄某某700 000元,处理结果并无不当。

法官点评

(一)背景依据

两限房,是指政府采取招标、拍卖、挂牌方式出让商品住房用地时,提出限制销售价格、住房套型面积和销售对象等要求，由建设单位通过公开竞争方式取得土地，进行开发建设和定向销售的普通商品住房。两限房具有以下几个特点：(1)主体的特定性。依据两限房政策的相关规定，两限房申请人资格条件有以下四个方面：①户籍条件：申请人须具有本市户口，申请家庭应推举具有完全民事行为能力的家庭成员作为申请人。②年龄条件：单身的家庭提出申请的，申请人须年满30周岁。市政府有关部门可根据限价商品住房供需情况，对单身申请人年龄实行动态管理。③申请家庭人均住房面积、家庭收入、家庭资产须符合规定标准，申请家庭成员之间应具有法定的赡养、扶养或者抚养关系，包括申请人及其配偶、子女、父母等。④购买的限制：经审核符合条件的申请家庭只能购买一套限价商品住房，已购买限价商品住房家庭的成员不得再次享受其他形式的保障性住房。即两限房的出售对象是家庭，且每个家庭成员只能享受一次。(2)房价的优惠性。两限房的出售价格并未完全体现房屋本身的商品价值，而是具有政策优惠和福利补助的双重属性，是国家住宅供应体系包含的“全社会成员人人皆有”的社会福利性质的体现。(3)产权和处分收益权、使用权的制约性。购房者对所购两限房行使占有、使用、收益和处分权时，受到一定限制，如购买两限房在5年内不得转让，确需转让的可向保障部门申请回购，回购价格按原价格并考虑折旧和物价水平等因素确定；满5年转让，要按照届时同地段普通商品房价和两限房差价的一定比例缴纳土地收益价款。(4)权属登记的特殊性。两限商品住房购房人进行房屋权属登记时，房屋行政主管部门在房屋权属证书上注明“限价商品住房”字样。

通过对于两限房特点的分析可以看出，两限房不同于普通商品房，也不同于房改房，在相关政策执行及法律适用中自有其特点。

两限房是与我国特殊国情相适应，为调整住房供应结构，建立分层次的住房供应体系背景下的产物。该类案件审理政策性强、难度大，其原因包括以下方面：一是上位法依据不足，《城市房地产管理法》和《土地管理法》中有关两限房的规定并不完善，目前法律适用依据主要是国务院及其部委和各地方政府的政策、规章等；二是背景复杂，两限房从购买资格、产权性质、登记程序、交易限制等方面都有其特殊性；三是利益重大、关注度高，住房作为不动产对于每个公民的重要性毋庸讳言，从而导致因房屋所有权归属产生的纠纷成为难以解决的问题。人民法院审理因离婚导致的财产分割案件中，涉及对房屋的归属问题发生争议的数量很多，特别是目前畸高房价的背景下，房产归属问题包括两限房的归属问题是离婚案件财产分割的焦点和难点。

2007年,北京市制定《保障房的分配管理制度》,2008年3月,北京市制定《两限房管理办法(试行)》。依据两限房的规定,购房人在取得房屋权属证书5年后方可转让住房。据此,对于限购期内两限房的分割双方均不主张所有权且不同意回购或按原价转让的,法院一般不予处理。时至今日,最早一批两限房的限售期间已经届满,法院受理的家庭婚姻案件中涉及两限房分割的案件呈现上升趋势。涉及两限房的案件数量虽不庞大,但各地以及同一地区各法院裁判标准不一,亟须规范统一意见。

(二)两限房发展及相应司法应对

两限房出现之前只有经济适用房和普通商品房两种房屋上市交易。由于操作层面的原因,本来作为保障低收入家庭的经济适用房无法涵盖绝大多数普通老百姓,又有大批的经济适用房被有钱人买走,甚至出现200多平方米的经济适用房,倒卖经济适用房购房号也成了一种社会现象。考虑到商品房价飞涨,经济适用房紧张的情况,北京市政府率先推出两限房制度。最初的两限房只是限地价、限房价,后来在分配政策制定时加上了对购买人群的限制。两限房不是通过市场来决定分配,而是通过政府的操作进行计划分配。两限房项目的价格在土地出让时,国土资源局发布的招标文件就已经确定,开发商无权更改。房价下降,两限房的价格也会做出相应调整。两限房在建设的过程中发展到2008年成为保障房的一种。通过对比两限房申购条件和申购程序就会发现,两限房的销售手法已经与经济适用房没有多大差别。

为了规范涉及两限房分割的婚姻家庭案件的审理,北京市高级人民法院民一庭于2016年8月公布的《关于审理婚姻纠纷案件若干疑难问题的参考意见》第32条第2款规定,经济适用房、两限房由一方在婚前申请,以个人财产支付房屋价款,婚后取得房产证的,应认定为一方个人财产;婚后以夫妻双方名义申请,以夫妻共同财产支付房屋价款,离婚后取得房产证的,应认定为夫妻共同财产。也就是说,申请、购房均由一方完成的,即使该两限房的权属登记即财产取得于婚姻存续期间,也应认为一方个人财产而非夫妻共同财产;婚后以夫妻双方名义申请的,即使该两限房的权属登记即财产取得于婚姻关系解除后抑或登记在一方名下,仍为夫妻共同财产。由此可以看出,针对两限房的申请、权属登记这两个时点上婚姻状态有所变动的情形，北京市高级人民法院明确了这样的思路，即两限房的产权取得时间对于权属认定没有任何影响，在申请、付款这两个因素上，北京市高级人民法院明确了申请主体和付款主体的一致性。

综上所述，两限房作为政府限制高房价的一种临时性举措，会随着房价的理性回归逐渐退出市场，但涉及两限房分割案件审理中出现的问题还会在一定时期内存在。以下主要结合两限房的法律属性，对于上述情形之外的婚姻家庭案件财产分割中涉及两限房的法律问题进行分析。

（三）两限房的权属认定

依据相关规定，如果夫妻双方没有约定对婚姻关系存续期间所得财产以及婚前财产归各自所有、共同所有或者各自所有，则婚姻关系存续期间所得财产为夫妻共同财产。但涉及房屋为两限房，且该房由一方在婚前申请的情形，与普通商品房屋存在性质上以及事实上的差别。对于该种情形的两限房离婚时应当如何分割，各种观点争执不下，各个法院处理结果也不尽一致。

1. 是否属于夫妻共同财产

通过检索中国裁判文书网，涉及两限房由一方在婚前申请的案例，判决进行了实际分割的一审、二审案件，检索结果数量较少。鉴于此，将检索范围扩展至经济适用房。从检索结果中举例如下。

(1)北京市石景山区人民法院的一份一审判决：两限房由一方（女方）婚前申请并于2008年12月签订商品房预售合同，房款共计567 719元。首笔款项117 719元系另一方（男方）父亲支付，剩余款项450 000元用公积金贷款。2009年3月双方结婚，共支付房屋首付款以及偿还公积金贷款277 063.15元。2011年房屋办理登记手续。诉讼中双方协商一致确定房屋的市场价值为2 600 000元。该判决认定：房屋虽系一方于婚前申请，考虑到房屋购买时间与登记结婚时间的间隔（较短）、另一方父亲支付首付款以及婚后房屋实际居住使用之情形，该房屋购买系双方以结婚为目的的购买行为，故应当作为夫妻共同财产予以分割。另一方父母出资支付的首笔款项系对双方的共同赠与。考虑到房屋目前的居住使用情况以及产权登记情况，本着方便生产、生活的原则，诉争房屋归申请一方所有。关于折价补偿款数额，依据双方对该房产的出资及贡献等情况，酌定由申请一方按照另一方对该房产享有的20%财产份额比例给付折价补偿款。判决房屋归申请一方所有,尚未还清的贷款由其负责偿还,其给付另一方房屋折价补偿款520 000元。

(2)北京市第二中级人民法院的一份二审判决:两限房由一方(男方)婚前以单身的家庭为单位作为申请人,于2008年申请,购房合同系婚后2009年签订,房款516 066元,其中男方父母支付350 000元、女方之母支付100 000元,2012年办理房屋登记手续。该判决认定:基于婚后签订购房合同以及支付房款,故所涉房屋为夫妻共同财产,综合房屋来源于男方婚前申请的两限房以及房款出资亦大部分来自男方父母,从照顾女方利益的原则出发,酌定女方享有房屋20%的份额,男方享有房屋80%的份额。

(3)湖南省岳阳市中级人民法院的一份二审判决:经适房由一方(女方)于婚前申请,购房合同亦于婚前2009年8月签订,房款105 134元,其中女方支付首付款50 000元,贷款70 000元,2012年办理房屋登记手续。该判决认定:男方在与女方结婚前并不具备购买经适房的资格和条件,涉案房屋系一方(女方)婚前个人购买,房产证登记在一方名下,故依据相关规定,所涉房屋判归女方所有。婚后偿还的贷款、房屋装修开支等款项为夫妻共同财产,应予均分。

上述三个案例所涉情形均为一方婚前申请,但购房行为发生时间有所不同,分为婚前(支付首付款)及婚后两种。前两个案例均确认房产为夫妻共同财产,第三个案例确认为一方个人财产。通过判决的论理部分可以看出,前两个案例在权属认定的问题上明确不考虑两限房的因素,考虑的因素为房屋购买时间、付款情况以及婚后房屋实际居住使用等;后者在论理部分首先明确经适房不能比照一般商品房处理,在权属认定上考虑了保障性住房的特殊性,但同时亦考虑了签订买卖合同的时间以及付款情况,保障房的特殊性对于权属认定尚不构成绝对性因素。故通过这三个案例可以看出,在审判实践中购房时间及付款情况对于两限房权属的认定有实质性影响。

对于申请一方未支付首付款,仅参与共同还贷的情形,除了本节开头引出的疑难案例,尚未检索到其他终审案例。

一种观点认为,判断两限房是否属于夫妻共同财产,关键应当看购房行为何时发生。如果申请人一方仅仅是在婚前申请,但是购房行为发生于婚后,即婚后签订房屋买卖合同,房款由双方共同或另一方支付,既然我国《民法典》规定的夫妻财产制度为婚后财产共同制,那么,除非双方另有约定,房屋应当属于夫妻共同财产。此外,还有以下两点理由:第一,不动产物权源于当事人的法律行为或法律规定的非法律行为，从民事活动的基本特征来看，物权变动和债权变动应当都是当事人效果意思追求的结果，遵循意思自治原则，国家或地方政策不能作为确认物权归属的依据。一方在婚后签订房屋买卖合同、由另一方配偶支付首付款，婚前家庭成员推举自己子女一方作为申请人以及购房人，婚前家庭成员并无任何出资行为，可视为申请方父母放弃对于限价房中自己作为申请家庭的成员以住房面积、收入、资产净值等因素所享受的福利，故对于各方当事人的真实意思表示可推定为夫妻双方购买房屋。第二，依据公平原则，两限房登记于申请人名下，但毕竟是夫妻双方婚后购买，另一方用个人财产支付首付款，双方共同还贷，应作为夫妻共同财产进行分割。如若仅在分割时将当初另一方出资的首付款作为债权处理，分割时的房产市值价格与当初出资之间的差额利益归于一方，有失公平。

2016 年 8 月《北京市高级人民法院关于审理婚姻纠纷案件若干疑难问题的参考意见》第 31 条的规定："婚姻关系存续期间用夫妻共同财产以成本价购买的登记在一方名下的公有住房应认定为夫妻共有财产，在离婚时应综合考虑房产来源、夫妻双方工龄折扣、是否影响另一方福利分房资格等因素予以公平分割。"

另一种观点则认为，不能单纯以购房行为发生的时间作为判断两限房性质的标准，对于两限房权属的认定要充分考量政策性因素，进行房产分割时考量的主要因素在于购房对象的身份而非与婚姻状态变动相关的购房时间或出资主体、数额等其他情况，这样才能确保司法审判与国家对于两限房政策的导向相一致，较好地实现法律效果与社会效果的统一。由一方在婚前申请，但在婚后签订房屋买卖合同且首付款由另一方用个人财产支付的，不应认定为夫妻共同财产。

第一种观点有其道理所在，《民法典》所确立的夫妻财产制度是夫妻婚后财产共同制，除夫妻个人特有财产和夫妻另有约定外，夫妻双方或一方在婚姻关系存续期间所得的财产，均归夫妻共同所有。上述情形即为婚姻关系存续期间由另一方支付首付款、双方共同还贷，但这种观点却忽视了两限房政策规定以及两限房的特点等问题。笔者赞同第二种观点，原因如下：

其一，两限房政策的规定以及两限房的特点。

①两限房针对特定对象，具有福利性质，两限房由一方婚前申请的，房产的供应对象为一方及其父母等成员构成的家庭，另一方不具备申请资格。《北京市住房和城乡建设委员会关于规范已购限价商品住房和经济适用住房等保障

性住房管理工作的通知》明确规定,已购两限房在房屋产权性质未转为商品房前,购房家庭不得将所购保障房作价出资或者通过买卖、赠与等方式将房屋所有权全部或部分转移给他人。《北京市住房保障办公室关于进一步完善保障性住房资格审核中家庭人员结构变化处理意见的通知》规定,已配售保障性住房的家庭,因家庭人员数量和结构变化,涉及保障性住房资格申请的,按照以下原则处理:原申请家庭成员中的未婚子女与他人结婚组建新家庭的,可以作为共同申请人参与新家庭的保障性住房申请。该规定明确了两限房保障特定家庭的政策性住房的属性。

通过两限房购房的程序看,申请两限房的家庭经过资格审查符合条件后,通过摇号确定具体的房屋,房屋确定后不可更改,此后履行的购房手续即签订房屋买卖合同、支付房款等行为均系申请行为的延续,在此期间申请人婚姻状态的变动或实际付款主体、数额的不同等情况对已确定的两限房没有任何影响,故两限房性质上的特殊性使房产的取得主要取决于申请人所具备的资格。

如果在认定房产权属时不考虑两限房的特殊性,当事人之间通过缔结婚姻关系的买房行为,实际上是对两限房政策的架空,故在法律上具有一定的可非难性。例如,将一方以婚前家庭为单位申请的两限房确认为夫妻共同财产,将导致两限房政策所要实现的目的落空,无疑有违“民事活动必须遵守法律,法律没有规定的,应当遵守国家政策”的原则。[1]

②从购房目的的角度考虑,一方婚前申请,婚后购房,房屋购买时间与登记结婚时间的间隔较短(如本书引用的疑难案例以及前述三个案例中一个案例的间隔时间分别为6天以及3个月),房屋由两方实际居住使用的,可以认定为双方以结婚为目的的购买行为。该行为类似于借名购买保障性住房,当然仅仅是类似,严重程度尚不及于此。《北京市高级人民法院关于审理房屋买卖合同纠纷案件适用法律若干问题的指导意见(试行)》第16条规定,借名人违反相关政策、法规的规定,借名购买经济适用住房等政策性保障住房,并登记在他人名下,借名人主张确认房屋归其所有或者依据双方之间的约定要求登记人办理房屋所有权转移登记的,一般不予支持。《北京市高级人民法院关于审理房屋买卖合同纠纷案件若干疑难问题的会议纪要》指出,借名人以出名人(登记人)为

〔1〕 参见司伟:《论不动产登记与权属确认——兼论对〈物权法司法解释一〉第2条的理解》,载《法律适用》2016年第5期。

被告提起诉讼,要求确认房屋归其所有的,法院应当向其释明,告知其可以提起合同之诉,要求出名人为其办理房屋过户登记手续。《北京市高级人民法院关于审理房屋买卖合同纠纷案件适用法律若干问题的指导意见(试行)》第16条规定中的政策性保障住房包括经济适用住房、两限房等保障中低收入家庭住房困难的房屋。借名人要求办理房屋过户登记手续,经审查借名购买的经济适用住房的原购房合同系2008年4月11日(含)之前签订的,可以参照前述指导意见第6条第2款的规定处理。也就是说,经适房在性质上属于保障性质的政策性住房,出卖人在相关政策、法规规定的限制上市交易期限内转让已购经济适用住房的,房屋买卖合同一般认定为无效。笔者认为,参照上述规定,两方以结婚为目的购买一方婚前家庭申请的两限房是不能得到法律认可的,一方婚前家庭申请的两限房不能通过诉讼的方式确认为夫妻共同财产。

③从价格因素考虑,两限价房购买价格并非房屋价值的直接体现,房屋价格与市场价格相比也是优惠很多,而这是因为一方及其父母享受两限房政策的优惠福利,如果因为购房行为发生于夫妻关系存续期间而将两限房认定为夫妻共同财产无疑损害一方父母的财产权益。本书列明的疑难案例的一审法院考虑到了这个问题,在认定涉案房产属于夫妻共同财产的同时,确认申请人一方父母应得到补偿并将应获得的补偿计入一方享有的份额之中。但是,在夫妻共同财产中划分出他人的财产权益,于理不通,故从这个角度来说,以购房行为发生于婚姻存续期间作为认定两限房权属的主要事实依据,认定两限房属于夫妻共同财产,不能成立。

其二,债权与物权的关系。另一方支付首付款与一方及其父母以家庭为单位申请两限房并将该房产登记于一方名下,可看作两个法律关系:另一方支付首付款的出资行为,不能简单地认定是夫妻双方为自己购买两限房的合意,因另一方清楚自己并不具备申请两限房的资格,其出资可视为借款或赠与的债权行为;一方婚前家庭(名义上)交纳款项购买两限房并将房产登记于其名下,可视为两限价房的所有权由房地产开发公司所有转化为私人所有的物权变动行为。

不动产权利证书是权利人享有该不动产物权的证明。婚前申请的,婚后购房的,房产登记在申请一方名下,另一方不可能补办共有手续。据此,房产权属登记在一方名下的,该两限房可以认定为一方享受限价房政策而拥有产权的住房,而不可能是夫妻共同财产。

其三,民法上的公序良俗原则以及民法上子女对父母的赡养扶助义务。作为申请两限房的家庭成员的一方的父母,可能没有其他住房,该两限房为唯一住房。因为另一方支付首付款而将一方父母作出较大贡献因而享受两限房政策的住房作为夫妻共同财产分配,会损害一方父母的基本居住权,也不符合民法上的功公序良俗原则。另外,《民法典》也规定了子女对于父母的赡养扶助义务,父母与子女的关系不能简单地等同于普通合同主体,因为另一方出资而将两限房作为夫妻共同财产进行分配,也与《民法典》的规定相悖。

如果在认定权属时主要考虑出资问题,那么,对于一方用婚前个人存款在婚后所购买房屋的情形则无法处理。原因如下:主流观点认为,婚前个人存款婚后所购房屋本质上只是婚前个人财产在婚后所发生的具体形态变化,并不因此改变其所有权归属,故其仍是一方的个人财产,不能作为夫妻共同财产进行分割。进一步而言,既然该房屋财产价值为个人存款一方所有,则其自有权进行处分。根据《民法典》第208条"不动产物权的设立、变更、转让和消灭,应当依照法律规定登记。动产物权的设立和转让,应当依照法律规定交付"之规定,除另有约定之外,个人存款一方关于房屋所有权如何处分的内心真意可以通过其办理房屋转移登记的具体情况来推断。而对于两限房由一方婚前申请的,依据对两限房的相关规定,支付房屋首付款的另一方不可能将该房所有权转移登记到其本人名下。故用出资作为判断权属的依据,是不可行的。

综上所述,签订买卖合同、支付房款等购房行为以致办理登记手续,均以申请并通过资格审查为前提条件,购房行为系申请之后的延续行为,登记系权利的自然转化,故取得两限房的因素实质上仅有申请和支付房款两个。在这两个因素中,申请主题是确定不能更改的,而付款主体对外来讲当然为申请人,对内来讲则千差万别,存在申请人一方、另一方、两方父母等主体的不同,亦存在付款数额不一、付款方式不一即全款支付或按揭付款的情形。以两限房的政策性因素为出发点,结合上述几点理由,两限房权属认定的主要因素在于购房对象的身份而非与婚姻状态变动相关的购房时间或出资主体、数额等其他情况,支付房款的一方只享有对申请人一方的债权,并不对房屋享有共有权。正确认识支付房款的一方对房屋权利的性质,申请家庭成员权益等相应问题便能迎刃而解,从而较好地实现法律效果与社会效果的统一。两限房由一方婚前申请,婚后购房、另一方支付首付款的,不应认定为夫妻共同财产。

2. 属于申请人单独所有还是家庭成员共有

在不属于夫妻共同财产的前提下,关于两限房的权属问题在申请家庭内部亦存在争议,争议在于两限房属于申请人单独所有还是家庭成员共有。

通过北京法院裁判网搜索关于两限房、经适房确权纠纷或共有纠纷案件,共同申请人作为原告的,均被判决驳回诉讼请求,理由基本上为未予出资,亦未登记为所有权人。

一种观点认为,两限房的供应对象为家庭而非个人,购买条件也是针对家庭的人均住房面积、收入以及资产,申请人仅为申请家庭推举的代表,两限房管理办法亦未明确规定购房人必须为申请人,故权属应认定为家庭成员和申请人共有。也有观点提出该问题与宅基地使用权的分割具有可比性。农村房与我国宅基地制度密切相关,此类案件所涉问题亦呈现政策性强的特点,亦涉及《民法典》以及政策等协调统一问题,亦成为审判实务中疑难问题多发的领域。在"一户一宅"制度框架下,亦涉及宅基地利益主体范围。《土地管理法》第 62 条第 1 款规定:"农村村民一户只能拥有一处宅基地,其宅基地的面积不得超过省、自治区、直辖市规定的标准。"从上述规定看,原始取得的申请一般是以本集体经济组织中的"户"为主体。而"户"并非一个法律概念,也不简单地等同于生活中存在直系血缘关系的家庭。北京市第一中级人民法院的观点认为,在原始取得的情况下,虽然宅基地使用权证上通常只记载户主一人,但宅基地的保障功能显然是及于经审批确认的该"户"的全体人员,他们与户主一样均享有平等宅基地的使用权。

笔者认为,这个问题应当根据两限房政策进行判定。《北京市限价商品住房管理办法(试行)》中明确规定了申请人的资格,也提及了购房人,但购房人如何确定没有规定。同年,《北京市限价商品住房购买资格申请、审核及配售管理办法》规定,申请人未在规定时间内选房或签订购房合同,视同放弃购房资格,但可重新参加摇号排序。《北京市住房和城乡建设委员会关于加强廉租住房、经济适用住房和限价商品住房审核配租配售管理等问题的通知》规定,经济适用住房或限价商品住房申请家庭配售住房时,家庭中具有完全民事行为能力的共同申请成员可共同与房屋销售单位签订购房合同,办理房屋登记手续。《北京市住房和城乡建设委员会关于规范已购限价商品住房和经济适用住房等保障性住房管理工作的通知》规定,自该通知实施之日起,申请家庭购买限价商品住房和经济适用住房时,申请人夫妻双方应共同与房屋销售单位签订买卖合同,办理共同共有房屋登记手续。夫妻双方对房屋产权份额有约定的,可持相关约定办理按份共有房屋登记手续。

归纳上述政策文件的规定，一开始仅提及购房人这个名称，然后规定申请人签订购房合同，再到明确规定共同申请成员可共同签订购房合同，办理房屋登记手续，进一步明确申请人夫妻双方应共同签订买卖合同，办理共同共有房屋登记手，说明政府注意到了产权人容易引发争议的问题，逐步完善了申购和登记程序，明确了婚姻关系存续期间夫妻作为申请人、购房人与产权登记人相统一的原则，而对于未婚子女作为申请人的，政府对于申请家庭成员作为共同购房人并不加以限制。

考虑到保持上述政策规定的稳定性、延续性以及《民法典》的相关规定，笔者认为，两限房的购买资格限定于申请人本人，申请家庭成员并非申请人、亦未作为购房人签订买卖合同的，房产亦登记于申请人名下，故产权应认定为申请人一方所有而非家庭成员共有。

需要指出的是，无论是将房屋认定为申请一方个人单独所有，还是认定为夫妻共同财产，审判实践中均将房屋判归婚前申请一方。原因在于该种处理结果更具合理性，理由在于：第一，无须征得银行的同意变更婚前者与按揭银行签订的抵押贷款合同所确定的债务人；第二，人民法院将房屋判归婚前申请一方，也并不等于支持其无偿占有另一方首付款部分所对应的房屋价值。也有观点认为，在确权与补偿的关系问题，可以回避确权问题直接考虑补偿问题。

（四）补偿问题

补偿问题有两个不同的层次，认定两限房属于夫妻共同财产的，涉及对申请一方家庭成员应否补偿的问题；认定两限房为一方个人财产的，涉及对另一方应否补偿的问题。对此，亦存在不同观点。

对于申请一方家庭成员应否补偿的问题，北京市第三中级人民法院的一个确权纠纷案件二审判决明确认定：经适房购买资格是对低收入群体的一种政策性补贴，而非法律意义上的财产或财产权益。

北京市第一中级人民法院的二审判决：夫妻关系存续期间以家庭为单位夫妻一方（男方）作为申请人，离婚后继续以夫妻名义办理相关手续、支付首付款并自行偿还贷款，房屋价款532 619元，另一方（女方）支付税款27 067.94元。该判决以一方支付房款且登记在其名下为由未认定为夫妻共同财产，但认定房屋的取得与另一方有着不可分割的关系，另一方因不得再次享受政策而利益受损,且支付了税费,故判决申请一方补偿另一方260 000元。

关于补偿的标准,北京市朝阳区人民法院调研意见为:司法实践中有的按照非申请人家庭成员贡献的人口因素而获得的保障房面积给予适当的折价补偿,有的则从居住使用的角度要求房屋所有权人给予非申请家庭成员适当经济补助,有的则仅确认非申请人家庭成员可以居住使用房屋。该院建议由于其他家庭成员可能因此而丧失单独申请保障房屋的机会,且配售的房屋考虑了其人口因素,故在对房屋分割时应对其居住使用权进行补偿,补偿标准以同地段同类型房屋的租金标准为宜。

还有其他观点认为,按照家庭成员人口对资格的贡献因素予以补偿,一方父母作为家庭成员申请的,所获补偿不应少于限价房购买价格的1/4;购房家庭按市场价出售所购住房时的土地收益等差价款为缴纳房屋契税后计税价格与原购房价格之差的35%,该部分价款应作为对申请家庭成员的补偿。

通过上述各种观点可见,对于申请家庭成员的财产权益如何量化问题很难统一标准。笔者认为,限价房价格与申请家庭成员的住房面积、收入、资产净值等因素无法进行对应量化,该权益应当依据有利于生活的原则、房价的变动情况以及人口因素的贡献程度等因素综合考虑,不宜"一刀切"。在确认房屋不属于夫妻共同财产的情况下,该问题可不予考虑。

关于对非申请一方的补偿问题,一种观点认为,两限房针对特定对象,具有福利性质,一方父母作为家庭成员参与其中才取得购买资格,另一方明知其不具备购买资格,因出资获利不符合国家政策,所以,在离婚时另一方主张因其出资对于登记于一方名下的限价房增值部分予以补偿不应支持。

多数观点认为,经审核符合条件的申请家庭只能购买一套限价商品住房,已购买限价商品住房家庭的成员不得再次享受其他形式的保障性住房,如果房屋认定为夫妻共同财产,应当对家庭成员予以补偿。目前房价高企,离婚时限价房可分割给申请家庭子女一方,但考虑到购买该房时的价格和离婚时的房屋市场价格,扣除具有限价房资格一方父母以及其他家庭成员指标的价值,增值部分作为夫妻共同财产分割。

笔者认为,由于婚后夫妻任何一方的所得均属于夫妻共同财产,而且夫妻在一起生活,使另一方已经没有必要或者没有可能购置个人房产,由于限购政策的影响,同时,房价持续上涨,也加大了无房一方的机会成本,使其实际上已经因为缔结婚姻而错过了最佳的个人购房时机。因此,将另一方的出资作为债权对待时,不考虑房屋升值的因素,对另一方是不公平的。至于补偿标准,以公平为基本原则,应依据房产的首付款支付、贷款偿还情况,以及北京市个人贷款首付比例综合考虑,予以酌定,以不超过按共同财产分割的数额为限。

裁判精要

不能单纯以购房行为发生时间作为临界点判断两限房的权属,对于两限房权属的认定要充分考量政策性因素。进行房产分割时考量的主要因素在于购房对象的身份而非与婚姻状态变动相关的购房时间或出资主体、数额等其他情况,这样才能确保司法审判与国家对于两限房政策的导向相一致,较好地实现法律效果与社会效果的统一。由一方在婚前申请,但在婚后签订房屋买卖合同且首付款由另一方用个人财产支付的,不应认定为夫妻共同财产。《民法典》对于夫妻财产并无新的规定,故《民法典》的实施对于本案的分析论断并无影响。

八、父母参与子女出资买房在离婚分割房产时须结合不同出资情形确定受赠主体

实务难题

在离婚诉讼中,当出现父母为子女出资买房的情形时,对于该出资款的性质如何认定、该出资款或房产的受赠主体如何确定以及该如何计算分割房屋补偿款的问题,成为离婚案件中审理的难点。尤其是对于婚后一方父母部分出资且产权登记在己方子女名下时,如何适用法律规定,审判实践中形成两种截然不同的观点。对于确定受赠主体时,如何适用法律规定;对于分割房产时,如何适用法律规定;在审判实践中也比较混乱,同案不同判的情形时有发生。本部分拟参照审判实践中的主流观点,针对父母各种类型的不同出资形式,对上述问题进行梳理、分析,以期抛砖引玉。

疑难案例

李某与张某于2006年6月1日登记结婚。2006年4月28日,张某作为买受人与北京京冠房地产开发有限公司作为出卖人签订了北京市商品房预售合

同，约定由张某购买涉案房屋，房屋总价款为1 810 812元。张某于合同签订当日交纳印花税906元，于合同签订次日交纳购房首付款370 812元，于2006年10月23日交纳购房款180 000元。张某就涉案房屋向中国建设银行股份有限公司进行抵押贷款，贷款数额共计1 260 000元，债务履行期限自2006年10月31日至2036年10月31日，双方均确认涉案房屋目前共还贷578 838.13元。涉案房屋现登记于张某名下。经李某申请，法院委托北京首佳房地产评估有限公司就涉案房屋的现市场价值进行了鉴定，鉴定结论为"房地产总价8 921 000万元"，李某为此支付了鉴定费19 000元。

庭审中，张某提交了银行存取款凭证、明细单、对账单、收条等证据，以及其父亲的证言，予以证明其父母及兄弟赠与其钱款并以此支付涉案房屋婚后部分的房款以及贷款。李某对张某主张的证明目的不予认可，并提交了张某名下的银行账户明细，予以证明张某系以夫妻共同收入进行还贷。经询问，李某表示其月收入为10 000元左右，张某表示其月收入为7000～8000元。

法院观点

一审法院认为，首先，对于张某主张由其父母、兄弟在其婚后赠与钱款并以此支付涉案房屋房款及贷款的情节，因根据相关法律规定，除非赠与合同确定只归一方所有的财产，否则一方于婚姻关系存续期间所得的赠与财产应归夫妻共同所有，当事人结婚后，父母为双方购置房屋出资的，该出资应认定为对夫妻双方的赠与，但父母明确表示赠与一方的除外。本案中，现并无赠与合同明确张某所主张的赠与行为系对其单方赠与，亦无充分证据证明张某主张其父母婚后出资还贷系对其个人的赠与，故即便存在张某父母及兄弟赠与其钱款的情节，亦难以认定涉案房屋婚后系由张某个人财产支付的相关钱款。综合上述情况，认定涉案房屋婚后所付购房款及偿还贷款系由夫妻共同财产进行支付。其次，涉案房屋系张某婚前以个人名义签订的不动产买卖合同，并以其个人财产支付首付款并在银行贷款，婚后用夫妻共同财产还贷，且涉案房屋现登记于张某名下，故根据相关法律规定，涉案房屋应归张某所有，并由张某负担涉案房屋的剩余贷款。双方婚后给付的购房款、共同还贷所支付的钱款及其相对应的财产增值部分，应由张某对李某进行相应补偿。最后，结合涉案房屋现市场价值及售房款数额确定具体财产增值部分，并以此结合照顾妇女、儿童利益的原则，以及张某婚前支付的房款、双方婚后给付的购房款及共同还贷所支付的钱款等因素,酌定具体由张某给付李某的补偿款数额。补偿款的计算公式为:婚后女方的出资部分+女方出资对应的增值部分=婚后女方的出资部分+(女方出资部分÷涉案房屋实际全部付的钱款所得比例×增值部分)。据此公式酌定张某对李某进行补偿2 800 000元。

张某不服,称婚后其父母及兄弟赠与的房款及银行贷款均属于对其个人的赠与,不应计算为对双方的赠与。另外,其对一审法院计算补偿款的公式亦有异议。

二审法院经审理认为,就张某之弟于张某婚后支付购房款一节,虽双方均认可婚后所支付的180 000元购房款确系源于张某之弟,但张某未充分举证证明其弟于2006年就该笔购房款有单方赠与其的明确意思表示,故张某主张其弟所付购房款系对其个人赠与,依据不足,难以采信。就婚后偿还涉案房屋贷款一节,张某主张涉案房屋所涉贷款一直由其父母代为偿还,系其父母对其个人的赠与,但未充分举证予以证明,故张某该项主张缺乏事实和法律依据,不予采信。另外,张某主张原审法院对于相应房屋补偿款计算错误,经审查,原审法院对于本案中张某应给付李某的涉案房屋补偿款,在计算上存有不当之处,即原审计算总增值部分数额时,仅以房屋现值减去原始购房价,而未计入房屋应还的全部利息;计算女方出资对应增值部分比例时,仅以实际全部已付房款作为计算基数(分母),而未将未还房款的本息计入,未能体现涉案房屋的整体购房成本,计算公式应当为:房屋补偿款=夫妻共同支付之款项(包括本息)÷(房屋购买价+全部应付利息)×房屋评估现值×50%。据此,改判张某对李某进行补偿1 270 000元。

法官点评

本案系离婚诉讼中比较典型的夫妻共同房产分割问题,不仅涉及婚后一方亲属的出资归属问题,也涉及如何计算补偿款问题。尤其在涉及一方或双方亲属(如父母)曾参与出资时,如何确定系出资的单方赠与还是双方赠与?是房产的单方赠与还是双方赠与?在司法实践中不太统一,且争议较大,上述判决仅是审判实践中的一种观点,笔者并不完全苟同。本文拟参照审判实践中的主流观点,针对父母各种类型的不同出资形式,对上述问题进行梳理、分析,以期抛砖引玉。

关于在认定涉诉房产属于夫妻共同财产的情况下，离婚时判决房产归一方所有，须支付另一方补偿款的计算公式问题审判实践中曾存在以下几种计算公式，例如：

公式一：房屋补偿款=婚后共同支付款项（包括首付款、贷款本金及利息）÷房屋总价值（包括房屋购买价+已经支付利息）×房屋评估现值×50%

公式二：房屋补偿款=双方共同支付款项（包括首付款、贷款本金及利息）÷房屋总价值（包括房屋购买价+全部应付利息）×（房屋评估现值－尚未还清的本息）×50%

公式三：房屋补偿款=婚后共同支付款项的一半+［房屋增值部分的分割+婚后共同支付款项÷房屋总价值（包括房屋购买价+全部应付利息）×（房屋评估现值－购买房屋应付全部本息）×50%］

最具权威的是最高人民法院民事审判第一庭编著的《最高人民法院婚姻法司法解释（三）理解与适用》给出的计算公式，即房屋补偿款=夫妻共同支付款项（包括本息）÷（房屋购买价+全部应付利息）×房屋评估现值（或夫妻认可房屋现值）×50%。北京市高级人民法院也以“通知”的形式告知辖区法院可以采用上述计算公式。

笔者基本赞同该计算公式，但也存在少许异议。对于作为分母中的利息应当是“全部应付利息”还是“全部已付利息”的问题，笔者认为上述计算公式既然是依据夫妻共同支付款项与购房总成本的比例来折算房屋现值的方法，就是以诉讼中的房屋现值作为时间节点，应当也以诉讼中的实际购房总成本作为分母计算，即房屋购买价+全部已付利息+公共维修基金、契税等。若将“全部应付利息”替换为“全部已付利息”，也就是将按揭贷款合同中约定的10年或者20年的全部应付利息作为分母中的一部分，则意味着要用将来才实际发生的购房总成本来折算现在的房屋市场价值，造成计算时间上的错位，大大增加了分母数，这对没有获得房屋而仅能得到房屋补偿款的一方明显不公。因此，笔者认为将计算公式调整为：房屋补偿款=夫妻共同支付款项（包括本息、公共维修基金、契税等）÷（房屋购买价+全部已付利息+公共维修基金、契税等）×房屋评估现值（或夫妻认可房屋现值）×50%。这样均按照诉讼时的实际支出与总成本为节点计算补偿款，对于双方更为公平合理。

当然，上述计算公式仅仅是一种参考基数，并非简单机械地据此计算，双方平均分割。对离婚时一方生活困难没有住处的,应当以房屋居住权或所有权的方式给予帮助,并非一定判决房产归产权登记一方所有。也就是说,分割夫妻共同财产时,要全面考虑购房款的资金来源、双方结婚时间长短、夫妻对家庭所作贡献等因素,避免出现显失公平的情况。对一方父母部分出资为子女购房的,离婚分割时可对出资父母的子女一方予以适当多分,至于"多分"的数额如何掌握,应由法官根据案件的具体情况作出公平合理的裁判。

在具体计算补偿款时,笔者认为若一方父母部分出资,而该出资被认定为属于对夫妻双方的赠与,则在离婚分割财产并计算补偿款时,可以结合实际案件情况,综合考虑购房与结婚时间、保护女方及子女权益、照顾生活困难一方等多种因素,对出资父母的子女一方可适当酌定多分;若一方父母部分出资,而该出资被认定为系对己方子女的赠与时,由于个人财产的自然增值仍然归个人所有,故离婚时相对应的增值部分也应归其所有。因此,在此种情形下,当离婚分割财产并计算补偿款时,不应当把该部分出资作为夫妻共同出资对待,应首先按照计算公式计算补偿款,然后才可按照相关规定,适当酌定补偿数额,以求得公平公正,避免双方利益的严重失衡。

裁判精要

关于夫妻共同财产及个人财产的确定,《民法典》第1062条及第1063条作出了详细规定,对于在婚姻关系存续期间所得的受赠财产,一般认定为属于夫妻共同财产,但赠与合同中确定只归一方所有的除外。关于离婚时夫妻共同财产的处理,《民法典》第1087条第1款规定:"离婚时,夫妻的共同财产由双方协议处理;协议不成的,由人民法院根据财产的具体情况,按照照顾子女、女方和无过错方权益的原则判决。"《民法典》第1090条规定:"离婚时,如果一方生活困难,有负担能力的另一方应当给予适当帮助。具体办法由双方协议;协议不成的,由人民法院判决。"因此,对于一方父母部分出资的,在确定受赠主体以及涉及离婚分割共同财产的情况下,均应当依照《民法典》第1087条、第1090条之精神规定,首先在照顾子女、女方和无过错方权益的基础上,兼顾考虑购房与结婚时间的长短、实际出资的差别,并适当照顾保护女方及子女权益、照顾生活困难一方,适当照顾实际出资一方、生活困难一方的权益等多种因素,综合酌定分配比例,力求公平公正。

九、人寿保险中财产权益的认定与分割

实务难题

随着人们保险意识的不断提高和保险行业在国内的迅速发展，越来越多的人选择购买保险分担或转移风险，而通常的保险种类分为财产保险和人寿保险，即财险和寿险，其中，财产保险，是指保险人对所承保的财产及相关利益因自然灾害或意外事件造成的财产损失予以赔偿的保险，人寿保险，是指以人的寿命为保险标的，转嫁被保险人的生存或死亡风险的保险。

在夫妻婚姻关系存续期间，夫妻双方均享有对共有财产的平等处理权利，双方可以在达成合意的情况下或一方自主决定，运用夫妻共同财产选择购买保险产品以达到转嫁生活风险、提高生活质量等目的。随着目前我国离婚现象的多发，夫妻共同财产的认定、分割对于双方个人和家庭都具有重大的意义，在司法实践中，如何认定夫或妻一方购买保险的所有权归属涉及《民法典》《保险法》等多个部门法的相关规定和立法理念，尤其是具有人身性质的人寿保险是否应归属为财产权益进行分割，以及如何分割应当引起法官的重视。

疑难案例

孟某与葛某原系夫妻关系，双方于2007年9月登记结婚，于2013年2月经法院判决解除婚姻关系。后孟某于2014年5月以离婚后财产纠纷为案由向法院提起诉讼，要求对双方婚后于2009年7月以葛某名义购买的保险的现金价值予以分割。该保险单显示内容如下："保险合同号:880001084270，保险合同生效日:2009年7月23日，投保人:葛某，被保险人:葛某，险种名称:幸福聚福宝两全保险(分红型)，保险期间:保10年，交费期间5年，交费方式:年缴。基本保险金额10 830元，保险费10 000元。红利领取方式:累积生息，身故保险金受益人法定。首期保险费合计10 000元。现金价值表:第一年5947.8元，第二年13 932.5元，第三年23 025.4元，第四年32 957元，第五年43 779.6元，第六年45 644.2元……以上所列各保单年度末现金价值为正常交费情况下有效保单的现金价值。保险年度末对应的现金价值为投保该险种的基本保险继而

对应的现金价值。投保人未交足两年保险费解除合同的，本公司扣除手续费后退还已交保费，手续费的金额由已交保险费与保险单当时所具有的现金价值之间的差值决定，投保人交足两年保险费解除合同的，本公司将退还保险单的现金价值。”

法院观点

一审法院认为，孟某、葛某于2007年结婚，诉争保险合同于2009年生效，保险费用缴纳均在婚后，故法院认定诉争保险合同系孟某、葛某双方婚后夫妻共同财产。考虑人身保险合同的特点，出于方便生活、避免道德风险和经济损失的考虑，对于离婚时尚未到期的相关保险合同项下的权利义务，以投保人作为合同的一方当事人享有和负担为宜，合同是否继续履行、是否继续参保由投保人自行决定。同时针对婚姻关系中的另一方，则有权获得相关价值补偿。关于补偿标准，因是否继续参保由投保人决定，故为公平起见，可以参照离婚时的现金价值表价值确定对另一方的补偿标准。故针对孟某的诉讼请求，法院将酌情予以支持。

葛某不服，以诉争保险所用款项、保险受益人非孟某，孟某未就保险是否到期以及盈利情况举证加以证明，原审法院以保险合同载明现金价值作为判决依据不妥为由，向二审法院提起上诉，要求撤销原判，改判驳回对方诉讼请求。

二审法院经审理认为，诉争保险合同系葛某在与孟某的夫妻关系存续期间为自己投保，且保险费用的缴纳亦系在双方婚后，上述保险虽系人寿保险，但具有财产权益的内容。上述财产权益应否作为夫妻共同财产分割，应结合上述保险合同的保费来源进行考察。本案中，葛某虽主张2009年及2010年的保险费系使用其婚前个人财产交纳，但双方于2007年登记结婚，上述费用交纳均系夫妻关系存续期间，其未就使用婚前财产交纳保险费提供充分证据证实，二审法院对该主张不予采信，从而认定上述保险费系使用夫妻共同财产交纳。保费支出所形成保险性质的财产权益，亦应认定为夫妻共同财产，且上述保险合同在双方离婚诉讼中并未涉及，离婚案件的二审生效判决亦明确可另案处理，故孟某要求分割上述保险合同相应财产权益的诉求，符合法律规定，葛某所持保险合同权益与孟某无关的上诉主张不能成立。鉴于诉争保险合同系投资型人寿保险，投保人及被保险人均为葛某，原审法院在确定合同项下权利义务归葛某个人享有和承担的前提下，参照保险单所载明的现金价值确定葛某给付孟某的补偿款并无不当。遂判决驳回上诉，维持原判。

法官点评

夫妻共同财产，是指在夫妻双方婚姻关系存续期间共同拥有的财产。《民法典》对于夫妻共同财产的规定见第1062条，吸收了《婚姻法司法解释（二）》的相关规定，除将投资收益明确规定为夫妻共同财产外，基本延续了《婚姻法》第17条规定的表述。

基于上述相关法律、司法解释的规定，夫妻共同财产来源为夫妻关系存续期间夫妻双方或一方所得的财产，包括劳动所得和非劳动所得的合法财产，该财产包括有形的实物、现金、可预见收益等，同时不能证明属于夫妻一方的财产，即推定为夫妻共同财产，但专属于一方人身的财产如一方所获得的残疾赔偿金等一般为个人财产。人寿保险系以人的生命和身体为保险标的的保险合同，与人身密不可分，但其同样具有一定财产性权益。人寿保险涉及的财产权益包括保费、保险金以及保险的现金价值，对于上述财产性权益应否认定为夫妻共同财产，以及离婚时如何进行分割，因夫妻关系存续期间已取得的保险金与尚在履行期的保险合同的认定及处理存在较大区别，故后文予以分别讨论。

（一）夫妻关系存续期间取得的保险金的处理

离婚时已经发生的保险金的处理原则是以保险受益人确定保险金归属。具体而言：

夫妻关系存续期间，一方作为被保险人依据意外伤害保险合同、健康保险合同获得的具有人身性质的保险金，除双方另有约定外，宜认定为个人财产。

夫妻关系存续期间，夫妻一方依据以生存到一定年龄为给付条件的具有现金价值的保险合同获得的保险金，除双方另有约定外，宜认定为夫妻共同财产。

夫妻关系存续期间，夫妻一方作为他人的人寿保险的受益人，依据以死亡为给付条件的人寿保险合同获得的保险金，除双方另有约定外，属于个人财产；

如受益人是夫妻双方的，仍分别为夫妻一方的个人财产，应依据人寿保险合同约定的份额予以分割。

如以双方子女作为保险受益人取得的保险金，为子女个人财产，不应作为夫妻的共同财产予以分割。

（二）离婚时尚在有效期的保险合同的处理

1. 尚在保险期的保险合同的财产利益应依其现金价值予以确定

依据《保险法》第 12 条第 1 款规定："人寿保险的投保人在保险合同订立时，对被保险人应当具有保险利益。"即人寿保险合同中有无保险利益的判断以合同订立时为准，已经生效的人寿保险合同并不因离婚导致双方身份关系的解除而失效。同时，在保险合同的当事人即投保人与保险人未依法解除合同的情况下，夫妻双方离婚亦不会导致保险合同的解除。对于尚在合同履行期的保险合同，如前文所述，所涉财产权益包括保费、现金价值及保险金。人寿保险投保人交纳保费后，该保费便转化为保险人资产，因而保费不宜作为离婚时保险合同财产权益的分割依据。而作为射幸合同的一种，保险合同约定的保险金并非现存的、可确定的财产权益，而是体现为一种不确定性的预期利益，故如以此确定离婚时保险合同的财产权益并予以实际分割亦并不具合理性。根据《保险法》第 37 条第 2 款规定，保险人解除合同的，应向投保人退还保险单的现金价值。保险合同的现金价值，是指保险公司在退保或保险合同解除且投保人已缴纳 2 年以上保费时，退还给投保人的钱款，该钱款反映的是人寿保险当前可确定的价值，与保险合同继续履行所享有的包括保险金在内的各种预期利益无关，故在离婚时以现金价值衡量保险合同的财产权益最为合理。

2. 认定标准及分割方式

对于夫妻婚姻存续期间投保的人寿保险中的财产权益能否认定为夫妻共同财产关键在于保费来源。例如，该保费系使用夫妻共同财产支出，则保费支出所形成保险性质的财产权益，亦应认定为夫妻共同财产；如该保费来自一方个人财产，则投保人须承担相应的举证责任，否则仍然应推定来自夫妻共同财产，保险所形成相应的财产权益仍被视为夫妻共同财产。

一般而言，尚在保险期的保险合同具体分割可按以下规则处理：

婚姻存续期间，以夫妻共同财产支付保费，投保人和被保险人同为夫妻一方的,投保人不愿意继续投保的,保险人返还的保费或现金价值部分应按照夫妻共同财产处理;投保人选择继续投保的,应当支付对方相当于保险单现金价值一半的补偿。

以夫妻共同财产支付保费,夫妻一方为投保人,对方为被保险人的,人民法院应当支持对方继续交纳保险费维持合同效力的请求,但该方当事人应当给予投保人相当于保险单现金价值一半的补偿。

以夫妻共同财产支付保费,夫妻一方或双方为投保人,并以子女作为被保险人和受益人保险合同,一般可认定为双方对子女的赠与,不再作为夫妻共同财产予以分割。

此外,人寿保险依据其是否具有投资、增值功能可以进一步划分为风险型人寿保险和投资型人寿保险。对于投资型人寿保险,还应区分保险金、现金价值与投资收益。对于其中的投资收益,基于《民法典》及相关解释的相关规定,婚姻存续期间所取得投资收益或确定取得的投资收益,亦同样归属为夫妻共同财产,对于尚未取得的投资收益则应依保险合同权利义务的归属予以确定。

裁判精要

离婚案件中涉及人寿保险问题,应区分已实际取得人寿保险金的保险以及尚处于有效期的保险,按不同原则处理。对于夫妻关系存续期间一方所取得的具有人身性质的人寿保险金,或夫妻一方作为他人的人寿保险的受益人所取得的以死亡为给付条件的人寿保险金,属于个人财产,但双方另有约定的除外;夫妻关系存续期间,夫妻一方依据以生存到一定年龄为给付条件的具有现金价值的保险合同获得的保险金,宜认定为夫妻共同财产,但双方另有约定的除。对于离婚时处于有效期的人寿保险,如保费来自夫妻共同财产,则其财产权益可作为夫妻共同财产予以分割,其财产权益主要体现为保险合同的现金价值,具体分割方式则须依据投保人及被保险人、受益人等情形,予以判处。

十、离婚诉讼中婚前按揭房屋的归属与分割

实务难题

婚前支付首付款并办理银行按揭贷款，婚后共同还贷，是为缔结婚姻购买房屋的重要形式。对于婚前一方或双方支付首付款购房，房屋登记在出资一方名下，婚后共同偿还贷款的情形，在离婚诉讼中房产如何分割，是司法实践中经常遇到的问题。

由于婚姻状态的多样性以及按揭房屋涉及法律关系复杂、现实交付房屋和取得房屋所有权存在时间差、按揭贷款合同的履行期限长等因素，离婚案件中按揭房产分割的情形十分繁复。此类案件的主要争议焦点包括婚前签订房屋买卖合同，支付首付款并办理银行按揭贷款手续，婚后共同还贷，离婚时尚未还清银行贷款的按揭房产能否分割；按揭房屋的权属应当如何认定，即房产应当认定为夫妻共同财产还是一方婚前的个人财产；婚前一方买房的首付款、婚后双方共同承担的贷款额以及离婚时所欠银行的债务该如何处理；作为婚前财产的按揭房屋婚后增值又如何处理等。

对于上述问题，当时的《婚姻法》与《物权法》在规定上存在不一致性，导致了法律适用中的冲突和矛盾，《民法典》对此亦未明确规定。法院对该类案件的处理方式也不尽相同。就此类问题，需要在裁判尺度和处理结果上进一步统一。

疑难案例

甘某与王某于2008年相识，2009年2月二人确立恋爱关系并同居。2010年7月，二人登记结婚，甘某系初婚，王某系再婚。王某与其前妻于2001年10月结婚，并于2010年5月经法院调解离婚。2011年1月，甘某与王某生育一女，2011年9月起，二人开始分居。2013年3月，甘某起诉要求与王某离婚并要求抚养双方之女，王某对离婚及抚养权均无争议。

诉讼中，双方对于两套房屋分割存有较大争议。A房屋系甘某于2009年6月签署商品房预售合同，购买总价款为1 320 341元，其中首付款530 341元，其余款项通过银行按揭贷款方式支付。甘某于2010年12月取得该房屋所有权证书。截至本案诉讼，尚有部分贷款未还清。经法院委托评估，确定该房屋现

值为 4 480 400 元。B 房屋系甘某于 2009 年 9 月签署商品房预售合同购买，总价款 1 386 709 元。合同签订后，甘某分别于 2009 年 9 月、2010 年 12 月、2011 年 2 月分三笔付清房款。2015 年 6 月，甘某取得该房屋所有权证书。经法院委托评估，确定该房屋现值为 2 346 000 元。

针对上述两套房屋的购房款项支付问题，双方各执一词。经审理查明，A 房屋的首付款部分，有 370 000 元系王某支付，婚前甘某偿还了部分贷款，双方结婚后又偿还了部分贷款。关于 B 房屋的购房款，第一笔房款系婚前支付，双方均有出资，其余部分为婚后支付，钱款主要来源于甘某、王某向案外人的借款。庭审中，双方对两套房屋性质存在争议，甘某认为两套房屋均系其婚前个人财产，王某则认为两套房屋系夫妻共同财产。

法院观点

一审法院第一次审理时认为，两套房屋购买均在双方婚前同居期间，法院认定 A 房屋系两人为了结婚而共同出资支付首付款，该套房屋应为夫妻共同财产。对于 B 房屋，大部分购房款系婚后支付，虽然款项大多来自两人向案外人的借款，但上述借款应当认定为夫妻二人的共同债务。且王某对 B 房屋第一笔房款亦有贡献，故 B 房屋亦应当认定为夫妻共同财产。综上所述，考虑到居住情况、房屋现值，本着照顾女方和子女权益的原则，一审法院在对离婚及对子女抚养问题作出判决的基础上，判决 A 房屋归甘某所有，剩余贷款由甘某继续偿还，甘某给付王某折价款 700 000 元；B 房屋归王某所有，王某给付甘某房屋折价款 1 500 000 元。

一审法院判决后，甘某不服，提出上诉，认为两套房屋均系其婚前个人财产，不同意分割。二审法院第一次审理后认为，王某系有配偶时与甘某同居，双方构成了非法同居关系，在此种情形下，原审认定双方系为结婚而购买房屋且涉案房屋属夫妻共同财产，违反法律规定、有悖公序良俗。涉案房屋购买、婚前出资数额及婚后还贷等相关情况须进一步查清并认定。故决定撤销原判，将本案发回一审法院重审。

一审法院对本案重新审理后认为，根据本案已查明的事实，该两套房屋均系甘某婚前购买，王某虽在此过程中进行了不同形式的出资，但结合其前一段婚姻的存续情况，不宜将该两套房屋认定为双方夫妻共同财产，对于王某的出资,甘某应结合房屋升值因素予以返还。具体数额,法院结合王某出资数额及房屋购买价值和诉讼评估价值酌情判定。综上所述,一审法院重审后判决两套房屋均归甘某所有;甘某给付王某房屋出资折价款共计1 500 000元。

一审法院判决后,双方均不服,提出上诉。甘某称A房屋和B房屋均系其个人出资购买,虽然王某曾经有过出资,但均系代替甘某交纳,属于甘某对王某的借款。上述两处房产均系甘某的个人财产,王某无权要求分割。王某称虽然A房屋和B房屋均以甘某的名义购买,但从房屋的认购、出资、装修、还贷到双方结婚共同生活等事实,足以认定双方财产混同,属共同买房,均应当属于夫妻共同财产。

二审法院经审理后认为,虽然A房屋和B房屋均系甘某与王某登记结婚前以甘某的名义签订买卖合同并支付房款及银行贷款,但结合全案证据,足以认定王某在与甘某结婚之前对A房屋和B房屋均有出资,而甘某与王某登记结婚时亦未约定夫妻分别财产制,故婚后任何一方支付房款或银行贷款的行为均应当视为夫妻共同支付。甘某上诉称,王某的出资行为均属于其与王某之间的借款关系,没有事实和法律依据。原审法院结合双方恋爱关系及婚姻关系的期限、房屋购买时间、王某婚前出资情况、房屋升值等因素,所作判决并无不妥。甘某、王某的上诉请求均依据不足,故判决驳回上诉,维持原判。

法官点评

本案主要涉及婚前签订购房合同,并办理银行按揭贷款,婚后共同偿还贷款的房屋权属认定及分割问题。具体而言,主要涉及如下法律问题:婚前一方利用银行贷款购房,婚后双方共同还贷,房屋权属应当如何认定,即房产应当认定为夫妻共同财产还是一方婚前的个人财产?婚前一方买房的首付款、婚后双方共同承担的贷款额以及离婚时所欠银行的债务该如何处理?作为婚前财产的按揭房屋婚后增值又如何处理?非产权登记方婚前出资性质如何认定?

(一)婚前按揭购房的权属认定

1. 首付款系一方婚前支付,房产登记在首付款支付方名下,婚后共同偿还贷款类房产的性质

婚前按揭房屋权属的认定是分割房屋的前提,是纠纷当事人争议的焦点,

也是审判实践中的难点。《民法典》对此未进行明确规定,《最高人民法院关于适用〈中华人民共和国民法典〉婚姻家庭编的解释(一)》第78条规定:"夫妻一方婚前签订不动产买卖合同,以个人财产支付首付款并在银行贷款,婚后用夫妻共同财产还贷,不动产登记于首付款支付方名下的,离婚时该不动产由双方协议处理。依前款规定不能达成协议的,人民法院可以判决该不动产归产权登记一方,尚未归还的贷款为不动产登记一方的个人债务。双方婚后共同还贷支付的款项及其相对应财产增值部分,离婚时应根据民法典第一千零八十七条第一款规定的原则,由不动产登记一方对另一方进行补偿。"

《最高人民法院关于适用〈中华人民共和国民法典〉婚姻家庭编(一)》未明确规定此类房产属于夫妻共同财产还是一方婚前个人财产。关于此类房产的权属性质,一种观点认为:对于一方婚前按揭、婚后共同还贷的房产,只要是一方在婚前办理按揭贷款,权属登记在一方名下的,除有证据证明双方就该按揭房产之权属另有约定外,无论权属登记系在婚前取得还是婚后取得,都应认定为系一方婚前的个人财产,婚后配偶一方参与清偿贷款,并不改变该房屋为个人财产的性质。[1] 另一种观点认为:对于一方婚前签订买卖合同支付首付款并在银行贷款、房产登记在首付款支付方名下、婚后夫妻共同还贷类房产,完全认定为夫妻共同财产或者一方的个人财产都不太公平,该房产实际是婚前个人财产(婚前个人支付首付及还贷部分)与婚后共同财产(婚后双方共同还贷部分)的混合体。[2]

笔者同意第二种观点。根据《婚姻法》第17条之规定,夫妻共同财产是指夫妻双方或一方在婚姻关系存续期间所得,除法律另有规定或夫妻另有约定之外,归属夫妻共同所有的财产。《民法典》第1062条对于夫妻共同财产的认定标准与《婚姻法》一致。根据法律规定,认定夫妻共同财产的标准主要有两个:一是房产等财产是在婚姻关系存续期间所取得的;二是房产等财产的取得是由夫妻双方共同生产、劳动、经营,共同作出贡献所得。因此,判断房产是否为夫妻共同财产的根本标准,就是要看房产的获得是否为双方婚姻关系存续过程中,通过双方共同劳动所得。需要说明的是,这种劳动的形式是可以存在差别

[1] 参见胡安昭:《当婚姻法遭遇物权法:离婚案件按揭房产分割难题之解》。转引自朱红霞:《物权法视野下的夫妻财产关系问题》,载《云南法学》2012年第4期。

[2] 参见杜万华、程新文、吴晓芳:《〈关于适用婚姻法若干问题的解释(三)〉的理解与适用》,载《人民司法·应用》2011年第17期(总第628期)。

的，并不强求统一、一致。结合上述分析，婚前以个人名义购房，支付的首付款所对应的不动产的价值部分，一般不会因为购房者缔结婚姻而改变其婚前个人财产的性质。而在未约定夫妻分别财产制的情形下，婚后夫妻共同还贷部分对应的不动产价值（包括增值部分），当然属于夫妻共同财产。

2. 首付款系双方共同支付，房产登记在一方名下，婚后共同偿还贷款类房产的处理

理论上通常认为双方以结婚为目的，共同支付首付款并办理按揭贷款，无论房产证登记在一方还是双方名下，房屋都应认定为夫妻共同财产。对此笔者持不同意见。我国《婚姻法》及《民法典》对认定夫妻共同财产的时间节点规定较为明确，即限于婚姻关系存续期间。结婚登记前双方按揭购房，房产登记在一方名下的，婚前共同支付的款项及对应的财产价值不宜认定为夫妻共同财产。

对于该类财产的性质，应区分两种不同情形来分析。第一种情形是，婚前双方共同贷款购房是以婚后共同生活为目的。对此，可参照《最高人民法院关于人民法院审理未办结婚登记而以夫妻名义同居生活案件的若干意见》第10条规定的“同居生活期间双方共同所得的收入和购置的财产，按一般共有财产处理”的原则，将双方婚前购房支付的款项和对应的财产价值认定为一般共有财产。离婚时，该部分财产的分割原则应以双方约定优先，无约定的，根据当事人在取得财产中的作用大小，综合购房背景、出资数额，公平合理地进行分割。第二种情形是，不能证明双方系以结婚为目的购房，即使支付相应款项后，双方又缔结了婚姻关系，仍不宜将婚前出资认定为共有财产，上述案例即属于此种情形。该案例中，就争议房屋，双方共同支付了首付款，房屋登记在甘某名下，首付款支付时，王某前段婚姻尚未解除，难以认定其与甘某有以结婚目的购房的合意，故王某于婚前支付的款项不宜认定为对房屋的出资，而应结合出资时具体情形认定为赠与或借款等法律关系为宜。相应地，婚前支付款项所对应的房屋价值应认定为甘某的个人财产。应当指出，因双方此后缔结了婚姻关系，双方婚后共同还贷部分及对应的财产增值部分仍应按夫妻共同财产认定。

(二)离婚时,婚前按揭购房的分割原则

1. 判决房屋产权归属的原则

婚前按揭房产在离婚分割时应以双方协议优先,不能达成协议的,以判决房屋归产权登记一方为原则,以判决房屋归非产权登记一方为例外。一方在婚前支付首付款并通过银行贷款方式向卖方支付了全部购房款,买卖房屋的合同义务属于已经履行完毕,在房屋产权登记于首付款支付一方名下时,判决房屋归产权登记一方所有,由产权登记一方向非产权登记方支付补偿符合公平原则,也更利于执行。

在判定产权归属时应着重考量如下因素:一是首付款及其在全部购房款中的比例,若首付款占全部购房款比例较高,判决房屋归首付款支付一方更公平合理;二是以夫妻共同财产还款累计数额及其占全部房款和利息的比例,若双方婚后还贷时间较长,还款比例占全部购房款的比例较大,在分割时应结合房屋的使用状况、双方需求等因素综合考量;三是离婚时,一方是否有隐藏、转移、变卖、毁损夫妻共同财产,或伪造债务企图侵占另一方财产的情形及离婚造成一方生活困难,其依靠个人财产和离婚时分得的财产无法维持当地基本生活水平的。若存在上述情形,即使无过错方和生活困难方非产权登记方,在分割时也可侧重于保护上述两者的利益。同时,根据《婚姻法》第 39 条[1]确立的原则,分割房产时应依照顾子女和女方权益的原则作出公平合理裁判。《民法典》第 1087 条对于离婚时共同财产的分配原则在照顾子女和女方权益的基础上增加了照顾无过错方权益的内容。

需要注意的是,如果婚前首付款是一方父母出资(无论出资性质是赠与还是民间借贷),婚后夫妻共同还贷且产权登记在一方名下,这种情形下分割房产也可以比照相关规定的精神处理。另外,一方未从银行贷款而是向亲朋好友借款也可以适用该条规定。

2. 婚前支付的首付款及还贷部分分割原则

结合前文论述,若首付款系一方婚前支付,婚后共同还贷,则首付款及婚前还贷部分所对应的房屋价值均应认定为支付方的个人财产,在判决房屋归属产

---

〔1〕 具体规定参见《民法典》第 1087 条。

权登记方时,不涉及补偿问题。若判决房屋归于非产权登记一方,则就另一方婚前支付首付款及偿还银行贷款及对应的增值部分给予相应补偿。

若首付款或银行贷款系双方婚前共同支付,可依据钱款支付的情节认定属于借款还是出资。若认定为一方对另一方的借款,则借款部分按民间借贷关系处理,其余部分分割时依照一方婚前支付首付款的情形处理。若属于共同出资,则依照一般共有的原则进行分割,由获得房屋权属一方对另一方婚前出资及对应的增值部分进行补偿。

3. 婚后共同还贷部分及对应的增值部分分割原则

根据相关规定,双方婚后共同还贷支付的款项及其相对应财产增值部分,离婚时应根据《婚姻法》第39条第1款规定的原则,由产权登记一方对另一方进行补偿。具体到如何分割的问题,根据最高人民法院民一庭的意见,应对房屋的现实价值进行评估,然后再根据夫妻共同还贷部分在整个房屋价款中的比例,结合房屋的升值情况由取得房屋所有权的一方,对另一方给予补偿。[1]

根据上述意见,计算夫妻共同还贷款项及其相对应增值部分的数额时,可参考如下公式:夫妻共同还贷部分×不动产升值率。所谓不动产升值率,是用不动产现价格除以不动产成本,不动产成本包括购买时不动产价格+共同还贷的利息部分+其他费用(如契税、印花税、营业税、评估费等)。计算出的数额的一半即为取得房产一方应补偿另一方的数额。计算具体补偿数额时,应注意确定计算时点,这里的增值是指婚后增值,不包括婚前增值,后者属于一方的个人财产。同时还应考虑如下两种情形:一是离婚时贷款尚未清偿完毕,此种情形下只能将夫妻共同已经偿还的利息计入不动产成本,而不能将尚未还贷的利息都纳入成本,否则会出现对非产权登记一方不公平的结果。二是一方购买不动产后经过一段时间才结婚的情形,计算不动产升值率时,应以结婚时不动产的价格作为计算依据,不能以购买时不动产价格作为依据,因为购买不动产至结婚前这段时间,不动产的增值收益属于一方婚前个人财产。

需要指出的是,离婚诉讼中分割按揭房产时,不仅要明确"双方婚后共同还贷支付的款项及其相对应的财产增值部分",同时要依据相关规定,根据财产的具体情况,按照照顾子女和女方权益的原则作出公平裁判。也就是说,计算出

---

〔1〕 参见杜万华、程新文、吴晓芳:《〈关于适用婚姻法若干问题的解释(三)〉的理解与适用》,载《人民司法·应用》2011年第17期(总第628期)。

的补偿额不是绝对的,法官可以根据案件的实际情况行使一定的自由裁量权,目的是相对公平合理地解决纠纷,平衡保护离婚双方当事人的利益。

在审判实践中,有时也会遇到房价下跌的情况,比如购买房产时在一个比较高的位点,婚后夫妻共同还贷若干年后,离婚时房产的现值反而比当初购买时下跌了。面对这种房产没有增值甚至出现负增长的情况,笔者认为,产权登记一方至少要给另一方共同还贷本息一半的补偿。原因有二:一是一方婚前已经签订房产买卖合同,购买什么地理位置、什么楼层、什么朝向的房产是购买方自己的选择,另一方婚后只是共同参与还贷,购买方自然应当承担房价下跌的风险;二是离婚时房产判归产权登记一方,如果只是用于居住而非投资,房价暂时下跌并不会对其造成实质性损失。

除上面的论述外,在分割房产时,还应注意如下两个问题:一是本条仅限于法定夫妻共同财产制,夫妻约定婚后所得分别所有或者约定该房产为一方所有的,均不适用此条规定。二是婚后是否用夫妻共同财产共同还贷的认定:(1)从偿还银行贷款的时间来看,还贷时间只要处于婚姻关系存续期间,一般即可认定是双方用夫妻共同财产还贷,而不必区分还贷的金额属于哪一方的收入;(2)夫妻之间是否约定分别财产制或者对案涉房屋的还贷问题有无特殊约定。

(三)婚前按揭房屋分割时,银行债务的承担

在法院判决争议房屋归产权登记一方所有时,尚未归还的贷款应认定为产权登记一方的个人债务。这样处理不仅易于操作,也符合合同相对性原理。婚前一方与银行签订抵押贷款合同,银行是在审查其资信及还款能力的基础上才同意贷款的,其属于法律意义上的合同相对人,故离婚后应由其继续承担还款义务。这样处理不涉及办理所有权变更登记问题,作为享有抵押权的银行也不会因夫妻离婚而权利受损。

目前争议较大的是,如果法院判决房屋归非产权登记一方所有,尚未归还的贷款应如何处理。有观点认为,法院判决房屋归非产权登记方所有,变更了房屋权属人和还贷人,属于债务转移,根据《民法典》的规定,须经债权人同意。判决后,银行作为贷款合同的一方,以变更后的还款人不具备还款能力为由拒绝办理转按揭时,将导致法庭的判决无法执行。另外,法院的判决还将使银行丧失

本应享有的对还贷人资信、还贷资格的审查权，不利于日后银行利益的保护。[1]

笔者认为，在判决按揭房屋归非产权登记一方所有时，判决未还的债务由该方继续承担，不会损害银行的利益。一方面，这种判决结果属于法律规定的例外情形，之所以判决房屋归非产权登记方，应是充分考虑了首付款、婚后还贷及剩余贷款的比例，通常在婚后还贷部分占总房款比例较大，也就是非产权登记方对房屋亦作出较大贡献的情形下，结合其他因素判决房屋归其所有。以此为前提，尚未偿还房屋贷款的部分比例较小，较之将房屋判归产权登记一方，对债权人利益造成损害的风险并不明显。另一方面，对于按揭购房，对银行利益的保护形式主要是在按揭房屋上设定抵押权，夫妻离婚时对房屋的分割，不是对抵押物的处分行为，不存在对抵押物的转让问题，在夫妻之间变更抵押人不会造成抵押物价值的减损，对日后抵押权人行使权利亦无不利影响。

裁判精要

对于婚前一方或双方支付首付款购房，房屋登记在出资一方名下，婚后共同偿还贷款的情形，在离婚诉讼分割房产时应掌握如下原则：一是对于房产性质，应区分婚前、婚后部分分别认定，对于婚前出资部分，应区分系一方出资还是双方共同出资，进而认定属于一方婚前个人财产或双方婚前共有财产。婚后共同还贷及对应的增值部分则应按夫妻共同财产认定。二是在进行房屋分割时，应结合房产性质，参考出资比例、剩余贷款额、房屋增值情况及还款能力等因素综合考虑。

〔1〕 参见北京市海淀区人民法院民二庭：《〈婚姻法〉修订实施以来新类型婚姻案件分析及审理对策》，载《法律适用》2004年第10期。

第四章　夫妻财产约定类纠纷

一、夫妻间赠与可以行使法定撤销权

实务难题

夫妻财产约定与夫妻间赠与均是夫妻对财产的归属和分配所签订的契约，是关于家庭财产的重要制度，散见于《民法典》第1065条和《最高人民法院关于适用〈中华人民共和国民法典〉婚姻家庭编的解释（一）》第32条，但均未对二者的概念、内涵进行明确的界定，使二者之间非常容易混淆，同时也因二者的法律后果规定有所不同，法官在对该类问题进行认定时，常出现概念界定不清、法律关系认定不明的现象。故厘定夫妻财产约定与夫妻间赠与的概念，明确二者之间的区别，明晰二者之间的法律效果，变得尤为重要。

疑难案例

惠某婚前由其父母出资全款为其购买房屋一套（以下简称2307号房屋），登记在其个人名下。惠某与侯某于2012年5月9日登记结婚，婚后居住在该房屋内。2013年1月14日，惠某与侯某达成协议，约定将该房屋登记为双方共同共有。随后，双方办理房屋所有权变更手续，该房屋登记在惠某、侯某名下，为共同共有。2013年7月4日，惠某与侯某再次协议，约定该房屋登记到侯某一人名下，产权归其单独所有。随后，双方办理房屋所有权变更手续，该房屋登记在侯某个人名下。2012年11月至2013年3月，侯某多次在外出期间与异性开房。2013年10月，惠某起诉至原审法院称要求撤销其将涉案房屋变更至侯某名下及双方共同名下的行为，将涉案房屋权属登记恢复至其个人名下。侯某辩称，惠某所述存在婚外情之事实不认可。婚后与惠某确实有过两次变更房屋权属的约定，第一次变更至双方名下，第二次变更至侯某名下。两次变更均系双方自愿，并无欺诈、胁迫或许诺条件。现惠某以存在婚外情为由要求撤销两次房屋权属变更行为，无事实及法律依据，要求法院驳回惠某全部诉讼请求。

法院观点

一审法院经审理后认为，2307 号房屋原系惠某婚前个人财产，惠某与侯某两次协议变更 2307 号房屋权属行为，从法律属性看应有所区别。第一次变更至夫妻共同名下，并未排除惠某本人对 2307 号房屋的所有权，故该行为应属夫妻约定财产属性，受婚姻法规范。第二次变更至侯某个人名下，系惠某将个人享有份额赠与侯某，自己不再享有 2307 号房屋所有权，该行为应属赠与行为，受合同法规范。本案中，侯某虽否认其存在婚外情，但经查证，侯某确实存在与异性开房共居之事实，该行为与生活常理不符，惠某以此认为侯某存在婚外情并无不当。考虑 2307 号房屋系惠某父母为其出资购买，且惠某将个人享有的房屋份额赠与侯某系以双方维系健康婚姻关系为初衷，同时结合本案的具体情形，法院认为惠某依据当时的《合同法》的规定，行使法定撤销权于法有据，故法院对惠某要求撤销惠某与侯某于 2013 年 7 月 4 日达成的关于 2307 号房屋权属变更登记行为的诉讼请求，予以支持。双方权属变更撤销后，2307 号房屋应重新登记在惠某与侯某名下，为共同共有状态。至于惠某以侯某存在婚外情为由，依据合同法之规定，要求撤销双方于 2013 年 1 月 14 日达成的关于 2307 号房屋权属约定行为，无法律依据，法院对此不予支持。据此判决：(1) 撤销惠某与侯某于 2013 年 7 月 4 日达成的关于 2307 号房屋权属变更登记行为，将该房屋恢复至惠某与侯某共同共有状态；(2) 驳回惠某的其他诉讼请求。宣判后，惠某、侯某双方均提出上诉。

二审法院经审理认为，惠某以侯某存在婚外情给其造成严重侵害为由，诉讼主张撤销两次房屋权属变更登记行为。侯某以其不存在婚外情，夫妻财产约定受婚姻法保护、惠某不得依据合同法的规定撤销为由，不同意惠某的诉讼主张。根据双方当事人的诉讼主张和答辩意见，本案的争议焦点是：(1) 侯某是否存在严重侵害惠某的行为；(2) 两次房屋权属变更登记的性质以及惠某是否有权依据相关规定撤销两次变更登记行为。

关于第一个争议焦点,侯某是否存在严重侵害惠某的行为。惠某诉称侯某存在婚外情行为,严重侵害了其情感。对此,侯某不予认可,辩称其与贺某并无不正当男女关系,只是同宿一室,各居各床。二审法院认为,民事诉讼的证明标准应当达到高度盖然性的程度。审判人员应当依照法定程序,全面、客观地审核证据,依据法律的规定,遵循法官职业道德,运用逻辑推理和日常生活经验,对证据有无证明力和证明力大小独立进行判断,并公开判断的理由和结果。就本案而言,诚如侯某所述,其与贺某同宿一室期间人各一床别无其他,生活中确不排除存在这种纯洁男女关系的可能性,但是,根据本案查明的事实,侯某与贺某原属同事关系,均为已婚青年男女,开房同居时间地点多在外地城市出差期间,且根据法院调取的开房记录及侯某的自认,双方存在长期、多次同宿一室的事实,根据逻辑推理和日常生活经验,惠某主张侯某存在婚外情行为的事实更加符合生活常识。此外,婚外情行为既为社会道德所谴责,在离婚纠纷中有此行为者往往会处于不利的地位,同时,婚外情行为又是极为私密的行为。考虑到道德约束及离婚诉讼中的法律成本,涉事当事人往往会极力掩饰相关痕迹,以致受害方发现确切性接触证据是极其困难的。此种情况下,要求惠某提供确凿无疑的证据,显属过苛。综合以上情形,二审法院认为惠某提供证据的证明力已具有明显优势,足以证明其主张,二审法院依法予以采信。婚姻以两性的忠贞不贰为基础和核心,无论是从传统的家庭伦理还是道德、法律出发,忠实义务不仅是对双方的约束更是对婚姻的保障,也是全社会对家庭道德的底线要求。侯某存在出差期间与婚外异性长期、多次同宿一室的事实,虽称各住各床,但不能自证其清,其行为已触碰了这一底线,二审法院予以否定性评价。惠某将其父母出资购买的婚前房屋赠与侯某,显然具有追求美好婚姻生活的良好初衷。然侯某的行为无疑严重损害了夫妻之间的互相信任,严重侵害了惠某的感情,必然给其造成精神痛苦。惠某以此主张侯某的行为给其造成严重精神侵害,二审法院予以采纳。

关于第二个争议焦点,两次房屋权属变更登记的性质以及惠某是否有权依据当时的《合同法》的相关规定撤销两次变更登记行为。首先,两次变更登记行为均属于赠与行为。2307 号房屋系惠某婚前购买,且登记在惠某名下,原本属于惠某婚前个人财产。2013 年 1 月 14 日,双方约定并将该房屋登记为双方共同共有。2013 年 7 月 4 日,双方约定并将该房屋登记到侯某一人名下。显然该两次变更登记行为均属于惠某将自己的房产赠与侯某的行为。其次,两次赠与行为均可以依据当时的《合同法》的相关规定予以调整。婚姻家庭领域有关身份关系的协议不能适用当时的《合同法》调整,但涉及财产权属的条款,当时的《婚姻法》没有规定的,并不排斥当时的《合同法》的适用。本案中,两次赠与行为与身份关系无关,可以适用当时的《合同法》的相关规定。一审判决认为第一次变更登记行为即由惠某所有变更为惠某与侯某共同所有属于当时的《婚姻法》第19条调整范畴,具有约束力,惠某不得主张撤销。二审法院认为,当时的《婚姻法》第19条规定了夫妻对婚姻关系存续期间所得的财产以及婚前财产的约定对双方具有约束力,该规定明确了夫妻约定的财产关系受法律保护,夫妻双方应当按照诚实信用原则认真履行。但是,该夫妻财产约定并不能排斥合同法的适用。就夫妻之间的赠与而言,一方赠与另一方动产已经交付的,依照合同法的相关规定,当然不能随便撤销。依据《最高人民法院关于适用〈中华人民共和国婚姻法〉若干问题的解释(三)》(以下简称《婚姻法司法解释(三)》)第6条[1]之规定,夫妻之间赠与的房产在变更登记之前撤销赠与,可以按照当时的《合同法》第186条[2]的规定处理,赠与人在法定条件下享有任意撤销的权利。同理,如果赠与的房产已经登记过户,但受赠的夫妻一方对另一方有扶养义务而不履行、严重侵害赠与人或者赠与人的近亲属、不履行赠与合同约定的义务等,赠与人可以按照当时的《合同法》第192条的规定行使法定撤销权。因此,原判认定第一次变更登记行为受婚姻法的约束而不得适用合同法的规定予以撤销,属适用法律错误,二审法院予以纠正。最后,赠与合同是单务合同,赠与人无偿地将赠与物交付给受赠人,受赠人是纯获利益者,故为适度平衡双方利益,法律在一定条件下赋予赠与人撤销权。根据上述认定,侯某存在严重侵害惠某的行为,惠某根据当时的《合同法》第192条之规定主张法定撤销权,具有事实与法律依据,二审法院予以支持。

据此,二审法院判决:(1)撤销一审判决;(2)撤销惠某与侯某于2013年1月14日及2013年7月4日达成的关于北京市朝阳区某小区2307室房屋权属变更登记行为。侯某于本判决生效之日起30日内协助惠某将上述房屋变更登记为惠某个人所有。

---

〔1〕具体规定参见《最高人民法院关于适用〈中华人民共和国民法典〉婚姻家庭编的解释(一)》第32条。

〔2〕具体规定参见《民法典》第658条。

法官点评

（一）本案中两次约定的性质均为夫妻间赠与

当时的《婚姻法》及其司法解释中规定了夫妻财产约定与夫妻间赠与，但对二者性质的具体厘定及法律适用并未明示，使理论上争论不断，司法实践中也是疑惑重重。

夫妻间赠与，是指夫妻一方或即将登记结婚的一方将个人财产赠与对方的行为。夫妻间赠与合同的成立需要具备以下四个条件：(1)必须有明确的赠与和受赠的意思表示。(2)必须有转移特定财产所有权的意思表示。如果双方意思表示的内容非指定于特定物的物权转移，而是通过协商对婚前、婚内财产选择一般共同共有或限定共同共有的形式，则不能认定为赠与。(3)必须是对特定财产的赠与。如果标的物涉及的是概括的婚前财产，则应当认定为财产制约定而非赠与。(4)赠与物系赠与人的婚前或婚后个人特有财产。涉夫妻间赠与的纠纷主要表现为：赠与合同签订后赠与财产的权利尚未转移，赠与人于婚姻关系存续期间撤销赠与，或因未能结婚、离婚而请求撤销赠与；赠与合同签订并实际履行后，当事人未能结婚或离婚，赠与人请求撤销赠与。对于前者，法官多依《婚姻法司法解释(三)》第6条径行裁决，后者则因缺乏法律的明确规定，而在裁判依据的选择上疑虑不断。

夫妻财产约定并非立法的明确定义，最高人民法院的《民事案件案由规定》采用了这一案由。这一概念源自《婚姻法》第19条第1款的规定：“夫妻可以约定婚姻关系存续期间所得的财产以及婚前财产归各自所有、共同所有或部分各自所有、部分共同所有。没有约定或约定不明确的，适用本法第十七条、第十八条的规定。”夫妻财产约定是指夫妻以契约方式就婚前、婚内所得财产的占有、使用、收益、处分及债务清偿、婚姻解除时的财产清算等事项达成的一致意见。夫妻财产约定与法定夫妻财产制并存，夫妻选择财产约定，就排除了法定夫妻财产制的适用。夫妻财产约定一般包括约定的时间、具体财产制形式、生效的条件及法律效力等要素。谓之夫妻财产制契约更为科学，无论夫妻财产约定的具体内容为何，毕竟基于夫妻身份而产生，具有一定的人身属性，不能简单等同于一般财产契约。首先，夫妻财产约定的主体系夫妻，而非一般契约的普通主体,财产约定的履行会发生财产关系的变动,但也会促进家庭关系的稳定、发展,这是一般财产契约所不具有的。其次,夫妻财产契约一旦达成,即会在夫妻之间发生物权效力,婚前及婚内财产的权属按照双方的约定固定下来,无须按照《民法典》合同编要求的形式来实现权属转移。

夫妻间赠与与夫妻财产约定的区别主要体现在以下方面:(1)目的不同。前者仅改变一项特定财产的权利归属,不涉及夫妻财产制的选择;后者在于夫妻通过选择双方约定的财产制,从而排除了法定夫妻财产制的适用。(2)涵盖内容不同。前者通常只是通过合同约定改变某项特定财产的归属,并不涉及夫妻婚前及婚后取得的其他财产;后者对夫妻的财产均有约束力,在婚姻关系存续期间持续使用,并决定夫妻现有以及将来财产的归属和管理。(3)效力不同。前者是单纯的赠与合同,只发生债权效力,物权变动仍需要遵循《民法典》的规定;而后者能够直接发生物权变动的效力,无须严格遵照《民法典》规定的物权变动要求,但夫妻财产约定在对外效力上,除非第三人知晓存在该约定,否则不得对抗善意第三人。

回归到本案中,惠某与侯某婚姻关系存续期间的两次"约定",均只涉及惠某婚前房屋的权属处理,此外并不涉及双方的婚前、婚内其他财产,亦不涉及夫妻财产制之选择。故两次"约定"非夫妻财产约定,实为惠某与侯某之间的赠与合同。惠某于约定后将房屋过户至侯某名下,赠与合同已履行完毕。

(二)夫妻间赠与之本质界定

赠与是赠与人将自己的财产无偿给予受赠人,受赠人表示接受的一种行为。赠与合同系单务、诺成性合同;除附条件赠与外,赠与合同一般属无偿合同,赠与人慷慨赠与,受赠人无须支付对价。但夫妻间赠与不同于一般赠与,夫妻间赠与发生在夫妻或即将登记结婚的男女之间,基于婚姻关系的存在或组建家庭意愿而为之,赠与人的赠与行为并非出于无畏的大度,而是对婚姻关系长久稳定或组建婚姻的美好希冀,如果没有这样的期待,赠与人是不会作出赠与行为的。

笔者认为,夫妻间赠与的本质是"以婚姻为条件的赠与"。与一般赠与相比,夫妻间赠与的特殊性主要体现在以下几个方面:(1)长期合作性。《民法典》上的赠与具有构筑在工具理性和确定性之上的契约关系,具有瞬时性的共同特征,契约关系履行完毕后当事人即互不付任何权利义务;而夫妻间的赠与不同,其目的在于促进现有的夫妻关系或促成将来的婚姻关系,并非一次性交易,而是指向未来的共同生活。(2)互惠性。一般赠与关系固然也遵循互惠原则,但由于夫妻关系本身就是一个长期合作、利他互惠的关系,这使夫妻间赠与的互惠性较一般赠与更为明显。这突出表现为赠与人之所以赠与,并非完全出于慷慨,而是出于结婚,或是为实现、安排、维持或保障双方的婚姻共同生活的考虑。而受赠人也并非只是单纯地取得财产权,实际上其是以已作出的或将作出的对家庭的付出作为回报。(3)共享性。在一般赠与合同中,受赠人终局性地取得权利,赠与人并不能期待在赠与后对赠与财产仍享有权利。但在夫妻赠与合同中,由于夫妻关系具有亲密性,赠与人在赠与财产时,设想或期待婚姻共同生活将继续存在,并且在此种共同生活框架下对赠与的财产及其孳息有共同的权利。事实上,只要婚姻关系存在,赠与人虽将其财产赠与对方,其仍然可以与受赠人共同享受对该财产权利。

将夫妻间赠与定性为以婚姻为条件的赠与,其特性在于规范特定财产权属之外,更注重维系和处理婚姻家庭关系,从法律规定的层面来看,该赠与协议突出表现为基于人身属性之上的经济属性。因为婚姻财产关系往往依靠伦理道德与内部规范调整,具有伦理属性;同时需要考虑的是,赠与人基于婚姻延续长久而为之,受赠人对此亦是心知肚明的,其接受赠与是对赠与人作出赠与表示初衷的认同。在处理夫妻赠与财产的案件时,首先着眼的应该是夫妻的身份关系,之后才是赠与财产的经济属性,故对夫妻财产赠与的调整方法应有别于一般民事法律关系,在法律适用上也应有别于一般赠与行为。一方面,由于夫妻财产赠与在本质上仍然属于赠与,对于符合一般赠与特征之处仍然适用《民法典》合同编关于一般赠与合同的规定。另一方面,由于其属于特殊赠与,对于其不同于一般赠与的特殊之处应排除一般赠与规则的适用。而对于法律未设明文规定的,则可以依照《民法典》合同编或法律制度的一般原理予以处理。

(三)本案中惠某可行使赠与撤销权

1. 夫妻间赠与的效力

夫妻间赠与属于赠与合同,其效力如何,应当合乎《民法典》合同编对一般赠与的规定,如不存在无效情形,赠与人将财产给与受赠人、受赠人表示接受,合同即成立。基于合同,受赠人享有请求赠与人交付赠与物的债权,在赠与物没有实际转移交付之前,不发生物权变动的效果。

(1)夫妻间赠与在债法上的效力。赠与行为系赠与人单方负给付义务,受赠人无须支付对价即可获得赠与物,只要双方达成赠与、接受赠与的合意,即发生债权效力。因赠与人接受赠与是无偿的,故法律赋予赠与人"后悔"的权利,除公益道德赠与合同及经公证的赠与合同外,赠与人可在赠与物的物权变动发生之前行使任意撤销权。对于夫妻间赠与,系以婚姻关系的建立与存续为基础,赠与人并非完全基于慷慨,受赠人也并非单纯地无偿受让;夫妻间赠与亦非一次性交易,而是指向未来的婚姻生活。赠与人希望通过赠与表达其对婚姻的祝福和期待,也希望受赠人对婚姻更加坚持和信赖。但夫妻间赠与的赠与人享有任意撤销权,使夫妻间赠与在合同效力上与一般赠与合同并无差别,赠与人表示赠与,受赠人表示接受赠与,合同生效,受赠人可以请求赠与人交付赠与物。

(2)夫妻间赠与在物权法上的效力。赠与合同生效后,并不会直接发生物权变动的效果,只有赠与合同履行完毕后,才会发生赠与物的物权变动。动产履行以实际交付为要件,不动产履行以办理权属转移登记为实际履行。无论夫妻之间选择何种财产制,即使是夫妻法定财产制,赠与合同一旦履行完毕,赠与财产即归受赠人所有。本案中,惠某与侯某第一次约定,惠某将其自己的房屋登记为与侯某共同共有,因未约定赠与份额,惠某、侯某各享有1/2的份额;惠某与侯某第二次约定,惠某将共同共有直接变更登记在侯某名下,视为其将在夫妻共有财产中的潜在份额转让给侯某,侯某单独享有该房屋的所有权。通过两次赠与约定,且侯某遵守约定将产权办至惠某名下,房屋所有权已经发生转移。

2. 夫妻间赠与的撤销

《婚姻法司法解释(三)》第6条规定:"婚前或者婚姻关系存续期间,当事人约定将一方所有的房产赠与另一方,赠与方在赠与房产变更登记之前撤销赠与,另一方请求判令继续履行的,人民法院可以按照合同法第一百八十六条的规定处理。"该规定直接解决了长期争论不休的问题,赋予了赠与人的任意撤销权。适用该法条需要满足三个条件:(1)夫妻双方已经签订了房产赠与合同。赠与合同是双方当事人的合意,也是设立赠与权利义务的依据,行使任意撤销权必须以赠与合同有效为前提。如果没有签订合同,或者合同尚未有效成立,就不存在行使任意撤销权的基础。(2)赠与人房产尚未办理过户登记,房屋的所有权仍为产权人享有。房产过户登记是发生物权变动的标志,未经物权公示的法定程序，不发生物权转移的效力。一旦房屋产权登记变更，即不受本条款之约束。(3)赠与人行使任意撤销权仅限于房产赠与，并不当然包括动产赠与，社会公益和道德义务性质的赠与合同及经公证的合同均不受本条的限制。任意撤销权行使后，生效赠与合同即失去效力，合同双方的权利义务解除，赠与物的所有权不变，受赠人的履行基础丧失。

夫妻间房产赠与可以适用任意撤销权，但随之而来的疑问是夫妻间房产赠与能否适用法定撤销权。笔者认为，《民法典》婚姻家庭编及其司法解释虽然没有给出答案，但法律之间的适用是相通的。《民法典》婚姻家庭编规范的是亲属法律关系，基于婚姻伦理属性，其大多数规则虽是特殊的，这些特殊规则不能适用于民事其他领域；但《民法典》婚姻家庭编亦是民法的分支，当然体现民法的基本要求，按照民法的基本原则进行运作，在亲属法存在特定规范之外，其他民法规则同样可以适用于婚姻家庭领域，这合乎民法统一性的要求。从法律体系上来看，既然赠与人享有任意撤销权，根据“举轻以明重”的解释方法，《民法典》合同编规定的法定撤销权的情形较任意撤销权要严重得多，属于严重侵害赠与人的行为。此外，《民法典》婚姻家庭编亦未排除法定撤销权的适用。故赠与人可以行使法定撤销权。《合同法》第192条第1款规定：“受赠人有下列情形之一的，赠与人可以撤销赠与：(一)严重侵害赠与人或者赠与人的近亲属；(二)对赠与人有扶养义务而不履行；(三)不履行赠与合同约定的义务。”即受赠人严重侵害赠与人或者赠与人的近亲属、对赠与人有扶养义务而不履行、不履行赠与合同约定的义务，赠与人方可行使法定撤销权。需要说明的是，如作为受赠人的夫妻一方对另一方及其近亲属实施家庭暴力、虐待、遗弃，甚至存在重婚、与他人同居等行为，因这些情形大多构成离婚法定事由，与赠与人追求美好婚姻生活、巩固夫妻感情、稳定家庭的良好初衷是相违背的，虽然这样的良好初衷一般不会写进赠与协议中，但应属赠与协议的题中应有之义，赠与双方对此是心知肚明的。出现上述情形，既可以说是受赠人严重侵害了赠与人，亦可以说是受赠人不履行赠与合同应有的义务，赠与人当然享有撤销权。另外，赠与合同在结婚之前订立而婚姻关系未能缔结的，一般认定该赠与合同为附条件赠与，即赠与双方只有顺利结为夫妇，受赠人才能获赠赠与物，如果婚姻关系未能缔结，赠与合同解除。赠与双方虽就赠与物办理了所有权移转登记，但根据《民法典》及相关法律规定，赠与人在上述情形下仍有权要求受赠人返还财产。

本案中，惠某按照约定将房屋过户至侯某名下，赠与合同履行完毕，侯某取得房屋所有权。但侯某在与惠某婚姻关系存续期间，与他人发生婚外情，这与婚姻的互负忠诚义务是相悖的。因为婚姻以两性的忠贞不贰为基础和核心，无论是从传统的家庭伦理道德还是法律的角度出发，忠实义务不仅是对双方的约束，更是对婚姻的保障，也是全社会对家庭道德的底线要求。侯某的行为无疑严重损害了夫妻之间的相互信任，必然对其造成精神上的痛苦，严重伤害惠某的感情，侵害惠某的利益。

综上所述，惠某有权依据其享有的法定撤销权请求撤销赠与，要求将房屋产权恢复到原有状态。

裁判精要

夫妻财产约定与夫妻间赠与的区别在于，前者针对夫妻财产制度，针对的是夫妻间的所有财产，而后者仅针对个别财产，不涉及夫妻财产制度。夫妻间赠与系以婚姻为条件的赠与，有别于一般赠与，物权变动规则适用《民法典》中一般赠与的规定，物权变动登记后，如作为受赠人的夫妻一方对另一方及其近亲属实施家庭暴力、虐待、遗弃，甚至存在重婚、与他人同居等行为，与赠与人追求美好婚姻生活、巩固夫妻感情、稳定家庭的良好初衷是相违背的，既可以说是受赠人严重侵害赠与人，亦可以说是受赠人不履行赠与合同应有的义务，赠与人当然享有法定撤销权。

本案例主要讨论的是夫妻之间财产赠与的撤销权问题。涉及《民法典》第657条规定："赠与合同是赠与人将自己的财产无偿给予受赠人，受赠人表示接受赠与的合同。"《民法典》第658条第1款规定："赠与人在赠与财产的权利转移之前可以撤销赠与。"《民法典》第663条第1款规定："受赠人有下列情形之一的，赠与人可以撤销赠与：（一）严重侵害赠与人或者赠与人近亲属的合法权益；（二）对赠与人有扶养义务而不履行；（三）不履行赠与合同约定的义务。"《民法典》的实施对于本案的研究结论并无影响。

二、男女签订分手协议的效力应根据内容区分认定

实务难题

所谓分手协议，是男女双方解除恋爱关系时，双方约定或一方自愿给付对方一

定财物的行为。关于分手协议的效力认定,存在“无效说”和“有效说”之争。“无效说”认为对于分手协议法律并没有明确规定,签订分手协议中关于分手后的补偿条款是当事人创设的权利义务,对人身自由是的一种限制,违背社会公序良俗原则,应属于无效。“有效说”则认为“法无明文禁止即可为”,在市民社会中,只要是法律所没有明文约束或禁止的,只要是不危害社会公共利益或侵害其他人利益的,都属于当事人可为的行为范畴。民法领域更注重的是意思自治,双方当事人只要不存在欺诈、胁迫、重大误解等可能使民事行为无效或可撤销之情形,其自愿签订的分手协议应当认定为有效。正是由于现行法律对分手协议没有明文规定,理论上对该类协议的性质认识不一,以致司法裁判也未能统一。

疑难案例

李某和张某2010年3月5日确立恋爱关系,2010年年底至2012年4月3日双方同居,2012年3月3日,双方签订分手协议,内容为:“今3月3日张某付给李某壹万元作为分手费,同时李某承诺在2012年4月1日之前搬离张某住所,并在年底发奖金后,视奖金数额由张某给予李某一定的金额。”随后,李某自行在分手协议上添加“如果发5万元奖金给李某4万元人民币,如果发3万元给李某2万元人民币”的内容,张某对此不认可。当日,张某支付李某1万元。2012年3月30日,张某支付李某5000元。2012年4月1日,双方还签订了补充协议:“最早15天,最迟1个月(4月30日)后,李某将回张某家住,当天订婚并领结婚证,当天交出财政大权,十一结婚,否则张某将自杀,婚后房产和资产由李某掌握财政大权,房本上写李某名字,财产由李某掌握,工资卡和其他收入每月给张某生活费200元人民币,保证张某基本生活需求,一切听从李某安排……”2009年3月22日,张某购买涉案房屋;2009年4月,涉案房屋登记在张某名下。同居期间,李某为该房屋支付4000余元。李某根据分手协议和补充协议主张24万元补偿费和涉案房屋。张某主张撤销分手协议和补充协议。

法院观点

一审法院认为本案中的涉案房屋属于张某的个人财产,跟李某无关。李某、张某在协商解除同居关系时,签署了分手协议和补充协议,分手协议从性质上来看,属于赠与合同,赠与合同中的赠与人在赠与财产物权转移前可以撤销赠与,双方均认可张某已经支付李某10 000元,剩余不确定的赠与金额未予支付。现在经过法庭当庭询问,张某的真实意思表示为要求撤销分手协议,故李某要求张某再支付补偿费40 000元、补偿200 000元张某个人工资的诉讼请求,已无事实和法律依据,法院不予支持。涉案房屋属于张某的个人财产,并非同居期间的共同财产。李某主张根据分手协议和补充协议要求涉案房屋。分手协议并未提及涉案房屋,补充协议中陈述双方婚后将房本上写李某名字,但是双方后来并未结婚,张某又当庭表示要求撤销补充协议,李某无权主张涉案房屋的所有权,对于李某该项诉讼请求,法院不予支持。

判决后,李某以原审法院认定双方签订的分手协议和补充协议认定为赠与合同属于适用法律错误,同居期间的财产分配不公为由上诉请求撤销原判,依法改判张某支付李某同居关系财产补偿150 000元。

二审法院认为结婚登记是结婚的必经法律程序。未经结婚登记的同居关系属于非婚姻状态,不属于合法婚姻,不受法律的保护。同居关系期间的财产不适用夫妻共同财产分割中的相关规定原则,协议中约定数额并不明确,李某请求依据不足,维持原判。

法官点评

依据双方当事人的诉辩对抗过程,本案的审理思路可作如下梳理:首先,本案涉及两个协议,一个是分手协议,另一个是补充协议,两个协议的效力和性质是否相同,应予以区分;其次,分手协议是否可以撤销,是本案审理的关键。

(一)分手协议属于一般赠与合同

赠与合同,是指当事人双方约定一方将财产无偿地转移给另一方所有的协议。赠与合同具有以下法律特征:(1)赠与合同是转移财产所有权的合同。(2)赠与合同是无偿、单务合同。无偿是赠与合同的最典型特征,赠与人方面财产减少而使受赠人方面财产增加,这并不以受赠人给予回报或补偿为条件,受赠人纯受利益,不需要为取得财产而支付对价。(3)赠与合同为诺成合同。

关于分手费的协议往往是双方在协议中约定,一方将一定数额的金钱无偿给予另一方，或者虽然以借条或欠条的形式存在，但实际上并没有发生借款或欠款的事实。一方取得财产并不需要给予对方回报或补偿，只是单纯地获得利益，而不需要为取得的财产支付任何对价。因此，分手协议是一种一方无偿地转移财产的合同，是一种无偿、单务合同，符合一般赠与合同的特征。

由此可见，分手协议属于双方当事人约定的一种契约，但因其特殊性，该类协议已不仅仅停留在一般契约的层面，而是一种赠与性质的契约。

关于分手协议是否具有道德义务性质。笔者认为，对于自然人的同居行为，最初往往是出于两情相悦而自愿共同生活，虽然最后双方无法再继续同居下去，但在同居期间，可以说双方都付出了感情、精力和金钱。双方有恋爱同居的自由，亦有分手"散伙"的自由。如果在分手时，双方经协商或者一方自愿给另一方一定的金钱予以补偿，法律对当事人意思自治予以尊重。但并不能因为双方的同居关系，就认定一方理应补偿另一方，进而认定双方签订的分手协议属于道德义务性质的赠与。

关于分手协议是否属于自然之债的约定。自然债务是指债务现实存在，但不能通过法律程序来实现债权的债务，因其欠缺债的部分权能和效力，故亦将自然债务称为不完全债务。笔者认为，分手协议是当事人双方协商自愿签订的合同，并未违反法律强制性规定，双方之债的权能和效力没有瑕疵，故无法将之归为自然之债。

（二）分手协议的财产约定部分是否可以撤销

根据上面的分析，分手协议属于一般赠与合同，这里就涉及赠与合同的撤销问题。根据《合同法》第186条规定："赠与人在赠与财产的权利转移之前可以撤销赠与。具有救灾、扶贫等社会公益、道德义务性质的赠与合同或者经过公证的赠与合同，不适用前款规定。"该法第188条[1]规定："具有救灾、扶贫等社会公益、道德义务性质的赠与合同或者经过公证的赠与合同，赠与人不交付赠与的财产的，受赠人可以要求交付。"

本案中，张某与李某签订的分手协议属于一般赠与合同，不具有道德义务性质，所以张某在赠与财产物权转移之前可以行使任意撤销权。双方均认可张

---

〔1〕 具体规定参见《民法典》第660条。

某已经支付李某10 000元,剩余不确定的赠与金额未予支付。现张某在一审及二审诉讼中,都明确表示要求撤销赠与合同,所以对于其未支付部分,张某已经行使了撤销权,该部分赠与合同不再发生效力,李某无权再要求张某履行协议。

(三)补充协议的效力区分

1. 结婚的约定

本案中,根据张某与李某签订的补充协议,双方必须结婚,否则张某将自杀。法律鼓励当事人意思自治,但意思自治必须是在完全自愿的前提下并且不违反法律强行性、禁止性规定。该约定违背了我国《民法典》关于婚姻自由的基本原则,婚姻双方及其他任何人均不得通过对他人人身或财产的限制来干涉他人的婚姻自由,该部分约定内容应属无效。

2. 婚后财产的约定

本案中,张某与李某在补充协议,对婚后财产由谁掌管、家庭生活如何安排进行了约定,其实就是双方对婚后如何生活的一种协商。婚姻、收养、监护等有关身份关系的协议,适用其他法律的规定,并不适用合同的相关规定。所以具体到该份补充协议,并不适合将其归入合同的范畴。因为,其中涉及对某些人身关系的限制,如果当事人自愿履行,法院不予干涉;如果一方反悔,法院也无权干涉。

裁判精要

男女双方在结束恋爱关系时,其所签订的"分手协议",内容往往涉及财产以及双方身份关系的处理,此类协议的效力应当根据其内容区分认定:关于财产的约定,比如一方给另一方一定财产的,宜认定为一般赠与合同,按照《民法典》合同编的相关规定,当事人可以行使撤销权。关于双方之间人身关系的约定,在不违反法律强制性规定的前提下,法院不予干涉;若其内容违反法律强制性规定,则其效力归为无效。

《民法典》中关于赠与合同的定义及撤销条件均沿袭了之前《合同法》《民法总则》的规定,故《民法典》的实施对本案的分析论断并无影响。

三、夫妻忠实协议应区分不同性质进行效力认定

实务难题

夫妻忠实协议，又称夫妻忠诚协议，实践中常指以维系夫妻感情为目的、主要内容表现为夫妻双方应忠于双方的感情，若一方有背叛行为，则应向对方承担某种责任的约定。该责任的常见形式是财产性赔偿或人身性给付。

夫妻忠实协议的效力问题在理论上争议颇多，有效说与无效说各执一词；在司法实践中也未有定论，各地同类型案件判决结果不一。与忠实协议相关的法律规定主要集中在《民法典》婚姻家庭编中，《民法典》婚姻家庭编第 1043 条规定，夫妻应当互相忠实，互相尊重。《民法典》婚姻家庭编第 1079 条将"重婚或与他人同居"列为法定离婚情形，且在第 1091 条规定了在该情形下无过错方有权请求损害赔偿。有效说与无效说在基于对法律规定存有不同理解的基础上提出了各自的主张。有效说认为，上述法律规定正是从立法上明确了忠实义务的法定性质，即忠实义务是夫妻间的法定义务，而忠实协议使《民法典》婚姻家庭编这种抽象的法定义务有了具体可操作性，只要忠实协议符合民事法律行为的生效要件，即完全民事行为能力、双方真实无瑕疵的意思表示、协议内容不违反法律强制性规定和公序良俗，则协议应当有效，可以起到约束不忠行为、维系夫妻感情的积极作用。无效说与有效说相对立，认为《民法典》第 1043 条只是倡导性、原则性的规定，因此忠实义务仅为一种道德倡导义务，而非法定强制义务；忠实义务属于私密的情感领域，应由道德约束，而不应由法律调整；忠实协议对公民的人身自由作出限制是违背宪法精神的，有侵犯人权之嫌。

笔者认为，有效说与无效说的理由都不够充分，夫妻忠实协议的效力不能一概而论。判断协议的效力如何，首先应当确定判断标准，判断标准不同，则效力的认定也自然不同。而确定判断标准的前提是厘清忠实协议的概念和性质。

疑难案例

李某、王某于 2007 年 5 月 23 日登记结婚，于 2009 年 5 月 3 日生一女。2010 年 11 月 6 日，双方签订夫妻婚后协议载明："夫妻在婚后若任何一方有违

背对方的行为，即外遇，承诺放弃所有个人名下财产，包括婚前婚后的财产”，并有李某、王某签字，日期为2010年11月6日。对此，王某称李某和其母亲天天骂我，不让我睡觉，李某写了这个协议，让我签了字才让我走，不仅这一个协议，还有其他协议，都是让我签字才让我走。李某则表示协议是双方真实意思表示。

2014年4月，李某起诉至法院要求离婚，其主张王某婚姻存续期间存在过错，并提供了该份协议、视频资料、照片、出警记录等证据证明王某长期与异性保持不正当男女关系，因此应依夫妻婚后协议之约定，婚后财产均归李某所有。王某表示视频及照片中其与婚外女性并未有亲密举动，且视频显示李某有向警方行贿行为，其与案外人王某某在天津游玩住酒店时开的房间为套间，两人各住一间，不认可其存在“外遇”情形，且双方签订的协议书中未约定财产归李某。

法院观点

一审法院认为，李某所提供的证据未能证明王某婚姻存续期间存在过错，故李某据此要求王某给付精神损害赔偿金及所有财产均归李某所有的请求，不予支持。

判决后，李某不服，上诉至二审法院称其原审中已提供大量证据足以证明王某存在外遇出轨的行为；双方签订的夫妻婚后协议约定“一方发生外遇，则离婚时所有财产归另外一方所有”，该协议应属合法有效，故应按该协议约定分配财产。请求二审法院依法改判双方全部财产归李某所有。

二审法院经审理后认为，关于李某提供的夫妻婚后协议是否有效的问题，该协议从形式上仅为李某所书写的一句话，内容亦不全面、明确，结合本案事实及双方经常发生争吵感情不和的实际关系，二审法院认为尚不足以认定双方已达成了婚内财产约定，故对李某所主张的双方签订的夫妻婚后协议合法有效，应按该协议约定分配财产的上诉意见不予采纳。遂判决驳回李某该项上诉请求。

法官点评

依据双方当事人的诉辩对抗过程，本案对夫妻婚后协议是否有效的审理思路可理为如下两步：首先，李某与王某在婚姻关系存续期间签订的夫妻婚后协议的性质如何界定；其次，在确定夫妻婚后协议性质的前提下，选择协议效力的判断标准和依据，从而作出协议是否有效的认定。

（一）夫妻婚后协议属身份性与财产性兼具的契约

关于夫妻忠实协议的性质问题，有观点认为忠实协议的约定实际上是财产给付的一个延缓条件，条件成就时，合同生效。笔者认为，该观点具有片面性，未看到协议中具有的两个法律关系。如果将忠实义务仅仅作为一个延缓条件，则忠实协议的主要内容就是一个赔偿性的给付标的，当事人意欲发生的法律效果就是这一赔偿法律关系，这显然有悖于当初订立忠诚协议的目的——维系婚姻关系的稳定性。

夫妻忠实协议本身是一种契约，而契约通常分为财产性契约与身份性契约。一般来讲，夫妻忠诚协议的内容中实际包含了两个法律关系，一是精神给付，二是赔偿给付。精神性给付是夫妻忠实协议的灵魂，赔偿给付则是违反了精神给付义务所应承担的责任。前一个法律关系中的法律事实是后一个法律关系产生的前提，后一法律关系是前一法律事实出现的结果。前一个法律关系具有身份性，后一法律关系则分为身份性与财产性两种可能，这要根据协议的内容来判断——若协议约定违反夫妻忠实义务的责任承担方式是赔偿对方一定财产或放弃一定财产，则该法律关系是财产性的；若约定违反忠实义务的责任承担方式是离婚，或是孩子归无过错一方抚养，或违约方放弃对子女的探望权等，则该协议的前后两个法律关系皆为身份性关系，整个协议的性质即为身份性契约。

本案中，夫妻婚后协议约定婚后夫妻任何一方若有外遇行为，将放弃所有个人名下财产。可见违约的责任后果为财产性赔偿，因此该协议的后一法律关系为财产性的，所以夫妻婚后协议属于身份性与财产性兼具的契约。

（二）身份性与财产性兼具的夫妻忠实协议的效力判断标准

夫妻之间相互忠实是婚姻的本质要求，是现代夫妻人身关系中不可缺少的内容。在法律没有明确规定该项义务的具体内容时，通过约定加以明确化、具体化，使抽象的法律和道德义务具有可操作性、具有明确的约束，符合《民法典》的立法目的。故而夫妻忠实协议中的第一个法律关系，即精神给付，并不违反

《民法典》婚姻家庭编中“夫妻应当互相忠实”的原则规定，应肯定其效力。

至于协议中后一个法律关系，当其为财产性时，实为双方订立的财产性契约，该契约的订立是双方民事法律行为，也是合同行为。根据相关规定，有效的合同应具备如下条件：(1)行为主体具有相应的民事权利能力和行为能力；(2)行为人意思表示真实；(3)不存在欺诈、胁迫等情形；(4)内容不违反法律法规的强制性规定和公序良俗。同时，还需考虑《民法典》婚姻家庭编作为家事法律及夫妻双方关系的特殊性，并结合生活经验法则综合判断。夫妻日常生活中，一方往往将签订忠实协议作为暂时应付的手段，或借此讨好对方，甚至只是一种戏谑手段，往往并不是其真实意思表示，而且常会涉及房产等巨额财产，如有效则会导致一方陷入生活困境，不利于公平和社会稳定。因此，应当谨慎认定忠实协议的有效性，除了部分如确为双方真实意思表示，财产性的约定亦不明显失当的情形可认定为有效外，其余情况应以认定无效为宜。

如若协议中的后一个法律关系为身份性关系时，因身份关系不属于合同法调整范围，身份关系不可随意约定，因此该约定违反了法律的强制性规定，应属无效。

《民法典》中，对于夫妻忠实义务的规定延续了之前《婚姻法》的规定，其第1043条的规定内容与《婚姻法》第4条的内容基本一致，均包含“夫妻应当互相忠实”。就协议效力问题，《民法典》第143条的规定同此前《民法通则》与《民法总则》的规定一致，对合同效力的判断亦与此前《合同法》的规则无异。本案例阐释的内容围绕夫妻忠实协议的性质及效力认定展开，因相关法律条文内容无变化，故适用要点在《民法典》实施之后亦无不同。

（三）确定判断标准基础上的效力认定

综观本案，判断李某与王某签订的夫妻婚后协议是否有效，应分析其是否符合上述条件。李某与王某婚后均忙于工作，未注重感情经营以致双方关系出现裂痕，时常争吵，据王某陈述，双方争吵剧烈时李某母亲常要求王某向李某作出保证并签署保证书及各种协议，签字之后才能获得原谅。王某称双方曾签过多份协议，夫妻婚后协议亦在此之列，签名确系王某所签，但协议内容并非王某的真实意愿，王某只为尽快获得原谅或摆脱李某的纠缠便无奈之下草草签字。根据庭审过程中双方的表现及日常生活经验推断，王某的陈述符合常理，签署该份协议或许并非其真实意愿，双方婚后共同财产较多，金额较大，王某作出放弃全部财产的承诺在很大程度上可以认为其并未经过理性思考，未清楚地意识到协议将产生的法律后果。同时，该份协议从形式上仅为李某所书写的一句话，内容不全面、不明确，如此大额的财产却作如此随意草率的约定亦不符合常理，故而综合全案案情来看，该协议很难被认为是王某的真实意思表示，依据现有证据尚不足以认定双方已达成了婚内财产约定，共同财产的分割不应以该协议为凭，故对李某所主张的双方签订的夫妻婚后协议合法有效，应按该协议约定分配财产的上诉意见不予采纳。

裁判精要

在此有必要对夫妻忠实协议问题进行概括梳理，以达到统一认识，解决司法实践中对其效力认定的困境。

其一，夫妻忠实协议的含义：夫妻忠实协议，是指以维系夫妻感情为目的、主要内容表现为夫妻双方应忠于双方的感情，若一方有背叛行为则应向对方承担某种责任的约定。

其二，夫妻忠实协议的性质认定：夫妻忠实协议中包含两个法律关系，第一个法律关系是以忠实义务为内容的精神给付法律关系，该法律关系具有身份性；第二个法律关系可以是财产给付法律关系，也可以是身份性的法律关系，实践中常见的是财产给付法律关系。夫妻忠实协议的性质因第二个法律关系的性质不同而异。

其三，夫妻忠实协议的效力认定：当忠实协议的第二个法律关系为财产性质，即夫妻忠诚协议的履行标的为财产给付而非人身权利时，其效力应依据我国《民法典》相关规定进行判断，只要不违反该规定，就应当肯定其效力；当忠实协议为纯粹的身份性协议时，即忠实协议的履行标的为人身权利时，协议因违反法律的强制性规定而属无效。

四、以结婚为目的的婚前大额赠与可以撤销

实务难题

我国《民法典》第 663 条规定了赠与人可以行使撤销权的三种法定情形。但

是，对于赠与目的不能实现时，赠与人是否享有撤销权的问题未作明文规定。有观点认为，《民法典》仅规定上述三种法定情形，该三种情形之外赋予赠与人撤销权于法无据。也有观点认为，上述情形下赠与人也应当享有撤销赠与合同的权利，现行法上就此未设明文规定，当属法律漏洞。[1] 例如，设立奖学金资助贫困大学生，领取奖学金的大学生挥霍浪费的；再如，为某病人捐款，但该病人病逝捐款尚未使用完毕的。在上述情况下，为公平起见，应当允许捐款人撤销赠与，未使用完毕的款项应当返还。在恋爱期间，男女双方在婚前互赠财物，当最后因各种原因未能结婚时，往往对所赠财物的是否返还问题产生争议。由于赠与目的落空时，赠与人是否有权撤销赠与并没有法律明确规定，以及赠与行为往往发生在熟人之间，一般不会留有书面协议等原因，该类纠纷的处理颇为困难。

疑难案例

汪某与张某原系恋人关系，双方于2013年3月分手。汪某分别于2013年2月22日、25日向张某汇款50 000元和15 000元，汇款用途记载为“戒指”。张某认可其收到了上述汇款，且将上述汇款用于购买钻戒；但称因购买后同事说该钻戒太小，于是其又自行添加33 000元更换了另一枚钻戒；张某为此提交了某公司出具的金额为98 000元的销售单为证。

汪某起诉至法院称：我与张某在2011年相识，后恋爱。2013年年初，我与张某意图结婚并为此做准备。因此，我在2013年2月22日、25日向张某汇款65 000元用于购买结婚戒指。此后，双方发生争执，张某在我汇款后很短时间内与他人相恋并准备在2013年8月与他人领取结婚证。我认为，我向张某汇款65 000元为附条件的赠与合同，该条件为汇款用于购买结婚戒指并适用于我与张某之间的结婚行为。现张某计划与他人结婚，我与张某已经没有可能继续原计划的结婚行为，关于65 000元的赠与合同的条件已经失效，张某继续占有该65 000元属于不当得利。现我起诉，要求张某返还赠与合同标的65 000元。

张某辩称：我不同意汪某的诉讼请求。汪某诉求的标的错误，其赠与标的是钻戒而不是现金。汪某汇款给我，只是为了挑选款式，且现金已经变成钻戒，故赠与标的不是现金而是钻戒。钻戒是在双方热恋期间汪某无偿赠与我的，该赠与

---

[1] 参见崔建远：《合同法》，法律出版社2016年版，第327页。

并非以结婚为目的，也没有任何附加条件。汪某在与我热恋期间提出分手，并消失得无影无踪，几个月后又突然出现向我讨要钻戒。钻戒是汪某无偿赠与我的，汪某反悔没有事实和法律依据，请求法院驳回汪某的诉讼请求。此外，我也没有与其他异性进行交往，所谓我即将结婚之说只是汪某为其反悔找的借口。

审理中，汪某称双方原定于2013年结婚，但未商定具体婚期；张某称双方原定于2013年5月结婚，并提供其向亲友发送的短信证据予以证明。汪某称其汇款是为了购买婚戒，现在购买婚戒用于双方结婚的目的已经落空，赠与行为的法律效力已经结束。汪某还称赠与标的为65 000元款项，而且该赠与是附有解除条件的，即如果双方没有结婚，那么赠与合同即应解除。张某称赠与标的为钻戒，且该赠与行为并未附有任何条件，故现不同意返还款项，也不同意返还钻戒。

法院观点

原审法院经审理后认为，汪某向张某进行了汇款，具体钻戒款式由张某挑选，故该钻戒在汇款发生之时尚未特定化，因此认定汪某赠与行为的标的为65 000元款项，而非钻戒。包括赠与合同在内，当事人对合同的效力均可以约定附条件。汪某主张双方赠与合同附有解除条件，其应当自行对该条件的存在举证证明；然而，汪某未能就该条件的存在提交任何证据，故其应当自行承担举证不能的不利后果。综上所述，法院认定双方之间的赠与合同并未附有解除条件，汪某的诉讼请求缺乏法律依据，不予支持。据此，原审法院于2013年10月判决：驳回汪某的全部诉讼请求。

判决后，汪某不服，仍持原诉理由上诉至二审法院，请求撤销原判，改判支持其原审诉讼请求。张某同意原判。

二审法院经审理后认为，根据双方当事人的诉讼主张和答辩意见，本案的争议焦点为汪某向张某汇款65 000元是无偿赠与行为还是附解除条件的赠与行为。赠与行为可以附条件。恋爱期间赠送财物可以婚约的解除作为所附条件。如果条件不成就，即婚约未解除，那么赠与行为继续有效，赠与财产归受赠人所有；如果条件成就，即婚约解除，则赠与行为失去法律效力，当事人之间的权利义务关系当然解除，赠与财产应返还给赠与人。本案中，汪某主张其向张某汇款65 000元为附条件的赠与合同，该条件即为双方结婚。张某主张钻戒是在双方热恋期间汪某无偿赠与的,该赠与并非以结婚为目的,也没有任何附加条件。法院认为,首先,65 000 元显然具有较大价值,已经超出了男女日常交往时礼尚往来的范围,属于大额赠送,通常情况下该类赠与具有明确的指向性和目的性。其次,由赠与物的性质来看,汇款的目的系为购买戒指,而根据日常生活经验,戒指具有特定意义,本身就蕴含着结婚目的,赠送戒指与结婚目的显然具有较强的关联性。最后,根据汇款发生当时双方谈婚论嫁的有关事实,可以认定购买该戒指的用途是为结婚,即使在汇款当时因碍于情面双方未明确说出以结婚为条件,但为结婚而赠送戒指确为汪某的真实意思表示,而张某对此显然是知情的。故综合全案,汪某的主张更具有合理性,本案赠与行为应视为是附有解除条件的赠与行为。现双方未能结婚,解除条件成就,赠与行为丧失法律效力,张某应当将所接受赠与财产返还给汪某。综上所述,原判有误,应予改判。依据《合同法》第 190 条〔1〕、第 192 条、第 194 条〔2〕,《民事诉讼法》第 170 条第 1 款第 2 项之规定,判决:(1)撤销原判;(2)张某于本判决生效之日起 30 日内返还给汪某 65 000 元。

法官点评

赠与合同是赠与人将自己的财产无偿给予受赠人,受赠人表示接受赠与的合同。关于赠与合同的分类,具有不同的分类方法。有观点认为,以赠与合同的成立、效力是否具有特殊情况为区分标准,赠与可分为一般赠与和特种赠与。一般赠与是指无偿赠与而不附任何条件或义务的赠与。特种赠与,是指在赠与合同的成立或效力方面附着条件、期限或负担等特殊情况的赠与,包括附义务赠与、附条件赠与、附期限赠与、死因赠与等类型。其中,附义务赠与,是指受赠人负有一定给付义务的赠与。附条件赠与,是指赠与物财产权的移转或赠与合同的终止取决于当事人双方约定的条件是否成就的赠与。二者的区别是,附条件限制了赠与合同效力,附停止条件场合是限制了赠与物财产权移转的履行效力,附解除条件场合是限制了赠与合同的存续期间;而附义务赠与并不限制赠

---

〔1〕 具体规定参见《民法典》第 661 条。

〔2〕 具体规定参见《民法典》第 665 条。

与合同的效力，仅仅是使受赠人负有负担。[1] 有观点认为，赠与分为附条件赠与和无条件赠与。附条件赠与，是指赠与人对赠与附加一定条件，在该条件成就或解除时赠与才生效的赠与合同。附条件赠与合同分为两种，一是仅附生效条件的赠与合同，二是对受赠人附有一定义务的赠与合同。无条件赠与合同，是指赠与人的赠与既不给受赠人提出任何负担义务的要求，也不对自己的赠与行为附带任何条件的赠与合同。[2] 上述两种分类方式在一般或无条件赠与方面并无不同，在附条件赠与与附义务赠与之分类上有所区分。

本书采纳第一种分类方式，认为附条件赠与与附义务赠与确实具有相同点：都基于当事人之约定；都与赠与合同无对价关系，不能突破赠与合同的无偿性。但还是存在显著差别：所附条件对赠与合同效力产生影响，而所附义务仅涉及赠与合同履行问题；所附条件分停止条件和解除条件，所附义务仅涉及受赠人之负担。作此区分的意义在于，在受赠人不履行赠与合同约定的义务时，赠与人享有法定撤销权，而对于附条件赠与的合同，赠与人只有在所附条件成就或解除时才享有解除权。

由于赠与合同是单务合同，赠与人无偿地将赠与物交付给受赠人，受赠人是纯获利益者，故为适度平衡双方利益，法律在一定条件下赋予赠与人撤销权。《民法典》第 658 条规定，赠与人在赠与财产的权利转移之前可以撤销赠与。此谓赠与的任意撤销。法定撤销，是指具备法定条件时，允许赠与人行使法定撤销权，撤销赠与合同的情形。《民法典》第 663 条规定，受赠人有下列情形之一的，赠与人可以撤销赠与：(1) 严重侵害赠与人或者赠与人的近亲属；(2) 对赠与人有扶养义务而不履行；(3) 不履行赠与合同约定的义务。由上述条文可知，在赠与目的不能实现时，赠与人是否享有撤销权，法律并没有作出明确规定。此时，可通过附条件民事行为的理论来解决这个问题。

附条件民事行为是指在民事行为中规定一定的条件，并且把该条件的成就或者不成就作为确定行为人的民事权利和民事义务发生法律效力，或者失去法律效力的根据的民事行为。[3] 解除条件，是指合同中所确定的民事权利和民事义务应当在所附条件成就时失去法律效力的条件，是决定合同的法律效力是否

---

〔1〕 参见崔建远：《合同法》（第 6 版），法律出版社 2016 年版，第 324 页。
〔2〕 参见杨立新：《合同法》，北京大学出版社 2013 年版，第 438 页。
〔3〕 参见魏振瀛主编：《民法》，北京大学出版社、高等教育出版社 2013 年版，第 158 页。

终止的条件。行为人进行交易时在合同中附上一种条件,约定当这种条件成就时,该项合同的效力即告终止,原来确定的合同权利和义务立即终止。所附的解除条件就使在合同已经发生效力的情况下,当约定的条件成就时,合同的效力即告终止,不再发生效力。[1] 赠与目的显然不能视为所附义务,但可以归入所附条件。能否构成所附条件,亦须作客观审查。

就本案而言,汪某要求返还65 000元的主张能否得到支持,须审查该钱款的法律性质为何,该钱款是无偿赠与还是附条件赠与?如果是附条件赠与,所附条件为何,如何审查判断附有条件,该条件是否成就?

1. 赠与行为可以附条件。恋爱期间赠送财物可以以婚约的解除作为所附条件。如果条件不成就,即婚约未解除,那么赠与行为继续有效,赠与财产归受赠人所有;如果条件成就,即婚约解除,则赠与行为失去法律效力,当事人之间的权利义务关系当然解除,赠与财产应返还给赠与人。

2. 本案中,汪某主张其向张某汇款65 000元为附条件的赠与合同,该条件即为双方结婚。张某主张钻戒是在双方热恋期间汪某无偿赠与的,该赠与并非以结婚为目的,也没有任何附加条件。双方各执一词。法院从三个方面对此问题予以论证:首先,65 000元显然具有较大价值,已经超出了男女日常交往时礼尚往来的范围,属于大额赠送,通常情况下该类赠与具有明确的指向性和目的性。其次,由赠与物的性质来看,汇款的目的系为购买戒指,而根据日常生活经验,戒指具有特定意义,本身就蕴含着结婚目的,赠送戒指与结婚目的显然具有较强的关联性。最后,根据汇款发生当时双方谈婚论嫁的有关事实,可以认定购买该戒指的用途是为结婚,即使在汇款当时因碍于情面双方未明确说出以结婚为条件,但为结婚而赠送戒指确为汪某的真实意思表示,而张某对此显然是知情的。由此最终得出本案赠与行为应视为附有解除条件的赠与行为的结论。

3. 在日常交往过程中,恋爱中的男女双方为增进感情会相互赠送小礼品、衣物等,这类赠送数额不大,一方是在明知自己没有赠与义务的情况下主动支付的,因而是无偿的赠与行为。大额赠送一般是指赠送贵重家电、首饰、汽车、房屋等物品,恋爱期间的大额赠送不单纯地以无偿转移财产为目的,该赠与具有明确的指向性和目的性,前期是建立恋爱关系,后期是为了缔结婚姻关系,这

---

[1] 参见杨立新:《合同法》,北京大学出版社2013年版,第142页。

种赠与已经超出了男女日常交往时礼尚往来的范围，属于典型的目的性赠与。一方接受了大额赠与，应视为其同时接受赠与行为所附之条件，并受该条件约束，而不能将赠与物与所附条件割裂开来，只接受赠与物，而不接受赠与所附的条件。如果一方赠与的目的落空，赠与行为丧失法律效力，接受大额赠与的一方对其取得的物品便失去了占有的合法依据。[1]

4. 本案中，首先，自赠与物的性质来看，根据日常生活经验，戒指具有特定意义，本身就蕴含着结婚目的，赠送戒指与结婚目的显然具有较强的关联性。其次，根据汇款发生当时双方商谈结婚事宜的有关事实，可以认定购买该戒指的目的是为结婚。最后，虽然汪某称其年收入 1 000 000 余元，张某称其年收入 200 000 余元，但 65 000 元仍然具有较大价值。综合全案，汪某的陈述具有合理性，应认定汪某在赠送财物时附带了结婚条件。附解除条件的民事行为，在所附条件成就以前，已经发生法律效力，当事人已经开始行使权利和承担义务，当条件成就时，权利和义务则失去法律效力。解除条件的作用，是使已经发生法律效力的民事权利义务关系失去法律效力。本案赠与行为应视为是附有解除条件的赠与行为。现双方未能结婚，解除条件成就，赠与行为丧失法律效力，张某应将所接受赠与财产返还给汪某。

裁判精要

对于婚前大额赠与，应当结合赠与当时的具体情形考察双方当事人的真实意思表示，判断是否属于附有解除条件的赠与。在赠与目的落空时，应当认定解除条件成就，赠与行为丧失法律效力，受赠人应当返还赠与财产。

《民法典》第 158 条规定："民事法律行为可以附条件，但是根据其性质不得附条件的除外。附生效条件的民事法律行为，自条件成就时生效。附解除条件的民事法律行为，自条件成就时失效。"《民法典》第 663 条规定："受赠人有下列情形之一的，赠与人可以撤销赠与：(一)严重侵害赠与人或者赠与人近亲属的合法权益；(二)对赠与人有扶养义务而不履行；(三)不履行赠与合同约定的义务。赠与人的撤销权，自知道或者应当知道撤销事由之日起一年内行使。"由此可知，《民法典》关于附条件民事法律行为与赠与合同法定撤销权的相关规定均无变化，就本案而言，

---

[1] 参见吴晓芳：《婚姻家庭纠纷审理热点、难点问答（六）》，载《民事法律文件解读》(第 6 辑)，人民法院出版社 2013 年，第 114 页。

在当事人的请求权基础、法院处理思路、法律路径的解析方面，均不因《民法典》的出台而受到影响。

五、夫妻约定共有房产归一方所有当事人不享有撤销赠与权

实务难题

在现实生活中夫妻之间赠与房产的现象比较普遍，哪种情形下依双方约定即发生效力，哪种情形下必须办理登记否则赠与方可以撤销赠与，是司法实践中的重点和难点问题。

我国《婚姻法》第 19 条第 1 款规定："夫妻可以约定婚姻关系存续期间所得的财产以及婚前财产归各自所有、共同所有或部分各自所有、部分共同所有。约定应当采用书面形式。没有约定或约定不明确的，适用本法第十七条、第十八条的规定。"即我国《婚姻法》规定了夫妻约定财产制的三种类型：各自所有、共同所有和部分各自所有、部分共同共有。夫妻对婚姻关系存续期间所得的财产以及婚前财产的约定，只要是双方的真实意思表示，不违反法律法规的强制性规定，亦不损害社会公共利益和第三人权益，即应认定为有效，对双方具有约束力。即使没有办理物权转移登记，亦不影响一方依据协议约定取得财产的所有权。

我国《民法典》规定的这三种夫妻财产约定制的模式，并不包括将一方所有财产约定为另一方所有的情形，也就是说不包含将一方所有的财产纯赠与另一方的情形。我国《婚姻法司法解释（三）》第 6 条规定："婚前或者婚姻关系存续期间，当事人约定将一方所有的房产赠与另一方，赠与方在赠与房产变更登记之前撤销赠与，另一方请求判令继续履行的，人民法院可以按照合同法第一百八十六条的规定处理。"由此可知，将一方所有的房产赠与另一方，以登记发生物权效力。办理物权转移登记的，房产的权属发生转移，尚未办理物权转移登记的，赠与方可依《合同法》的规定撤销赠与。

将双方婚后共同财产约定夫妻一方的个人财产属于"夫妻财产约定"，适用《民法典》第 1065 条的规定，无须物权变动即产生法律效力。夫妻之间将一方的个人财产约定为另一方的个人财产，就认定为"夫妻房产赠与"，适用相关规定，登记或公证之前一方具有任意撤销权。

疑难案例

2010年12月师某与陈某登记结婚。2012年9月育有一女。后双方因琐事产生矛盾,师某诉至法院要求与陈某离婚。双方要求分割的夫妻共同财产有北京市朝阳区某小区24号楼4层409号房屋(以下简称409号房屋)。双方于2010年12月签署购房合同,房屋价款2 300 000元,首付款1 500 000元,以双方公积金贷款800 000元。2011年1月,409号房屋登记为陈某与师某共同共有。截至2013年10月,双方认可房屋市值为3 000 000元,尚余贷款685 907.98元未清偿。庭审中,师某提交2012年10月21日双方签署的婚内协议书,内容如下:甲方陈某,乙方师某。(1)婚姻存续期间的财产约定:双方于2011年1月7日购买的409号房屋,该房屋包括婚姻关系存续期间所偿还的银行抵押贷款部分及装修投入归乙方个人所有,无论婚姻存续期间或离婚皆不作为双方的夫妻共同财产。(2)离婚时财产的处理:409号房屋归乙方所有,未偿还的银行抵押贷款归乙方偿还。陈某表示为了婚姻存续,不得已签署了婚内协议书,另外该协议系陈某就房产对师某进行的赠与行为,根据相关规定,在房产权属转移登记之前陈浩可以撤销赠与,该协议不能作为分割409号房屋的依据。

师某起诉至法院称:我与陈某于2010年12月6日结婚,婚后育有一女。双方草率结婚,婚后性格、价值观差异逐渐暴露,感情恶化,陈某对我实施家庭暴力。故诉至法院,请求判令:(1)离婚;(2)婚生女由我抚养,陈某每月支付抚养费8000元;(3)夫妻共同房产依据双方婚内协议归我所有,剩余贷款由我偿还。

陈某辩称:同意离婚,要求抚养女儿。依法分割夫妻共同财产,我要求取得共有房屋,按40%比例给付师某折价款。

法院观点

一审法院于2013年12月25日作出判决:(1)准予师某与陈某离婚;(2)婚生女由师某抚养,陈某于本判决生效之月起每月支付抚养费3000元至女儿年满18周岁为止;(3)409号房屋归师某所有,房屋剩余贷款由师某负责偿还;(4)驳回师某的其他诉讼请求;(5)驳回陈某的其他诉讼请求。一审判决后,师某与陈某均不服,提起上诉。二审法院于2014年5月20日作出判决:驳回上诉、维持原判。

法院生效裁判认为，双方婚后发生矛盾，不能沟通与谅解，夫妻感情破裂，本院准许离婚。关于子女抚养，从利于孩子成长出发，判归师某抚养，陈某负担必要的抚养费。409 号房屋由师某与陈某婚后共同出资购置，登记为共同共有。双方自愿签署婚内协议书，明确约定 409 号房屋归师某所有，陈某执笔填写相关内容，对于协议约定及执行后果应予知悉。双方基于家庭关系及婚姻情感作出处分共同财产的意思表示应予保护，该协议对双方具有法律约束力。陈某认为即使按婚内协议书约定 409 号房屋归师某所有，也应视为陈某对师某的房产赠与，在房产权属转移登记之前其可撤销赠与。二审法院认为，根据法律规定，婚前或者婚姻关系存续期间，当事人约定将一方所有的房产赠与另一方，赠与方在赠与房产变更登记之前可撤销赠与。而本案婚内协议书系双方对婚姻期间所得的夫妻共同财产进行的约定，而非一方将个人房产给予另一方的单纯赠与行为，双方签订协议之后房产所有权归师某所有，陈某不享有房产赠与撤销权。师某要求确认 409 号房屋归其所有，剩余贷款由其偿还符合法律规定，二审法院予以支持。

法官点评

本案双方争议的主要焦点在于，师某与陈某签订婚内协议书，约定共有房产归师某所有，在房产未过户之前，陈某能否撤销赠与。第一种意见认为，根据《婚姻法》第 19 条的规定，夫妻之间有关房产归属的约定，对双方具有法律约束力，无须经过物权变动手续。第二种意见认为，夫妻之间有关财产约定合法有效，但根据《婚姻法司法解释（三）》第 6 条的规定，一方将个人房产赠与另一方，在房产转移登记之前，一方可依当时的《合同法》的规定撤销赠与。

（一）《民法典》“夫妻财产约定”无须经过物权变动手续

我国《民法典》第 1065 条第 1 款规定：“男女双方可以约定婚姻关系存续期间所得的财产以及婚前财产归各自所有，共同所有，部分各自所有、部分共同所有。约定应当采用书面形式。没有约定或约定不明确的，适用本法第一千零六十二条、第一千零六十三条的规定。”由上述规定可知，我国《民法典》规定了夫妻约定财产制的三种类型:各自所有,共同所有,部分各自所有、部分共同共有。各自所有,是指夫妻双方婚前财产及婚后所得财产全部归各自所有,并且各自行使占有、使用、收益和处分权。共同所有,是指夫妻双方婚前和婚姻关系存续期间的全部财产均归夫妻双方共同所有。部分各自所有、部分共同共有,是指夫妻双方协商确定一定范围的财产归夫妻双方共有,共有范围外的财产归夫妻各自所有。

此处需要特别注意,我国《民法典》规定的这三种夫妻财产约定制的模式,并不包括将一方所有财产约定为另一方所有的情形,也就是说不包含将一方所有的财产纯赠与另一方的情形。《民法典》出于夫妻利益的权衡,没有规定这种纯赠与的情形,理由是一方将个人的财产赠与给另一方,那么赠与方将处于一种危险状态。

夫妻对婚姻关系存续期间所得的财产以及婚前财产的约定,只要是双方的真实意思表示,不违反法律法规的强制性规定,亦不损害社会公共利益和第三人权益,即应认定为有效,对双方具有约束力。即使没有办理物权转移登记,亦不影响一方依据协议约定取得财产的所有权。

(二)"夫妻房产赠与",在物权转移之前可撤销

我国《最高人民法院关于适用〈中华人民共和国民法典〉婚姻家庭编的解释(一)》第32条规定:"婚前或者婚姻关系存续期间,当事人约定将一方所有的房产赠与另一方或者共有,赠与方在赠与房产变更登记之前撤销赠与,另一方请求判令继续履行的,人民法院可以按照民法典第六百五十八条的规定处理。"我国《民法典》第658条规定:"赠与人在赠与财产的权利转移之前可以撤销赠与。经过公证的赠与合同或者依法不得撤销的具有救灾、扶贫、助残等公益、道德义务性质的赠与合同,不适用前款规定。"由此可知,将一方所有的房产赠与另一方,以登记发生物权效力。办理物权转移登记的,房产的权属发生转移,尚未办理物权转移登记的,赠与方可依《民法典》合同编的规定撤销赠与。

赠与,是指赠与人将自己的财产无偿给予受赠人,受赠人表示接受的一种行为,该行为的实质是财产所有权的转移。将一方所有的房产约定为另一方所有,也就是夫妻之间的房产赠与行为,虽然双方达成了有效的赠与房产的协议,但因未办理房屋变更登记手续,依照《民法典》物权编的规定,房屋所有权尚未

转移，而依照《民法典》合同编的规定，赠与房产的一方可以撤销赠与。现实中这种问题比较普遍，夫妻约定将一方个人所有的房产赠与另一方，但没有办理房产过户手续，后双方感情破裂起诉离婚，赠与房产的一方反悔主张撤销赠与，另一方主张继续履行赠与合同。对于这一问题，即应受《最高人民法院关于适用〈中华人民共和国民法典〉婚姻家庭编的解释（一）》第32条的约束，在房产办理过户手续之前赠与方可撤销赠与，受赠方无法依据双方签订的协议获得房屋的所有权。

（三）"夫妻财产约定"与"夫妻房产赠与"在审判实践中的应用

《民法典》第1065条规定的夫妻财产约定制的三种模式不包含《最高人民法院关于适用〈中华人民共和国民法典〉婚姻家庭编的解释（一）》第32条中的房产纯赠与的情形。所以对《最高人民法院关于适用〈中华人民共和国民法典〉婚姻家庭编的解释（一）》第32条中的夫妻房产赠与，应作狭义解释，即只针对"一方将个人所有的房产赠与另一方单独所有"。在实践中，将双方婚后共同财产约定为夫妻一方的个人财产属于"夫妻财产约定"，适用《民法典》相关规定，无须物权变动即产生法律效力。夫妻之间将一方的个人房产约定为另一方的个人房产，就认定为"夫妻房产赠与"，适用《最高人民法院关于适用〈中华人民共和国民法典〉婚姻家庭编的解释（一）》第32条的规定，过户或公证之前一方具有任意撤销权。

本案中，409号房屋并非陈某一方的个人财产，而是属于师某与陈某的夫妻共同财产。双方签订的婚内协议书属于"夫妻财产约定"，而非"夫妻房产赠与"，陈某不享有《最高人民法院关于适用〈中华人民共和国民法典〉婚姻家庭编的解释（一）》第32条规定的撤销赠与权。本案应适用《民法典》相关规定，尽管双方没有办理房产过户变更手续，但并不影响师某依据婚内协议书约定取得409号房屋的所有权。

裁判精要

严格来说，"夫妻财产约定"与"夫妻房产赠与"有密切的关联性。赠与本身就是一种约定，而夫妻财产约定中往往又夹杂着赠与因素。例如，夫妻可以将一方婚前个人财产约定为共同所有，也可以将一方婚前财产约定为另一方所有。《民法典》规定的“夫妻财产约定”，一方不享有撤销权，双方达成合意即发生法律效力。《最高人民法院关于适用〈中华人民共和国民法典〉婚姻家庭编的解释（一）》规定的“夫妻房产赠与”，登记或公证之前一方具有任意撤销权。

《民法典》中关于撤销赠与的定义和概念均延续了之前《合同法》、《婚姻法》及相关司法解释的规定，故《民法典》的实施对本案的上述分析论断并无影响。

六、离婚协议中约定的财产给付行为不应认定为赠与行为

实务难题

相比程序复杂的诉讼离婚，协议离婚更简便快捷，更多夫妻选择采用协议离婚的方式来解除婚姻关系。但实践中经常遇到的问题是，夫妻双方在离婚协议中约定将共有财产或一方的财产归对方或子女所有，而离婚后，在财产权利尚未转移之前，一方反悔并诉至法院，要求行使任意撤销权撤销赠与。

对于协议离婚中财产分割协议的性质和效力我国现行《民法典》中并无明确规定，不过目前已出台的司法解释中对这一问题倒是有所规定。《婚姻法司法解释（二）》第8条[1]第1款规定：“离婚协议中关于财产分割的条款或者当事人因离婚就财产分割达成的协议，对男女双方具有法律约束力。”这条解释阐释了财产分割协议的两种存在形式：其一，将解除夫妻关系、财产如何分割、子女抚养权归属等事项集中于一个协议中，此时财产分割仅仅是作为离婚协议的一个或几个条款而存在；其二，因离婚就财产分割达成一个协议，此时财产分割问题是作为一个独立的协议而存在的。[2]

笔者认为，应该将离婚协议认定为包含数个法律行为的复合协议，有解除夫妻身份关系的行为，也有对夫妻共同财产进行分割的行为，还有划分子女抚养权归属的行为。其中解除婚姻关系是要式法律行为，法律规定必须经过婚姻登记机关的确认登记才能产生效力。而财产分割协议是不要式法律行为，在双方达成合意并

〔1〕 具体规定参见《最高人民法院关于适用〈中华人民共和国民法典〉婚姻家庭编的解释（一）》第69条。

〔2〕 参见谭语：《浅析协议离婚中财产分割协议的性质和效力》，载《法制博览》2014年第5期。

在协议上签字生效，对双方具有约束力。但是，由于这个财产分割协议是在夫妻之间进行的，是对夫妻共同财产进行处分，协议主体和处分内容均具有特殊性，所以当事人双方同时又享有对该协议理解的可变更、可撤销的协议权，该协议会因当事人双方的合意而改变也可因无法登记离婚转而诉讼离婚，通过法院的确认其无效而撤销。总之，离婚协议中关于财产分割的约定不能视为《民法典》中的赠与行为，给付财产一方不享有任意撤销权。

疑难案例

王某与程某原系夫妻关系。双方因感情不和，于2013年12月10日在北京市朝阳区民政局办理协议离婚。同日双方签订离婚协议，该协议第3条约定，夫妻双方共有的位于北京市朝阳区某小区房屋登记在双方名下，系双方共同财产。双方约定，离婚后，将该套房屋变卖，其变卖后的房款双方各执50%，房屋变卖事宜及一切费用由男方办理，变卖后的约定房款于2013年12月31日前存入女方指定账户（因此房产未取得上市资格，故无法变卖。现双方协商男方一次性给付女方900 000元，于2013年12月31日前存入女方指定账户）。

离婚协议签订以后，程某未履行该项约定。王某起诉至原审法院要求程某立即给付900 000元并从2014年1月1日起至实际给付之日按银行同期贷款利率支付利息。

程某在原审法院辩称：协议中第3条确实约定由我一次性给付王某900 000元。但签订该协议，我是为了能探视孩子作为给付条件的。现在我认为给付王某900 000元的前提是出售我名下的位于北京市朝阳区某小区房屋，该房屋系婚前财产，不应在离婚协议中处分。

法院观点

一审法院经审理后认为，王某与程某签订的离婚协议，实质上为赠与合同。赠与合同是赠与人将自己的财产无偿给受赠人，受赠人表示接受赠与的合同。该赠与合同签订后，程某履行了部分义务。现程某作为赠与人，未向法院提供证据，亦无法证明自身经济状况显著恶化，严重影响其生活，故赠与人应继续履行赠与义务。故王某要求程某继续履行补偿协议的诉讼请求，法院予以支持。

关于程某提出的抗辩理由，探视权并非给付现金的前提条件，房屋如何处分亦非给付现金的必要条件，故法院对其抗辩理由不予采信。据此，法院支持了王某的诉讼请求。

一审法院判决后，程某不服，提起上诉，请求撤销一审法院判决，改判驳回王某全部诉讼请求。王某同意原判。

二审法院经审理认为，本案是王某提起的离婚后财产纠纷，属于双方当事人在协议离婚时已经达成财产分割协议，离婚后因程某不履行财产分割协议而发生的纠纷。本案本应适用《婚姻法司法解释（二）》第 8 条为请求权基础和裁判依据，即对案件中协议离婚之财产分割，不宜认定为赠与，而应直接适用《婚姻法司法解释（二）》第 8 条，原审法院以赠与为判决理由，虽结果正确但立论基础不当，应予以纠正。据此，二审法院依法驳回上诉，维持原判。

法官点评

虽然本案一审和二审的判决结果是一致的，但是立论基础和判决依据却有不同，笔者赞同二审法院的裁判观点。本案的焦点问题在于离婚协议中的财产给付行为能否认定为赠与，该问题在学术界也确实存在一些探讨，那么，司法实践中应如何操作？本案的说理思路如下：首先，论证离婚协议中的财产给付行为应区别于《民法典》合同编中的赠与行为；其次，以退为进，即便勉强认定为赠与也应属负道德义务的赠与，不得随意撤销。这样一来，就在充分的说理基础上，使该问题在法律框架下得到了圆满的解决。

（一）离婚协议中的财产给付行为区别于《民法典》合同编中的赠与行为

我国《民法典》合同编规定了赠与合同，赠与可以附条件但必须是无偿的，赠与人作出赠与表示，受赠人接受赠与。为便于比较，我们姑且把离婚协议中的财产给付行为也称为“赠与”，然而离婚协议中的“赠与”与赠与合同并不完全一致。首先，离婚协议必须离婚才能生效，当事人若未离婚则协议就未生效；赠与合同在受赠人接受赠与时即成立生效，除非赠与附条件。夫妻在婚前和婚后均可签订赠与合同，但离婚协议中的“赠与”应有所不同。其次，赠与合同是赠与人无偿赠与，受赠人无须支付任何对价，即使在附条件赠与的情形下，所附条件也与赠与给付不构成对价关系;而离婚协议中的"赠与"不能说纯粹无偿,离婚是身份行为不能构成财产法上的对价,但获得"赠与"的一方可能在离婚时作出让步,放弃部分共同财产,或在婚姻生活、子女抚养方面承担主要责任,或离婚后承担债务或子女抚养义务等,这种"代价"与赠与的财产在价值上是差不多的。[1] 再次,在离婚时一方"赠与"另一方的情形,"受赠人"并不像普通的合同受赠人那样消极地等待接受赠与,夫妻双方是在共同协商的基础上确定离婚协议的"赠与"条款的。[2] 最后,赠与合同在受赠人接受赠与时才生效,而在离婚协议中的"赠与"情形,离婚协议因登记或判决离婚生效,其间,"受赠人"并未接受赠与,但离婚协议已经生效。因此,离婚协议"赠与"与赠与合同虽有相似之处,但并不完全一致,离婚协议中的相关约定并非赠与合同中的赠与行为。

那么,离婚协议中的财产给付行为究竟有着怎样的特殊性?下面笔者从离婚协议的性质以及离婚协议中财产分割条款与整个离婚协议的关系两个角度予以回答。

首先,离婚协议的内容通常具有复合性,是数个法律行为的混合。法律行为以意思表示为要素,对法律行为个数的判断应该以其想达到的效果意思为基准。我国《婚姻登记条例》第 11 条第 3 款对离婚协议应该具备包含的内容作出了明确规定:"离婚协议书应当载明双方当事人自愿离婚的意思表示以及对子女抚养、财产及债务处理等事项协商一致的意见。"由此可见,离婚协议中包含的效果意思有解除夫妻身份关系、分割夫妻共同财产、解决子女抚养权归属等,这些效果意思分别会产生不同的法律后果。而且,从《婚姻法司法解释(二)》第 9 条[3]的规定中可以看出法律对于离婚协议中的身份关系和财产关系是予以区别对待的,即离婚协议经过登记后夫妻身份关系部分即时生效不会再发生变动,而财产部分则可能因为种种原因而被撤销或被认定为无效。[4] 据此,笔者认为离婚协议是数个行为的混合的观点是正确且合理的。

其次,离婚协议中的数个行为均为身份法律行为,它们在效力上具有关联性。身份法律行为,是指以身份以及因身份引起的人身关系和财产关系的产生、

---

[1] 参见陈莹莹:《离婚协议的效力探析》,载《华人时刊》(下旬刊)2014 年第 3 期。

[2] 参见罗磊:《协议离婚财产分割不可随意反悔》,载《江苏法制报》2013 年 4 月 11 日,第 00C 版。

[3] 具体规定参见《最高人民法院关于适用〈中华人民共和国民法典〉婚姻家庭编的解释(一)》第 70 条。

[4] 参见谭语:《浅析协议离婚中财产分割协议的性质和效力》,载《法制博览》2014 年第 5 期。

变更和消灭为目的的法律行为，包括形成行为和附随行为两类。所谓形成行为，是指直接以一定亲属身份的发生、变更或消灭为目的的法律行为，如结婚、离婚、收养等行为。所谓附随行为，是指以形成行为为前提，附随此等行为而为的法律行为，如有关夫妻财产制的约定、离婚时有关子女抚养和财产分割的协议等。本案中，离婚协议中既有形成行为，即解除夫妻关系的协议，也有附随行为，即关于子女抚养和财产分割的协议。在法律适用方面，身份法律行为应当适用民事法律行为的一般理论，如主体适格、意思表示真实、内容合法、形式合法等有效条件，但不能认为其中的附随行为可以当然地适用《民法典》的规定。离婚时的财产分割协议虽然以财产关系为内容，但其在效力上具有特殊性，即附随于形成行为而发生效力，附随行为即使符合了民事法律行为的一般生效要件，但如果“离婚”这一形成行为不生效，财产分割协议也不能生效。[1] 从这一效力规则来看，形成行为和附随行为的效力关系与主、从法律行为的效力关系非常类似。

最后，离婚协议中财产分割条款具有附属性。离婚协议中对财产问题的处理往往依附于人身属性，协议中的财产问题和人身属性不可割裂、互相依赖，在民政部门登记离婚时达成的具有财产分割内容的离婚协议与解除婚姻关系密不可分，当事人通常是在综合考虑各种因素的前提下才同意协议离婚的。男女双方基于离婚事由对财产的处分，可视为一种附着于形成行为的附随行为，是“一揽子”解决方案中的一部分。[2] 该行为与一般的民事权益处分有很大的不同，系在双方婚姻关系已经解除的前提下，或者基于夫妻双方曾经共同度过美好时光或者基于夫妻、父母子女关系具有很强的伦理性或者基于负疚心理对对方给予补偿或者基于对未成年子女补偿照顾等复杂的心理而作出的。本案中，程某作为完全民事行为能力人，对自己签署离婚协议的行为应该有一个客观的判断。该协议是双方发自内心的真实意愿，也反映了夫妻双方对财产处分的合意。在该协议经婚姻登记机关确认并备案，不存在欺诈、胁迫等情形下，对男女双方具有法律拘束力，程某应依约诚信履行该协议。

---

〔1〕 参见李洪祥：《离婚财产分割协议的类型、性质及效力》，载《当代法学》2010年第4期。
〔2〕 参见何瑶：《离婚协议效力问题研究》，华东政法大学2015年硕士学位论文。

(二)离婚协议中的财产给付行为不得随意撤销

《合同法》第2条[1]第2款明确规定:“婚姻、收养、监护等有关身份关系的协议,适用其他法律的规定。”婚姻、收养、监护等协议的约定内容直接牵涉到身份关系的变动,而身份关系的变动对当事人的影响甚大,法律应更加慎重处理,而不能像对待财产关系的变动一样给予当事人更大的处分自由。因此,《合同法》第2条第2款排除的身份合同仅指没有财产内容的身份合同,夫妻关于财产问题的约定以财产关系为内容,属于《民法典》合同编的调整范围,但是应当优先适用《民法典》婚姻家庭编等有关法律,这些法律没有规定时才适用《民法典》合同编和《民法典》总则编。

首先,离婚协议中的“赠与”条款是对财产进行分割的一种方式,具有法律效力,不能任意撤销。其理由是根据相关规定,这种法律约束力表现为双方当事人不得擅自变更或解除合同。法院仅在发现订立财产分割协议时存在欺诈、胁迫等情形才可将有关财产分割的条款撤销。因此,离婚协议中有关“赠与”对方或者子女财产的内容是夫妻对其财产协商处分的约定,具有法律效力,不能任意撤销。《婚姻法司法解释(二)》第8条的规定排除了适用《民法典》第658条的可能性。《民法典》第658条的特色在于撤销权的任意性,即不需要任何理由,具有随意性,而《婚姻法司法解释(二)》第8条强调了离婚协议中财产分割条款的法律约束力,不可擅自变更或解除。冲突所在点,即以离婚协议中“赠与”条款的法律约束力对抗任意撤销权的任意性,根据特别法优于一般法的规定,应当优先适用相关司法解释的规定。

其次,离婚协议中的“赠与”条款与整个离婚协议是一个整体,不能单独撤销。因为离婚协议主要是为了解除双方的婚姻关系,有关财产分割、子女抚育等条款均是为了解除双方身份关系而设。因此,男女双方基于离婚事由处分夫妻共同财产的行为,可认定是一种有目的的“赠与”行为。该种赠与行为不完全等同于《民法典》合同编中的赠与合同,离婚协议中的“赠与”是对共有财产的分割,具有明显的目的指向性,如果单独予以撤销,那么整个离婚协议就不完整,以协议离婚方式解决离婚纠纷的目的就会落空。

---

[1] 具体规定参见《民法典》第464条。

再次，离婚协议中的财产“赠与”协议虽然在形式上表现为“赠与”，但其与一般的赠与行为有着本质的区别。一般的赠与行为仅仅是一种单纯的财产处分关系，应适用《民法典》合同编的规定，在符合法定条件时可以行使任意撤销权。离婚协议中的“赠与”协议是双方当事人分割共同财产的一种方式，只有在符合《婚姻法》及相关法律的规定的条件下，才可以行使撤销权。[1]《婚姻法司法解释（二）》第9条规定：“男女双方协议离婚后一年内就财产分割问题反悔，请求变更或者撤销财产分割协议的，人民法院应当受理。人民法院审理后，未发现订立财产分割协议时存在欺诈、胁迫等情形的，应当依法驳回当事人的诉讼请求。”由此可见，该司法解释把离婚后一方因财产分割反悔而提起诉讼的期间限定在离婚后1年之内，足见对此种情形的严格限制，更遑论赋予其像《民法典》合同编中的赠与人享有的单方任意撤销权。本案中，程某并无证据证明订立协议时存在欺诈、胁迫等可以撤销合同的情形。因此，程某要求撤销财产分割协议于法无据，应当予以驳回。

最后，退一步讲，即使将财产分割协议认定为赠与，该情形也不是普通的赠与，而是具有道德义务性质的赠与。结婚、离婚都是个人和家庭中的重大事项，男女双方在此中交织着人身、感情和财产等多重因素，不能等同于普通的纯赠与关系，以普通的赠与合同的视角看待离婚中的以经济帮扶或支持为表现形式的财产分割，就过于市场化而背离了婚姻的伦理性。鉴于离婚协议主要是为解除双方婚姻关系的目的而设，其所涉及的财产分割、子女抚养条款等均系出于解除双方身份关系的动机，因此，夫妻或夫妻一方基于离婚事由将夫妻共有财产或夫妻一方的婚前个人财产“赠与”对方、子女的行为，可认定是一种目的赠与行为，具有一定的道德义务性质，属于一项诺成性的约定，无法定情形不得撤销。[2]

裁判精要

离婚协议中约定的财产给付行为区别于合同中的赠与行为，给付财产一方不享有任意撤销权，即便将其定性为合同法中的赠与，也不同于一般的赠与，应认定为负道德义务的赠与。总之，无论何种论证思路，离婚协议中约定的财产给付行为

---

〔1〕 参见王翠、魏霞：《离婚协议中财产协议反悔的处理》，载《人民法院报》2009年第5期。
〔2〕 参见李静：《离婚协议中的赠与能否撤销》，载《人民司法》2010年第22期。

无法定情形都不能任意撤销。

关于赠与合同的任意撤销权行使问题,《民法典》与此前《合同法》的相关规定是一致的,《民法典》第 658 条规定,赠与人在赠与财产的权利转移之前可以撤销赠与。经过公证的赠与合同或者依法不得撤销的具有救灾、扶贫、助残等公益、道德义务性质的赠与合同,不适用前款规定。关于离婚协议中约定的财产给付行为能否行使任意撤销权问题,《民法典》与此前《婚姻法》相同,均未对此进行明确规定,仅对夫妻双方离婚应对财产处理协商一致进行了规定,《民法典》第 1076 条规定,夫妻双方自愿离婚的,应当签订书面离婚协议,并亲自到婚姻登记机关申请离婚登记。离婚协议应当载明双方自愿离婚的意思表示和对子女抚养、财产以及债务处理等事项协商一致的意见。第 1078 条规定,婚姻登记机关查明双方确实是自愿离婚,并已经对子女抚养、财产以及债务处理等事项协商一致的,予以登记,发给离婚证。故就本案而言,在当事人的请求权基础、法院处理思路、法律路径的解析方面,均不因《民法典》的实施而受到影响,适用要点在《民法典》实施之后并无不同。

七、再婚后与前妻签署离婚变更协议的效力认定应审查是否侵害现任妻子的财产权益

实务难题

夫妻双方协议离婚,经民政部门登记备案的离婚协议中关于不动产分割的条款的效力如何认定,不经不动产变更登记能否发生物权变动的效力?

一方婚前个人财产与婚后夫妻共同财产常出现混同状态,最为常见的是,一方婚前以个人名义买房,婚后以夫妻共同财产还贷。在夫妻双方不解除婚姻关系的情况下,如何对一方婚前个人财产予以保护,一方对于属于其婚前个人财产的部分是否有处分权?

疑难案例

万某与牛某原系夫妻关系,二人于 2008 年 1 月 30 日登记结婚。2012 年 1 月 17 日,牛某与万某协议离婚,双方签署自愿离婚协议书,就共同房产分割作出如下约定:夫妻婚后购有 601 号房屋一套,约值人民币 3 000 000 元,尚剩余

贷款700 000元。601号房屋于2010年5月17日取得房屋所有权,登记为万某与牛某共同共有。离婚后该套房产所有权归男方所有。男方应在离婚手续办完后一个月之内给付女方1 150 000元补偿房屋差价。另男方应在离婚手续办理完后当年8月31日前将房产剩余贷款全部还清。女方须在当年10月30日前将自己所持有部分此套房屋产权过户给男方。万某与牛某均认可牛某已经支付房款折价款1 150 000元。

2012年4月13日,牛某与王某登记结婚。2012年5月,牛某和王某将房产贷款清偿完毕。

2012年8月17日,牛某与万某签署离婚变更协议,包含如下内容:(1)原协议中规定“男方应在离婚手续办理完后一个月内支付给女方1 150 000元补偿房屋差价(已付清)”,除原协议规定的1 150 000元外,男方还须在2013年12月31日前另外再向女方支付1 150 000元作为房屋补偿。男方在付清全部房款2 300 000元之前,女方仍拥有房屋的共同所有权。未经女方同意,男方不得私自将房产出租、抵押、售卖、转赠;男方对房屋所进行的出租、抵押等行为承担全部责任风险。(2)租金补偿:男方在付清全部房款2 300 000元之前,自离婚之日起(以离婚证书为标志)每月向女方支付人民币4000元整作为房屋补贴。每个新自然年按上年度110%支付。牛某于2012年8月13日支付万某房屋补贴50 000元,于2013年5月29日支付万某房屋补贴50 000元。

关于离婚变更协议签署的背景及缘由,万某表示离婚前双方起草了多份离婚协议,本来协商将601号房屋给万某。后于2012年1月13日起草离婚协议将601号房屋给牛某,牛某给付房屋补偿款2 300 000元,其他约定与最终签署的离婚协议一致。离婚时,牛某父母采取各种方式威逼利诱,牛某表示看在父母份上协议中只写1 150 000元,剩余的1 150 000元另行支付。离婚后,万某发现牛某有欺瞒情况,得知双方婚姻关系存续期间王某就已经怀孕,对牛某失去了信任,故双方签署离婚变更协议就此事项约定并公证。牛某则表示离婚后万某于2012年6月到其与王某的家里吵架,纠缠离婚的事情,摔打东西,严重影响到家庭生活。后牛某与万某几次协商,最终落实签署了离婚变更协议。

王某以牛某和万某为被告起诉至法院,以万某与牛某恶意串通及离婚变更协议侵犯其与牛某夫妻共同财产权益为由,要求:(1)确认牛某与万某于2012年8月17日签署的离婚变更协议无效;(2)万某返还租金补偿款100 000元及利息(以50 000元为本金按中国人民银行同期贷款利率为标准计算自2012年

8月13日至实际还款之日；以50 000元为本金按中国人民银行同期贷款利率为标准计算自2013年5月29日至实际还款之日）。

法院观点

一审法院经审理后认为，从关联证据可知王某和牛某因离婚事宜出现诸多纠纷和矛盾，且双方就离婚变更协议的签署经过了较长时间的交涉以及协商，就双方身份关系及签署协议背景而言，万某与牛某不具备恶意串通的感情基础和事实条件。从离婚变更协议名称定义及文本表述可知，此系针对万某与牛某离婚协议进行调整变更，其中涉及的存款分配、房产分割及租金补偿款给付均属于万某与牛某就夫妻共同财产进行的处理，且万某获得的折价款并未超过601号房屋价值。基于601号房屋共同共有权属而发生于万某与牛某之间作出的分配，并不涉及王某与牛某的夫妻共同财产，未侵害到王某的利益。法院依法判决驳回王某的诉讼请求。

王某不服，向二审法院提起上诉，请求撤销原判，将本案发回重审或依法改判。除一审诉讼主张外，王某上诉理由还包括以下几点：(1)万某与牛某签署自愿离婚协议时，601号房屋尚有700 000余元贷款，该贷款实际由王某与牛某婚后共同偿还，一审法院对此情况未予考虑；(2)王某与牛某没有财产约定制，一审法院没有认定牛某与王某婚姻关系存续期间取得的财产是共同财产。

二审法院经审理认为，万某与牛某签署的离婚变更协议系双方真实意思表示。601号房屋除700 000元银行贷款所对应的价值外，剩余价值为牛某婚前个人财产。离婚变更协议所涉房屋补偿差价和房屋补贴总额没有超出牛某婚前个人财产价值，牛某有权处分。二审法院判决驳回上诉，维持原判。

法官点评

本案一审、二审虽均驳回了王某的诉讼请求，但理论基础并不完全一致，主要体现在如下两个方面。

（一）当事人因离婚就不动产分割达成的协议能否不经不动产变更登记即发生效力

《民法典》中，对于夫妻财产约定的规定，沿袭了《婚姻法》的规定，其第1065条规定的内容与《婚姻法》第19条的内容实质一致，故关于夫妻财产约定的适用要点与《民法典》实施前并无不同。《婚姻法司法解释（二）》第8条第1款规定："离婚协议中关于财产分割的条款或者当事人因离婚就财产分割达成的协议，对男女双方具有法律约束力。"该条中"当事人因离婚就财产分割达成的协议"应为经民政部门登记备案的离婚协议中的财产分割条款。夫妻双方对于不动产权属的约定，在不涉及第三人利益的情形下，不经变更不动产登记能否发生效力。对此，我们持肯定态度，理由如下。

1.《民法典》物权编对夫妻之间关于财产分割的约定应保持谦抑性

《民法典》物权编作为调整平等主体之间因物之归属和利用而产生的财产关系的基础性法律，重点关注主体对物的关系，其立法宗旨旨在保护交易安全以促进资源的有效利用。而《民法典》婚姻家庭编，旨在调整规制夫妻之间的人身关系和财产关系，其中财产关系依附于人身关系而产生，仅限于异性之间或家庭成员之间因身份而产生的权利义务关系，不体现直接的经济目的，而是凸显亲属共同生活和家庭职能的要求。婚姻家庭的团体性特点决定《婚姻法》不可能完全以个人为本位，必须考虑夫妻共同体、家庭共同体的利益，与《物权法》突出个人本位主义有所不同。在调整夫妻财产关系领域，《物权法》应当保持谦抑性，对《婚姻法》的适用空间和规制功能予以尊重，尤其是夫妻之间关于财产分割的约定不宜由《物权法》过度调整，应当由《婚姻法》规范评价。

2.《民法典》物权编中的不动产登记公示原则在夫妻财产领域中不具有强制适用效力

《民法典》中对于物权登记的效力延续了之前《物权法》的规定，其第209条规定的内容与《物权法》第9条规定的内容完全一致。以登记作为不动产物权变动的法定公示要件，赋予登记公信力，旨在明晰物权归属，保护交易安全和交易秩序，提高交易效率。但在实践中，由于法律的例外规定、错误的登记、法律行为的效力变动、当事人的真实意思保留以及对交易习惯的遵从等原因，存在大量欠缺登记外观形式的，但依法、依情、依理应当给予法律保护的事实物权。

《民法典》第229条至第231条对于非基于法律行为所引起的物权变动亦进行了例示性规定,列举了无须公示即可直接发生物权变动的情形。当然,这种例示性规定并未穷尽非因法律行为而发生物权变动的所有情形,《民法典》婚姻家庭编及仍然沿用的司法解释规定的相关情形亦应包括在内。经民政部门登记备案的离婚协议,系夫妻双方通过书面形式,在平等、自愿、意思表示真实的前提下对婚后共有财产归属作出的明确约定。此种约定充分体现了夫妻真实意愿,系意思自治的结果,应当受到法律尊重和保护,故就法理而言,亦应纳入非依法律行为即可发生物权变动效力的范畴。且离婚作为客观事实,已经具备了公示特征。因此,当夫妻婚后共同取得的不动产物权归属发生争议时,应当根据不动产物权变动的原因行为是否有效、有无涉及第三人利益等因素进行综合判断,不宜以产权登记作为确认不动产权属的唯一依据,只要有充分证据足以确定该不动产的权属状况,且不涉及第三人利益,就应当尊重夫妻之间的真实意思表示,按照双方达成的婚内财产分割协议履行,优先保护事实物权人。

3. 万某与牛某自愿离婚协议书中就601号房屋权属达成的协议具有物权变动的效力

万某与牛某于自愿离婚协议书中约定601号房屋归牛某所有,在不涉及第三人利益的情形下,601号房屋虽仍登记在万某与牛某名下,但牛某获得了601号房屋事实上的全部所有权,依照自愿离婚协议书,万某不再是601号房屋的所有权人,仅对牛某享有债权。至于万某与牛某后续签署的离婚变更协议不应视为对夫妻共同财产的处分,而是牛某单方对其财产(并非一定为601号房屋)的处分。

(二)婚姻关系存续期间一方婚前个人财产与夫妻共同财产混同状态下如何保护一方婚前个人财产

当代社会房产有别于其他财产,通常在家庭财富中占比非常高,故而其在婚姻财产关系中具有特殊地位。实践中虽出现了夫妻一方婚前个人财产和夫妻共同财产的混同,但既不应因此妨碍对夫妻一方婚前个人财产的保护,也不应因此妨碍对夫妻共同财产的保护,从该条司法解释规定的法律后果来看,采取的亦是这一原则。

万某与牛某签署的离婚变更协议没有侵犯牛某与王某的夫妻共同财产。

1. 601 号房屋除 700 000 元银行贷款所对应的价值外,剩余价值为牛某婚前个人财产。万某与牛某于民政部门备案的自愿离婚协议书约定 601 号房屋归牛某所有,牛某给予万某 1 150 000 元房屋补偿差价。万某与牛某办理离婚登记手续后,牛某与王某办理再婚登记手续前,601 号房屋属牛某个人财产,601 号房屋剩余银行贷款属牛某个人债务。牛某与王某再婚后,双方用夫妻共同财产偿还了 601 号房屋剩余贷款 700 000 元。

根据相关规定,王某与牛某再婚登记之时,不存在任何夫妻共同财产,双方婚前个人财产也不因婚姻关系的存续而转化为夫妻共同财产。因王某和牛某没有依据法律的规定对包括 601 号房屋在内的婚前个人财产或婚后共同财产作出书面约定,故仍适用法定财产制判定夫妻财产归属。虽然 601 号房产在王某与牛某婚姻关系解除前,既不宜认定为牛某婚前个人财产,也不宜认定为王某与牛某夫妻共同财产,但对 601 号房屋仍然可从价值层面予以分割,该房产除 700 000 元贷款所对应的价值属牛某与王某夫妻共同财产外,剩余价值应属于牛某婚前个人财产。

2. 离婚变更协议所涉房屋补偿差价和房屋补贴总额没有超出牛某婚前个人财产价值。牛某与万某签署的离婚变更协议所涉及的房屋补偿差价和房屋补贴总额并未超出 601 号房屋除去 700 000 元贷款对应价值以外的剩余价值,即未超出牛某与王某再婚前牛某的个人财产价值,故上述离婚变更协议没有侵犯牛某与王某的夫妻共同财产。至于牛某如何履行离婚变更协议,即牛某支付给万某的款项是否直接源于 601 号房屋,则与本案无关。如果王某认为牛某支付给万某的款项造成其实际损失,其可与牛某采取夫妻财产约定制解决或在与牛某婚姻关系解除时主张。王某以偿还 601 号房屋剩余的 700 000 元贷款及牛某支付给万某的补贴实际源于其与牛某夫妻共同财产为由主张离婚变更协议因侵犯其与牛某夫妻共同财产而无效的辩解意见,不应采信。

3. 万某与牛某签署的离婚变更协议系双方真实意思表示。牛某与万某就离婚协议签署经过较长的交涉和协商过程。在签署自愿离婚协议书之前,牛某曾于 2012 年 1 月 13 日以电子邮件形式发给万某一份离婚协议书,约定 601 号房屋归牛某所有,牛某给付万某房屋差价 2 300 000 元或等值外币。万某称民政局备案的自愿离婚协议书房屋差价之所以只写 1 150 000 元,是因为牛某碍于父母情面表示协议上只写 1 150 000 元,剩余 1 150 000 元另行支付。牛某与万某离婚后,双方签署的离婚变更协议再次将房屋补偿差价升至 2 300 000 元。关于离婚变更协议的签署缘由,即使如牛某所称,万某因离婚事宜纠缠,影响其与王某的生活,亦不能由此推定离婚变更协议不是牛某的真实意思表示,且牛某已履行离婚变更协议中关于房屋补贴的约定。至于王某主张的牛某与万某恶意串通的辩解意见,自双方身份关系及签署协议背景而言,万某与牛某不具备恶意串通的感情基础和事实条件。综上所述,牛某与万某签署的离婚变更协议应认定为双方的真实意思表示。

裁判精要

夫妻双方协议离婚,经民政部门登记备案的离婚协议中关于不动产分割的条款,如系双方的真实意思表示,且不涉及善意第三人的利益,不经不动产变更登记在夫妻之间亦发生物权变动的效力。

一方婚前以个人名义买房,婚后以夫妻共同财产还贷。在夫妻双方不解除婚姻关系的情况下,可从价值层面对一方婚前个人财产予以保护,一方对于属于其婚前个人财产的部分享有处分权。

八、夫妻离婚后再次签订离婚协议之效力认定

实务难题

离婚协议的签订是夫妻双方相互妥协的结果,实践中常有夫妻双方对离婚协议内容反悔继而变更协议内容的情形。离婚前,夫妻双方若签订多份离婚协议,原则上应当以签订时间在后的协议为准。例如,双方进行了离婚登记,应当以双方共同提交至登记机关的离婚协议为准。如夫妻双方登记离婚后,基于不同目的再次签订新的离婚协议,对原财产分割、子女抚养等内容进行变更,该离婚协议性质如何?效力如何?能否推翻在先签订离婚协议的内容?对此,婚姻法及相关司法解释未作出明确规定,需要综合运用相关法律法规分析解决。

疑难案例

王某与吴某原系夫妻,双方生有一女吴某1、一子吴某2。二人于2007年7月25日登记离婚,并签订离婚协议书,该协议书主要内容为:“吴某与王某于

1996年2月29日在四川某市登记结婚。双方均系初婚,双方婚后育有一女,吴某1(1997年某月某日出生),于1998年某月某日育有一子,吴某2。双方婚后因感情不和,无法在一起共同生活,导致夫妻感情破裂,现协议离婚,并达成如下协议:一、吴某与王某自愿离婚。二、子女抚养问题:吴某1与王某一起生活,吴某2与吴某一起生活。吴某1与吴某2的抚养费全部由吴某承担。王某不用负担抚养费。三、夫妻共同财产分割:位于北京市某小区某号楼1102号住房一套归吴某2所有(现王某没有住所,王某可以在上述住房内居住,直到吴某1与吴某2独立生活为止)。北京市某小区某号楼某单元501号住房一套归吴某1所有。吴某给付王某肆拾万人民币(办理完离婚手续后第二天一次性付清)。吴某自愿每月给付王某壹仟元人民币作为生活费,直到吴某1与吴某2独立生活为止。四、双方的债权及债务全部由吴某承担。"

2013年12月26日,王某与吴某再次签订离婚协议书,主要内容为:"吴某与王某于1996年2月29日在四川某市登记结婚。双方均系初婚,双方婚后育有一女,吴某1(1997年某月某日出生),于1998年某月某日育有一子,吴某2。双方婚后因感情不和,无法在一起共同生活,导致夫妻感情破裂,现协议离婚,并达成如下协议:一、吴某与王某自愿离婚。二、子女抚养问题:吴某1与王某一起生活,吴某2与吴某一起生活。吴某1与吴某2的抚养费全部由吴某承担。王某不用负担抚养费。三、夫妻共同财产分割:位于北京市某小区某号楼1102号住房一套归吴某所有(现王某没有住所,王某可以在上述住房内居住,直到吴某1与吴某2独立生活为止)。北京市某小区某号楼某单元501号住房一套归吴某所有。吴某给付王某肆拾万人民币(办理完离婚手续后第二天一次性付清)。吴某自愿每月给付王某伍仟元人民币作为生活费,直到吴某1与吴某2独立生活为止。四、双方的债权及债务全部由吴某承担。"

2015年7月,王某起诉至法院要求确认王某与吴某于2013年12月26日签订的离婚协议书无效,称当时签订第二份离婚协议书的目的是帮助吴某办理助业贷款,并提交了日期为2013年12月26日的离婚协议书,该协议下方有手写文字:"此离婚协议书只用于某银行办理吴某抵房助业贷款事宜,不做其他用途,贷款还清即终止,与双方在2007年7月25日签订的离婚协议书不冲突,并且不据有法律效力,特此说明。证人徐某2013年12月26日"。王某表示徐某系吴某开设公司的员工,双方签订2013年12月26日的协议时,徐某作为证人曾写了前述文字,但已无法与之取得联系。

吴某辩称,2013 年 12 月 26 日签订的离婚协议书是双方真实意思表示,没有违反法律的相关规定,是合法有效的,并提交与前述 2013 年 12 月 26 日双方签订的离婚协议书内容一致的在某银行备案的协议,该协议中没有王某提交的协议中徐某的手写文字。位于北京市某小区某号楼 1102 号的房屋和北京市某小区某号楼某单元 501 号房屋一直登记在吴某名下。

法院观点

一审法院认为,王某与吴某于 2007 年 7 月 25 日签订的离婚协议书是二人在离婚时对子女抚养及财产分割达成的一致意见。王某与吴某于 2013 年 12 月 26 日签订的离婚协议书实为双方对涉案房屋的分割问题重新达成的协议,现王某主张该离婚协议书无效,其应对此承担举证责任,但依据案件查明的事实及现有证据,并不能证明该协议存在法律规定的合同无效情形。据此,判决驳回王某的诉讼请求。

王某不服,以 2013 年 12 月 26 日签订离婚协议书的目的是为吴某办理助业贷款,而非对涉案房屋的分割问题重新达成协议,此离婚协议书属于恶意串通,损害双方婚生子女的合法权益,为吴某办理贷款过程中贷款银行存在恶意等为由,向二审法院提起上诉,要求撤销原判,确认 2013 年 12 月 26 日签订的离婚协议书无效。

二审法院查明,吴某提交的 2013 年 12 月 26 日双方签订的离婚协议书中有“见证签字:王某 1,张某,某银行王某 1 电话:159 × × × × × × × ×”的字样。2014 年 1 月 15 日,吴某与中国某银行股份有限公司北京某支行签订了个人贷款授信额度合同,中国某银行股份有限公司北京某支行作为贷款人同意给予借款人吴某助业房抵快贷贷款授信,授信额度为人民币 9 200 000 元,采用抵押担保方式,抵押物品清单中房产抵押一为北京市某小区某号楼某层 1102 号房,房产抵押三为北京市某小区某号楼某层某单元 501 号房。

二审法院经审理认为,王某与吴某于 2007 年 7 月 25 日签订的离婚协议书是二人在离婚时对子女抚养及财产分割达成的一致意见,将房屋分别赠与子女的约定具有道德义务性质,即便未办理产权过户手续,亦不得随意撤销;双方在签订离婚协议书将财产进行了分割之后,事隔 6 年,在吴某已再婚多年的情况下,再次签订离婚协议书,不具备相应的事实与法律关系基础,其对上述房屋归属进行调整,与情理不符;就此离婚协议书的签订目的与用途,根据在案证据,法院采信王某表示的是为了帮助吴某办理助业贷款之用的说法,并非出于重新分割原夫妻共同财产的真实意愿;双方在明知相关房产已经在离婚时分割完毕的情况下,重新签订离婚协议书,改变房产归属约定的行为,一方面损害子女依据在先协议获得房产之利益,另一方面对于贷款人的合法权益亦构成威胁,可以认定双方系恶意串通,损害他人权益。故认为王某与吴某于2013年12月26日签订的离婚协议书应属无效,一审法院适用法律错误,二审法院予以改判。

法官点评

本案的争议焦点是夫妻离婚后再次签订离婚协议的效力,其审理思路可作如下梳理:首先,确认夫妻双方在先签署的离婚协议的效力,明确其中房屋归子女所有的条款的性质;其次,判断如房屋归子女所有的约定构成赠与,赠与人能否行使任意撤销权;最后,探寻夫妻双方新签署离婚协议的真实意思表示,审查是否具有合同无效的情形,能否推翻在先离婚协议之效力。

(一)离婚协议中关于房屋归属子女的约定属于赠与

离婚协议是夫妻双方就离婚及财产分割、子女抚养等事项达成的协议。在现实生活中,房产作为重要财产之一,在离婚协议中约定归属实属寻常,为了缓和夫妻矛盾、保护子女利益,在离婚协议中约定房产归属子女的情况亦不少见。《民法典》第657条规定,"赠与合同是赠与人将自己的财产无偿给予受赠人,受赠人表示接受赠与的合同"。显然,作为诺成合同,赠与的成立必须满足两个要件,一是赠与人将自己的财产无偿给予受赠人,二是受赠人表示接受赠与。离婚协议中夫妻将单独所有或共有财产无偿给予子女的行为符合赠与合同的第一个要件应无异议,关于如何认定"受赠人表示接受赠与"的问题则有不同意见。有观点认为,"将离婚协议中的房产归属子女的约定认定为房产赠与合同混淆了要约与合同的区别",[1]子女通常不会亦无权在父母的离婚协议中签署意见,除非成年子女明确作出接受赠与的意思表示,否则不能认为赠与合同已

---

〔1〕 陈敏、杨惠玲:《离婚协议中房产归属条款相关法律问题探析》,载《法律适用》2014年第7期。

经成立。笔者认为，接受赠与作为纯粹受益的行为，在无相反证据的情况下，应当推定子女接受赠与。离婚协议中房产归属子女的约定主要是为了弥补父母离婚对子女造成的伤害，同时减少夫妻之间、父母与子女之间的矛盾，鉴于父母与子女的特殊身份关系，即便赠与的对象是成年子女，也应以其无须作出明确意思表示更符合现实生活。至于对未成年子女的赠与，未成年子女属于无民事行为能力人或限制民事行为能力人，父母作为其法定代理人，在一致同意将房产赠与子女时应当认为是代子女作出了接受赠与的意思表示。由此可见，父母在离婚协议中约定房产归子女所有的，除非成年子女以明确的意思表示拒绝接受，应当认为无论是成年子女还是未成年子女均接受赠与，符合赠与合同的第二个要件。因此，离婚协议中房屋归属子女的约定属于赠与。

（二）离婚协议中对子女的赠与具有道德义务性质，不得随意撤销

关于离婚协议中对子女的赠与能否撤销的问题存在不同的观点。第一种观点认为，由于赠与合同是典型的诺成合同，赠与人将自己的财产无偿给予受赠人，在受赠人作出接受赠与意思表示时即成立并生效，为了保护赠与人利益，法律赋予赠与人任意撤销权，适用《民法典》第658条第1款规定："赠与人在赠与财产的权利转移之前可以撤销赠与。"即在房屋未办理房产变更登记手续之前，夫妻一方享有任意撤销权。第二种观点认为，夫妻双方基于离婚事由将单独所有或共同所有房产约定归属子女的赠与是一种有目的的赠与，这种发生在特定身份关系当事人之间的、有目的的赠与，具有一定的道德义务性质，应当适用《合同法》第186条第2款规定："具有救灾、扶贫等社会公益、道德义务性质的赠与合同或者经过公证的赠与合同，不适用前款规定。"即在双方婚姻关系解除的情况下，应当认为赠与房产的目的已经实现，该赠与具备道德义务性质，即便房屋未办理房产变更登记手续，夫妻一方亦不得随意撤销。[1]

笔者赞成第二种观点，除上述理由外，笔者认为在处理涉及身份关系变动协议时，应当持较处理纯粹财产关系变动协议更为谨慎的态度。离婚协议中的所有条款都是夫妻双方博弈的结果，"在离婚协议中双方将共同财产赠与未成年子女的约定与解除婚姻关系、子女抚养、共同财产分割、共同债务清偿、离婚

---

〔1〕 参见陈敏、杨惠玲：《离婚协议中房产归属条款相关法律问题探析》，载《法律适用》2014年第7期。

损害赔偿等内容互为前提、互为结果，构成了一个整体，是‘一揽子’的解决方案。如果允许一方反悔，那么男女双方离婚协议的‘整体性’将被破坏。在婚姻关系已经解除且不可逆的情况下如果允许当事人对于财产部分反悔将助长先离婚再恶意占有财产之有违诚实信用的行为，也不利于保护未成年子女的权益”。[1]

（三）一般允许夫妻双方后签署的离婚协议对在先离婚协议内容进行变更，重点审查新离婚协议是否具备无效法定事由

有观点认为，由于离婚协议中对子女的赠与是附道德义务的，在赠与已经成立并生效后，除非发生法定撤销赠与情形，夫妻双方不得再以新的协议撤回赠与，子女可以根据《民法典》第660条的规定主张交付。笔者不赞同这种观点，主要原因在于离婚协议处理的核心问题是夫妻双方婚姻关系的解除，即便内容涉及赠与，也与纯粹的赠与合同有所不同，况且离婚协议约束的是夫妻双方，子女作为受赠方，并非离婚协议的当事人，若赋予其随时要求交付的权利，对于产生新合意的夫妻而言，未免过于苛责、有失公允。

笔者认为，根据《民法典》第543条规定：“当事人协商一致，可以变更合同”，离婚协议对夫妻双方产生约束力，在协商一致的情况下，夫妻双方可以对离婚协议中的条款作出变更，一般以签订时间先后作为判断最终法律效力的依据。离婚后双方又签订离婚协议的，因此时婚姻关系已解除，双方签订离婚协议的前提基础已不复存在，究其法律性质，应不属于“离婚协议”，而是双方合意对子女抚养、财产分割等内容进行的变更。至于双方签署的变更内容是否具有合同上的效力，应当区分情况对待。

因新协议实际上是双方合意对子女抚养、财产分割等内容进行变更，其处分内容应当且只能限于双方离婚后签署新协议时仍然享有的权利，即如果是对财产进行分割，双方应当对财产还有处分权，协议分割不存在的财产，或处分双方之外已归属他人的财产，该处分是无效的。本案中，王某和吴某在离婚6年且吴某已再婚多年的情况下，再次签订离婚协议欲改变房产归属约定，与情理

---

〔1〕 最高人民法院公布的婚姻家庭典型案例：《北京东城区法院判决于某某诉高某某离婚后财产纠纷案》，载最高人民法院网，https://www.chinacourt.org/article/detail/2015/11/id/1752044.shtml。

不符。王某提交的新离婚协议书中有手写文字载明用于某银行办理吴某抵房助业贷款事宜，与2007年签订的离婚协议书不冲突等字样，而吴某提交的新离婚协议书有某银行工作人员见证签字及电话，结合新离婚协议书签订日期与吴某在某银行办理贷款时间紧密联系、两套涉案房屋办理抵押的事实，足以认定王某和吴某之所以签订新离婚协议书，目的是向贷款人隐瞒房屋归属情况，帮助吴某办理助业贷款，这对贷款人的合法权益构成威胁，且有意损害子女格局在先离婚协议获得房产的利益，应当认定王某与吴某是恶意串通，损害他人利益，故后签署的离婚协议书应属无效。

裁判精要

离婚协议中关于房屋归属子女的约定属于赠与，这种赠与具有道德义务性质，夫妻一方不得随意撤销。对于夫妻双方就房产归属达成一致意见的，应认为后签署的离婚协议是对在先离婚协议内容进行变更，原则上许可。对于离婚后再签署新离婚协议的，实务中应重点审查新离婚协议是否具备无效法定事由。

《民法典》实施后，《合同法》废止。就赠与的任意撤销及限制问题，《民法典》第658条较《合同法》第186条有所调整，《民法典》规定“赠与人在赠与财产的权利转移之前可以撤销赠与。经过公证的赠与合同或者依法不得撤销的具有救灾、扶贫、助残等公益、道德义务性质的赠与合同，不适用前款规定”。《合同法》第52条不再适用，有关合同效力的裁判需要援引《民法典》总则篇有关民事法律行为效力的规定。《民法典》第154条规定“行为人与相对人恶意串通，损害他人合法权益的民事法律行为无效”。因所涉法律条文的基本内容无变化，故《民法典》的实施不影响本案对离婚协议中房屋归属子女的约定性质以及实践中对先后签署离婚协议的审查路径的探讨。

九、主张返还恋爱中所赠财物，须举证证明给付系基于婚约关系所为的彩礼之给付

实务难题

近年来，随着我国经济的发展和人们物质生活水平的提高，恋爱过程中，男女

双方互赠财物的现象非常普遍，尤以男方赠与女方财物的情况居多，且所赠财物多涉及房产、汽车、首饰等数额较大，甚至数额巨大的财物。例如，双方最终未能缔结婚姻关系，随之而来便引发诉讼，给付财物一方主张要求返还，本案即属此类情形。此类案件近年来数量大增，法院在审理中对于能否支持主张返还一方的请求，主要集中在所给付财物的性质，即给付是否为基于婚约所给付的彩礼问题，亦系给付一方要求返还的请求能否得到法院支持的关键。

疑难案例

贾某在原审诉称：我与唐某于2010年上半年确立恋爱关系。2010年9～10月，我为了能与唐某结婚，出资7 119 560元购买了北京市朝阳区某小区房屋作为结婚用房的彩礼，房屋过户时登记唐某为所有权人；为结婚，我出资974 108.14元购买宝马轿车一辆，车辆登记在唐某名下。2010年6月至2012年4月，作为订婚彩礼，我先后购买缅甸鸡血红红宝石一套、缅甸翡翠帝王绿平安扣一套、缅甸紫罗兰(红紫)手镯一个、缅甸三彩手镯一个、4克拉南非钻石(H色，VVS2)一颗、清朝老玉手镯一个、清朝象牙雕一对、陈大章《梅花》国画一幅及达芬奇家具送给唐某，累计价值4 331 000元。后双方因唐某不同意结婚而分手，使我送彩礼给唐某的结婚目的无法实现。唐某在诉讼期间，恶意转移涉案财产。现我要求：(1)唐某向我返还购买北京市朝阳区某小区房屋的出资款7 119 560元并赔偿损失1 094 632.35元；(2)唐某向我返还购买宝马轿车的出资款974 108.14元；(3)唐某向我返还缅甸鸡血红红宝石一套、缅甸翡翠帝王绿平安扣一套、缅甸紫罗兰(红紫)手镯一个、缅甸三彩手镯一个、4克拉南非钻石(H色，VVS2)一颗、清朝老玉手镯一个、清朝象牙雕一对、陈大章《梅花》国画一幅以及达芬奇家具的出资款，合计4 331 000元；(4)唐某向我返还股权转让款2 000 000元。

唐某在原审辩称：贾某多次陈述以结婚为目的出资购买系列财产赠与我，但一直未提供证据证明双方之间存在婚约关系及赠与该等财产基于结婚目的，故贾某的赠送行为应视为普通赠与，赠与合同合法有效，没有法律规定的情况出现，不可以撤销赠与。贾某称赠送珠宝、家具等物品的事实不存在，我从未收到贾某赠送的任何珠宝、家具。贾某让李某支付股权转让款给我一事，与本案无关，不应属于本案的审理范围。我在申请退股时，贾某同意将退股对价款

2 000 000 元退还到我的账户内，是贾某真实意思表示，属于赠与行为。我不同意贾某的诉讼请求。

法院经审理查明：贾某与唐某于 2010 年建立恋爱关系，2012 年二三月分手。审理中，贾某自述其于 2012 年 5 月 18 日与他人结婚。

另查一，2010 年 10 月，唐某作为买受人签订存量房屋买卖合同，唐某购买北京市朝阳区某小区房屋，房屋建筑面积 254.27 平方米，购房款 7 119 560 元。贾某为唐某支付了该购房款。2010 年 10 月 19 日，唐某取得该房屋的房产证。

2013 年 2 月 16 日，唐某作为出卖人签订存量房屋买卖合同，唐某将该房屋出售买受人，房屋成交价格为 5 213 000 元。

另查二，2010 年 8 月 17 日，唐某作为买受人购买宝马牌轿车一辆，购车款 946 740 元、车辆保险费 27 368.14 元，合计 974 108.14 元。贾某为唐某支付了该款项。

2013 年 2 月 20 日，唐某将上述车辆出售他人。审理中，唐某称售车款为 400 000 元。

另查三，2010 年 8 月，案外人北京某公司股东李某将其持有的 1 200 000 元股权转让给唐某。贾某为此支付给李某 2 000 000 元。2011 年 4 月，唐某申请退回投资款。2011 年 4 月 7 日、5 月 13 日，经贾某同意，李某分两次向唐某退款总计 2 000 000 元。

审理中，贾某主张其为唐某购买缅甸鸡血红红宝石一套、缅甸翡翠帝王绿平安扣一套、缅甸紫罗兰（红紫）手镯一个、缅甸三彩手镯一个、4 克拉南非钻石（H 色，VVS2）一颗、清朝老玉手镯一个、清朝象牙雕一对、陈大章《梅花》国画一幅、达芬奇家具，上述物品合计 4 331 000 元。贾某就其主张向法院提供证人证言、照片、收货人为贾某的送货单、资金汇划来账凭证、账户明细查询等。唐某否认收到上述物品。

审理中，贾某、唐某均主张贾某曾于 2011 年年初向唐某求婚，但双方没有商量具体结婚时间。贾某主张双方曾于 2011 年 5 月举办订婚酒席，2011 年 9 月拍摄结婚照，唐某对此予以否认。

法院观点

原审法院认为，当事人对自己提出的诉讼请求所依据的事实有责任提供相应的证据加以证明，没有证据或者证据不足以证明其事实主张的应承担不利后果。本案中，贾某与唐某原系恋爱关系，恋爱期间由贾某出资，以唐某名义购买了涉案房屋及车辆，并为唐某支付了股权转让款。贾某主张房屋、车辆、股权转让款属于彩礼，以双方结婚作为目的和条件，但彩礼是双方当事人向对方或者各自父母、亲朋好友向婚约人赠送的订婚礼物或金钱，目的是促进婚姻关系的成立，从双方交往的过程来看，无法确认贾某赠与唐某的财物系根据双方正式的婚约所给付的彩礼，故亦不存在因解除婚约后应当退还彩礼的情节。对贾某要求唐某返还购房款、购车款、股权转让款并赔偿损失的诉讼请求，法院不予支持。贾某主张其为唐某购买首饰、国画、家具等物品，唐某予以否认，贾某就其主张未向法院充分举证，故对贾某要求唐某返还上述物品的诉讼请求，法院不予支持。综上所述，依据《民法通则》第 5 条〔1〕之规定，驳回贾某的诉讼请求。

判决后，贾某不服，以原审认定事实不清，适用法律错误为由上诉至二审法院称：我与唐某于 2010 年上半年相识并确立恋爱关系，同年下半年研究登记结婚并购置婚房、购置迎新所用车辆。为此，由我出资，以唐某名义购置位于朝阳区某小区房产和宝马轿车一辆。此外，我还给未婚妻唐某购买诉争首饰，并为其出资取得北京某公司部分股权。其间，我还邀请亲朋举办了我与唐某的订婚仪式，不料此后不久，唐某以我年龄过大，彼此存在代沟为由，取消了结婚计划，并恶意低价变卖房产、车辆，转让公司股权，否认收到我的诉争首饰。故请求二审法院撤销原审判决，依法改判，支持其原诉讼请求。唐某同意原判。

二审法院经审理查明的事实与原审法院查明基本事实一致。二审法院认为，本案的争议焦点系贾某诉请唐某返还的涉案财物性质是否为基于婚约所给付的彩礼。《婚姻法司法解释（二）》第 10 条〔2〕规定："当事人请求返还按照习俗给付的彩礼的，如果查明属于以下情形，人民法院应该予以支持：（一）双方未办理结婚登记手续的；（二）双方办理结婚登记手续但确未共同生活的；（三）婚前给付并导致给付人生活困难的。适用前款第（二）、（三）项的规定，应当以双方离婚为条件。"根据该解释，本案中，贾某主张诉请唐某返还其基于婚约所给付的房屋、车辆及股权，应同时满足两个条件：第一，请求返还的上述财物系彩

〔1〕 具体规定参见《民法典》第 3 条。
〔2〕 具体规定参见《最高人民法院关于适用〈中华人民共和国民法典〉婚姻家庭编的解释（一）》第 5 条。

礼;第二,双方未办理结婚登记手续。关于双方未办理结婚手续的事实,贾某、唐某双方均予以认可,但对于涉案财物的性质是否为彩礼,双方存在争议。根据法律规定,当事人对自己提出的主张,有责任提供证据,故贾某应对其主张系基于缔结婚姻的目的赠与唐某上述财物提供相应证据,但本案中贾某提交的相关证据未能达到证明涉案财物系基于缔结婚姻关系所给付的证明责任,故贾某应承担举证不能的法律后果,法院对其主张,不予支持。关于贾某主张其为唐某购买首饰、国画、家具等物品一节,因唐某予以否认,贾某就其主张未向法院充分举证,故原审法院对贾某要求唐某返还上述物品的诉讼请求不予支持,亦无不当。综上,原审法院判决驳回贾某的诉讼请求并无不当,法院予以维持。依照《民事诉讼法》第170条第1款第1项之规定,判决驳回上诉,维持原判。

法官点评

本案是一起恋爱过程中给付巨额财物,当双方未能缔结婚姻关系时,一方给付另一方的财产应如何处理,即所给付财物的所有权归属问题。本案的争议焦点为贾某诉请唐某返还的涉案财物性质是否为基于婚约所给付的彩礼问题,亦系给付一方贾某要求返还的请求能否得到法院支持的关键。

根据我国现行法律规定,在婚约财产纠纷案件中,当事人请求返还的财物,只有性质为彩礼,并符合其他法定要件的情形下,给付财物的一方主张返还的请求才能得到支持。《最高人民法院关于适用〈中华人民共和国民法典〉婚姻家庭编的解释(一)》第5条规定:“当事人请求返还按照习俗给付的彩礼的,如果查明属于以下情形,人民法院应该予以支持:(一)双方未办理结婚登记手续;(二)双方办理结婚登记手续但确未共同生活;(三)婚前给付并导致给付人生活困难。适用前款第二项、第三项的规定,应当以双方离婚为条件。”此处,司法解释中的“彩礼”一词并非法律概念,通常是指一方以缔结婚姻关系为目的对另一方赠送的财物,一般是指订婚时男方送给女方的财物,它是一种以结婚为目的的给付,其中,一个重要形式要件就是双方存在婚约关系,并以将来缔结婚姻关系为前提的一种给付。本案中,贾某主张诉请唐某返还其基于婚约所给付的房屋、车辆及股权,应同时满足两个条件:第一,请求返还的上述财物系彩礼;第二,双方未办理结婚登记手续。关于双方未办理结婚手续的事实,贾某、唐某双方均予以认可,但对于涉案财物的性质是否为彩礼,双方存在争议。现贾某主张系基于缔结婚姻关系的目的赠与唐某涉案财物，那么贾某就负有举证证明其与唐某存在婚约关系，并基于婚约关系给付涉案财物。对于双方是否存在婚约关系，是否订婚，贾某主张曾与唐某举行过订婚仪式，但贾某并未举证加以证明，且唐某对此予以否认。笔者认为，对于给付的财物是否能够认定为彩礼，应首先确认双方是否存在婚约关系，而婚约是指男女双方以将来结婚为目的所作的事先约定。本案中，对于涉案财物，在贾某未能举证证明双方存在婚约关系以及系为与唐某缔结婚姻关系所进行给付的前提下，无法认定贾某之给付财物的性质系彩礼，只能认定贾某给付唐某巨额财物的行为为一般赠与行为，而一般赠与在赠与人将财物实际交付受赠人后，便发生所有权转移的法律后果，即使男女双方事后未缔结婚姻关系，所赠财物的所有权亦不因此再次发生改变。唐某在实际接受贾某的赠与后，相关财物的所有权即转移至唐某名下，即使二人并未结婚，但涉案财物的所有权已转移至唐某，故贾某无权请求唐某予以返还。

婚约财产纠纷案件中，给付财物一方（通常为男方），如欲请求对方返还给付财物，此类案件中，存在如下认定标准。

1. 双方是否存在婚约关系。婚约是指男女双方以将来结婚为目的所作的事先约定。一方在恋爱关系中给予对方财物可基于多种目的，既可基于一般赠与，也可是基于婚约关系而给付的彩礼，鉴于一般赠与与婚约彩礼所产生的法律效果之不同，而根据司法解释，只有所给付财物系基于婚约关系所为之给付，方能主张对方予以返还。所以，请求对方返还给付的彩礼，应首先证明给付系基于双方存在婚约关系。而婚约关系的成立一般以一定的仪式予以体现，举行仪式以日后缔结婚姻关系为目的。

2. 严格区分恋爱关系中的一般赠与行为与彩礼给付行为。随着目前生活水平的提高，物质的丰富，恋爱中的赠与行为较为普遍，所涉财物的金额也较为巨大，给付财物如认定为一般赠与行为，在赠与人将财物实际交付受赠人后，便发生所有权转移的法律后果，即使男女双方事后未缔结婚姻关系，所赠财物的所有权亦不因此再次发生改变。只有所为给付系彩礼，给付一方方可主张返还。对于彩礼给付的法律后果，主流观点认为，其应是一种附解除条件的赠与，其所有权一经交付即转移，如双方未能登记结婚，则解除条件成就，赠与合同的法律效力解除，赠与人享有返还彩礼的请求权。彩礼给付一般应结合给付财物系基于遵循风俗之习惯所为、给付时间的特定性，通常为订婚仪式前后以及彩礼价值较大,给付标准通常远远高于生活中的一般赠与等方面加以认定。

3. 给付的财产数额较大。此种情形考虑到有些彩礼的给付基于民风或习俗,给付行为导致给付一方因此负债,造成生活困难,给付方欲缔结婚姻关系的目的也非常明显,此种情况下,如未能缔结婚姻关系或虽然结婚,但离婚时因婚前的给付行为致给付方生活困难,对于数额较大财物的给付,可认定为婚约财产的给付,主张返还之请求一般可得到支持。

另外,我们认为司法解释规定的返还的三种情形系列举式,并未穷尽应当返还的情形,对彩礼的返还应当以判例的形式弥补立法不足。对返还请求不予支持的情形应包括以下几种:(1)双方已同居共同生活的,理由在于彩礼是为了结婚而给付,如果已经同居则已经实现目的,故不应返还。(2)彩礼已经用于共同生活。对于婚姻关系存续时间较长的,经过长时间的共同生活,女方接受的彩礼可能已经转化为夫妻共同财产或已经用于共同生活,故不应返还。(3)男方存在"过错"的。此处的过错并非法律所规定的严格意义的过错,而是一种宽泛的可归责性。

裁判精要

此类婚约财产类纠纷案件的审理重点在于认定给付财物的性质,即所为给付是否基于婚约关系,给付目的是否系为缔结婚约关系。对此,须主张返还一方举证证明所为给付非普通赠与,并在此基础上,结合给付财物数额大小及是否共同生活、是否导致给付方生活困难等因素加以判断,最终认定主张返还一方的请求能否得到支持。

针对彩礼应予返还的审查要素,《最高人民法院关于适用〈中华人民共和国民法典〉婚姻家庭编的解释(一)》第5条规定,当事人请求返还按照习俗给付的彩礼的,如果查明属于以下情形,人民法院应当予以支持:(1)双方未办理结婚登记手续的;(2)双方办理结婚登记手续但确未共同生活的;(3)婚前给付并导致给付人生活困难的。适用前款第2~3项的规定,应当以双方离婚为条件。《民法典》实施后,对于彩礼在第1042条予以涉及,该条规定"禁止借婚姻索取财物"。但该条规定并非基于习俗所给付的彩礼,而是指主观上具有借婚姻谋取大额财务的情形,并非本案例所要解决的彩礼的认定标准以及是否返还的审查要素问题,故《民法典》的实施,并不影响本案例的相关论述。

十、审理离婚案件时，有必要建立离婚财产登记制度

实务难题

离婚案件是民事案件中的一个大类的案由，随着我国社会的发展及人民思想意识的不断转变，离婚案件呈现巨量增长的态势，并且案件的主要焦点问题由过去主要围绕解除婚姻关系，逐步向分割夫妻共同财产为主要矛盾转变。随着我国社会主义现代化建设的发展，人民物质生活水平日渐提高，个人及家庭掌握的财产数量越来越多，且财产的种类亦愈加繁复，当事人之间为了在离婚中尽可能多地获得家庭财产，往往会采取隐瞒、转移等各种方式瞒报家庭财产，给法院审理离婚案件查清财产问题带来诸多困难和阻碍，大量的精力都被用于查证财产问题，严重影响案件审理效率，造成司法资源的浪费。

疑难案例

王某（女）与周某（男）于1994年1月登记结婚。2011年7月王某向法院起诉离婚，2011年10月12日双方在法院主持下达成调解协议，协议中双方约定了离婚，一处房产的归属及100 000元补偿的问题。同时，双方另行于庭下签订离婚财产分割协议书，自行处理了另一处房屋及车辆的归属问题。另外，在王某起诉离婚后的短期内，周某将其名下股票账户内的股票清仓，并将所得的6 490 000元分三次转走。

2012年5月王某曾起诉，请求分割周某出售股票的股票款6 490 000元、住房公积金及房屋集资款。在该案件中，因集资房屋尚未取得，集资款已经对外支出；另由于案外人（周某兄弟）对周某提起了委托理财合同（涉及股票款）纠纷，故该案未处理股票及集资款问题，仅就公积金进行了分割。之后，在委托理财合同纠纷案件中，周某与案外人以调解方式结案，由周某给付案外人2 000 000余元股票款。现王某再次起诉，要求分割周某剩余的4 000 000余股票款及集资购房款。

一审庭审中，王某提供了周某于2011年7月11日、12日、13日从其股票账户共计转出钱款6 490 000元的银行流水凭证。

法院观点

一审法院经审理后认为，离婚后，夫妻一方以尚有共同财产未处理为由向人民法院起诉请求分割的，经审查该财产确属离婚时未涉及的夫妻共同财产，人民法院应当依法予以分割。王某、周某在离婚诉讼过程中及离婚后，无论是法院出具的民事调解书，还是双方自行签署之离婚财产分割协议，抑或（2012）朝民初字第 26755 号离婚后财产纠纷案件的判决，其内容中均未对本案王某所主张的财产进行实体处理，王某也未作出过放弃未处理的夫妻共同财产的意思表示，故对于周某主张离婚诉讼中已将夫妻共同财产处理完毕，未涉及的财产即为自行放弃之抗辩意见，不予采纳。

关于王某主张的房屋集资款，双方均认可该集资款交至周某单位用以分房，但房子尚未分配，故现仍然难以对该笔钱款作出分割，王某可待此笔集资款取得对应的确定权属的财产或被实际返还后再另行主张。

关于王某主张的股票钱款，因案外人诉本案周某民间委托理财合同一案达成调解，并确定周某给付案外人 2 000 000 元，虽双方表示在第三人撤销之诉中该调解书已被撤销，但在第三人撤销之诉之判决尚未生效的情况下，之前的调解书仍具有法律效力。虽王某与周某就该案的 2 000 000 元来源说法有出入，但均不影响王某刨除 2 000 000 元款项后主张分割剩余之股票款 4 490 000 元。现王某主张分得一半股票款之诉求于法有据，法院予以支持。周某主张该股票款系朋友委托其炒股，已经还给朋友，但未就此举证，故法院对周某此项抗辩意见不予采纳。据此判决：(1)周某于判决生效后 7 日内给付王某股票款 2 245 000 元。(2)驳回王某的其他诉讼请求。

一审判决后，周某不服并提起上诉，其认为 4 490 000 元股票款不属于离婚后新发现的原本属于夫妻共同所有的财产；即便属于夫妻共同财产，王某在离婚时已经放弃了主张分割的权利，故请求撤销原审判决，改判驳回王某的原审诉讼请求。王某同意原判。

二审审理中，周某提供两份证人证言，证明其名下的 4 490 000 元股票款系代为他人理财，王某不予认可。经查，朝阳法院（2011）朝民初字第 22898 号纠纷双方离婚案件中 2011 年 10 月 21 日的开庭笔录记载“审：双方是否还存在其他争议需法院处理？答：无”，并未载明周某与王某的财产明细。

二审法院经审理后认为，就周某所述其股票款系代为他人理财一节，周某未能提供证据进一步证实其主张，如此大额的财产均为现金往来，没有转款记录及理财协议，不符合基本生活常理及自然人之间经济往来的常识，因此上述4 490 000元股票款应认定为周某与王某的夫妻共同财产。经查，周某与王某在离婚纠纷案件中并未声明全部夫妻共同财产，在此种情况下，双方认可无其他争议需法院处理，其他争议指向的具体财产未予明确。民事权利的放弃必须采取明示的意思表示才能发生法律效力，不宜在无明确约定或者法律无特别规定的情况下，推定当事人对权利进行放弃。因此，二审法院无法认定王某已放弃上述4 490 000元股票款的分割权利。原审法院支持王某分得一半股票款是正确的。据此判决：驳回上诉，维持原判。

法官点评

本案虽系一起普通的离婚后财产纠纷案件，但是从中体现出一种趋势，即近年来随着社会经济的发展，人民生活水平的提高，公民个人手中掌握的财产种类、内容日益多样化，除了通常"房子、车子、票子"等传统意义上的财产外，像知识产权、股权、古玩字画、支付宝账户，甚至很多网络虚拟财产纷纷在离婚案件中涌现出来；而且离婚案件又有其特殊性，即诉讼中关于财产的标的物并不一定明确，因为双方各自掌握的财产具有隐蔽性、独占性，一方很难完全获知对方的财产情况，特别是在夫妻感情出现问题后，甚至于分居过程中，经常会出现一方转移、隐瞒财产等情况。可就目前来说我国的信用制度发展尚不完善，财产的登记制度也存在诸多欠缺及滞后，故在法院处理双方离婚问题时，往往出现一方当事人隐瞒财产或者虚假陈述财产的情况，导致一起离婚诉讼因为财产不明的问题审理多年或者在离婚后出现若干起关于夫妻财产的纠纷诉讼，造成大量司法资源的浪费，也给当事人自身增加了高昂的诉讼成本。以本案为例，双方当事人离婚后已经围绕股票款等财产的分割先后出现多次诉讼的情况，而且此情况尚未终结，后续仍旧会有相应的诉讼产生。所以，笔者认为当前我国的离婚诉讼，有必要建立适当的财产登记申报制度，让夫妻双方在提起离婚诉讼时，将各自的财产进行详细的登记。就此，可以适当参照我国香港特别行政区离婚案件的申报制度。在我国香港特别行政区，法院受理离婚案件后，双方当事人均要填写各种法律文书，其中就包括经济状况陈述书，强制性申报财产。在陈述书中各类财产范围、属性以及相关要求非常详尽、全面，并就不申报或者不如实申报的法律后果一并告知。

另外,虽然我国《民法典》第1092条规定了夫妻一方隐藏、转移、变卖、毁损、挥霍夫妻共同财产,或者伪造夫妻共同债务企图侵占另一方财产的,在离婚分割夫妻共同财产时,对该方可以少分或者不分,但是对于如何界定这些侵害对方财产利益的行为法院往往困难重重,缺乏事实依据。那么,财产申报制度在一定程度上正好可以解决此问题,在财产申报的时候,就可以将相关的权利、义务,不如实申报的法律后果等一并书面告知当事人,由当事人进行签字确认。当事人对自己的财产情况应当是最清楚的,在申报的基础上当事人如果还有隐藏、转移等行为,可以便于法院认定其行为的性质,进而作出相应的处理意见。我国香港特别行政区法院的经济状况陈述书就告知当事人不申报或者不如实申报的法律后果,轻者导致不利的判决结果,重者还要承担刑事责任。

离婚财产申报制度,可以使审理离婚案件的法官从繁复的财产调查取证中解脱出来,将更多的精力用于具体的案件审理和裁判当中,并且清晰、全面的财产情况,对于庭审进行的效率、顺利程度都有所提高。

(一)具体的申报方式

离婚案件财产申报,笔者认为其实是公务员财产申报制度的一种转换,其内容都是申报财产,只不过就是申报人进行了新的界定,即离婚案件的双方当事人。离婚纠纷诉讼中双方当事人在诉讼过程中,对于自己名下的财产应详尽列明,并就其中属于夫妻共同财产的部分进行特殊的登记,就财产的登记必须如实向法院进行申报。申报期限的起始时间可能有所区别,因为原告先行提起诉讼,其起诉之时法院可审查其材料的同时,令原告填写相关的申报表格。被告在离婚案件中处于被动地位,法院应在被告人应诉之时让其填写相关申报表格。另外,双方的申报截止时间,应根据《民事诉讼法》的举证期限的规定,限定于举证期限届满之日止。

(二)申报财产的范围

申报财产的范围包括:个人工资收入、通过继承等方式获得的财产;房屋等不动产、车辆、现金、存款[普通银行(含公积金等)账户及支付宝、微信等电子支付账户等,法院应尽可能列明或者提示当事人]、股票、公司股权、保险、基金、贵金属、其他贵重物品等;个人债权、债务等。当然,随着社会的经济的进一步发展,社会财富的物质种类仍会不断丰富,上述只是部分列明,在具体的申报时还应加入相关的兜底条款,以防止从申报形式上出现遗漏。

(三)司法实践及问题

对于夫妻财产登记制度,在我国已经有部分地区的部分法院进行了试点工作,但是目前看此制度并未广泛推广或是取得较大成效,笔者认为最主要的原因就是“无法可依”。申报应是强制性的,这就需要有法可依,法院才能依法办事,现在我国一些法院试行的财产申报制度还是基于双方当事人自愿的原则进行试点,这种情况下,申报与否完全凭借当事人的选择,主动权在当事人手中,对于特别是想要隐瞒财产的当事人往往不会接受财产申报,法院又没有依据强行要求当事人进行申报,否则承担不利后果,这就使得这种财产的申报处于一种尴尬的境地。

目前,就财产申报的问题,仅在《民事诉讼法》第241条就执行案件中被执行人的财产申报进行了规定,但即使是这个规定也有待进一步明确、完善。笔者认为离婚诉讼财产申报首先参考执行财产申报,出台相关的法律、司法解释,并且在司法实践中进一步完善、加强。

裁判精要

随着我国司法建设的日渐完善,以及司法审判的实际情况,对于离婚财产申报制度已经提出了需求,该项制度可以方便法官简单、高效的确认夫妻双方离婚案件中财产的内容及现状等核心问题,便于法官归纳案件的争议焦点,确认案件的审理方向,使法官能高效地审理涉及财政争议的离婚案件。

本案例属于离婚后财产纠纷,涉及《婚姻法》第47条的规定,离婚时,一方隐藏、转移、变卖、毁损夫妻共同财产,或伪造债务企图侵占另一方财产的,分割夫妻共同财产时,对隐藏、转移、变卖、毁损夫妻共同财产或伪造债务的一方,可以少分或不分。《民法典》第1092条规定,夫妻一方隐藏、转移、变卖、毁损、挥霍夫妻共同财产,或者伪造夫妻共同债务企图侵占另一方财产的,在离婚分割夫妻共同财产时,对该方可以少分或者不分。离婚后,另一方发现有上述行为的,可以向人民法院提起诉讼,请求再次分割夫妻共同财产。根据上述法律条款的相关规定可以看出,《民法典》与《婚姻法》对于上述问题的规定精神是一致的,对于本案例的研究和结论并无影响。

十一、传统习俗中婚庆喜钱、节日喜钱的受赠主体需要结合习俗指向的对象确定

实务难题

在我国的传统习俗中,女方收取的所谓彩礼、改口费、点头费等婚庆喜钱以及孩子收取的压岁钱、满月钱等节日喜钱由来已久,且随着经济的发展及人民生活水平的提高,喜钱的金额也越来越大,有几千元、几万元甚至几十万元。在离婚分割财产诉讼中,如何区分上述钱款的性质,如聘礼、改口费、点头费、庆生费、满月费等,哪些属于彩礼?哪些属于赠与?是对某一个人的赠与还是对家庭的共同赠与?如何依法保护妇女儿童的合法权益,成为日益凸出的社会问题。该类案件在审判实践中比较普遍,但观点却差异很大。

笔者认为,对于在确定婚庆喜钱的受赠主体时,首先需要考虑是彩礼还是一般赠与。其次需要考虑是婚前给付还是婚后给付。最后需要考虑是对个人的赠与还是对夫妻的共同赠与;对于在确定传统节日中给付的压岁钱、庆生钱、满月钱等受赠主体时,需要结合节日庆祝的原因及钱款的含义而综合分析确定受赠主体。

疑难案例

2010年,赵某(女)和申某(男)因工作关系相识,随后确立了恋爱关系。2013年3月17日,赵某第一次到申某家,申某的父母给了赵某20 000元。2013年8月13日,赵某和申某登记结婚。2013年8月18日,申某的父母又给了赵某80 000元。2013年10月20日,赵某和申某举行婚礼。在婚礼当天,申某的父母又给了赵某改口费10 001元。2014年8月19日,赵某和申某的女儿申小某出生。申某的父母又给了赵某10 000元。申小某满月时,申某的父母又给了赵某10 000元。2015年9月,赵某诉至法院要求与申某离婚,申某同意离婚,

并认为赵某于登记结婚前和结婚后收到的钱款包括彩礼、改口费、孩子出生费、满月费等均应当一并予以分割。

法院观点

一审法院认为,《婚姻法司法解释(二)》第10条第1款规定,当事人请求返还按照习俗给付的彩礼的,如果查明属于以下情形,人民法院应当予以支持:(1)双方未办理结婚登记手续的;(2)双方办理结婚登记手续但确未共同生活的;(3)婚前给付并导致给付人生活困难的。赵某第一次到申某家时申某父母给付赵某的20 000元,结婚登记时申某父母给付赵某的80 000元,以上共计100 000元,与双方缔结婚姻关系密切相关,显然属于彩礼。申某并无证据证明其要求赵某返还给付的彩礼的理由符合法定的情形,故申某要求赵某返还彩礼的诉讼请求缺乏事实根据,法院不予支持。婚礼时赵某收到的改口费应当视为对赵某的赠与,故对申某要求赵某返还改口费的诉讼请求,法院不予支持。申小某出生和满月时申某父母给付的钱,应属于对申小某的赠与,申某要求赵某返还的诉讼请求,法院不予支持。

申某不服,称赵某在结婚登记后婚礼仪式之前收取的80 000元不属于彩礼,是申某父母对夫妻二人的赠与,离婚时申某应当分得一半,认可在婚礼上给付赵某的改口费10 001元是对赵某的赠与,但当天赵某的父母也给过申某改口费9999元被赵某拿走,离婚时赵某应当予以返还。对于孩子申小某出生时和满月时,申某父母共计给付的20 000元,应当属于对一家三人的共同赠与,离婚时申某应当分得1/3。赵某不认可拿走了申某的改口费。

二审法院经审理后认为,关于赵某于结婚登记前收取申某父母给付的20 000元以及结婚登记后婚礼仪式前收取申某父母给付的80 000元是属于彩礼还是赠与的问题。

彩礼,有的地方又称为聘礼、纳彩等,是一方以依法缔结婚姻为目的按照当地风俗习惯在婚前给付另一方的金钱或物品,具有明显的目的性及阶段性,有别于男女恋爱期间为促进感情而相互给付的金钱或物品,也有别于婚后夫妻之间为增进感情而相互给付的金钱或物品,后述的两种情形均应属于一般的赠与。

根据本案查明的事实,申某父母在申某和赵某结婚登记前给付赵某的20 000元明显系以将来缔结婚姻为目的,应当属于给付赵某个人的彩礼。关于彩礼的返还,《最高人民法院关于适用〈中华人民共和国民法典〉婚姻家庭编的解释(一)》第5条第1款规定,当事人请求返还按照习俗给付的彩礼的,如果查明属于以下情形,人民法院应当予以支持:(1)双方未办理结婚登记手续;(2)双方办理结婚登记手续但确未共同生活的;(3)婚前给付并导致给付人生活困难。而申某和赵某于2013年8月13日登记结婚后一直共同生活了两年多,并育有一女,且申某并无证据证明其要求赵某返还一半彩礼的理由符合上述任一法定情形,故申某要求分得赵某收到20 000元一半的诉讼请求缺乏事实和法律依据,二审法院不予支持。关于赵某在结婚登记后婚礼仪式前收取申某父母给付的80 000元,应当属于一般赠与而非彩礼,因为婚姻关系的缔结系以登记为准而非以举行婚礼仪式为准。原审法院将该80 000元认定为结婚登记时给付,并继而认定为彩礼,属于认定事实错误。根据《民法典》的规定,夫妻在婚姻关系存续期间因赠与所得的财产,除非赠与合同中确定只归夫或妻一方的财产外,均应当属于夫妻共同财产。因本案中并无证据证明赵某婚后收取申某父母给付的80 000元系申某父母明确只赠给赵某一人的,故该笔款项应当属于赵某和申某的夫妻共同财产,现申某要求分得40 000元,依法有据,二审法院予以支持。

关于赵某在其女申小某出生和满月时收取申某父母给付的20 000元是属于对申小某一人的赠与还是对赵某、申某及申小某三人的赠与问题。

在没有赠与合同的情况下,法院判断受赠主体时需要结合赠与人在赠与财产时的原因来分析,不能以发生争议时赠与人的意思表示作为判断标准。在我国的传统风俗中,长辈经常会在重大节日或其他有特殊纪念意义的日子赠与晚辈一定的财物以示庆祝,如压岁钱、庆生钱、满月钱等。该赠与钱款的本身即具有特定性,受赠主体也具有唯一性。结合本案,申某父母给付的20 000元系因庆祝申小某出生和满月而给付的,应当是对申小某个人的赠与而非对赵某、申某及申小某三人的共同赠与,申小某作为民事主体亦享有独立受赠的民事权利,现申某要求分得上述钱款的1/3,没有事实和法律依据,二审法院不予支持。

法官点评

在男女双方结婚前和结婚后,父母按照传统风俗习惯以各种名义给付的钱款中,如聘礼、改口费、点头费、庆生费、满月费等,哪些属于彩礼?哪些属于赠与?

是对某一个人的赠与还是对家庭的共同赠与？在审判实践中这些问题比较典型。

本案的主要争议焦点如下：(1)赵某于结婚登记前收取申某父母给付的20 000元和结婚登记后婚礼仪式前收取申某父母给付的80 000元以及结婚仪式上收取的改口费10 001元是属于彩礼还是赠与？是对夫妻二人的赠与还是对个人的赠与？(2)赵某在其女申小某出生和满月时均收取了申某父母给付的10 000元是属于对申小某一人的赠与还是对赵某、申某夫妻二人的赠与或是对赵某、申某及申小某三人的赠与？

对于争议焦点一，关于赵某收取三笔钱的性质认定问题，首先需要区分彩礼与一般赠与的区别，其次需要判断赠与钱款的对象。

彩礼，有的地方又称为聘礼、纳彩等，婚前给付彩礼的现象在某些地方相当普遍，已经形成一种约定俗成的习惯，甚至还有着较为统一的行情和价格。理论界对于彩礼的性质问题，也存在不同观点，主要围绕着法律行为所附之条件展开。法律行为所附之条件依其效力不同，可分为停止条件和解除条件。“解除条件系限制法律行为效力之消灭之条件，即已发生效力之法律行为，于条件不成就时，保持其效力，于条件成就时，则丧失其效力。”[1]由此延伸到审判实践中，主流观点是将给付彩礼的行为视为附解除条件的赠与行为，“是指已经发生法律效力的赠与行为，在当事人所约定的条件不成就时仍保持其原有效力，此时赠与行为合法存在并有效，当条件成就时，其效力便消灭，此时赠与行为不再继续有效，要解除当事人之间的权利义务关系”。[2] 凡是给付彩礼的人，均是以能够缔结婚姻为目的，双方缔结了婚姻，目的达到，这种赠与行为就有效存在，彩礼归受赠人所有。一旦没有缔结婚姻关系，赠与行为则失去法律效力，当事人之间的赠与关系应当解除，彩礼应当返还给赠与人。对于彩礼的返还问题，自2004年4月1日起施行的《婚姻法司法解释(二)》也首次作出规定，其遵循的最基本原则是“在决定彩礼是否返还时，是以当事人是否缔结婚姻关系为主要判断依据的，给付彩礼后未缔结婚姻关系的，原则上收受彩礼一方应当返还彩礼。给付彩礼后如果已经结婚的，原则上彩礼不予返还，只是在一些特殊情形下才支持当事人的返还请求”。[3]

---

〔1〕 参见王泽鉴：《民法学说与判例研究》(第3册)，北京大学出版社2009年版，第98页。

〔2〕 参见最高人民法院民事审判第一庭编著：《最高人民法院婚姻法司法解释(二)的理解与适用》，人民法院出版社2015年版，第144页。

〔3〕 参见最高人民法院民事审判第一庭编著：《最高人民法院婚姻法司法解释(二)的理解与适用》，人民法院出版社2015年版，第146页。

笔者认为,我国婚姻法司法解释中所规定的彩礼具有以下突出特点:(1)目的性非常明确。此处的彩礼是指为促成男女缔结婚姻为目的而无偿给付的一定数额的金钱或礼物,不同于普通朋友之间为促进感情或相互庆祝而赠与的金钱或礼品。(2)阶段性非常明确。此处的彩礼应当是在男女正式订立婚约之后至结婚登记之前给付的,有别于男女恋爱期间或登记结婚之后取得的礼金或财物。(3)与当地的风俗习惯紧密相连。此处的彩礼给付数额和给付方式与各地不同的风俗习惯紧密相连,且差别会很大。

总之,彩礼是一方以依法缔结婚姻为目的按照当地风俗习惯在婚前给付另一方的金钱或物品,具有明显的目的性及阶段性,有别于男女恋爱期间为促进感情而相互给付的金钱或物品,也有别于婚后夫妻之间为增进感情而相互给付的金钱或物品,后述的两种情形均应属于一般的赠与。

根据本案查明的事实,申某父母在申某和赵某结婚登记前给付赵某的20 000元明显系以将来缔结婚姻为目的,应当属于给付赵某个人的彩礼。关于彩礼的返还,《最高人民法院关于适用〈中华人民共和国民法典〉婚姻家庭编的解释(一)》第5条第1款规定,当事人请求返还按照习俗给付的彩礼的,如果查明属于以下情形,人民法院应当予以支持:(1)双方未办理结婚登记手续的;(2)双方办理结婚登记手续但确未共同生活的;(3)婚前给付并导致给付人生活困难的。而申某和赵某于2013年8月13日登记结婚后一直共同生活了两年多,并育有一女,且申某并无证据证明其要求赵某返还一半彩礼的理由符合上述任一法定情形,故申某要求分得赵某收到20 000元一半的诉讼请求缺乏事实和法律依据。关于赵某在结婚登记后婚礼仪式前收取申某父母给付的80 000元以及结婚仪式上收取的改口费10 001元应当属于一般赠与而非彩礼,因为婚姻关系的缔结系以登记为准而举行婚礼仪式为准。原审法院将该80 000元认定为结婚登记时给付的,并继而认定为彩礼,属于认定事实错误。根据《民法典》的规定,夫妻在婚姻关系存续期间因赠与所得的财产,除非赠与合同中确定只归夫或妻一方的财产外,均应当属于夫妻共同财产。因本案中并无证据证明赵某婚后收取申某父母给付的80 000元系申某父母明确只赠给赵某一人的,故该笔款项应当属于赵某和申某的夫妻共同财产,现申某要求分得40 000元,于法有据。

对于改口费的受赠主体问题,应当结合改口费的给付原因及给付主体来分析。在我国传统的婚礼仪式上,父母给付结婚男女改口费是一项非常重要的仪式，通常是新娘先向公公、婆婆敬茶并改口叫“爸”“妈”，也就是认亲，不再叫叔叔、阿姨，同时婆婆会将红包中的改口费交给新娘手里。然后再由新郎向岳父、岳母敬茶并改口叫“爸”“妈”，也不再叫叔叔、阿姨，同时岳母会将红包中的改口费交给新郎手里。不同数额的改口费也蕴含着不同的寓意，例如，10 001 元寓意“万里挑一”，9999 元寓意“长长久久”。可见，改口费是新婚男女在对另一方父母正式改变称呼的情况下，父母给付改口男女的，属于认亲的一种外在形式，应当是对改口男女的个人赠与，而非对夫妻二人的共同赠与。因此，本案中赵某在结婚仪式上收取的改口费 10 001 元应当属于其个人财产。

对于争议焦点二，关于赵某在其女申小某出生时和满月时分别收取申某父母给付的庆生钱、满月钱是属于对申小某一人的赠与、对赵某和申某夫妻二人的赠与还是对一家三口的共同赠与问题。

公民从出生时起到死亡时止，具有民事权利能力，依法享有民事权利，承担民事义务。公民的民事权利能力一律平等。关于民事权利能力的问题，《民法典》在文字表述上略有调整，但规定均一致，民事主体在民事活动中的法律地位一律平等。自然人从出生时起到死亡时止，具有民事权利能力，依法享有民事权利，承担民事义务。自然人的民事权利能力一律平等。故无民事行为能力人完全有权作为财产的所有人，即申小某可以作为庆生钱、满月钱的受赠主体。在没有赠与合同的情况下，法院判断受赠主体时需要结合赠与人在赠与财产时的原因来分析，不能以发生争议时赠与人的意思表示作为判断标准。在我国的传统风俗中，长辈经常会在重大节日或其他有特殊纪念意义的日子赠给晚辈一定的财物以示庆祝，如压岁钱、庆生钱、满月钱等。不同的钱也蕴含着不同的寓意，例如，压岁钱最初源于北宋时期，人们认为小孩容易受鬼祟的侵害，所以用压岁钱压祟驱恶，帮助小孩平安过年。因为“岁”与“祟”谐音，所以压岁钱寓意为小孩辟邪驱鬼，保佑平安，祝愿孩子在新的一年里健康吉利、平平安安。该赠与钱款的本身即具有特定性，受赠主体也具有唯一性，即受赠主体是孩子而非父母或整个家庭成员。

结合本案，申某父母给付的庆生钱、满月钱系因庆祝申小某出生和满月而给付的，应当是对申小某个人的赠与而非对赵某、申某夫妻二人或其一家三口的共同赠与。申小某作为民事主体亦享有独立受赠的民事权利，故申某无权要求分得上述财产。

裁判精要

对于在确定婚庆喜钱的受赠主体时，首先需要考虑是彩礼还是一般赠与，其次需要考虑是婚前给付还是婚后给付，最后需要考虑是对个人的赠与还是对夫妻的共同赠与。对于在确定传统节日中给付的压岁钱、庆生钱、满月钱等受赠主体时，需要结合节日庆祝的原因及钱款的含义而综合分析确定受赠主体，不能忽视未成年人的利益保护，因为《民法典》第 13 条和第 14 条均明确规定，自然人从出生时即具有民事权利能力，且自然人的民事权利能力一律平等。

十二、身份性契约中以财产内容约束身份关系因违反公序良俗而无效

实务难题

私法自治是民法的基本原则，体现对民事行为主体充分表达其意思表示自由的保障，贯穿于整个民法制度体系之中。同理，婚姻关系中的夫妻双方也可依据私法自治原则，在其婚姻存续期间，针对特定事项进行自主约定，法律一方面保护双方对于自主约定事项的权利，另一方面也限制该约定不得违背公序良俗。

实践中，由于婚姻、家庭关系具有复杂性、多样性，夫妻双方之间的约定也同样呈现这些特点，从形式上看，约定多以协议、合同等形式出现，从内容上看，约定多为婚姻关系、夫妻财产归属、子女抚养、父母赡养等事项的具体处理和安排。在审判实践中，关于夫妻之间约定的效力认定，应当全面考察约定的内容是否具有合法性，须衡量婚姻、合同、物权等内容的价值取向与立法精神，在尊重夫妻双方意思自治的同时应当保障婚姻自由、婚姻关系稳定。

疑难案例

孙某与柴某原系夫妻关系，双方于 2012 年 6 月经法院判决解除婚姻关系。后柴某于 2014 年 4 月以附义务赠与合同纠纷为案由向法院提起诉讼。孙某与柴某在婚姻存续期间，签署协议书，约定："1. 甲方（柴某）将 303 室房产加上妻子孙某的名字；2. 乙方（孙某）放弃对以前各种家庭纠纷的计较，签订本协议之前的各种纠纷不愉快之事一概不得提起，尤其是夫妻不愉快的时候不准提起，

否则放弃对甲方房产的拥有权及子女抚养权;3. 双方不得随便提出离婚之事,否则提出方放弃对房产拥有权及子女抚养权;4. 甲方不得辱骂及出手伤到乙方,否则放弃对房产拥有权及子女抚养权。”柴某认为,根据协议书,该赠与是附义务的,孙某在加名后应共同维护婚姻,不能提出离婚,由于孙某提起诉讼离婚,违背双方赠与约定,请求法院判决撤销协议书第 1 条,即撤销对孙某在房屋中的加名赠与。

法院观点

一审法院认为,当事人应当按照约定全面履行自己的义务。从协议内容来看,第 3 条约定双方均不得随便提出离婚之事,否则放弃对房产拥有权,但根据离婚案件已经查明的事实,柴某与孙某几乎同一时间向不同法院提出离婚诉讼,能够证明双方均认为感情已经破裂,婚姻关系无法维系,且柴某的家庭暴力行为亦是导致双方感情不和并导致离婚的重要原因之一,法院有理由相信双方提出离婚均是经过慎重考虑的结果,并非随便之举,结合双方曾经签署的离婚协议,双方对涉案房屋共同共有在此前已经达成一致,协议书签订时双方离婚诉讼正在进行中,涉案房屋已经加名,赠与行为已经完成,故孙某之行为并不构成对协议书条款的违反。同时,以财产性契约约束身份关系,此种约定违背公序良俗应属无效,柴某以孙某提出离婚属于违反协议书的行为要求撤销加名赠与没有事实和法律依据,不符合撤销赠与的条件,法院对其诉讼请求不予支持。据此,原审法院驳回了柴某的全部诉讼请求。

柴某不服,以原审判决查明事实错误,孙某于双方签订协议书后违反了协议约定义务提出离婚,协议书赠与条款应予撤销为由,向二审法院提起上诉,请求依法发回重审或改判支持其原审诉求。

二审法院经审理认为,所有权人依法对自己的财产享有处分的权利。本案中,双方当事人签订的协议书第 1 条约定“甲方(柴某)将 303 室房产加上妻子孙某的名字”,即柴某将其所有的房屋部分权属赠与孙某,符合法律规定。随后双方重新办理了房屋产权证,将房屋所有权状态登记为柴某、孙某共同共有,即赠与财产的权利已经发生转移。现柴某主张孙某违反协议书约定的义务提出离婚,并据此主张撤销上述赠与。对此,当时的《合同法》中确有赠与可以附义务,受赠人不履行赠与合同约定的义务,赠与人可以撤销赠与等相关规定。对于所附义务,依据合同自治原则,可由双方当事人自行协商确定,但同样依据当时的《合同法》的规定,相关约定如存在违反国家法律法规的强制性规定、损害社会公共利益等法定情形的,应属无效。本案中,协议书中关于"双方不得随便提出离婚之事,否则提出方放弃对房产拥有权及子女抚养权"的相关约定,系以财产性契约约束身份关系。我国法定的婚姻自由包括结婚自由与离婚自由两个方面,这是婚姻关系当事人不可剥夺的法定权利。本案双方协议书中关于提出离婚一方放弃财产权利的约定,违背相关法律规定精神亦有违社会公序良俗即损害了社会公共利益,应属无效。故柴某以孙某提起离婚诉讼,违反了上述约定,未履行赠与所附义务为由要求撤销赠与,没有法律依据,法院不予支持。遂判决驳回上诉,维持原判。

法官点评

公序良俗原则是对私法自治、意思自治进行必要的约束和限制,亦即法律行为的内容和目的均在不违背社会公德和社会公共利益的情形下,才会产生当事人的预期效果。《民法典》实施之前,我国法律中虽然没有明文规定"公序良俗",但是根据《民法通则》第7条"民事活动应当尊重社会公德,不得损害社会公共利益,扰乱社会经济秩序"、第58条"下列民事行为无效:……(五)违反法律或社会公共利益的"以及《合同法》第7条"当事人订立、履行合同,应当遵守法律、行政法规,尊重社会公德,不得扰乱社会经济秩序,损害社会公共利益"的规定,"社会公德""社会公共利益"其在内涵、功能与作用上等同于公序良俗,亦即在司法实践中,法院可以当事人法律行为违背公序良俗,损害社会公共利益而认定该行为无效。《民法典》第8条规定"民事主体从事民事活动,不得违反法律,不得违背公序良俗"将公序良俗明确规定为民事活动的原则。第10条规定"处理民事纠纷,应当依照法律;法律没有规定,可以适用习惯,但是不得违背公序良俗"确定了公序良俗的法律适用顺序。第143条规定:"具备下列条件的民事法律行为有效:(一)行为人具有相应的民事行为能力;(二)意思表示真实;(三)不违反法律、行政法规的强制性规定,不违背公序良俗。"第153条规定:"违反法律、行政法规的强制性规定的民事法律行为无效。但是,该强制性规定不导致该民事法律行为无效的除外。违背公序良俗的民事法律行为无效。"第153条明确采用"公序良俗"的概念,并分别从法律行为有效的条件以及无效法律行为范围两个向度明确规定违背公序良俗的民事法律行为的法律后果，为公序良俗原则的适用提供了明确的法律依据。

公序良俗属于高度抽象的概念，具有概括性、普遍性，亦即一切符合社会公德与社会公共利益的法律关系均适用该原则。在司法实践中，须将公序良俗原则与具体案件进行结合，正确解读公序良俗的内涵。

结合本案，首先，《宪法》第 49 条第 4 款规定，禁止干涉婚姻自由。亦即宪法赋予了公民享有婚姻自由的基本权利，且该权利不得被他人随意干涉、禁止。其次，除《宪法》外的其他部门法也确认了婚姻自由基本原则，体现在《妇女权益保障法》第 44 条“国家保护妇女的婚姻自主权。禁止干涉妇女的结婚、离婚自由”等。《民法典》第 1041 条规定：“婚姻家庭受国家保护。实行婚姻自由、一夫一妻、男女平等的婚姻制度。保护妇女、未成年人、老年人、残疾人的合法权益。”婚姻自由作为婚姻家庭法律的首项原则，包括结婚自由和离婚自由两个方面，是指婚姻当事人有权根据法律的规定，自主、自愿地决定自己的婚姬事项，不受任何人的强制和非法干涉，亦即婚姻关系的成立、变更与解除均依照婚姻当事人的意愿。离婚自由指双方有共同做出离婚决定、达成离婚协议的权利，或者在夫妻感情确实已经破裂、婚姻关系无法继续维持下去时，任何一方都有提出诉讼离婚的权利。

夫妻双方享有在婚姻关系存续期间自由订立协议以约束双方行为的权利，此即私法自治原则的体现。在本案中，“双方不得随便提出离婚之事，否则提出方放弃对房产拥有权及子女抚养权”的协议条款，是以财产分配之权利归属达到限制婚姻当事人的离婚自由权利，亦即以财产性契约约束身份关系的约定，显然该约定已侵犯夫妻一方的婚姻自由权，系违背社会公德与社会公共利益的约定，违反公序良俗原则，故该约定应被认定为无效法律行为。

综上所述，夫妻在婚姻存续期间签订的协议、约定中，如以财产性契约约束身份关系的，此约定系因违反公序良俗而无效。

裁判精要

夫妻在婚姻关系存续期间签订的涉及财产问题的协议，如系双方当事人真实意思表示，且不违反法律、行政法规的禁止性规定，应当认定为有效。但如果上述协议存在以财产分割限制身份关系的内容，属于违背公序良俗原则，应认定为无效。

第五章　夫妻债务类纠纷

一、债权人有权要求借款人之配偶承担连带清偿责任

实务难题

受我国人民群众法律意识水平不高的影响，同时也考虑诉讼进程的精简化与便捷性，在民间借贷纠纷诉讼中，债权人直接起诉借款行为人及其配偶，要求二人承担共同的还款责任的案件并不算多。因此，民间借贷纠纷诉讼的生效法律文书并不解决借款行为人之配偶的法律地位与责任问题。虽然在执行中，法院可以通过追加共同的被执行人的方式，对夫妻共同财产采取执行措施，但因为该债务的法律性质此时仍然属于借款行为人之个人债务，因此仅能将其个人财产或共同财产中的个人份额用于清偿生效裁判文书中确定的法律义务，并不能对全部夫妻共同财产，甚至配偶的个人财产采取执行措施。这对于债权人而言，在借款行为人偿债能力不足的情况下，有可能承担较为不利的结果，而要明确该笔借款属于个人债务或是夫妻共同债务，借款行为人之配偶是否应承担还款的法律责任，还须另行诉讼解决。

疑难案例

王某在原审中诉称：高某与林某系夫妻关系，且高某和林某夫妻关系存续期间的共同财产登记在林某名下。根据北京市朝阳区人民法院和北京市第二中级人民法院二审民事判决书确定的权利义务，王某已经向债务人高某申请强制执行，但在被执行人高某没有财产可执行的情况下，故此起诉请求：判令林某对高某所负债务 1 600 000 元承担连带责任。

林某在原审中辩称：不同意王某的诉讼请求。高某与林某于1999年1月8日登记结婚，之后双方婚姻关系一直存续至今，现在还是夫妻关系。王某与高某的纠纷已经经过审理，王某的起诉不符合“一事不再理”的原则。林某与高某也对生效民事判决书不服，现在正在申诉。王某伪造欠条。如果欠条成立，也是基于王某与高某合伙形成的债务，不是与林某夫妻共同生活所形成的，应由高某一人承担。

法院经审理查明：林某与高某1999年1月8日登记结婚，二人夫妻关系存续至今。2010年1月30日，高某向王某出具欠条，内容为王某、高某共同出资购买的房屋归高某所有，王某的出资按高某的借款处理，高某向王某返还800 000元的借款。后高某拒绝支付该款项，王某诉至法院要求高某给付。一审法院判决高某给付王某借款1 600 000元。高某不服一审判决，提起上诉，北京市第二中级人民法院作出二审生效判决：驳回上诉，维持原判。

王某在北京市朝阳区人民法院申请执行该民事判决的过程中，执行法官发现高某作为被执行人，没有财产可执行，后发现高某的配偶林某名下有一套房屋。王某申请对该房屋进行查封，北京市朝阳区人民法院将该房屋查封后，王某提起本案诉讼。

法院观点

原审法院认为，债权人就婚姻关系存续期间夫妻一方以个人名义所负债务主张权利的，应当按夫妻共同债务处理。但夫妻一方能够证明债权人与债务人明确约定为个人债务或者夫妻对婚姻关系存续期间所得的财产约定归各自所有并且债权人知道该约定的，夫或妻一方对外所负的债务，以夫或妻一方所有的财产清偿。林某未能举证证明高某与王某明确约定了双方的债务为高某个人的债务，亦未能举证证明高某与林某实行分别财产制且债权人知道该约定。故对于高某在与林某夫妻关系存续期间对外所负的债务应以夫妻共同财产偿还。王某起诉要求林某对高某所负债务1 600 000元承担连带责任的诉讼请求有事实和法律依据，法院予以支持。综上所述，依照《民法通则》第108条、《婚姻法》第19条、《婚姻法司法解释(二)》第24条[1]、《证据规定》(2008)第2条之规定,判决林某于本判决生效之日起对高某应支付王某的款项承担连带清偿责任。

判决后,林某不服原审法院判决,提出上诉,请求撤销原判,改判驳回对方的诉讼请求,理由是高某与王某之间的债务,是因合伙开办公司共同出资购买房屋产生,该债的形成并非因夫妻生活而举债,而原审法院没有考虑这个事实,仅机械套用婚姻法的解释,导致错误判决。

二审法院经审理查明的事实与原审法院查明基本事实一致。二审法院认为,本案的一审审理过程与结果存在以下问题:(1)本案诉讼程序的问题。本案是因为在执行过程中,发现林某名下有房屋,因林某非生效判决书确定的债务人而发生。按照《民事诉讼法》的规定,执行中查封林某名下的房屋后,执行人员应当通知林某,如果林某提出执行程序的异议,应当按照《民事诉讼法》第225条的规定处理;如果林某对是否属于夫妻共同债务及执行标的是否为夫妻共同财产提出异议,应当按照《民事诉讼法》第227条的规定处理。(2)如果不涉及执行程序,单独提起诉讼,诉讼目的应当是确认已生效判决的债务属于夫妻共同债务,在确认夫妻共同债务的诉讼中,夫妻双方都应当是案件的当事人,双方都应当在诉讼中发表相应的意见,而一审法院并未将高某作为当事人,属于遗漏必须参加诉讼的当事人,存在剥夺高某诉权的问题。(3)一审法院认为"应以夫妻共同财产偿还"涉案债务,而判决主文中认定林某承担连带责任;因连带责任的承担可能涉及个人财产,超出了夫妻共同财产的范围,故一审判决书的判理部分与主文部分不一致。综上三点原因,二审法院裁定撤销原判,发回重审。

法官点评

本案有一定的代表性。生效判决确认高某欠了原告王某的钱,因为高某没有履行能力,没有可执行财产,而其配偶林某名下有房产,且根据案件情况,基本可认定该房产为夫妻共同财产。在这种情况下,生效判决书的执行法院将房

---

[1] 具体内容规定在《最高人民法院关于适用〈中华人民共和国民法典〉婚姻家庭编的解释(一)》第34条。

屋查封之后,按通常处理,有两种解决路径。

1. 法院追加林某为被执行人,林某可以提出执行异议之诉,通过该诉讼确认房屋完全属于林某个人财产,或者确认该房屋为夫妻共同财产,但申请人仅能就其中部分份额获偿。2007 年《民事诉讼法》修订以前,执行过程中并不区分执行实施行为与执行裁决行为,更不考虑执行中的实体法律关系判断问题的特殊性。法院执行部门直接审查相关房产是否是夫妻关系存续期间取得,如果是就认定为夫妻共同财产,直接追加被执行人并对该财产执行,不考虑对房屋权利归属的确定应当属于实体法律关系判断问题,也不认为应当经诉讼进行实体审理后解决。2007 年《民事诉讼法》修订之后建立了执行异议之诉制度,通过这一诉讼程序,审理解决特定标的物的权属这一实体法上纠纷。目前,在一些将被执行人的配偶追加为被执行人的案件中,多数情况下这些被执行人的配偶会提出执行异议,对法院查封的执行标的的权属认定提出合法性方面的质疑,认为这种处理方式超出了执行权的范围,剥夺了配偶的诉权。法院执行部门就此作出裁定之后,被执行人之配偶或申请执行人可以依据《民事诉讼法》的规定,提起执行异议之诉,进行实体确权之后再解决执行问题。

2. 债权人可以另行起诉要求确认债务属于夫妻共同债务,请求法院判令被执行人之配偶承担连带还款责任,然后申请对配偶执行。

笔者认为,后一种方式更为合理,对于债权人而言更为有利,原因在于以下方面。

(一)确定是否为共同债务有另行审理之必要

《民法典》第 1065 条第 3 款规定:"夫妻对婚姻关系存续期间所得的财产约定归各自所有,夫或者妻一方对外所负的债务,相对人知道该约定的,以夫或者妻一方的个人财产清偿。"从上述规定来看,夫妻关系存续期间,夫妻任何一方以自己名义借款的行为均应当推定为夫妻共同债务,但相对人和债务人间有约定或,夫妻之间约定各自财产归各自所有且相对人知道这两种情形除外。虽然有这一推定条款,但社会实践中夫妻一方借款实际为个人借款,用于个人目的的情况也客观存在,司法实践中确认借款为个人借款的案件也不在少数。有些法院即认为,夫妻一方超出家庭日常生活需要的范围借款,但所借款项用于家庭共同生活或者夫妻另一方事后追认的,应认定为夫妻共同债务;夫妻一方的借款明显超出家庭日常生活需要的范围，当事人对于借款是否属于夫妻共同债务存在争议的，借款人应当举证证明借款的实际用途。债权人可以援引表见代理的规定，要求夫妻共同承担债务清偿责任。表见代理的证明责任，适用《最高人民法院关于当前形势下审理民商事合同纠纷案件若干问题的指导意见》第13条的规定，人民法院应结合日常生活经验和案件具体情况等因素，合理分配举证责任，对债权人的诉讼请求进行综合判断。由此可见，夫妻共同债务的认定并非仅以夫妻关系存续期间为准，而是需要审查具体目的与用途，这种存在变数的情况，因涉及特定债权债务关系项下债务人的具体范围问题，涉及个人债务与夫妻共同债务的判定问题，故应通过诉讼解决。

（二）连带责任诉讼的法律基础

在民法上，共同责任与连带责任并非完全对应，但二者确实属于经常相伴而行的概念，在司法解释中也经常将二者混用，将连带责任作为共同责任的另外一种表现形式。在《民法典》规定夫妻双方对夫妻共同债务应当共同偿还的情况下，最高人民法院的司法解释进一步明确对于夫妻共同债务，夫妻双方应当承担连带清偿责任。《最高人民法院关于适用〈中华人民共和国民法典〉婚姻家庭编的解释（一）》第35条规定，当事人的离婚协议或者人民法院生效判决、裁定、调解书已经对夫妻财产分割问题作出处理的，债权人仍有权就夫妻共同债务向男女双方主张权利。一方就共同债务承担清偿责任后，主张由另一方按照离婚协议或者人民法院的法律文书承担相应债务的，人民法院应当支持。该解释第36条规定，夫或妻一方死亡的，生存一方应当对婚姻关系存续期间的共同债务承担清偿责任。在这两个条文中，对于夫妻共同债务，最高人民法院认为构成的是夫妻二人的连带的清偿责任。

（三）后诉不构成重复起诉

《民事诉讼法》第124条第5项规定，对判决、裁定、调解书已经发生法律效力的案件，当事人又起诉的，告知原告申请再审，但人民法院准许撤诉的裁定除外。这一条文即我国对重复起诉问题作出的专门规定。为进一步解决这一问题的实践掌握标准，2015年的《最高人民法院关于适用〈中华人民共和国民事诉讼法〉的解释》第247条规定,当事人就已经提起诉讼的事项在诉讼过程中或者裁判生效后再次起诉,同时符合下列条件的,构成重复起诉:(1)后诉与前诉的当事人相同;(2)后诉与前诉的诉讼标的相同;(3)后诉与前诉的诉讼请求相同,或者后诉的诉讼请求实质上否定前诉裁判结果。可见,司法解释对识别诉的同一性提出了当事人、诉讼标的(实体法律关系)、诉讼请求三大要素。

就债权人起诉借款行为人还款并获得胜诉判决之后,再次起诉借款行为人之配偶,要求其承担连带清偿责任的诉讼是否构成重复起诉的问题,笔者认为应持否定观点,理由在于,首先,虽然基础关系均为债权债务关系,但基于同一诉讼标的(民事法律关系)提出的不同诉讼请求不构成重复起诉,这一点《最高人民法院关于适用〈中华人民共和国民事诉讼法〉的解释》已经予以明确,其他司法解释中也有类似规定,如《最高人民法院〈中华人民共和国民法典〉婚姻家庭的解释(一)》第81条规定,婚姻关系存续期间,夫妻一方作为继承人依法可以继承的遗产,在继承人之间尚未实际分割,起诉离婚时另一方请求分割的,人民法院应当告知当事人在继承人之间实际分割遗产后另行起诉;该解释第83条规定,离婚后,一方以尚有夫妻共同财产未处理为由向人民法院起诉请求分割的,经审查该财产确属离婚时未涉及的夫妻共同财产,人民法院应当依法予以分割。其次,所谓重复起诉的判断,应当以诉讼请求与判决主文中所表示的判断为准,《最高人民法院关于适用〈中华人民共和国民事诉讼法〉的解释》第296条规定,《民事诉讼法》第56条第3款规定的判决、裁定、调解书的部分或者全部内容,是指判决、裁定的主文,调解书中处理当事人民事权利义务的结果,故判决主文未涉及的事项不属于重复起诉的范围,这也是"三要件"中"诉讼请求相同"之要件的作用。最后,当事人对生效判决书未解决的事项可以起诉要求解决,拒绝重复起诉的既判力的效力是基于生效裁判文书而存在的,但裁判文书仅解决在诉讼中已经固定的事实争议,对未纳入诉讼范围的事实问题并未进行审理,更不可能具有法律上的强制力。因此,既判力亦仅针对"已决事项",对诉讼终结之后新的事实或新产生的争议点不具有约束力,后者不产生重复起诉的问题,如双方签订新的合同、因时间的经过而发生新的租金、违约金、利息等费用,或就连带责任、追偿权等问题,故本案不属于产生既判力情况。

（四）连带责任下可执行配偶的个人财产

实践中，有观点认为夫妻共同债务不等于连带责任，仍应该限定在夫妻共同财产范围之内，故在相关的诉讼与执行过程中，也应当以夫妻共同财产为限，承担共同债务。笔者对这一观点不敢苟同，原因在于，夫妻或者家庭，并不具有独立的民事主体地位与民事权利能力。在我国的法律体系之中，能够阻却特定组织或主体与组成该组织的自然人之间的牵连关系的只有法律规定的公司与其股东或员工、事业单位法人与其职工，等等。将夫妻共同债务与共同财产、个人财产的关系与最相近似的合伙债务、合伙共同财产与合伙人个人财产的关系作一对比，可以更清晰地认识这一问题。《合伙企业法》第 38 条、第 39 条规定，合伙企业对其债务，应先以其全部财产进行清偿。合伙企业不能清偿到期债务的，合伙人承担无限连带责任。由此可见，在由自然人组成的单位或其他主体中，除法律有明确规定之外，自然人应当对该主体的债务承担无限责任，即应当以个人财产承担。

（五）连带赔偿责任之诉的程序事项

1. 应当将借款行为人之配偶列为被告，将借款行为人列为第三人。因后诉为解决借款行为人之配偶的连带清偿责任问题的专门诉讼，借款行为人本身的还款责任已经在前诉中解决并予以判定，故应当以配偶为被告，以确定其法律责任，而就借款行为人的诉讼地位问题，因后诉中已经不能再次判定其债务清偿的实体责任，故其不应作为被告，而是作为第三人。依据《民事诉讼法》第 56 条的规定，对当事人双方的诉讼标的，第三人虽然没有独立请求权，但案件处理结果同他有法律上的利害关系的，可以申请参加诉讼，或者由人民法院通知他参加诉讼。故债权人可以在后诉的起诉时直接将该借款行为人列为第三人，也可以在诉讼中申请追加。法条虽然规定的是“或者由人民法院通知他参加诉讼”，但从审理此案件的需要出发，对借款行为人法院应当依职权追加，以查明借款的事实，如款项给付方法与途径、日期、款项的实际用途等。

2. 合理安排举证责任。后诉审理的诉讼请求虽然针对的是配偶的连带清偿责任问题，但这一问题实际仍以债务的性质为个人债务还是夫妻共同债务为前提。对于这一问题的认定,其核心不仅在于对配偶主张的免责事由的审查,而且在于对是否形成婚姻法上的共同债务的审查认定,其举证责任分配应当与债权人直接起诉借款行为人与其配偶二人时相同处理。

3. 无须明确夫妻间的追偿权。在通常的连带清偿责任纠纷中,如连带保证之债中,法院在判定一方的连带责任的同时,应当在同一案件中解决追偿问题,常见的处理方式如在判决主文第一项中明确被告一的还款责任,在主文第二项中明确被告二的保证责任,在第三项中明确被告二承担保证责任后可以向被告一追偿。但这一做法在本案中无法适用,原因在于:首先,男女双方在此连带清偿责任诉讼中可能仍为夫妻关系,仍属于夫妻婚后一般共同所有制,无追偿之必要;其次,民事诉讼遵循"不告不理"的基本原则,法院处理范围一般以起诉为准,债权人起诉仅要求确认配偶的连带清偿责任,对被告的夫妻内部关系和解决借款行为人与其配偶之间的债务承担比例分配问题未起诉确认,故法院不宜一并处理;最后,追偿必然涉及分担比例的确定问题,而夫妻共同债务的分担问题应当与夫妻共同财产的分割问题一并考虑,同时还有《民法典》婚姻家庭编上规定的照顾子女与女方、权益的原则等的适用问题,故不宜在借贷纠纷案件的审判中解决,而应通过双方的离婚诉讼或离婚后财产纠纷诉讼解决共同债务的分担比例问题与相应的补偿、追偿问题,故本案不属于违反既判力的情形。

裁判精要

举债人配偶的债务人身份问题是合同相对性与夫妻共同债务的法定性之间的衔接问题,在债权人基于合同相对性仅起诉了举债人并获得胜诉判决的情况下,基于夫妻共同债务的法定性,其亦可单独起诉举债人之配偶,要求其承担连带赔偿责任,该连带赔偿责任与夫妻共同债务的共同清偿责任仅仅是同一事物的两种不同表述而已。

就夫妻共同债务的认定问题,《民法典》第1089条规定,离婚时,夫妻共同债务应当共同偿还。共同财产不足清偿或者财产归各自所有的,由双方协议清偿;协议不成的，由人民法院判决。此后《婚姻法司法解释(二)》第24条[1]规定："债权人就婚姻关系存续期间夫妻一方以个人名义所负债务主张权利的，应当按夫妻共同债务处理。但夫妻一方能够证明债权人与债务人明确约定为个人债务，或者能够证明属于婚姻法第十九条第三款规定情形的除外。"因该条款引发了极大争议，最高人民法院在2018年年初颁布了《关于审理涉及夫妻债务纠纷案件适用法律有关问题的解释》，其中主要规定了应当认定为夫妻共同债务的三种情况：第一，夫妻双方共同签字或者夫妻一方事后追认等共同意思表示所负的债务，应当认定为夫妻共同债务；第二，夫妻一方在婚姻关系存续期间以个人名义为家庭日常生活需要所负的债务，债权人以属于夫妻共同债务为由主张权利的，人民法院应予支持；第三，夫妻一方在婚姻关系存续期间以个人名义超出家庭日常生活需要所负的债务，债权人以属于夫妻共同债务为由主张权利的，人民法院不予支持，但债权人能够证明该债务用于夫妻共同生活、共同生产经营或者基于夫妻双方共同意思表示的除外。该解释颁行后获得了广泛认可。此次立法中，《民法典》也吸收了其中的内容，第1064条规定，夫妻双方共同签名或者夫妻一方事后追认等共同意思表示所负的债务，以及夫妻一方在婚姻关系存续期间以个人名义为家庭日常生活需要所负的债务，属于夫妻共同债务。夫妻一方在婚姻关系存续期间以个人名义超出家庭日常生活需要所负的债务，不属于夫妻共同债务；但是，债权人能够证明该债务用于夫妻共同生活、共同生产经营或者基于夫妻双方共同意思表示的除外。可以发现，法条内容与司法解释内容基本一致。当然，本案主要解决的是要求配偶承担债务的方式与效果问题，并非针对构成夫妻共同债务的认定问题，故《民法典》的内容并不影响本案例相关论述。

另外，就连带责任的后果问题，合伙的债务，由合伙人按照出资比例或者协议的约定，以各自的财产承担清偿责任。合伙人对合伙的债务承担连带责任，法律另有规定的除外。偿还合伙债务超过自己应当承担数额的合伙人，有权向其他合伙人追偿。《合伙企业法》第38条、第39条规定，合伙企业对其债务，应先以其全部财产进行清偿。合伙企业不能清偿到期债务的，合伙人承担无限连带责任。就此内容，《民法典》中也有体现，第104条规定，非法人组织的财产不足以清偿债务的，其出资人或者设立人承担无限责任。法律另有规定的，依照其规定。第973条规定，合伙人对合伙债务承担连带责任。清偿合伙债务超过自己应当承担份额的合伙

---

[1] 具体规定参见《最高人民法院关于适用〈中华人民共和国民法典〉婚姻家庭编的解释(一)》第34条。

人,有权向其他合伙人追偿。故在此方面,《民法典》的规定沿袭了现行规范的内容。

二、夫妻共同债务与个人债务的判断标准

实务难题

目前,随着人民群众的生活水平的提高,社会及家庭财富的积累,夫妻在离婚时就家庭财产分割产生的纠纷日益增加;而有些当事人企图侵占另一方财产,转移、隐匿财产,伪造债务,亦给法院审理工作带来困难。因此,在审理离婚案件中,正确认识和理解夫妻共同债务与个人债务的区别,既有助于保护债权人的合法权益,维护正常的交易秩序,又能保护夫妻双方内部财产关系的公平协调。

在讨论如何判断夫妻共同债务和个人债务之前,有必要对我国的婚姻财产制度加以说明。《民法典》规定夫妻婚后所得共同所有制,同时亦规定了夫妻可以约定婚姻关系存续期间所得的财产以及婚前财产归各自所有、共同所有或部分各自所有、部分共同所有。同理,对于夫妻双方或一方婚前、婚后所负债务,夫妻双方同样可以约定是共同债务还是个人债务。需要指出的是,夫妻之间的约定仅对双方具有约束力,不能对抗善意第三人。因此,在对债务是否属于夫妻共同债务还是个人债务进行判断之前,首先应先关注夫妻双方对债务的约定。有约定从约定,没有约定的,再按照法律规定进行判断。在司法实践中,大部分离婚案件中夫妻双方对债务并无特别约定,因此后文主要讨论的是夫妻对债务承担没有约定的情况下,如何进行判断的问题。

疑难案例

高某在原审法院起诉称:我和刘甲于2000年结婚。2008年年底我被查出患有淋巴癌。刘甲在我生病及康复期间对我不闻不问,恶意转移夫妻共同财产,企图让我无钱治病等死,而我为了治病则欠下巨额债务,刘甲的行为构成遗弃,属于婚姻关系中的过错方,夫妻感情已经彻底破裂,要求:双方离婚;依法分割双方共同所有的A房屋和B房屋。

刘甲在原审法院辩称:我同意离婚。高某要求分割的A房屋和B房屋均是

我父亲刘乙借我名义购买的房屋，所有房款都是刘乙支付，每月还贷存款手续也都是由刘乙亲手签字办理。2000 年至今，我们夫妻共欠外债 2 300 000 元，希望法院判决共同负担。

原审法院经审理查明：刘甲与高某于 2000 年 1 月 31 日登记结婚。高某于 2009 年 1 月被确诊患有淋巴瘤。诉讼中刘甲表示同意离婚。

诉讼中，法院查明的属于刘甲和高甲的夫妻共同财产有：

1. A 房屋。房屋所有权人为高某，共有情况为共同共有，共有人为刘甲。经评估，确定 A 房屋的总价值为 2 339 585 元，每建筑面积单价 14 348 元/平方米。

2. B 房屋。房屋所有权人为高某，共有情况为共同共有，共有人为刘甲。经评估，确定 B 房屋的总价值为 2 450 057 元，每建筑面积单价 30 330 元/平方米。

对于 A 房屋和 B 房屋，高某主张 B 房屋归自己所有，A 房屋归刘甲所有。刘甲主张上述两套房屋并非夫妻共同财产，而是其父亲刘乙借刘甲之名购买的房产。经查，刘乙曾于 2014 年将刘甲诉至法院，要求确认 A 房屋和 B 房屋系其借用刘甲之名购买，请求法院判决确认上述两套房屋归其所有。法院作出判决驳回了刘乙的诉讼请求。

刘甲主张婚姻关系存续期间为夫妻共同生活所负债务共计 2 300 000 元，并提交了借款明细、民事起诉状、民事调解书等证据。刘甲主张的对外借款包括以下内容。

1. 2010 年刘甲交回高某工作单位的住院押金 75 000 元。高某认可确有此事，但认为钱款来源并非借款。

2. 2011 年法院民事判决书中确认的刘甲应当偿还给 A 公司的借款 65 000 元。该判决书第 2 页载明："A 公司称以现金形式向刘甲支付了上述 65 000 元，刘甲称借款时其没有配偶，借款系其个人债务。"

3. 2011 年法院民事调解书中确认的刘甲应当偿还给 B 公司的借款 145 786.18 元。

4. 2011 年法院民事调解书中确认的刘甲应当偿还给 C 公司的借款 1 303 783 元。

高某不认可上述借款为夫妻共同债务，并称刘甲与上述债权人之间有利害关系，存在恶意串通、伪造债务的行为。为证明刘甲与其所称债权人之间存在利害关系，高某提交了 C 公司第三届第一次股东会决议（内容为刘甲同意将其出资转让给周某）、出资转让协议书，B 公司第二届第一次股东会决议（内容为刘甲愿意将实缴 100 000 元货币出资分别转让给周某 50 000 元、刘乙 50 000

元)、出资转让协议书。

另外,高某曾向法院提起第三人撤销之诉,要求撤销前述两份民事调解书。法院裁定驳回高某的起诉。

另查,刘甲在婚姻关系存续期间,存在转移、变卖夫妻共同财产(A 房屋和 B 房屋)的行为。具体体现为:A 房屋和 B 房屋原系登记在刘甲名下的夫妻共同财产,2009 年,刘甲与其父刘乙签订两份存量房屋买卖合同,将 A 房屋和 B 房屋出卖给刘乙,并办理了登记过户手续,将 A 房屋和 B 房屋登记至刘乙名下。后高某将刘甲、刘乙诉至法院,要求确认刘甲与刘乙签订的关于 A 房屋和 B 房屋的存量房屋买卖合同无效。法院作出判决,支持了高某的诉讼请求。刘甲与刘乙不服,提起上诉,后申请撤回上诉。在上述案件二审审理期间,刘乙与案外人刘丙、黄某分别签订存量房屋买卖合同(自行成交版),约定刘乙将 A 房屋和 B 房屋分别出卖给案外人刘丙、黄某,并将 A 房屋和 B 房屋分别登记至刘丙、黄某名下。高某再次将刘甲、刘乙、刘丙、黄某诉至法院,要求确认刘乙分别与刘丙、黄某签订的存量房屋买卖合同(自行成交版)无效。法院作出判决,支持了高某的诉讼请求。

法院观点

原审法院经审理认为,根据双方财产情况、高某的身体状况,并考虑刘甲在婚姻关系存续期间转移夫妻共同财产的情节,对双方的共同财产作如下处理:关于 A 房屋和 B 房屋,刘甲虽主张系刘乙借用其名购买的房屋,但刘乙请求确认物权的诉讼请求已被法院生效判决所驳回,故 A 房屋和 B 房屋应当作为高某与刘甲的夫妻共同财产予以分割。虽然 B 房屋的市场价值略高于 A 房屋,但考虑到高某的经济状况及身体状况,法院判决 B 房屋归高某所有,A 房屋归刘甲所有。关于刘甲主张婚姻关系存续期间为夫妻共同生活所负的债务 2 300 000 元,部分债务虽有生效法律文书认定,但从这些法律文书中的表述来看,“刘甲称借款时其没有配偶,借款系其个人债务”,其他法律文书则并未对债务性质是共同债务还是个人债务进行明确认定,故不能仅凭生效法律文书即认定属于夫妻共同债务。根据现有证据,无法证明高某主观上具有举债的合意且客观上分享了该债务所带来的利益,故法院认定刘甲主张的 2 300 000 元均系其个人债务,高某无须进行偿还。故判决:准予高某与刘甲离婚;B 房屋归高某所有;A

房屋归刘甲所有;驳回双方其他诉讼请求。

原审法院判决后,刘甲不服,提起上诉。二审法院经审理后判决:驳回上诉,维持原判。

法官点评

就上述案件中,刘甲所主张分割的债务问题,结合相关法律规定,评析如下。

(一)关于2010年刘甲交回高某工作单位的住院押金75 000元

《民法典》第1089条规定,离婚时,夫妻共同债务应当共同偿还。共同财产不足清偿或者财产归各自所有的,由双方协议清偿;协议不成的,由人民法院判决。从以上法律规定来看,可知构成夫妻共同债务必须同时包含以下要素:(1)夫妻双方或一方向他人举债;(2)所负债务系为夫妻共同生活。即夫妻双方或一方所负债务,用于夫妻共同生活的债务是共同债务。反之,以个人名义所负的与夫妻共同生活无关的债务则是夫妻个人债务。这里所说的夫妻共同生活,应该是指广义上的,一切与夫妻共同生活有关的生产、生活活动。

判断是否属于夫妻共同债务,一般认为有以下两个判断标准:一是夫妻是否有共同举债的合意。即如果夫妻有共同举债之合意,则无论该债务所带来的利益是否为夫妻共享,该债务均应为共同债务。二是夫妻是否分享了债务所带来的利益。即使夫妻事先或事后均没有共同举债的合意,但该债务发生后,夫妻双方共同分享了该债务所带来的利益,则应为共同债务。反之,排除夫妻共同债务,确认为个人债务,则须同时具备两个条件:(1)夫妻双方主观上不具有举债的合意;(2)夫妻双方客观上没有分享该债务所带来的利益的事实。按照上述判断标准,对于夫妻一方因侵权行为致人损害产生的等一般认定为一方个人债务的,如果该侵权行为系因家庭劳动、经营等家事活动产生或其收益归家庭使用的,也应认定为夫妻共同债务。

本案中,关于刘甲所主张的交回高某工作单位的住院押金75 000元,此为夫妻关系存续期间与共同生活有关的债务,确为夫妻共同债务。高某亦认可,但主张钱款来源并非借款。我国《民法典》确立的是夫妻婚后所得财产共同制,在婚姻关系存续期间,除为法定夫妻特有财产和约定为个人所有财产之外,夫妻双方或者一方所得的财产,均归夫妻共同所有,夫妻对共同所有的财产享有平等的处理权。上述款项刘甲已经付清,其在离婚时主张为共同债务,其应提供证据证实其用于支付的款项系为借款或该款为其个人财产或双方约定的个人财产。在刘甲并未提供证据证实其向高某工作单位支付的住院押金 75 000 元确为借款或是以其个人财产支出的情况下,其已经支付的款项应视为夫妻关系存续期间为共同生活的正常支出,其本身并不构成离婚时为双方共同生活所负债务,故其主张不应被支持。

(二)关于 2011 年判决中确认的刘甲应当偿还给 A 公司的借款 65 000 元

《民法典》第 1065 条第 3 款规定,夫妻对婚姻关系存续期间所得的财产约定归各自所有,夫或者妻一方对外所负的债务,相对人知道该约定的,以夫或者妻一方所有的财产清偿。《最高人民法院关于适用〈中华人民共和国民法典〉婚姻家庭编的解释(一)》第 33 条规定,债权人就一方婚前所负个人债务向债务人的配偶主张权利的,人民法院不予支持。但债权人能够证明所负债务用于婚后家庭共同生活的除外。

从以上法律规定来看,举债时间对于确认是否夫妻共同债务,并不是决定性因素。即便是夫妻一方婚前债务,如果有证据证明系为夫妻共同生活支出,一样为夫妻共同债务,仅是因举债发生在婚姻登记时间前后的不同,当事人举证证明事项以及举证责任的承担有所不同。与夫妻婚后所得共同制一样,婚姻关系存续期间的债务推定为夫妻共同债务,除非一方提出主张并举证证明此为个人债务。一方举债发生在婚姻登记前,此时双方尚未结婚,离婚时,一方要求对方分担债务,须证明该债务系为夫妻共同生活。而一方举债发生在婚姻登记后,离婚时,一方要求不分担债务,则须证明债务人与债权人明确约定为个人债务,或者能够证明夫妻对婚姻关系存续期间所得的财产约定归各自所有,且第三人知道该约定。

本案中,刘甲主张偿还给 A 公司的借款 65 000 元为共同债务。刘甲提交了法院判决书予以证明,但该判决书第 2 页明确载明:"A 公司称以现金形式向刘甲支付了上述 65 000 元,刘甲称借款时其没有配偶,借款系其个人债务。"即债权人 A 公司与刘甲的合意是该笔债务系刘甲个人债务。故该笔债务应由刘甲自行偿还。

（三）关于2011年调解书中确认的刘甲应当偿还给B公司的借款145 786.18元，以及2011年法院调解书中确认的刘甲应当偿还给C公司的借款1 303 783元

《民法典》第1062条规定，夫妻在婚姻关系存续期间所得的工资、奖金、生产经营的收益、知识产权的收益等均归夫妻共同所有。同样，夫妻在婚姻关系存续期间一方以个人名义所负的债务也应当按夫妻共同债务处理。同时，《民法典》第1092条第1款亦规定，离婚时，一方隐藏、转移、变卖、毁损、挥霍夫妻共同财产，或者伪造夫妻共同债务企图侵占另一方财产的，分割夫妻共同财产时，对该方可以少分或不分。离婚后，另一方发现有上述行为的，可以向人民法院提起诉讼，请求再次分割夫妻共同财产。

如前所述，主张存在共同债务的一方须证明如下事项：(1)所负债务真实存在；(2)夫妻有共同举债的合意或夫妻分享了债务所带来的利益。

在审判实践中，夫妻一方在离婚时往往会出具确定婚姻关系存续期间一方所欠债务的生效法律文书，并据以主张该债务为夫妻共同债务。对于此类债务性质的确认，一般原则是，如果法律文书主文中对债务属于夫妻共同债务还是个人债务性质有明确认定，那么即依该认定进行确认；如果法律文书主文未对债务性质进行认定，则可根据前述标准并根据双方举证情况对债务性质进行判断。

本案中，高某于2008年被确认患病，2009年刘甲即开始其转移双方共同房产的行为。高某经过两次诉讼才将房屋追回。在追回房屋的诉讼期间，刘甲与他人（A公司、B公司）达成调解协议，确认刘甲所负债务。高某对此不予认可。对于上述两笔债务，可从下面几个方面分析：(1)刘甲在婚姻关系存续期间，有转移、变卖夫妻共同财产的行为；(2)刘甲原系债权人A公司、B公司的股东，其与债权人存在利害关系；(3)即使有生效法律文书确认债务，但法律文书并未对债务性质是共同债务还是个人债务进行明确认定，不能仅凭生效法律文书即认定属于夫妻共同债务；(4)刘甲并无证据证明高某主观上具有举债的合意且客观上分享了该债务所带来的利益。法院最终确认刘甲主张的上述债务系其个人债务，高某无须进行偿还。

裁判精要

判断是否属于夫妻共同债务的标准：一是夫妻是否有共同举债的合意。即如果夫妻有共同举债之合意,则无论该债务所带来的利益是否为夫妻共享,该债务均应为共同债务。二是夫妻是否分享了债务所带来的利益。即使夫妻事先或事后均没有共同举债的合意,但该债务发生后,夫妻双方共同分享了该债务所带来的利益,则应为共同债务。此处的“利益”既包括家庭日常生活需要,也包括共同生产经营。需要注意的是,如果债权人无法证明债务人以个人名义所负债务系用于前述目的,且该债务又明显超出日常生活所需时,则会认定为个人债务而非夫妻共同债务。这主要是因为,此种情况下难以得出夫妻双方均从该债务中获取实际利益的结论。因此,判断是否属于夫妻共同债务的出发点依然是夫妻双方是否因为该债务而共同获益。

《民法典》中新增加了对夫妻共同债务的规定,其第 1064 条规定:“夫妻双方共同签名或者夫妻一方事后追认等共同意思表示所负的债务,以及夫妻一方在婚姻关系存续期间以个人名义为家庭日常生活需要所负的债务,属于夫妻共同债务。夫妻一方在婚姻关系存续期间以个人名义超出家庭日常生活需要所负的债务,不属于夫妻共同债务;但是,债权人能够证明该债务用于夫妻共同生活、共同生产经营或者基于夫妻双方共同意思表示的除外。”该规定与本案例的裁判理念宗旨相一致。夫妻共同签名或者夫妻一方事后追认所负的债务则为双方有共同举债合意的债务,当属夫妻共同债务。而夫妻一方在婚姻关系存续期间以个人名义为家庭日常生活需要所负的债务以及超出家庭日常生活需要但用于夫妻共同生活、共同生产经营,因夫妻共同分享了债务所带来的利益,故应当认定为夫妻共同债务。《民法典》吸收了司法实践以及理论研究的最新成果,内容较为科学。就本案例而言,本案对于夫妻共同债务的具体把握标准与审查要素,与《民法典》的精神相一致,故适用要点在《民法典》实施之后并无不同。

三、一方举债损害配偶权益,在配偶认可的情况下应当认定为夫妻共同债务

实务难题

离婚诉讼中,判断债务是否属于夫妻共同债务对于夫妻双方及债权人的利益有重大影响。根据《民法典》第 1089 条的规定,离婚时,夫妻共同应当共同偿还。据此,如能认定为夫妻共同债务,则应当由夫妻共同偿还,于债权人之利益是极好

的保护;如不能认定为夫妻共同债务,则应当由债务人自行承担,不存在夫妻共同偿还的问题,此种情形下,实践中出现了夫妻为逃避债务而损害债权人利益的情况,对保护债权人利益殊为不利。因此,对于夫妻共同债务之判断采取推定标准,即债权人就婚姻关系存续期间夫妻一方以个人名义所负债务主张权利的,应当按夫妻共同债务处理。但夫妻一方能够证明债权人与债务人明确约定为个人债务的除外。根据这一规定,夫或妻一方以个人名义所负之债务,原则上应推定为夫妻共同债务,除非夫或妻一方能够举出反证,推翻前述推定,则按照个人债务处理。根据这一规定,在大多数债权人主张实现债权的诉讼案件中,债务可被认定为夫妻共同债务,实践中又出现了夫或妻一方与第三人串通制造虚假债务,损害另一方利益的行为。因此,在夫妻及债权人三者的利益保护上就产生了矛盾和冲突的地方,如何找到一个三方利益之间的平衡点成为司法实践中的难题。司法实践中,存在一种情形,夫或妻一方实施的某个行为产生了债务,同时,这个行为本身又属于是侵害夫妻另一方利益的行为,例如,夫或妻一方在另一方不知情的情况下擅自出卖了夫妻共有的房产,后因另一方不追认该买卖行为导致交易无效,夫妻为了索回房产而支付了一定的价款,该笔价款系举债而来,而就该债务是否能认定为夫妻共同债务,在实践中易引发争议。

疑难案例

邓某甲、于某系夫妻,双方名下有坐落于北京市朝阳区×号房屋(以下简称×号房屋)一套。×号房屋系2003年7月11日邓某甲与某公司签订回购现房协议书以372 870元价款所购买。同日,邓某甲与案外人张某甲签订协议,约定,邓某甲自愿以自己的名义为张某甲订购某公司所售的回迁房即×号房屋,张某甲应于邓某甲与某公司签订回购协议之日起15日内将全部房款372 870元向邓某甲一次性付清。2003年7月19日,邓某甲收到购房款372 870元。张某甲于2010年将邓某甲诉至法院,要求邓某甲协助其办理×号房屋的过户手续。法院于该案审理过程中追加于某为第三人,邓某甲提出反诉,要求确认其与张某甲签订的协议无效。法院就该案审理认为,根据现有证据邓某甲、于某应视为×号房屋的共有人,张某甲提交的证据不足以证明于某知晓并同意将×号房出售给张某甲,且于某拒绝追认张某甲与邓某甲所签合同的效力,故该合同应当被认定为无效。法院判决确认张某甲与邓某甲于签订的协议无效。该判决已发生法律效力。后邓某甲将张某甲诉至法院，要求张某甲将×号房屋及回购现房协议书予以返还。该案审理过程中，经法院主持调解，双方自愿达成协议，其中关于购房款，双方一致确认，邓某甲支付张某甲原购房款及房屋补偿款共计1 300 000 元。后邓某甲、于某与邓某乙、张某乙协商一致，邓某甲、于某向邓某乙、张某乙借款用于偿还欠张某甲的上述款项，双方签署了借款相关协议，确认借款本金为 1 300 000 元，借款利息共计 150 000 元，邓某甲、于某在借款相关协议中均签字确认。后邓某乙、张某乙将邓某甲、于某诉至法院，要求其支付借款及利息 1 450 000 元。该案审理中，双方自愿达成协议，法院于 2011 年 10 月 12 日出具调解书，确认邓某甲、于某于该调解书生效之日支付邓某乙、张某乙借款本金及利息 1 450 000 元。

邓某甲曾于 2007 年、2012 年先后两次将于某诉至法院，要求离婚。法院均未支持邓某甲的诉讼请求。

2013 年 12 月，邓某甲起诉至原审法院，请求判令其与于某离婚，要求依法分割夫妻共同财产及共同债务。

案件审理中，邓某甲以前述 1 450 000 元属于夫妻共同债务为由要求双方共同偿还，各自负担 50%；于某提出该笔借款是因邓某甲私自处分夫妻共同财产所产生的赔偿款，不属于夫妻共同债务，故其不同意承担。

法院观点

原审法院经审理认为，婚姻关系的存续应以夫妻感情为基础。邓某甲先后三次将于某诉至法院要求离婚，足见其态度之坚决。于某虽表示不同意离婚，但并无证据证明上次离婚诉讼之后双方夫妻感情有所好转。故法院对于邓某甲要求离婚的诉请法院予以准许。对于以双方名义向邓某乙、张某乙所借款项及利息，因邓某甲、于某双方均在借款相关协议中签字。且无证据证明在邓某乙、张某乙起诉邓某甲、于某民间借贷纠纷案件审理过程中，于某曾提出该笔借款不属于夫妻共同债务之抗辩。现生效法律文书已确认邓某甲、于某对该笔债务共同承担清偿责任。综合以上情节，法院认为该笔债务应属邓某甲、于某的夫妻共同债务，应由双方按照均等份额偿还。综上所述，原审法院判决如下：一、准予邓某甲与于某离婚；二、夫妻共同债务 1 450 000 元，由邓某甲、于某分别负担 725 000 元。

判决后，于某不服原判，上诉至二审法院，请求二审法院撤销原判，依法改判驳回邓某甲的诉讼请求。其上诉理由为：邓某甲未经于某同意擅自出卖×号房屋，造成其支付张某甲 1 300 000 元的个人债务，存在明显过错，该笔债务应当认定为邓某甲的个人债务。

二审法院经审理认为，本案的争议焦点为于某与邓某甲共同向邓某乙、张某乙借的 1 450 000 元借款是否为夫妻共同债务。关于于某与邓某甲共同向邓某乙、张某乙借的 1 450 000 元借款是否为夫妻共同债务的问题。于某在邓某甲欠付张某甲 1 300 000 元债务后与邓某甲共同向邓某乙、张某乙借款 1 450 000 元，无论该款是否用于归还邓某甲的个人债务，均系于某自愿与邓某甲共同承担的共同债务，属于其真实意思表示，合法有效。就其内部份额划分问题，因双方并未约定承担的份额，亦未约定于某不承担份额，故于某与邓某甲应就此承担同等的份额。原审法院据此判令 1 450 000 元的共同债务由双方分别负担 725 000 元，认定事实和适用法律并无不当。于某上诉称其与邓某甲应当共同对外承担向邓某乙、张某乙借款的义务，并不意味于某应当最终对内承担上述借款义务，因 1 450 000 元借款确系于某、邓某甲共同向邓某乙、张某乙所借，且双方可就×号房屋及邓某甲支付张某甲的购房款及房屋补偿款 1 300 000 元是否为邓某甲的个人债务另行解决，故法院对其该项上诉意见不予采信。综上所述，二审法院判决驳回上诉，维持原判。

法官点评

（一）夫妻共同债务的两层含义

对于如何判断夫妻共同债务，存在一个历史沿革。最高人民法院于 1993 年 11 月 3 日发布的《关于人民法院审理离婚案件处理财产分割问题的若干具体意见》第 17 条第 1 款规定：“夫妻为共同生活或为履行抚养、赡养义务等所负债务，应认定为夫妻共同债务，离婚时应当以夫妻共同财产清偿。”据此，认定夫妻共同债务的关键判断标准在于债务的具体用途是否与夫妻共同生活存在关联性。此即认定夫妻共同债务的“用途”标准。此后，《婚姻法司法解释（二）》第 24 条规定：“债权人就婚姻关系存续期间夫妻一方以个人名义所负债务主张权利的，应当按夫妻共同债务处理。但夫妻一方能够证明债权人与债务人明确约定为个人债务,或者能够证明属于《婚姻法》第十九条第三款规定情形的除外。”而《婚姻法》第19条第3款的规定为:“夫妻对婚姻关系存续期间所得的财产约定归各自所有的,夫或妻一方对外所负的债务,第三人知道该约定的,以夫或妻一方所有的财产清偿。”据此,判断夫妻共同财产的关键标准变成了债务形成的时间,即原则上在夫妻关系存续期间形成的债务即应当推定为夫妻共同债务。此即认定夫妻共同债务的“推定”标准。在推定标准下,通常将婚姻关系存续期间的债务认定为夫妻共同债务,但存在两种例外情形:一是夫妻双方约定财产归各自所有,且债权人知道该约定的;二是夫妻一方能够证明债权人与债务人明确约定为个人债务的。

对此,应当明确的是,判断夫妻共同债务的“用途”标准和“推定”标准是并行不悖的,二者并不存在冲突,因为二者针对的是不同的法律关系,解决的是不同主体之间的权利义务关系。《最高人民法院关于人民法院审理离婚案件处理财产分割问题的若干意见》针对的是夫妻在离婚时就债务如何在二者之间进行分担所做的规定,解决的是夫妻二人之间的“内部关系”;《婚姻法司法解释(二)》针对的是债权人与夫妻之间就债务确定所做的规定,解决的是债权人与夫妻之间的“外部关系”。司法实践中,需要注意的是,二者在债务性质认定标准、抗辩事由、举证责任、证明标准上是不同的,应当根据具体的案件情况适用不同的法律,采纳不同的标准,切忌在解决夫妻之间债务分担问题时适用“推定”标准,亦不可在回应债权人的债权主张时适用“用途”标准。

依据前述分析,“夫妻共同债务”这一概念实际上有两层不同的含义,即对外意义上的夫妻共同债务和对内意义上的夫妻共同债务。简言之,对外的夫妻共同债务,即夫妻双方应当共同向债权人承担的债务;对内的夫妻共同债务,即夫妻双方就对外承担的共同债务在夫妻内部之间进行的分配。对外层面上,在债权人主张债权时,应当以“推定”标准为基础,在夫妻双方不能举出反证的情况下,即可认定为夫妻共同债务,对外共同承担清偿责任。但是,不能依据这个“共同债务”的确定判断在夫妻双方之间债务分配上的共同性,在夫妻之间就债务的最终分担,应该依据“用途”标准,即是否用于夫妻共同生活或为履行抚养、赡养义务所负的债务。

(二)夫妻共同债务的具体判断

最高人民法院认为,夫妻共同债务,是指夫妻双方因婚姻共同生活及在婚姻关系存续期间履行法定抚养义务所负的债务。一般包括夫妻在婚姻关系存续期间为解决共同生活所需的衣食住行医等活动以及履行法定义务和共同生产、经营过程中所负的债务。[1] 理论上,判断夫妻共同债务通常考虑两个标准:一是夫妻有无共同举债的合意。如果夫妻有共同举债之合意,则无论该债务所带来的利益是否为夫妻共享,该债务均应视为共同债务;二是夫妻是否分享了债务所带来的利益。尽管夫妻双方事前或事后均没有共同举债的合意,但该债务发生后,夫妻双方共同分享了该债务所带来的利益,则同样应视为共同债务。[2] 在具体的审判实践中,无论是最高人民法院表述的夫妻共同债务的概念还是理论上确立的判断标准,都具有过于抽象的特点,具体到司法案件中,还是不容易做出判断。因此,有司法实务界人士提出如下判断夫妻共同债务的具体标准:(1)夫妻为共同家庭生活所负的债务,如购置共同生活用品所负的债务,购买、装修共同居住的房屋所负的债务,为支付一方医疗费用所负的债务;(2)夫妻一方或双方为履行法定抚养义务所负的债务;(3)夫妻一方或双方为履行法定赡养义务所负的债务;(4)为支付夫妻一方或双方的教育、培训费用所负的债务;(5)夫妻共同从事生产、经营活动所负的债务;(6)夫妻协议约定为共同债务的债务。[3] 这些具体的判断标准,基本上是从债务用途的角度所做的区分,其主要解决的还是夫妻内部债务分担的问题。但如前所述,对夫妻共同债务的概念应当从两个层面进行理解,一方面,从法律规定上看,在法律上有实体法依据;另一方面,从理论上看,这也是夫妻共同债务问题涉及夫妻内部关系和夫妻与债权人的外部关系两个层面问题的逻辑要求。因此,对于夫妻共同债务的具体判断应当区分对外、对内两个层面进行:

对外的夫妻共同债务。夫妻关系存续期间产生的债务,在债权人向法院起诉主张权利时,推定为夫妻共同债务,应当判决夫妻共同偿还。但是,在两种情形之下,可以推翻这一推定,将债务认定为夫妻一方的个人债务,另一方对该债务不承担责任此两种情形为:(1)夫妻之间实行约定财产制,约定财产归各自所有,债权人知道该约定的,则夫或妻一方对债权人所负的债务为个人债务;(2)夫

---

[1] 参见最高人民法院民事审判第一庭编著:《最高人民法院〈婚姻法司法解释(二)〉的理解与适用》,人民法院出版社2015年版,第257页。

[2] 参见蒋月:《夫妻的权利与义务》,法律出版社2001年版,第206页。

[3] 参见程新文、吴晓芳:《当前婚姻家庭案件中的若干新情况新问题》,载最高人民法院民一庭编:《民事审判指导与参考》总第30集,法律出版社2007年版。

妻一方能够证明债权人与债务人明确约定为个人债务的，则该债务为夫妻一方个人债务。

对内的夫妻共同债务。主要涉及债务在夫妻之间的分担问题，应当主要依据“用途”标准进行判断。从法律规定看，即依据“用于夫妻共同生活”和“为履行抚养、赡养义务等”来进行判断。笔者认为，在进行判断时可以参考前述理论上和实务中的观点按照以下思路进行：(1)夫妻双方对于债务分担是否有约定，如果有约定，从约定；(2)夫妻双方是否有举债的合意，如果夫妻双方有举债的合意，则不需考虑具体用途问题，认定为夫妻共同债务；(3)如不能举证证明举债合意，则应按照举债的用途判断，考虑是否用于夫妻共同生活了，夫妻双方是否共同获益了等因素来判断，具体可以参考前述最高人民法院法官的观点。

(三)夫妻一方侵害另一方权益所生债务的判断

此种情形的特殊之处在于，夫妻一方的行为导致债务的产生，同时该行为还是侵害夫妻另一方利益的行为，在此情形下，还要求利益受损的一方承担配偶的不当行为所产生的债务是否妥当，这是实践中经常遇到的问题。对此，笔者认为，依然要按照前述的思路来进行判断：

从对外关系上看，从债权人的角度出发，原则上推定为夫妻共同债务，遇有前述列举的两种可推翻原则推定的情形，则认定为个人债务。

从对内关系上看，首先要判断夫妻双方是否有关于债务分担的约定，其次要判断双方是否有举债合意，最后要依据前述“用途”标准进行认定。

具体在前述案例情形下，从外部关系上看，在邓某乙、张某乙向邓某甲、于某夫妻主张债权时，在邓某甲、于某夫妻不能举出反证证明未邓某甲个人债务的情况下，即应认定对邓某乙、张某乙的负债为夫妻共同债务，应当由邓某甲、于某夫妻二人共同偿还。从夫妻内部关系看，首先邓某甲与于某没有关于夫妻债务分担的约定，其次邓某甲与于某共同在借款协议上签字，即表明于某做出了夫妻共同举债的意思表示，应当认为双方具有举债的合意，因此在内部关系上，该笔债务应当由夫妻双方分担。

如于某并未在借款协议上签字确认的情形。在对外关系上，依然适用“推定”加“例外”标准。在对内关系上，如果没有其他证据证明举债合意的情况下，则应判断该笔债务是否用于夫妻共同生活或是为夫妻双方带来了利益。从表面上看，通过这个举债的行为，邓某甲与于某夫妻二人拿回了房产，表面上符合为夫妻双方带来利益的条件，但是从实质角度判断，这个举债行为是对于邓某甲损害于某利益的不当行为进行补救所产生的支出，实际上是使得于某遭受了损失，而不是为其带来了利益，因此在内部分担时，应将该笔债务认定为个人债务。

如于某在借款协议上明确表示不认可该笔债务或以其他方式使债权人知晓其不认可该笔债务。在对外关系上，如果这种情况下，债权人依然借款给邓某甲，则表明债权人与债务人皆明知这只是发生在邓某甲与邓某乙、张某乙双方之间的个人举债行为，即可认为是"债权人与债务人明确约定为个人债务"，于某不需要向债权人承担责任。

裁判精要

离婚案件中的夫妻共同债务问题涉及离婚案件之外的债权人的利益，对于夫妻共同债务的认定直接影响夫妻双方及债权人利益，应当慎重对待。对于因夫妻一方侵害另一方权益行为所生只债务，能否认定为夫妻共同债务，应遵循以下思路：从对外关系上看，从债权人的角度出发，原则上推定为夫妻共同债务，遇有相关规定可推翻原则推定的情形，则认定为个人债务。从对内关系上看，首先要判断夫妻双方是否有关于债务分担的约定，其次要判断双方是否有举债合意，最后要依据前述"用途"标准进行认定。

《民法典》第1064条第1款规定："夫妻双方共同签名或者夫妻一方事后追认等共同意思表示所负的债务，以及夫妻一方在婚姻关系存续期间以个人名义为家庭日常生活需要所负的债务，属于夫妻共同债务。"该条规定鲜明地体现了"共债共签"的判断规则，即只要有证据表明对于债务系夫妻双方皆认可的，则可以认定为夫妻共同债务。《民法典》的相关规定系对从这一司法实践中提炼的裁判规则的确认，该判例对于该类纠纷的解决具有指导意义。

四、离婚时，一方主张与父母形成借贷关系的应举证证明借贷合意

实务难题

面对不断攀升的房价，多数新婚家庭无力独立承担巨额的购房费用，父母为

子女婚后购房出资则成为一种较为普遍的现象，这一做法有着深厚的伦理基础，亦与我国的国情相适应。而在离婚时，曾经凝结父母对子女关爱的购房出资，往往成为双方当事人争执不下的焦点。对于父母出资购房问题，审判实务中当事人的争议主要在于父母出资性质如何认定，是借款还是赠与？如果是借款，那么是个人债务还是双方债务？如果是赠与，那么是对夫妻双方的赠与还是对一人的赠与？

此类案件随着房价的上涨以及离婚率的增长还将不断增加，法院在处理此类纠纷时应当予以重视，虽然当时的《婚姻法》及其司法解释对夫妻共同债务认定以及婚后父母为购房出资的性质认定已经有了规定，但在具体法律适用上仍有一些值得关注的地方。《婚姻法司法解释(二)》第22条造成司法审判实践中伪造债务严重、虚假诉讼泛滥的乱象，有些父母为了保护自己的出资利益，不惜事后与子女伪造借条，把赠与变为借贷。那么，父母的购房出资认定为借款的证据是什么？若仅有一张载有夫妻一方签名的借条是否足以证明借贷关系的成立，即是否需要夫妻双方存在举债合意？因此，法院在此类案件的审理上应统一标准，正确适用法律，保障该类案件的公平公正审理。

疑难案例

金某、冯某系自由恋爱，二人于2011年11月11日登记结婚，双方无子女。2013年年底，金某与冯某产生矛盾，2014年2月19日起双方分居生活。2014年9月，金某主张夫妻感情已破裂，诉至法院要求离婚，冯某表示同意。

冯某表示，双方于2011年11月11日结婚时就决定购房，直到2013年9月中旬决定购买北京市朝阳区某小区房屋。其父母自2012年10月18日陆续给金某银行账户转账或存入现金，让金某进行理财，“等遇到合适的房子后再用来买房子”。2013年9月21日，金某、冯某以金某名义签订买卖合同购买北京市朝阳区某小区房屋。该房屋所有权于2013年11月15日登记在金某、冯某名下，现由冯某实际使用。

为此，冯某主张双方有共同债务6 739 000元，出借人为冯某的父母，要求与金某各负担一半。冯某另提供借条复印件2张，时间分别为2012年1月2日和2013年8月15日。冯某表示，因其与金某购房、购车所需向冯某父母借款，并在北京市丰台区某小区房屋内书写上述欠条后交付其父母。金某表示，冯某所述款项皆为冯某父母对金某、冯某的赠与。金某对上述欠条真实性、合法性、关联性均不认可，表示该欠条仅有冯某签字，无金某签字，第一张欠条时间是2012年1月，当时双方共同居住于北京市丰台区某小区房屋中并无购买房屋的想法。此外，金某提供双方短信截屏打印件，用以证明2012年1月2日冯某并未在京，故冯某所述欠条虚假。冯某表示记错了书写欠条的地点，书写欠条的具体地方记不清楚了。

法院点评

一审法院审理认为，离婚时，原为夫妻共同生活所负的债务，应当共同偿还。冯某主张双方存在共同债务6 739 000元，但并未提供相应的债务凭证以证明债权债务关系的存在，现冯某仅以银行资金往来情况主张借贷关系依据不足，法院不予支持。因此，法院判决金某、冯某婚姻关系存续期间购置北京市朝阳区某小区房屋归冯某所有，并由冯某依据房屋现有价值及清偿贷款情况给付金某房屋份额折价款。原审法院判决后，冯某不服，向二审法院提起上诉，认为其父母向冯某、金某提供7 030 900元借款的事实存在，请求改判冯某与金某共同向冯某父母偿还借款6 730 900元。

二审法院经审理后认为，关于此判项的争议焦点为冯某父母给付冯某、金某的资金是否应当认定为共同债务。冯某父母在冯某与金某婚姻关系存续期间陆续给付二人6 000 000余元款项，冯某主张上述款项性质均为借款，但其提供的借据没有金某的签字，且根据金某提供的证据可以证实，冯某在借据上落款处载明的签字时间并未在北京，冯某主张的借款时间及借条签字地点与事实明显不符，其就此没有作出合理解释，故应认为该借据不具有证明力，不能作为认定案件事实的依据。除借据之外，冯某未能提供其他证据证明其父母与冯某夫妇二人曾达成借款的合意，其仅凭银行资金往来情况主张借贷关系，明显依据不足。而金某主张冯某父母给付二人的款项性质为赠与，更贴近客观事实。综合以上情况，二审法院认为冯某父母为双方购房出资应视为对夫妻双方的赠与，遂驳回冯某此项诉讼请求，维持原判。

法官点评

本案的争议焦点和审理难点在于如何认定冯某父母为双方购房出资的法

律性质。赠与的证明标准较低,而借款的证明标准则相对较高,需要结合相关法律对夫妻共同债务的规定进行判断,并强调父母与子女身份的特殊性,通过证据重点审查是否存在借款意愿,加以综合认定。

(一)夫妻一方对外举债时夫妻共同债务的认定

我国部分省、自治区、直辖市对于民间借贷中夫妻共同债务出台了相关意见,司法审判工作中也处理了许多关于夫妻共同债务的问题。从这些意见及司法审判实践来看,法院在夫妻共同债务的界定上,多要求以夫妻共同生活为目的。但由于规则设计上的模糊,使"同案不同判"的现象依旧非常普遍。主要原因在于,虽然司法实践对夫妻共同债务应用于夫妻共同生活经营这一目的无争议,但在举证责任分配上却有着不同的处理方式。

方式一:夫妻一方举证没有举债合意和未用于共同生活。

《上海市高级人民法院关于审理民间借贷合同纠纷案件若干意见》第 3 条认为,在夫妻共同债务的认定中,除了将《婚姻法司法解释(二)》第 24 条作为基本处理原则外,还有两个因素需要考虑:一是夫妻有无共同举债的合意;二是举债所得有无用于夫妻共同生活。这两个因素属于基本原则的例外,如果一方有证据足以证明夫妻双方没有共同举债的合意和该债务没有用于夫妻共同生活,则该债务可以认定为夫妻一方的个人债务。这种观点在审判实践中运用得较为广泛。

方式二:夫妻一方证明债权人知道或应当知道借款并非用于共同生活。

《江苏省高级人民法院关于民间借贷纠纷案件若干意见》第 3 条第 1 款第 1 项认为,夫妻一方以个人名义向他人借款所形成的债务,原则上应当认定为夫妻共同债务。但如果夫妻一方能够证明存在下列情形之一的,可以认定为夫妻一方的个人债务:(1)出借人与借款人明确约定为个人债务的;(2)夫妻对婚姻关系存续期间所得财产约定归各自所有且出借人知道该约定的;(3)出借人知道或应当知道所借款项并非用于家庭生产经营或共同生活的。该意见前两点为《婚姻法司法解释(二)》第 24 条规定的两个例外情形,本书不做赘述;第三点对比上海市高级人民法院的举证责任分配更为严苛,夫妻方不仅要举证证明借款未用于夫妻共同生活的客观事实,还须证明出借人知道或应当知道借款未用于夫妻共同生活这一主观事实。但经笔者查询,江苏省各级法院在司法审判实践中,直接适用江苏省高级人民法院这一意见的并不多见,反而更多的是根据案件具体情况进行综合判断，灵活分配举证责任。

方式三：因夫妻日常生活需要所负债务认定为夫妻共同债务；超出日常生活需要的，由债权人举证证明用于家庭共同生活；不属于日常生活需要的，由债权人举证证明存在表见代理情形。

浙江省高级人民法院对于夫妻共同债务的认定最为严格，《浙江省高级人民法院关于审理民间借贷合同纠纷案件若干问题的指导意见》第19条规定，婚姻关系存续期间，夫妻一方以个人名义因日常生活需要所负的债务，应认定为夫妻共同债务。日常生活需要是指夫妻双方及其共同生活的未成年子女在日常生活中的必要事项，包括日用品购买、医疗服务、子女教育、日常文化消费等。夫妻一方超出日常生活需要范围负债的，应认定为个人债务，但出借人能够证明负债所得的财产用于家庭共同生活、经营所需的，或夫妻另一方事后予以追认的除外。不属于家庭日常生活所需负债的，出借人可援引表见代理的规定要求夫妻共同承担清偿责任，但须对表见代理的构成要件承担证明责任，不仅应当举证证明代理行为存在诸如合同书、公章、印鉴等有权代理的客观表象形式要素，而且应当证明其善意且无过失地相信行为人具有代理权。浙江省各级人民法院在司法审判中对夫妻共同债务的认定遵循了浙江省高级人民法院这一意见的严苛。

综合比较以上三种方式，笔者赞同第一种举证责任分配方式。理由如下：第一，以《民法典》第1089条为法律依据，再次重申为共同生活的重要性，依据全国人大制定的法律的层级高于最高人民法院的司法解释的立法法原理。第二，有利于实现情理法三者的融合，社会效果更佳。夫妻一人之借款，如果非为共同生活而举债，“一刀切”地认定为夫妻共同债务，将使夫或妻随时可能因为对方的不当行为而陷入大额负债状态，这与社会公众的一般认识相悖。第三，有利于避免虚假诉讼。在司法实践中，处于离婚诉讼之中或离婚边缘的夫妻某一方，为了在离婚时获取非法利益而伪造借据，编造虚假债务，如果单纯依据《婚姻法司法解释(二)》第24条处理，这些虚假债务极易被不怀好意者利用，而强调共同生活这一要件，有利于避免这一问题。第四，这一路径适用范围较广。该思路并未将自身的适用范围限定为如分居、赌博之类的某些特别情况，而是能普遍适用于各种债务的认定之中，具有较强的可操作性。[1]

---

〔1〕 参见黄海涛：《夫妻共同债务的司法认定——对〈婚姻法解释(二)〉的理解》，载《人民司法》2015年第19期。

因此,在审判实践中法院应当着重查明两个方面:一方面应从查明借贷的合意过程着手,重点审查举债当时的行为人、在场人员及意思表示的内容;另一方面应重点审查款项的实际流向与具体用途。

(二)婚后父母为夫妻双方购房出资行为性质之界分

根据《民法典》第1089条的规定,我们无法直接得出夫妻对外举债合意是认定夫妻共同债务的必要要件,但从实践来看,将夫妻对外举债合意纳入夫妻共同债务认定的考量因素中的意义重大,不可或缺。下面不妨把夫妻一方对外举债分为两种具体情形来考察:一是夫妻一方向除父母外的其他人举债;二是夫妻一方向父母举债。

在夫妻一方向除父母之外的其他人举债时,尤其是大额举债,即便只有一个人的签名确认,但只要所借款项用于共同生活,另一方对此资金来源通常是知情的,如果没有明确表示反对,可以推知借贷合意的形成。而且依据社会一般观念,夫妻一方从他人处获得一笔资金,另一方没有理由认为是接受赠与所得,除非他人有明确赠与表示。当然,实践中无法排除存在一方举债用于共同生活,而另一方确实不知情的情况下,如果是小额举债,则可以依据家事代理权直接认定为夫妻共同债务;如果是大额举债,是否必须要求夫妻双方达成合意不可一概而论,要结合案件具体情况综合考虑,着眼于在公平合理的理念指导下平衡夫妻中非举债一方与债权人的利益。

在夫妻一方向父母举债时,夫妻双方举债合意的重要性就显得更加突出。在子女买房时,基于父母与子女之间密切的人身关系,父母为帮助子女结婚买房而出资是人之常情,但父母出资时要求子女书写借据或者签订赠与协议却很少见,这就造成在此后的离婚诉讼中对于该笔出资款的性质认定出现分歧。对于该笔出资款,父母与子女之间应当认定为赠与关系还是借贷关系,始终是男女双方离婚诉讼中争议的焦点问题。若认定为借贷关系,则意味着该房屋属于夫妻共同财产,在分割财产时须一并明确承担该笔债务的主体;若认定为赠与关系,则出资的父母将无权向离婚的男女主张返还,但该笔出资款的受赠主体在分割房产时可能会适当多得到一定的份额。在认定是借贷关系还是赠与关系时,首先应当审查父母在出资时或出资后而非诉讼时是否有明确的意思表示,无论是口头的还是书面的,均应当作为判断的依据。在父母没有明确意思表示的情况下,笔者认为应当以认定赠与为原则,以认定借贷为例外。理由如下。

第一,根据婚姻方面的法律及司法解释分析,认定为赠与关系而非借贷关系也更符合立法本意。在涉及父母为子女买房出资时,均原则上认定为出资父母与子女之间是赠与关系而非借贷关系,唯一的区别是受赠主体的不同而已,由此足见立法部门对出资款的性质认定趋向。从实践来看,夫妻某一方为了在离婚时获取非法利益而伪造借据,编造虚假债务,或者有些父母为了保护自己的出资利益,不惜事后与子女伪造借条,将赠与变为借贷,强调立法本意更利于纠正这一不正之风。

第二,赠与关系与借贷关系的不同举证特点,也决定了将举证责任分配给主张借贷关系的一方更合理。父母的出资属于单务行为,子女只需消极地表示接受即可,无须出具任何书面凭证,赠与关系即成立。而借贷关系中,借款人将来有义务返还借款,故出借人需要借款人积极明确地出具借款凭证以便今后主张权利,甚至还包括借款利息等约定内容。据此,主张借贷关系的父母比主张赠与关系的子女更应当保留证据。在双方均无有效证据证明各自主张时,将举证责任分配给主张借贷关系的一方也是符合证据规则的。

第三,认定赠与关系更符合中国的传统习俗。基于父母与子女之间密切的人身关系以及未婚男女结婚时的现实需要,父母为积极促成婚姻而帮助子女买房出资,或者是婚后为解决子女的住房困难而出资,在实际生活中属于赠与的情形远远高于借贷的情形,认定为赠与关系也更符合大多数父母的最初出资意愿。从界定出资性质的角度来看,将父母出资性质推定为赠与为原则,亦是对我国国情和社会基础的考量。但这一推定的前提是父母出资意思不明确,即没有证据证明父母出资有其他的意思表示。因而在有明确的证据证明出资人是以借贷作为出资本意时,应当按照借贷关系确认双方的法律关系。但提出存在这一关系的一方需要就此承担相应的举证责任。需要指出的是,这里提交的证据,应当是出资时而非离婚诉讼时确定是借贷的相关证据,法院对此应严格予以审查。在主张父母出资是借贷的一方无法就此提出充分证据的情况下,法院方能依据司法解释规定推定该出资为赠与。

具体到赠与系对己方子女的赠与还是对夫妻双方的赠与即除非父母有明确意思表示赠与一方,否则婚后为子女购房出资应视为对双方的赠与。可以说法律和司法解释对此规定是明确的,审判实务中当事人之所以产生较大争议,主要原因在于自己父母出资一方往往主张父母出资时曾经表示赠与自己一方，或者案件审理中父母出庭表示只赠与自己子女一方，对于此类主张，法院一般不予认可。父母赠与一方的意思表示必须是出资时而非诉讼时作出的，并且是明确的，主张一方应当对此提供证据，例如出资时所作的协议、说明等，否则应当承担举证不能的后果。

结合本案案情，不难理解为何冯某主张夫妻双方与冯某父母形成借贷关系的诉求不能成立。首先，借条的真实性不能保证，借条有伪造之嫌，冯某并不能予以合理解释。借条完全可以在事后进行补写，日期也能倒签，很可能是在准备离婚时为了让对方与自己承担共同债务，与父母串通好的行为，因此不应采信。其次，冯某父母与冯某是直系亲属，存在法律上的利害关系，而且所提借条上只有冯某一人签名，证明力明显不够，除借条外也没有其他相关证据证明其父母与夫妻双方达成借贷合意。最后，退一步来看，即便借条属实，最多只能认定冯某与其父母之间形成借贷关系。因此，冯某父母与金某、冯某夫妻二人之间实难认定成立借贷关系。由于冯某无法提供有效证据证明借贷关系的存在，则父母的出资推定为赠与。对于此赠与，冯某并无证据证明其父母明确表示过出资只赠与给冯某一人，因此，应当认定为是对夫妻双方的赠与。

裁判精要

父母为子女婚后购房出资问题成为离婚纠纷中当事人争议的焦点，原因是多方面的，子女在购房时往往夫妻感情比较稳定，家庭生活和谐，导致中国父母碍于情面或出于各种顾虑，重在“给”，而并不显露出资时的真实意思表示；子女在接受父母出资时，也并不关注出资的性质及对象，重在“花”，夫妻之间对此缺乏有效的约定，这些都为后面关系恶化时各执一词埋下了隐患。在倡导夫妻地位平等、个人人格独立的大背景下，为了防范和有效处理此类纠纷，应当从以下几个方面着手：

首先，对于父母来说，应当在出资时即对出资性质、对象予以明确。可以通过召开家庭会议签订协议的方式，对出资的金额、用途、性质予以明确说明，如果出资为赠与，需要明确赠与的对象。协议应当让子女及子女的配偶签字确认。如果认为公开予以明确确实影响家庭关系时，也可以通过到公证机构公证的方式予以处理。

其次，对于子女来说，在接受父母购房出资时，如果出资为借贷，应明确告知配偶一方此为夫妻共同债务，并保留配偶一方认可出资为借贷的证据；如果出资为赠与，夫妻双方可以通过夫妻财产约定的方式对此予以明确。

最后，对于法院来说，在处理此类纠纷时，要注重证据的审查，综合案件情况对于父母出资时的真实意思表示作出准确判断；同时，要正确适用法律，注意案件处理的统一规范，既维护法律的尊严权威，又保证案件的公平公正。

就夫妻共同债务与个人债务的划分，《民法典》颁布之后，第 1063 条采纳了《最高人民法院关于审理涉及夫妻债务纠纷案件适用法律有关问题的解释》的规定，即笔者赞同的以“举债合意”和“用于共同生活”标准，判定是否属于夫妻共同债务，包括存在共同意思表示所负的债务、以个人名义为家庭日常生活需要所负的债务、非日常生活所需但用于夫妻共同生活和共同生产经营的债务。鉴于父母与子女之间的特殊关系，对于夫妻一方在婚姻关系存续期间对父母的举债性质如何界定，《民法典》未作特别规定，笔者建议突出“夫妻双方举债合意”的标准仍有适用的空间，如能证明“夫妻双方举债合意”，可认定为共同债务；如不能证明“夫妻双方举债合意”，多数情况下会被视为赠与。婚姻关系期间取的赠与财产属一方财产还是共同财产，《民法典》第 1062 条、第 1063 条沿用《婚姻法》第 17 条、第 18 条的规定，即除非赠与方明确赠与一方的，其他均视为共同财产。

就本案而言，在当事人的请求权基础与诉讼路径以及法院的审判思路方面，本案的处理仍须以夫妻共同债务及婚姻关系存续期间接受赠与的性质认定为基础，故《民法典》的实施并不影响本案对法律路径的解析。

五、出借人有权要求已死亡的借款人之配偶承担还款责任

实务难题

随着经济社会的不断发展，民间资本的融资作用逐渐显现，立法机关也明确了民间借贷的合法性。在民间借贷纠纷案件中，借款人死亡后，债权人如何主张债权，经常遇到困境。是应当向其配偶主张债权还是向其继承人主张债权？是主张民间借贷纠纷还是被继承人债务清偿纠纷？在司法实践中也很不统一，不同审理思路，也直接影响债权人利益的保护程度。

疑难案例

白某向原审诉称：蒋某与张某系再婚夫妻关系。蒋小某系蒋某之子。蒋某生前陆续向我借款共计65 000元及利息20 300元。2012年10月20日，蒋某去世，当日张某给我写了一份证明，认可我与蒋某的借贷关系和数额，并写明由张某负责还款。现我起诉，要求张某、蒋小某偿还借款65 000元及利息20 300元。

张某辩称：我和蒋某婚后没多久，蒋某开始吸毒，然后我搬出不再与蒋某生活在一起。蒋某的借款用于吸毒，没有用于我们的共同生活，蒋某也没有给过我生活费用，我没有义务承担蒋某的债务。蒋某借款也没有经过我同意，我对此事不知情，债务属于蒋某个人债务。蒋某去世后，没有给我留下遗产。

蒋小某辩称：(1)因蒋某的不良嗜好，蒋某与我的母亲离婚，我由母亲抚养。直到蒋某去世，我再未见过蒋某，蒋某也未给我任何抚养费。(2)如果白某所述事实属实，债务属蒋某的个人债务，不应由我承担。(3)我放弃对蒋某全部遗产的继承权。

法院经审理查明：张某与蒋某于2008年8月8日登记结婚(均系再婚)。蒋某于2012年10月20日去世。蒋小某系蒋某之子。张某和蒋某无婚生子女。

蒋某在生前曾经四次向白某借款，分别为：(1)2011年11月借白某人民币20 000元，期限为半年，于每月24日付人民币1000元；(2)2012年1月10日借白某人民币15 000元，期限为半年，利息为每月750元；(3)2012年8月18日借白某人民币20 000元，期限为半年，2012年9月20日支付利息800元；(4)2012年10月16日欠白某人民币10 000元。在蒋某去世后，白某曾以不当方式向张某索要欠款，张某出于安全考虑，向“110”报案。经公安派出所调解，张某于2012年10月22日给白某书写了字据，内容是“蒋某因病去世了，去世之前欠白某的钱，以后由张某还，以白某的欠条为证”。后因张某未能偿还蒋某的欠款，白某于2012年11月29日到原审法院起诉，要求张某偿还蒋某的借款65 000元、利息20 300元。在原审法院审理期间，张某提出其对蒋某的借款不知情，为此向原审法院提供了一份蒋某于2010年5月7日书写的说明，内容为：“蒋某所欠的钱吸毒，与张某无关(包括招行深发广发中信银行)，还有社会上欠下的钱与张某无关。蒋某欠的钱都是我吸毒欠下的。”白某对该内容的真实性不予认可，其主张蒋某向其借钱是为了偿还银行信用卡欠款、家中有人生病等原因。

法院观点

一审法院认为,债权人就婚姻关系存续期间夫妻一方以个人名义所负债务主张权利的,应当按夫妻共同债务处理。但夫妻一方能够证明债权人与债务人明确约定为个人债务,或者能够证明属于《婚姻法》第19条第3款规定情形的除外。夫或妻一方死亡的,生存一方应当对婚姻关系存续期间的共同债务承担连带清偿责任。蒋某生前向白某借款并出具欠条,双方形成借贷关系,蒋某应向白某偿还借款。蒋某向白某借款的行为发生在蒋某与张某婚姻关系存续期间,张某虽辩称蒋某的债务用于吸毒,并非用于夫妻共同生活,但张某提供的证据不足以证实该主张,故对张某的抗辩理由法院不予采信;再结合张某曾作出过为蒋某偿还债务的承诺,故张某对蒋某应偿还的债务应承担连带清偿责任。白某主张之利息过高,对此法院酌定。因蒋小某表示放弃继承蒋某的遗产,故蒋小某对蒋某的债务不负清偿义务。综上所述,依照当时的《继承法》第33条[1]和《婚姻法司法解释(二)》第24条、第26条[2]之规定,判决:(1)张某偿还白某欠款65 000元、利息10 000元;(2)驳回某的其他诉讼请求。

判决后,张某不服原审法院判决,提出上诉,请求撤销原判,改判驳回白某的诉讼请求,理由是蒋某与白某之间的债务,并非因夫妻生活而举债,不属于夫妻共同债务。

二审法院经审理后亦认为,白某主张的债务应属于张某和蒋某的共同债务,因蒋某死亡,张某作为蒋某的妻子应对共同债务承担连带清偿的责任。虽然原审被告蒋小某属于蒋某的法定继承人,但是本案中蒋某的债务不属于个人债务,不应属于继承纠纷。因此,蒋小某不是本案的适格被告。一审法院对白某起诉蒋小某的诉求也应一并驳回。

法官点评

本案具有一定的代表性,即夫妻一方死亡后,配偶及其他继承人该如何承担民间借贷项下的债务清偿责任。在司法实践中,本案的判决只是思路之一。

---

〔1〕 具体规定参见《民法典》第1161条。

〔2〕 具体规定参见《最高人民法院关于适用〈中华人民共和国民法典〉婚姻家庭编的解释(一)》第36条。

从案由区分，可将这类案件分为两类，即“民间借贷纠纷”和“被继承人债务清偿纠纷”。其中，确定为“民间借贷纠纷”的案件中，处理思路比较统一，在认定借款属于夫妻共同债务的前提下，直接判决配偶承担还款责任，其他继承人不应作为共同被告参加诉讼；在认定借款属于死亡一方个人债务的情况下，将案由调整为“被继承人债务清偿纠纷”，并追加其他继承人参加诉讼。在审判实践中处理思路不统一的情形主要集中在“被继承人债务清偿纠纷”案件中，判决偿还借款的主体及责任比例千差万别。笔者汇总整理后，归纳为以下两种情形。

1. 确定为夫妻共同债务情形。

(1)判决配偶偿还全部借款，其他继承人在继承遗产的范围内承担连带清偿责任。

(2)判决配偶偿还一半借款，其他继承人偿还一半借款。

(3)判决配偶偿还一半借款，配偶和其他继承人对剩余的一半借款在继承遗产的范围内承担连带清偿责任。

(4)判决配偶和其他继承人对全部借款均在继承遗产的范围内承担连带清偿责任。

(5)判决配偶偿还全部借款，在未区分死者债务份额的情况下不判决各继承人在继承遗产的范围内承担连带清偿责任。

(6)判决配偶偿还全部借款，其他继承人不能作为被告。

(7)判决配偶与子女共同偿还全部借款，未追加其他继承人参加诉讼。

2. 确定为死者个人债务情形。判决配偶与其他继承人对全部借款均在继承遗产的范围内承担连带清偿责任。

上述判决各继承人在继承遗产的范围内承担连带清偿责任的案件中，只有个别案件审查了被继承人的遗产及继承分割情况，大部分案件均没有查明被继承人的遗产状况以及具体继承分割情况。

(一)关于夫妻债务和个人债务的认定及偿还责任问题

审理此类案件的首先前提是分析判断借款是夫妻共同债务还是个人债务。根据相关规定，债权人就婚姻关系存续期间夫妻一方以个人名义所负债务主张权利的，应当按夫妻共同债务处理。但夫妻一方能够证明债权人与债务人明确约定为个人债务，或者能够证明属于《民法典》第1065条第3款规定情形的除外。《民法典》第1065条第3款规定,夫妻对婚姻关系存续期间所得的财产约定归各自所有的,夫或妻一方对外所负的债务,第三人知道该约定的,以夫或妻一方所有的财产清偿。因此,在婚姻关系存续期间,夫妻一方以个人名义所负的债务属于夫妻共同的债务,除非夫妻一方有充分证据证明该债务与共同生活无关或者约定为个人债务且第三人知道该约定的,一般认定为夫妻共同债务,应当由夫妻双方共同偿还。此后,对于婚姻关系存续期间夫妻共同债务的认定,最高人民法院于2018年1月制定了解释,即《最高人民法院关于审理涉及夫妻债务纠纷案件适用法律有关问题的解释》规定,夫妻双方共同签字或者夫妻一方事后追认等共同意思表示所负的债务,应当认定为夫妻共同债务。夫妻一方在婚姻关系存续期间以个人名义为家庭日常生活需要所负的债务,债权人以属于夫妻共同债务为由主张权利的,人民法院应予支持。夫妻一方在婚姻关系存续期间以个人名义超出家庭日常生活需要所负的债务,债权人以属于夫妻共同债务为由主张权利的,人民法院不予支持,但债权人能够证明该债务用于夫妻共同生活、共同生产经营或者基于夫妻双方共同意思表示的除外。《民法典》已完全采纳了上述司法解释的主要内容,其中第1064条规定:"夫妻双方共同签名或者夫妻一方事后追认等共同意思表示所负的债务,以及夫妻一方在婚姻关系存续期间以个人名义为家庭日常生活需要所负的债务,属于夫妻共同债务。夫妻一方在婚姻关系存续期间以个人名义超出家庭日常生活需要所负的债务,不属于夫妻共同债务;但是,债权人能够证明该债务用于夫妻共同生活、共同生产经营或者基于夫妻双方共同意思表示的除外。"

《最高人民法院关于适用〈中华人民共和国民法典〉婚姻家庭编的解释(一)》第36条规定,夫或者妻一方死亡的,生存一方应当对婚姻关系存续期间的共同债务承担清偿责任。由此可以得出以下结论:夫妻共同生活期间的债务,应当由夫妻二人共同偿还。当一方死亡后,偿还主体就由夫妻二人直接变更为生存一方一人,而非生存一方与死者的其他继承人。

(二)其他继承人的偿还责任问题

我国当时的法律法规涉及被继承人债务清偿的条文主要有两条,《继承法》第33条规定:"继承遗产应当清偿被继承人依法应当缴纳的税款和债务,缴纳税款和清偿债务以他的遗产实际价值为限。超过遗产实际价值部分,继承人自愿偿还的不在此限。继承人放弃继承的,对被继承人依法应当缴纳的税款和债务可以不负偿还责任。”《最高人民法院关于贯彻执行〈中华人民共和国继承法〉若干问题的意见》第 62 条规定:“遗产已被分割而未清偿债务时,如有法定继承又有遗嘱继承和遗赠的,首先由法定继承人用其所得遗产清偿债务;不足清偿时,剩余的债务由遗嘱继承人和受遗赠人按比例用所得遗产偿还;如果只有遗嘱继承和遗赠的,由遗嘱继承人和受遗赠人按比例用所得遗产偿还。”从上述条文内容来看,关注的重点在于债务应否清偿、由谁清偿、清偿的范围问题,而对于债权人的债权保护与遗产分割继承的时间顺序、清偿的具体责任形式等问题均未涉及。

在审判实践中,因借款方死亡,法院一般确定案由为“被继承人债务清偿纠纷”,并将各继承人列为共同被告。除判决配偶承担全部偿还责任或一半偿还责任之外,一般均判决其他继承人在继承遗产的范围内承担连带责任。存在的突出问题是普遍没有查明遗产实际继承分割情况,无法确定“在继承遗产的范围内”的准确范围,造成该判项成为一纸空文,致使执行阶段无法执行。

(三)如何区分是“民间借贷纠纷”还是“被继承人债务清偿纠纷”

根据《婚姻法司法解释(二)》第 26 条的规定,夫妻共同债务,应当由夫妻二人共同偿还。当一方死亡后,偿还主体就由夫妻二人直接变更为生存一方一人,而非生存一方与死者的其他继承人。债权人主张偿还借款的,应当确定为“民间借贷纠纷”而非“被继承人债务清偿纠纷”。

继承开始后,各继承人所能继承的被继承人的遗产,是被继承人死亡时遗留的个人财产,包括积极财产和消极财产。被继承人的遗产包含在夫妻共同财产或其他共有财产中的,需要先行析出被继承人个人财产方能进行遗产分割。同样,在夫妻共同债务或被继承人与他人共负的其他共同债务中,只有属于被继承人的那一部分才能作为被继承人的个人债务,才是清偿之诉中应予清偿的债务,应当追加各继承人参加诉讼,确定为“被继承人债务清偿纠纷”。最为典型的就是借款系个人债务而非夫妻共同债务的情形,案由确定为“被继承人债务清偿纠纷”。对于借款系夫妻共同债务的情形,只有能够确定各继承人已经对遗产进行了继承分割时,即继承财产和承继债务一直原则,债权人才可以要求各继承人在继承遗产的范围内承担连带责任,案件应确定为“被继承人债务清偿纠纷”。

（四）如何从制度上解决遗产债务的清偿问题

对于类似案件的审理思路千差万别，究其原因是我国此前尚没有建立遗产债务清偿制度，相关法律法规也没有具体规定，存在的现实问题是死者的遗产状况很难查清，尤其是各继承人是否继承了遗产以及是否存在分割遗产的情况也无法判断。虽然在“被继承人债务清偿纠纷”案件中，法院大多习惯性地判决“继承人在继承遗产的范围内承担连带清偿责任”，但因无法查明遗产及继承情况，在执行阶段实际上也无法执行各继承人的财产，致使债权人的权益无法得到保护。

2021 年 1 月 1 日起施行的《民法典》在“继承编”首次确立了遗产管理人制度，其中第 1145 条至第 1148 条分别规定了遗产管理人的确定、遗产管理人的职责以及遗产管理人的责任，该制度的确立有利于督促各继承人及时分割处理遗产，明确权利和义务主体，及时保护各继承人及债权人的合法权益，亦有利于被继承人债务清偿纠纷案件的审理。但《民法典》第 1148 条规定：“遗产管理人应当依法履行职责，因故意或者重大过失造成继承人、受遗赠人、债权人损害的，应当承担民事责任。”可见，《民法典》中仍没有明确遗产管理人清理遗产的具体时间要求以及承担民事责任的具体方式，是承担连带赔偿责任还是补充赔偿责任？且承担责任的前提仅限于存在故意或重大过失。对于长期怠于履行职责的消极行为是否应承担责任或者如何承担责任仍不明确，上述问题在今后的审判实践中仍须进一步明确和细化。

裁判精要

在目前的法律框架之下，借款人死亡之后，债权人主张债权时以民间借贷纠纷直接起诉借款人之配偶，法院可直接判决借款人之配偶承担还款责任。这一做法比以被继承人债务清偿纠纷起诉借款人的法定继承人，对债权人权益的保护更为有利，因为目前判决的“继承人在继承遗产的范围内承担责任”几乎无法执行，即使在《民法典》首次确立了遗产管理人制度之后，亦有许多问题尚未解决，需要进一步探索完善。

第六章　涉子女权益类纠纷

一、无法做亲子关系鉴定情况下亲子关系的认定

实务难题

认定亲生关系的直接科学证据为亲子鉴定,但在无法做亲子关系鉴定的情况下如何判定亲子关系的成立与否在司法实践中判法不一。亲子关系不宜随意推定成立,但如完全拘泥于亲子鉴定,不利于对未成年人的保护。笔者认为可从民事诉讼"高度盖然性"的证明标准及举证责任分配的规则两个方面谨慎适用推定成立,这样才能有利于保护未成年人的合法权益。

疑难案例

冯甲、冯乙系姐妹关系,与老冯系父女。冯A与老冯系兄弟关系;冯B、冯C、冯D与老冯系兄妹关系;杨甲、杨乙之母冯E与老冯系姐弟关系。小冯之母刘某于2003年7月10日与老冯协议离婚,并约定涉案房屋一套归老冯所有。小冯于2004年1月17日出生。冯E于2003年去世,老冯于2005年12月14日去世。老冯、冯A、冯B、冯C、冯D、冯E之母王某于2012年8月12日去世。

老冯去世后,小冯之母刘某将该房屋卖与他人,为此,王某、冯甲、冯乙于2007年诉至法院,要求确认刘某与他人的房屋买卖合同无效,后经一审法院判决,确认其买卖合同无效。判决后,刘某不服,提起上诉。二审法院判决作出判决,撤销一审判决,驳回王某、冯甲、冯乙的诉讼请求。2009年,王某、冯甲、冯乙向二审法院申请再审,二审法院判决撤销二审判决,维持一审判决。2011年,刘某向二审法院上级法院申请再审,上级法院裁定驳回其再审申请。

2012年12月,小冯起诉至原审法院称:我与老冯系父女关系,我与冯甲、冯乙系同父异母之姐妹关系。我母刘某于2003年7月10日与老冯离婚,老冯于2005年12月14日去世。老冯去世时遗留北京市某县某楼某单元某房屋(以下简称涉案房屋)一套,现要求依法分割该房屋。冯甲等八人辩称:小冯之母与老冯离婚时未怀孕,故小冯无原告主体资格,故不同意小冯诉讼请求。原审中,小冯提供了如下证据材料证明其与老冯系父女关系:(1)出生医学证明,该证明载明新生儿小冯,母亲刘某,父亲老冯,接生机构密云县(现密云区)妇幼保健院;(2)《密云县妇幼保健院手术同意书》,该同意书上载有"老冯"签字;(3)保险金领取通知书,该通知书载明:冯甲、冯乙、王某、小冯为被保险人老冯法定第一顺序继承人,如无异议将向上述继承人履行给付保险金的义务;(4)密云县太师屯镇头道岭村委会出具的证明,载明老冯与刘某离婚后一直以夫妻身份生活在一起。冯甲等八人对上述证据予以否认,并提交如下证据材料证明小冯并非老冯之女:(1)女性孕情诊断证明,该证明记载:姓名刘某,原配偶老冯,经诊断未发现妊娠,并盖有密云县妇幼保健院门诊专用章,时间为2003年7月5日;(2)离婚协议书,该协议上子女抚养一栏为无;(3)离婚谈话笔录,该笔录中询问婚后有无子女等,答无。小冯对此予以否认,称刘某与老冯系假离婚,之所以开具女性孕情诊断证明系为生孩子而找别人代替检查开的证明,离婚后其与老冯还在一起生活。因老冯死亡,无法做亲子鉴定,小冯提出与冯甲等八人做亲缘鉴定,冯甲等八人拒绝配合做亲缘鉴定,并明确表示不对《密云县妇幼保健院手术同意书》中"老冯"的签名笔迹进行鉴定,提出小冯不具有主体资格。

法院观点

一审法院认为,当事人对自己的主张有责任提供证据,对自己提出的诉讼请求所依据的事实或反驳对方诉讼请求所依据的事实有责任提供证据加以证明,没有证据或证据不足以证明当事人的事实主张的,由负有举证责任的当事人承担不利后果。冯甲等八人在经法院释明后,仍拒绝配合做亲缘鉴定,并明确表示不对《密云县妇幼保健院手术同意书》中"老冯"的签名笔迹进行鉴定,致使法院在认定老冯与小冯系父女关系上缺失了更加直接、科学的依据,故冯甲等八人应对此承担不利的法律后果。且冯甲等八人虽然提交了写有"刘某"的孕情诊断,但诊断书中载明"未发现妊娠"的诊断结果,显然与小冯的出生诊断相矛盾,这亦与妇女生育常识、正常人的认知不符,故冯甲等八人对小冯主体资格提出的异议答辩意见,法院不予采纳。经审查,小冯所交的证据已经形成证据链,能够证明老冯与小冯系父女关系,据此,法院依法确认老冯与小冯的父女关系。

依据当时的《继承法》的规定,继承人享有依法继承遗产的权利。同一顺序继承人继承遗产的份额,一般应当均等。被继承人的子女先于被继承人死亡的,由被继承人的子女的晚辈直系血亲代位继承。涉案房屋在老冯与刘某离婚时,已确认归老冯所有,则该楼房系老冯死亡时遗留的个人合法遗产,小冯、冯甲、冯乙及老冯之母王某均应作为第一顺序继承人,继承老冯的遗产。王某去世后,其子女冯A、冯B、冯C、冯D、冯E、老冯有权继承王某的遗产。因冯E、老冯先于王某死亡,二人子女即杨甲、杨乙,小冯、冯甲、冯乙有权代位继承王某的遗产。遗产的分割应当有利于生产和生活需要,不损害财产的效用,不宜分割的财产,可以采取折价、适当补偿等方法处理。依据本案实际情况,法院确认涉诉房屋归冯甲等八人所有,由其给付小冯相应的财产折价款,给付具体数额,法院参考鉴定意见予以酌定。

综上所述,原审法院判决如下:(1)涉案房屋一套归冯甲、冯乙、杨甲、杨乙、冯A、冯B、冯C、冯D所有。(2)冯甲、冯乙、杨甲、杨乙、冯A、冯B、冯C、冯D给付小冯应继承的房产份额折价款541 097.3元,限判决生效之日起一个月内给付。

判决后,冯甲等八人不服,上诉至二审法院称:冯甲等八人提交的女性孕情诊断证明等证据予以证明小冯并非老冯的女儿;小冯系在老冯与刘某离婚后出生的,且老冯2005年12月去世,无法进行亲子关系鉴定,小冯提交的证据不足以证明其系老冯之女;原判以冯甲等八人拒绝对笔迹鉴定、不配合亲缘鉴定为由认定冯甲等八人承担不利的法律后果,缺乏事实和法律依据;原判没有审理冯甲等八人的继承份额,无视其他继承人的合法权利;原审中评估公司未通知冯甲等八人到场,评估结果远高于市场平均水平,涉案房屋评估程序严重违法、评估结果严重错误,故请求二审法院撤销原判,依法改判驳回小冯的诉讼请求。小冯同意原判。

二审法院经审理认为,根据双方的诉辩意见及冯甲等八人的上诉请求理由,本案的争议焦点为小冯与老冯是否系父女关系。

一方面,人民法院应当以证据能够证明的案件事实为依据依法作出裁判。

双方当事人对同一事实分别举出相反的证据，但都没有足够的依据否定对方证据的，人民法院应当结合案件情况，判断一方提供证据的证明力是否明显大于另一方提供证据的证明力，并对证明力较大的证据予以确认。上述证据规则既说明民事诉讼所认定的事实属于法律事实，符合民事诉讼的普遍规律和证明要求，也表明民事诉讼的证明标准为“高度盖然性”。本案中，小冯提供的出生医学证明、《密云县妇幼保健院手术同意书》、保险金领取通知书、化验报告单、B超检查记录、住院病历材料等虽不是小冯与老冯系父女关系的直接证据，出生医学证明上载明的母亲为刘某、父亲为老冯；《密云县妇幼保健院手术同意书》中有老冯的签字同意；小冯与冯甲、冯乙、王某共同领取过老冯的死亡保险金；化验报告单、B超检查记录、住院病历材料亦证明了刘某怀孕并于2004年1月17日孕39+2周时行剖宫产术生产的情况，且根据小冯提供的刘某B超检查记录，刘某2003年9月10日为孕20+5周，由此推定刘某2003年4月即已怀孕，而刘某与老冯离婚日期为2003年7月10日，故刘某与老冯在婚姻关系存续期间即已怀孕。因此，上述证据相互印证，具有“高度盖然性”，已然达到证据规则所要求的证明标准，足以推定小冯与老冯系父女关系。

相反地，冯甲等八人提供的女性孕情诊断证明虽记载2003年7月5日刘某经诊断未发现妊娠，但该证明与刘某2003年4月即已怀孕并于2004年1月17日生产的事实不相符合，本院对该证据的证明力予以排除，其提供的离婚协议书、离婚谈话笔录亦不足以证明刘某与老冯没有子女，故小冯提供证据的证明力明显大于冯甲等八人提供证据的证明力，法院对冯甲等八人提交上述证据的证明目的不予采信。冯甲等八人虽称小冯系在老冯与刘某离婚后出生，但小冯是否在老冯与刘某离婚后出生与小冯与老冯是否系父女关系并无直接关系，并不能由此否定其不是老冯之女。

另一方面，因证据的证明力无法判断导致争议事实难以认定的，应当依据举证责任分配的规则作出裁判。举证责任包括行为意义上的举证责任和结果意义上的举证责任。对需要鉴定的事项负有举证责任的当事人，在人民法院指定的期限内无正当理由不提出鉴定申请或者不预交鉴定费用或者拒不提供相关材料，致使对案件争议的事实无法通过鉴定结论予以认定的，应当对该事实承担举证不能的法律后果。当事人一方起诉请求确认亲子关系，并提供必要证据予以证明，另一方没有相反证据又拒绝做亲子鉴定的，人民法院可以推定请求确认亲子关系一方的主张成立。本案中，小冯已就其与老冯系父女关系提供了必要的证据予以证明,冯甲等八人并未提供充足的相反证据予以反驳,经原审法院释明后冯甲等八人仍拒绝配合做亲缘鉴定,亦明确表示不对《密云县妇幼保健院手术同意书》中“老冯”的签名笔迹进行鉴定,导致法院无法得出小冯与老冯系父女关系的直接证据,故其应当对此承担举证不能的不利后果,法院亦可推定小冯的主张成立即小冯与老冯系父女关系。

关于冯甲等八人所称其原审之所以不同意做亲缘鉴定及笔迹鉴定,是因为亲缘鉴定本身有风险,会对人身造成伤害,而且也得不出父女关系的结论,关于笔迹鉴定也因老冯去世而无法做鉴定,故亲缘鉴定及笔迹鉴定都没有做的必要一节,该理由并非其不同意作鉴定可以不承担不利后果的合法理由,且笔迹鉴定亦不因老冯去世就必然无法作出,故法院对其所述无法采信。

综合上述两个方面,法院确认小冯与老冯系父女关系。遂判决驳回上诉,维持原判。

法官点评

本案的案由虽为“法定继承纠纷”,但本案的核心即争议焦点为小冯与老冯是否系父女关系,即亲子关系的认定。是否系亲子关系的直接科学证据为亲子鉴定,但在无法做亲子关系鉴定的情况下如何判定亲子关系的成立在司法实践中判法不一。

一种观点认为:当事人对自己提出的主张有责任提供证据证明。根据现有证据无法证明小冯系老冯的亲生女。虽然因老冯死亡,无法做亲子鉴定,小冯的法定代理人提出与冯甲等人做亲缘鉴定,但亲缘鉴定本身存在一定的风险,同时亲缘鉴定需要提供相关人员的基因样本进行鉴定,关系到更为重大的伦理道德、声誉、人身权和身份关系等问题,应当从严掌握,不能强迫当事人做亲子鉴定,故冯甲等人可以拒绝配合做亲缘鉴定,且亲子关系是一种血缘关系身份关系,在没有科学依据的情况下不宜推定成立,尤其是亲缘鉴定存在一定的误差,还不能达到准确认定的程度,更不适于推定原则。因此,在无法确定小冯与老冯存在亲子血缘关系的情况下,小冯的诉讼请求证据不足,应当驳回小冯要求继承老冯房产的诉讼请求。

我们认为,虽然没有直接的科学的证据证明小冯与老冯系父女关系,但民事诉讼的证据证明标准为“高度盖然性”,并不要求百分百的绝对性,即只要小冯提供的证据证明父女关系具有高度的可能性即可。民事证据有直接证据和间接证据之分。直接证据是指能够单独证明案件事实的证据。间接证据,是指不能单独证明案件事实,需要与其他证据结合起来才能证明案件事实的证据。直接证据的证明力一般大于间接证据。在缺乏直接证据证明的情形下,间接证据的重要作用就会凸显,在间接证据具备一定的数量、指向一致、形成一个证据链条的情况下,正确运用间接证据进行推理和判断,间接证据仍然可以获得较强的证明力。本案中,小冯提供的出生医学证明上载明的母亲为刘某、父亲为老冯;《密云县妇幼保健院手术同意书》中有老冯的签字同意;小冯与冯乙、冯甲、王某共同领取过老冯的死亡保险金;化验报告单、B超检查记录、住院病历材料亦证明了刘某怀孕并于2004年1月17日孕39+2周时行剖宫产术生产的情况,且根据小冯提供的刘某B超检查记录,刘某2003年9月10日为孕20+5周,由此推定刘某2003年4月即已怀孕,而刘某与老冯离婚日期为2003年7月10日,故刘某与老冯在婚姻关系存续期间即已怀孕。因此,上述证据虽为间接证据,但能环环相扣相互印证,具有“高度盖然性”,已然达到证据规则所要求的证明标准,可以推定小冯与老冯系父女关系。需要指出的是,由于亲子关系涉及身份关系,其所要求的证据的数量及证明力比其他法律关系所要求的更为严谨,单个的或少量的间接证据证明力较弱,并不能形成一个证据链条而证明待证的事实。

虽然亲子关系是一种血缘关系身份关系,在没有科学依据的情况下不宜随意推定成立,但并不代表某一方为规避责任故意不配合做亲子鉴定法院就束手无策。在符合一定的条件下,为保护未成人的合法权益法院仍然可以根据证据规则排除障碍适用推定成立。《证据规定》(2008)第25条第2款规定,对需要鉴定的事项负有举证责任的当事人,在人民法院指定的期限内无正当理由不提出鉴定申请,致使对案件争议的事实无法通过鉴定结论予以认定的,应当对该事实承担举证不能的法律后果。父或者母以及成年子女起诉请求确认亲子关系,并提供必要证据予以证明,另一方没有相反证据又拒绝做亲子鉴定的,人民法院可以认定确认亲子关系一方的主张成立。根据上述规定,并非另一方拒绝做亲子鉴定的,法院都可以一概而论推定请求确认亲子关系一方的主张成立,必须考虑当事人是否提交必要的证据,以保护未成年人的合法权益为原则区别情况谨慎适用法律推定。鉴于亲子关系推定后果的严重性,亲子关系的法律推定必须从严掌握,须以请求确认亲子关系的一方提供必要的证据为推定亲子关系成立的前提条件,以此法官方能产生足够的内心确认。如请求确认亲子关系的一方并未提供必要的证据予以证明,举证责任则并不转移到另一方,即使另一方拒绝做亲子鉴定,也不能由此承担举证不能的不利后果。如果请求确认亲子关系的一方提供了必要的证据予以证明,另一方没有相反证据又拒绝做亲子鉴定的,则可推定亲子关系成立。本案虽然因老冯死亡无法做亲子鉴定,小冯的法定代理人提出的是亲缘鉴定而不是亲子鉴定,但究其原理并无二致。根据本案所查事实,小冯已就其与老冯系父女关系提供了必要的证据予以证明,已经完成了其应负的举证责任,虽然冯甲等人提供了女性孕情诊断证明记载刘某2003年7月5日经诊断未发现妊娠,但该证明与刘某2003年4月即已怀孕并于2004年1月17日生产的事实相互矛盾,故该证据应当排除,因此冯甲等人并未对此提供充足的相反证据予以反驳,经原审法院释明后冯甲等人仍拒绝配合做亲缘鉴定,导致法院无法得出小冯与老冯系父女关系的直接证据,此时举证责任已转移到冯甲等人一方,故根据上述证据规则及婚姻法司法解释判令其应当对此承担举证不能的不利后果,就会打破僵局,公平分配举证责任,合理推定小冯的主张成立即小冯与老冯系父女关系。举证责任包括行为意义上的举证责任和结果意义上的举证责任。本案冯甲等人没有相反证据又拒绝做亲子鉴定的,即应当承担结果意义上的举证责任,承担对其不利的后果。冯甲等人之所以拒绝配合做亲缘鉴定,势必考虑到鉴定意见对其不利的可能性很大,如不根据证据规则进行推定,案件则处于被动迟迟得不到解决,未成年人的合法权益就永远无法得到保护。

本案由于老冯死亡而无法做亲子鉴定,当事人只能申请做亲缘鉴定,但亲缘鉴定存在一定的误差,在缺乏必要证据且对方当事人不配合鉴定的情况下,并不一定适用推定成立。但本案从保护未成年人合法权益出发,在夯实足够必要证据、亲子关系成立具有很高的可能性、法官有了较强内心确信的情况下,从民事诉讼证据的"高度盖然性"的证明标准及举证责任分配的规则两个方面严谨慎重适用推定成立,对判定亲子关系是否成立及此类问题的认定具有一定的意义。

对于亲子关系的相关问题,当时的《婚姻法》并无相关的规定,只有《婚姻法司法解释(三)》第2条[1]第2款规定了请求确认亲子关系的举证规则,为法院

---

〔1〕 具体规定参见《最高人民法院关于适用〈中华人民共和国民法典〉婚姻家庭编的解释(一)》第39条。

审理相关亲子关系的案件厘清了理念和思路。《民法典》根据社会现实和司法实践的需要，以第1073条的条文规定了对亲子关系有异议且有正当理由的，父或母可以起诉请求确认或否认亲子关系，成年子女可以起诉请求确认亲子关系，对请求确认亲子关系的主体及相应诉求予以了固定和明确。就本案例而言，本案对于亲子关系认定的诉讼路径及裁判规则与《民法典》的精神和规定是一致的，其适用要点在《民法典》实施之后并无不同。

裁判精要

为保护未成年人合法权益，从民事诉讼证据的“高度盖然性”的证明标准及举证责任分配的规则两个方面出发可以谨慎推定亲子关系成立。

二、民事诉讼中的亲子鉴定程序启动须慎重

实务难题

随着经济的发展和社会的不断进步，人们的意识和观念逐步开放，非婚生子女的数量呈现增加的态势，这造成做亲子鉴定的人数逐年增加，而在这个关系到身份权和人身权的重要问题上，我国却没有相应明确和严密的立法。在司法实践中，对于婚姻家庭案件的处理，经常会遇到一些需要进行亲子鉴定的案件，对于鉴定程序启动、鉴定意见采用以及法律适用均存在相应分歧，值得深入研究。

疑难案例

上诉人(原审原告)李小某。

法定代理人李某。

上诉人(原审被告)黄某。

原审第三人张某。

李小某起诉称:2013年，李某与黄某在聚会中相识，2014年6月，黄某约李某再次相聚后，与李某发生关系致李某怀孕。黄某在得知李某怀孕后，多次逼迫李某引产。因黄某一直不与李某沟通李小某出生之事，李小某之母李某为给

李小某办出生医学证明和户口，于2014年12月22日与张某办理了结婚登记，后在户口落实完毕后，又与张某离婚。在李小某出生后，黄某仍不履行作为父亲的责任。故李小某诉至法院，要求黄某每月支付李小某抚养费人民币3000元，直至李小某年满18周岁之日止。

黄某辩称：李小某的起诉与事实不符，其法定代理人及丈夫存在诚信缺失，有欺诈恐吓之举，其所提供的证言及证词应不予采纳、不予立案。我与女方沟通并去医院帮忙是出于人道主义关心和同情。李小某法定代理人与丈夫及其男性朋友们有敲诈嫌疑。李小某法定代理人存在欺骗恐吓骚扰盗窃诽谤之举。请法院驳回李小某全部诉讼请求。

张某诉称：我与李某于2014年6月相识，在李某怀孕期间，我看李某比较可怜，当时据说胎儿的生父弃他们于不顾，李某找我帮忙，说希望能顺利生产孩子并顺利落户。在这种情况下，我出于同情，答应了李某。但我确实不是李小某的生父。

法院观点

一审法院经审理查明，李小某，男，出生医学证明显示，李小某母亲为李某，父亲为张某。李小某（李某之母）认为其亲生父亲是黄某而非张某，故诉至法院，要求黄某支付至18周岁之前的抚养费。

一审中，李小某申请就其与黄某的亲子关系进行鉴定，法院在此次谈话时询问黄某意见，黄某称："不能回答，开庭以后再回答，这是律师告诉我的。"法院当庭告知黄某如无正当理由拒绝亲子鉴定的后果。黄某当庭向法院留下送达地址确认书，要求法院按邮寄地址送达。

因张某称自己并非李小某生父，经李小某申请，法院委托北京司法鉴定所对李小某与张某的亲子关系进行鉴定。

北京中正司法鉴定所作出鉴定意见，该鉴定意见为：根据上述DNA遗传标记分型结果，不支持张某是李小某的生物学父亲。法院将上述鉴定意见送达各方当事人，在送达黄某时，按照黄某向法院留存的送达地址确认书地址送达，邮件于2015年11月30日被退回。诉讼中，李小某还申请了就其与黄某的亲子关系进行鉴定，法院将亲子关系鉴定通知书随上述邮件一起向黄某送达，均被退回。

诉讼中，李小某为证明其主张，提交了李某与某手机号码的短信往来记录，内容主要是该手机机主劝说李某进行人工流产，放弃生孩子等事宜。

李小某还提交协议书一份，显示黄某与李某于2014年11月7日签订，内容为："双方在自由自愿平等的条件下签署本协议，内容如下：如果由于本次在北京艾丽丝妇科医院进行的五个月引产手术而造成产生的一切无法正常生育或者其他影响生育的遗留问题，其结果导致出现的在精神上及经济上的责任全权由男方承担，除去之前尚未支付应返还女方的检查费用4000元外，另支付女方净补偿费1.8万元。"李小某为证明黄某的收入，提交了黄某的社保对账单，显示黄某2014年申报的月缴费工资平均为13 373.5元。李小某自出生以来一直跟随其母李某生活，由李某单独抚养。

一审法院经审理后认为，民事诉讼的当事人有到庭陈述并对对方当事人的诉讼请求进行答辩的权利。本案黄某经法院合法传唤，无正当理由拒不出庭应诉，视为其放弃了当庭举证、质证权利。

本案中，根据北京某司法鉴定所的意见，可以排除李小某与张某的亲子关系。李小某主张黄某系其生父，并提出亲子关系鉴定申请，但黄某在明知需要鉴定的情况下，不明确表达意见，且在法院指定的时间仍不予理会，结合其在诉讼中消极应诉的表现，可以认定其拒绝进行亲子鉴定。根据相关法律规定，当事人一方请求确认亲子关系，并提供必要证据予以证明、另一方没有相反证据又拒绝做亲子鉴定的，人民法院可以推定请求确认亲子关系一方的主张成立。李小某为证明黄某系其生父，还提交了短信记录、协议等，黄某未提交有效证据反驳，又拒绝与李小某进行亲子鉴定，综合上述证据，法院可以推定李小某与黄某的亲子关系成立。

非婚生子女享有与婚生子女同等的权利，任何人不得加以危害和歧视。不直接抚养非婚生子女的生父或生母，应当负担子女的生活费和教育费，直至子女能独立生活为止。李某与黄某虽未结婚产下李小某，但婚生子女与非婚生子女享有同等的权利，李某与黄某作为李小某的父母应负有抚养李小某成年的义务。黄某目前的诉讼行为，有逃避法律责任之嫌，确有不妥，法院对其提出批评。法院将结合李小某的实际需要、其父母双方的负担能力和实际居住地的生活水平确定黄某应支付李小某的抚养费数额。黄某未出庭不影响本案的审理。

据此，一审法院判决：（1）黄某每月支付李某某2500元的抚养费，直至李小某年满18周岁之日止;(2)驳回李某某的其他诉讼请求。黄某不服一审法院上述民事判决,提起上诉,请求撤销一审判决,理由是:一审没有对黄某与李某是否发生过性关系进行实质审理,且排除张某为李小某的亲生父亲,即认定黄某为李小某的父亲,推定错误,且黄某与李某的短信记录、协议及陪李某到医院,均属于人道主义关心和同情,不应作为推定的佐证。李小某、张某均同意一审判决。

二审法院在审理中,黄某申请对其与李小某之间是否存在亲子关系进行鉴定,李小某表示同意进行该鉴定。通过随机选定方式,法院委托北京天平司法鉴定中心对黄某与李小某之间是否存在亲子关系进行司法鉴定。北京天平司法鉴定中心出具鉴定意见,鉴定意见为:“在排除同卵多胞胎、近亲及外源干扰的前提下,支持黄某是李小某的生物学父亲。”经法院向黄某、李小某送达该鉴定意见书,并组织双方质证,黄某、李小某均对鉴定结果表示认可。

二审法院认为,关于黄某与李小某是否具有亲子关系的问题,一审依据法律规定,结合黄某与李小某在诉讼中的举证情况,推定黄某与李小某具有亲子关系,处理正确。二审经过司法鉴定,鉴定意见支持黄某是李小某的生物学父亲,且双方均无异议,法院在此对黄某与李小某之间具有亲子关系予以确认。

非婚生子女享有与婚生子女同等的权利。黄某现阶段虽不直接抚养李小某,但按照法律规定,应当负担李小某一定的生活费和教育费,直至李小某能独立生活为止。一审法院根据黄某的社保对账单、从中国移动通信集团有限公司调取的黄某工资收入等相关证据,确定黄某每月向李小某支付2500元的抚养费,数额不超过法律规定,符合本案的实际情况。二审法院终审维持一审判决。

关联案例

▶ 付某之女欢欢与王某抚养费纠纷案

原告:付某,女

被告:王某,男

当事人付某,家在山东,某天,嫁到北京的姐姐来信说姐夫王某的腿摔坏了,请她来京照顾。她便来京照顾姐夫王某,在当年夏天某晚,付某醒来后发现姐夫王某强暴了她。在王某威逼下,付某没有报案,但不久就有了妊娠反应,王某见状,迅速给她找了一个对象赵某,付某与赵某随即同居结婚。次年5月生下一子,取名欢欢。后赵某听说孩子是付某与她姐夫王某所生,便私下带着孩子做了亲子鉴定，鉴定结果是欢欢确非赵某所生。赵某将王某告上法庭，要求王某支付近十年孩子的抚养费并赔偿其精神损失费25 000元。王某不承认欢欢系其所生，并拒绝进行亲子鉴定。

一审法院认为，当事人对自己的主张有责任提供证据；当事人及其诉讼代理人因客观原因不能自行收集的证据，人民法院有权向有关单位和个人调查取证，有关单位和个人不得拒绝。通过血型化验，赵某与欢欢之间不存在亲子关系，但双方已形成继父子关系。现赵某要求通过亲子鉴定证明欢欢与王某之间存在血缘关系，王某应当予以协助。但因王某对于欢欢系其子不予认可，且拒绝进行亲子鉴定，亦未提供相应证据对自己的主张予以佐证，故推定欢欢系王某非婚生子女。并判决王某赔偿赵某抚养欢欢的抚养费16 000元，赔偿赵某精神抚慰金8000元。王某不服，提出上诉。

二审法院认为，赵某应就其主张及所依据的事实负有举证的责任。根据有关司法解释规定，亲子鉴定关系到夫妻双方、子女和他人的人身关系和财产关系，是一项严肃的工作，对要求做亲子鉴定的案件，应从保护妇女儿童的权益，有利于增进团结和防止矛盾激化出发，区别情况，慎重对待。对于当事人一方不同意做亲子鉴定的，应视情况从严把握，一般不予准许。对于亲子鉴定结论，仅作为鉴别亲子关系的证据之一，一定要与本案其他证据相印证，综合分析，作出判断。本案中，是否进行亲子鉴定，王某有权作出选择，原审法院却以王某拒绝进行亲子鉴定而推定欢欢系王某非婚生子女不妥；加之，本案系血缘亲属关系的确认问题，有其特殊性，不可随意推定。根据《证据规定》(2008)的相关规定，没有证据或证据不足以证明当事人的事实主张的，由负有举证责任的当事人承担不利后果，赵某就其主张及所依据的事实未能充分举证，其应承担不利后果。因此判决撤销一审判决，驳回赵某的诉讼请求。

赵某二审败诉后，将欢欢母子赶出家门；欢欢再次起诉向王某追索抚养费，并要求进行亲子鉴定。代理律师进行了详细调查并收集了相关证据证明：(1)付某作风正派；(2)付某在孕育欢欢的可能时间里只住在王某家，且没有与别的男子有不正当关系，王某之妻即付某之亲姐向多名村民表明欢欢系其夫与其妹私生子的证人证言。并提出申请亲子鉴定的首要目的是“保护妇女儿童的合法权益”，这也符合最高人民法院的“批复”规定的应当做亲子鉴定的情形。

但一审判决仍认为，对于当事人一方不同意做亲子鉴定的，应视情况从严把握，一般不予准许。本案中，是否进行亲子鉴定，王某有权作出选择，王某不同意进行亲子鉴定，故对于欢欢要求做亲子鉴定的申请，不予支持，并以原告未能就其主张及事实进行充分举证驳回了欢欢的诉讼请求。二审中律师再次强调了强制王某进行亲子鉴定的必要性和法律上的可行性，并提出亦可依据《证据规定》(2008)第75条“有证据证明一方当事人持有证据无正当理由拒不提供，如果对方当事人主张该证据的内容不利于证据持有人，可以推定该主张成立”之规定推定上诉人与被上诉人之间存在亲子关系，但是二审法院仍维持一审判决。

上述类似两案不同处理结果表明，有关亲子鉴定的鉴定标准、程序启动、亲子关系推定及其他一系列问题均须深入研究。

法官点评

（一）亲子鉴定类型

在审判实践中，人民法院经常遇到这样几类与亲子关系认定有关的案件：一是离婚诉讼中女方当事人提出其与配偶在婚姻关系存续期间所生育子女与其配偶不具有亲子关系，进而请求人民法院判令由自己一人抚养未成年子女；二是离婚诉讼中男方当事人提出其配偶于婚姻关系存续期间生育的子女与自己无亲子关系，进而请求人民法院判决本人不承担抚养义务，并判令女方赔偿抚育费及精神损失；三是单独提起否认或确认亲子关系之诉；四是在继承纠纷案件中，因确认或否认某自然人的法定继承人身份而引发的亲子关系确认争议。上述几类案件，当事人争议的本质集中在以下两点：一是否认婚姻关系存续期间所出生的子女与其法律意义上的父亲具有亲子关系；二是确认非婚生子女其生物学意义上的父亲。诉讼中，如果一方当事人提出的证据足以满足法官对此问题作出判断的条件，自然无须借助亲子鉴定。但审判实践中常常遇到的问题是，一方当事人提供证据证明其主张成立，而另一方当事人表示反对；或一方当事人所提供的证据尚不足以让裁判者对所需裁决的事项作出确认，此时，需要借助科学的方法，对当事人与子女之间是否具有亲子关系进行鉴定。然而，在亲子关系诉讼中，“一方拒绝配合亲子鉴定，法院能否适用《证据规定》(2008)第75条有关证明妨害规则，推定亲子关系存在与否的事实成立”，仍成为审判实践中颇具争议的问题，归纳起来大致有以下三种不同观点：第一种观点认为，亲子关系属于身份关系，身份关系不适用证明妨害规则予以推定。法院不能采取强制手段让当事人去做亲子鉴定，也不能采用推定的方法来认定当事人之间的亲子关系。第二种观点认为，现代亲子鉴定的科学性能够为人民法院判决的正确性提供保障，与直接鉴定方式相比较，证明妨害规则仍存在一定或然性。而且，亲子鉴定无损人体健康，即使未成年人也不会因此受到健康方面的损害。因而，应当借鉴德国民事立法中采取强制鉴定的办法，在一方当事人拒绝做亲子鉴定的情况下，直接强制当事人进行亲子鉴定。第三种观点认为，亲子鉴定涉及人身，不能直接强制；但是如果一方申请做亲子鉴定，另一方无正当理由拒不同意做亲子鉴定的，可以适用《证据规定》(2008)第75条关于证明妨害规则的规定,推定对其不利的事实成立。但应当严格掌握其适用条件:(1)提出申请的一方当事人应当是亟待抚育的非婚生子女或与非婚生子女共同生活的父母一方;(2)提出申请一方已经完成了与其请求相当的证明责任;(3)被申请人提不出足以推翻亲子关系存在或不存在的证据;(4)被申请人拒绝进行亲子鉴定。只有同时具备上述四个条件,才能推定对其不利的事实成立。实际上,上述三种观点虽有一定道理,但均有其不足之处:第一种观点否认了亲子关系诉讼中证明妨害规则的适用,既无法理依据,也与审判传统不相容;第二种观点对亲子关系诉讼中"因当事人举证不能,致使法院对此问题难以作出判断"等特殊因素缺乏足够清晰的认识;第三种观点虽然肯定了证明妨害规则的适用,但其适用条件缺乏一定的科学性与合理性。

(二)立法思考

随着亲子鉴定数量的增加,鉴定机构数量逐渐增多,门槛一再降低,但相关立法、对鉴定部门的管理都相对滞后,具体表现在以下方面:一是亲子鉴定在民事诉讼中的原则、法律效力以及相应法律程序没有明确规定,导致不同地域、不同法院认识不统一,执法尺度不一致,影响了法律的权威性,不利于维护当事人的合法权益;二是亲子鉴定机构缺乏规范性管理,没有统一的技术标准和质量控制体系。目前,我国亲子鉴定机构和人员较为混乱,亲子鉴定的质量难以保证,降低了其证明力,甚至会影响法院的正确判决。

笔者认为,由于亲子鉴定关系当事人的人身权利和财产权利,关系家庭结构的稳定,进而关系到整个社会的安定,是一项十分严肃、科学的工作,因此,未来的亲子鉴定制度应该是一个较为完备,相互配套的制度体系。在涉及民事诉讼程序的立法中,对亲子鉴定的规定应包括以下方面:(1)适用亲子鉴定的类型。如请求确认或请求否认亲子关系的案件,像对亲子关系的异议而发生的抚养义务、赡养义务或继承关系的纠纷。(2)进行亲子鉴定的条件。笔者认为,进行亲子鉴定的原则之一就是应由当事人提出申请,其他条件包括是否需对方当事人同意,法院是否可以依职权委托鉴定,在哪些情形下可以委托鉴定等。(3)亲子鉴定的证据效力。由于亲子鉴定结论仅是高概率的可能性判断,不同的鉴定手段得到的可能性概率也不同,鉴定结果对亲子关系存在的可能性具有证明作用,不能证明亲子关系存在的必然性,因此,对亲子鉴定结论,应仅作为鉴别亲子关系的证据之一,一定要与案件其他证据相印证,综合分析判断。(4)无法进行亲子鉴定时对亲子关系如何认定。(5)不同审级中进行亲子鉴定的程序问题。

在对亲子鉴定机构和质量的管理中,应建立一个规范化、标准化的体系和制度。应主要包括机构的资质条件、鉴定人员的资格认证、可采取的实验方法、仪器设备的要求和管理、鉴定分析过程的规范和对鉴定报告的要求、资料保管的要求和管理、机构和鉴定质量的监测和监督等方面的内容。

(三)司法处理建议

在现有法律制度下如何尽可能地保护当事人的合法权益,确需我们认真考虑。笔者认为,可以加强以下四方面的工作。

1. 法院必要时可依职权委托鉴定。亲子鉴定涉及夫妻、子女和他人的人身关系和财产关系,因此,对血亲关系不明的当事人,通过亲子鉴定,再结合相关证据,可以得以明确,由此而产生的人身关系和财产关系也都能得以明确,对当事人而言,其意义十分重大。须慎重启动、从严掌握,但也须明确,应从保护妇女、儿童的合法权益出发,从有利于增进团结和防止矛盾激化出发,应区别情况对待,法院对哪些属于必须做亲子鉴定的情形有自由裁量权;对符合必须做亲子鉴定情形的当事人,如果不同意做亲子鉴定,法院应依职权进行亲子鉴定工作。根据《民事诉讼法》第64条以及《证据规定》(2008)第15条第1项的规定,法院可依职权调查收集证据。因此,根据以上相关规定,法院在对必须进行亲子鉴定的情况进行委托鉴定是完全可行的。

关于亲子鉴定能否强制的问题。最高人民法院司法解释认为,在民事诉讼中对当事人的人身实施强制(相当于德国法上的直接强制),应当审慎。尤其是亲子鉴定可能还要涉及对非案件当事人的未成年子女实施强制的问题,因此,应当尽可能避免此种情形的发生。判决中所确认的事实是在特定时间内和特定条件下被证据证明的事实而非客观事实,因此,某些当事人败诉,并非因其完全没有道理,而是因为没有或缺乏证据。例如,在一起离婚诉讼中,黄某提出其儿子黄小某是其妻与郭某所生,而非其亲生儿子,并提供郭某的离婚判决书作为证据,其中记载了郭某与黄妻同居是导致其离婚的主要原因,且同居期间恰好是黄妻受胎期间。但由于黄妻无相反证据亦不同意儿子做亲子鉴定,故受诉法院判决推定黄小某与黄某不具有亲子关系。虽然黄妻在结案后通过亲子鉴定确认了黄小某与黄某之间的亲子关系,其子女抚养和财产分割问题经过再审程序得以救济,但不能认为原判错误。由于黄妻在原审中消极举证,又坚决抵制亲子鉴定,在当时的条件下,其承担败诉的后果是非常正常的。

2. 在一定条件下可进行亲子关系的推定。《最高人民法院关于适用〈中华人民共和国民法典〉婚姻家庭编的解释(一)》第39条在结合我国国情及司法现状的基础上,借鉴英美法等国家的司法经验,如果一方提供了必要的证据能够证明当事人之间可能存在或不存在亲子关系,另一方没有相反证据又不同意做亲子鉴定的,人民法院可以依照《证据规定》(2008)第75条的规定,认定否认亲子关系一方或请求确认亲子关系一方的主张成立,而不配合法院进行亲子鉴定的一方承担败诉的法律后果。笔者认为,该规定既符合现行法律精神,又体现了亲子关系诉讼中的特殊因素,具有正当性和合理性,切实可行。解释认为,虽然现代科学技术使得亲子鉴定成为人民法院可以用来判断亲子关系的一个有效方法(技术手段),但这并非法院唯一的方法,且不能在任何情形下无条件采用这一方式。同时,从亲子关系诉讼的审判实践来看,除了采用精确的科学方法鉴定外,根据已知事实进行认定也是行之有效的方法之一。如以婚生子女否认之诉为例,如果一方已经提供足够的证据证明了其所主张的事实具有高度的盖然性,而另一方没有相反证据又拒绝鉴定,法院根据既有事实,要么认定子女与丈夫存在亲子关系,要么认定子女与丈夫不存在亲子关系;另外,从法律层面来考察,虽然我国法律没有亲子关系认定的规定,但也没有禁止亲子关系推定的规定,而从最高人民法院的相关司法解释以及有关法理看,亲子关系可以认定,但不可随意认定。

《证据规定》(2008)第75条规定,有证据证明一方当事人持有证据无正当理由拒不提供,如果对方当事人主张该证据的内容不利于证据持有人,可以推定该主张成立。该条确定了我国民事诉讼中对妨碍举证的推定制度。所谓推定,就是根据法律或经验法则,直接根据某一已知事实,确定另一事实的存在。前一事实称为前提事实,后一事实称为推定事实,一旦前提事实得到证明,法院可以径行根据前提事实认定推定的事实,无须再对推定事实加以证明。推定在证据法上具有重要作用,推定通过变更证明的主题,用对前提事实的证明替代对推定事实的证明,使当事人通过对前提事实的证明较容易地完成对本来相当困难的推定事实的证明,从而减轻了主张推定事实存在一方当事人的举证责任。《证据规定》(2008)第75条通过对有证据证明一方当事人持有证据无正当理由拒不提供,如果对方当事人主张该证据的内容不利于证据持有人,而推定由该证据内容所证明的并且不利于证据持有人的主张是成立的,据此减轻了对方当事人的举证责任,将举证责任转移到了妨碍举证一方,这一规定是符合法律的公平、公正原则的。

笔者认为,在一定条件下,《证据规定》(2008)第75条的规定同样适用于民事诉讼中的亲子鉴定。事实上我国已有了运用该条规定而推定亲子关系成立的判例。据有关媒体报道,某市林某与李某(女)结婚多年,并于1987年生一女。一次偶然的机会林某听到妻子李某对吴某说他们的女儿是她与吴某的孩子,林某私下带女儿做了亲子鉴定,结果是女儿确非其所生。愤怒的林某断然与妻子李某离婚并将李某与吴某共同告上法庭,请求法院确认吴某与女儿的亲子关系,要求吴某赔偿其抚养费并请求两被告赔偿其精神损失费。法院认为,林某有证据证明女儿不是其亲生子,如果要求他提供李某与吴某有不正当性行为的证据,要求过高,在这种情况下吴某应承担相应举证责任,吴某应提供自己的基因样本进行亲子鉴定,但吴某拒绝了,已属于妨碍举证的行为,根据《证据规定》(2008)第75条的规定,结合本案情况,法院推定吴某与李某女儿存在生身父女关系,并判决其支付林某抚养费,吴某与李某共同赔偿林某精神抚慰金10 000元。其实,此案与付某一案的情况极为相似,而且付某也提供了一定的证据表明欢欢与王某极大可能存在亲子关系,王某仍无正当理由拒绝亲子鉴定,笔者认为,如果以当事人有选择权为由而无限度地依由当事人的意思表示,会导致权利的滥用,从而造成对其他当事人合法权益的侵害,法律的公平公正无从体现。付某一案能否适用《证据规定》(2008)第75条之规定,确实值得思考。

3. 关于亲子诉讼中证明妨害规则的适用问题。

(1)适用理由。随着现代医学技术的发展,使DNA鉴定技术被广泛用于子女与父母尤其是父亲的血缘关系的证明。DNA亲子鉴定技术简便易行,准确率较高,否定亲子关系的准确率几近100%,肯定亲子关系的准确率达99.99%。因此,人民法院在审判实践中已经将DNA亲子鉴定作为判断亲子关系存在与否的重要证据。与此相对应,在一方当事人无正当理由拒不配合亲子鉴定,或直接抚养未成年子女一方当事人拒绝提供检材的情况下,各国也普遍规定了相应的强制措施。大多数国家“从尊重身体完整性和不可分性”的原则出发,否定直接强制的方法,而采取间接强制的方式,以制裁无正当理由拒不配合亲子鉴定的当事人。证明妨害规则属于上述间接强制方式的一种重要形式。当事人无正当理由拒不配合亲子鉴定时,经法院斟酌其他相关资料为自由心证裁量后,既可依职权调查取证,也同时综合其他相关间接事实予以心证,推定另一方主张成立。

(2)适用条件。在涉及亲子关系纠纷案件中,确定证明妨害规则的适用条件,不仅应考虑民事诉讼的一般适用规则,同时也应兼顾亲子关系诉讼的特殊性。笔者认为,适用证明妨害规则必须符合以下两个条件。

①基础事实已经得以必要的证明。主张利己事实的一方当事人应提供必要的证据予以证明其主张的可能性。所谓必要是指对提起亲子关系诉讼的一方当事人而言,其提供的证据可能不够充分,但必须能够形成合理的证据链条证明当事人之间可能存在或不存在亲子关系。其申请亲子鉴定只是对所提供证据的一种补充(或补强),而不是作为其主张的唯一证据。换言之,如果原告的证据尚不足以达到使裁判者相信可能确有其事的程度,则不具备举证责任转换的条件,原告的诉讼请求可能被直接驳回。此时,其提出亲子鉴定的申请亦不会得到支持。反之,如果当事人提供的证据尽管不够充分,但这些证据足以使裁判者相信可能确有其事,则举证责任转移给对方当事人。对于如何理解"提供必要证据予以证明",很大程度上取决于法官的心证。在否认婚生子女的诉讼中,比较常见的是在离婚诉讼中丈夫提出本人与其妻子于婚姻关系存续期间所生育子女之间不具有亲子关系,并提供一份 DNA 司法鉴定书,且该鉴定书出具的意见为:"排除某某与某某之间存在亲生血缘关系。"虽然该司法鉴定书系原告自行委托,但依据《民事诉讼法》及相关司法解释的规定,我国立法并未限定当事人不能自行委托鉴定。根据《证据规定》(2008)第 28 条的规定,一方当事人自行委托鉴定的,对方当事人有证据足以反驳并申请重新鉴定的,人民法院应予准许。如果对方当事人未提供必要的证据予以反驳并未申请重新鉴定的,基于 DNA 技术使亲子关系鉴定达到如此高的准确率,通常使裁判者相信可能确实存在这样的事实。在认领非婚生子女的诉讼中,如何依据间接证据形成合理的内心确信,往往成为案件审理中的难点。笔者认为,应综合考虑以下因素:第一,如果小孩为婚生子女,必须先排除孩子与丈夫之间的血缘关系。例如,孩子的受孕、出生皆发生于婚姻期间,在无其他直接证据的情况下,应当推定孩子为婚生子女。只有排除与丈夫之间的血缘关系,才可能推定与他人的亲子关系。第二,有证据证明生母在受孕期间与其他男性有过两性关系的事实。

比如，当年的房东证实双方曾经在一起同居过，而这个时间与女方受孕时间恰好吻合，或者双方承认曾经同居过等。第三，其他间接证据。如双方交往的书信、邮件、短信和照片，居委会、村委会出具的证明，街坊邻居的证言，同时，女方生育的子女与男方长得非常相像等都可以增强法官的内心确信。

②对方当事人无相反证据又拒绝做亲子鉴定。对方当事人无相反证据又拒绝做亲子鉴定，是指另一方当事人虽然反驳否认原告方当事人的诉讼请求，但没有证据或者证据不足以支持其抗辩，并拒绝做亲子鉴定。其中拒绝做亲子鉴定，既可以是其本人拒绝配合收集亲子鉴定所必需的检材，也包括利用其直接抚养或控制未成年子女的条件，拒绝让未成年子女提供检材进行亲子鉴定。

4. 遵循未成年子女利益最大化原则。所谓儿童利益最大化原则包含有两方面的内涵：一是应将儿童视为拥有权利的个体。二是儿童利益必须高于成人社会利益，即凡是涉及儿童的任何事宜都必须以儿童的最大利益为重，以最有益于儿童的发展为出发点。相对婚生子女否认之诉而言，非婚生子女认领之诉的情况更为复杂。首先，诉讼不限于夫妻或曾经夫妻之间；其次，非婚生子女认领之诉既有出于抚育未成年子女的迫切需要，由该子女的母亲代为主张其曾经的丈夫或同居者与子女之间有亲子关系，也有未成年子女的父母主张与他人收养的子女具有亲子关系，或是曾经遗弃自己的妻子或怀孕女友的男方在女方携带未成年子女再婚重新组成家庭后，提起非婚生子女认领之诉。在不同情形下，人民法院能否支持提起非婚生子女认领之诉一方当事人的主张，依然是审判实践中的难题。笔者认为，确认亲子关系，实质上是人们追求血缘真实的需要。自然血缘关系与法律上的亲子关系相一致是现代社会中人们公认的一种理想状态。生父母因为与子女具有天然的血缘关系，是最适合抚养教育子女的人，夫妻也因抚育共同的子女而增进夫妻感情，增强婚姻的凝聚力，从而促进家庭的和谐稳定。但由于种种原因，这种血缘关系与法律上的亲子关系的不一致经常出现在人们的生活中。对于提起非婚生子女认领之诉的当事人的主张是否予以支持，不能简单地认为当事人提供了必要的证据，对方当事人没有相反证据亦拒绝做亲子鉴定，就一概认定主张确认亲子关系一方的请求成立。应根据案件的具体情况，遵循未成年子女利益最大化原则，决定是否需要推定亲子关系成立，支持原告的诉讼请求。

第一，对于亟须抚养和教育的未成年人，应果断适用《最高人民法院关于适用〈中华人民共和国民法典〉婚姻家庭编的解释（一）》第 39 条的规定，判决确认亲子关系，以保护未成年人的合法权益。目前，司法实务中对"亟须抚养和教育"的未成年人的理解一般比较狭窄，仅指未婚先孕、孩子幼小而无人抚养的情形。实际上，所有未成年非婚生子女，由于缺乏社会的认同，均需要父母对其负起抚养、教育和关心的职责。从保护未成年子女健康成长的角度看，对于亟须抚养和教育的所有非婚生子女，只要对其利益没有损害，或者对其利益保护更为有利，人民法院应积极适用证明妨害规则，确认其亲子关系，及时给非婚生子女以有利的保护。

第二，对于请求认领已经跟随母亲另组家庭生活的未成年人，人民法院在原告完成了行为意义上的举证责任，且"提供了必要证据证明亲子关系存在的可能性"的条件下，还应权衡支持其诉讼请求对未成年子女的影响，如子女是否已经被继父通过法律程序收养、子女是否因年幼适宜随母亲生活以及主张认领非婚生子女的一方是否曾因虐待、遗弃子女被判刑等因素，在充分体现未成年子女利益最大化原则的基础上妥善处理。具体而言，如果现存的亲子关系有利于未成年人的健康成长，而改变现在的亲子关系将会给未成年人今后的生活带来严重的不利后果，则应慎用证明妨害规则，不得变更。相反，如果确认亲子关系将有利于未成年子女今后的生活，只要请求确认亲子关系一方当事人穷尽了举证能力，完成了行为意义上的举证责任，且提供的证据达到了"高度盖然性"的证明标准，法院可以推定亲子关系的成立，以最大限度地维护未成年人的合法权益。

裁判精要

由于亲子鉴定关系当事人的人身权利和财产权利，关系到家庭结构的稳定和整个社会的安定，因此，应该建立是一个较为完备，相互配套的亲子鉴定制度体系。在对亲子鉴定机构和质量的管理中，应建立一个规范化、标准化的体系和制度；发挥法院的自由裁量权，允许法院可依职权进行委托鉴定，在一定条件下可进行亲子关系的推定。

本案例讨论的重点是亲子鉴定程序的启动问题，相关法律规定主要见于《民事诉讼法》和《证据规定》(2008)，《民法典》对此未作相应规定，对于本案例的研究结论并无影响。

三、损害人工授精遗腹子权益部分的公证遗嘱无效

实务难题

不孕不育是困扰人类繁衍的难题，人工生殖在一定程度上解决了这一难题，但是随之而来的子女身份的界定，又成为困扰我们的难题。夫妻双方合意采用异质人工授精的方式生育的，丈夫是否可以撤回其意愿，在什么情况下可以撤回，均需要明确。授精成功后，男方是否有权要求女方终止妊娠，生育主体之间的生育权应当如何保障，也是审判实务需要平衡的利益难题。

疑难案例

2004年12月薛某与杨某结婚，婚后建造房屋一处，该房于2008年被拆迁，薛某以其个人名义购买得回迁房一套。婚后二人一直未生育子女，经检查薛某无生育能力，夫妻双方合议决定采取人工授精的方式生育子女。2010年4月，薛某在杨某受孕期间查验患有癌症，经治疗无效于2010年10月病逝。薛某在病逝前认为妻子对其照料不周，在征得父母同意的情况下，去公证处对事先书写的遗嘱进行了公证。遗嘱内容包括：一是孩子属试管婴儿，非其亲生，所以坚决不要；二是拆迁房屋以其个人名义购买，属个人财产，现全部赠与父母。薛父、薛母要求杨某按照遗嘱的意思对孩子进行引产，杨某不同意，遂被勒令搬往他处居住。2010年12月，杨某产下一子薛小某，薛父、薛母认为薛小某的出生并非薛某的意思，所以对孩子的身份不予认可，并以遗嘱经公证为由拒绝将房屋分给杨某。杨某遂以其本人及孩子的名义诉至法院，要求分割薛某留下的房产。

法院观点

一审法院审理认为，回迁房为拆迁婚后房屋所得，虽登记在薛某名下，仍属夫妻共同财产。经薛某、杨某合议采用人工授精的方式受孕，受孕后单方无权对胎儿进行处理，薛小某出生后应视同婚生子女，遗嘱应当为其留足必要的份

额,该公证遗嘱部分无效。经鉴定,房屋现价 1 200 000 元。法院据此判决房产归杨某、薛小某所有,杨某给付薛父、薛母人民币 300 000 元。薛父、薛母以薛小某的出生系杨某的个人决定,公证遗嘱有效为由提起上诉,请求撤销原判,要求将涉案房产判归其所有。二审法院予以维持,该判决现已生效。

法官点评

(一)人工授精子女的法律地位

人们通常所称父母子女之间的"血亲关系",包括自然血亲关系和拟制血亲关系。自然血亲关系是指生育行为所产生的父母子女关系,子女之地位视其父母之间是否存在婚姻关系而定。如果父母之间存在合法的婚姻关系,即为婚生子女;如无合法婚姻基础,即为非婚生子女。婚内夫妻精卵自然结合所生育之子女为婚生子女并无异议,采用他人精液如精子库供精等所生育之子女与该妻存在单边自然血亲关系(亲生),亦无异议,而该子女与该夫因不存在自然血亲关系,其法律地位之认定则存在不同认识。子女之受胎、出生不在父母婚姻关系存续期间或是父母之间并不存在婚姻关系,该子女对于亲生父母而言,均为非婚生子女。拟制血亲关系,是指通过收养形成的养父母子女关系(没有事实层面的亲子关系,只存在亲权关系)和因再婚形成的继父母子女关系(子女未成年的为亲权关系、已成年的则属于亲属关系)。从自然角度来看,婴儿降生,亲子关系事实产生。但生育受法律调整,其同时是一个法律事实。在法律层面,生育权与亲权具有逻辑上的传递性、一致性,因婴儿降生而产生的亲权获得与保护,是生育行为是否合法体现在法律上的后果。

婚内夫妻精卵自然结合生育子女乃人类传统基于两性性爱的自然生育过程,但因生殖缺陷而无法生育的存在,现代科技根据生物遗传工程理论,非以性交方式将丈夫或第三者的精液用人工方法注入妻子子宫颈或宫腔内,以协助受孕,此方法为我们所熟知的人工授精(Artificial Insemination, AI),又称体内受精,精子和卵子的来源不同而一般分为同质人工授精(Artificial Insemination by Husband, AIH)和异质人工授精(Artificial Insemination by Donor, AID)。此技术虽解决了不孕不育的问题,但随之而产生的生育权问题、子女抚养问题、子女继承权问题,不一而足。因前者而发生纠纷者鲜见,较为普遍的集中在后者上。

对于异质人工授精，要求夫妻在人工生殖技术实施前的意思表示作为亲子身份认定的前提。没有双方意思表示一致，一方擅自实施人工生殖技术生育子女的，构成对另一方生育权的侵犯，所生子女也非夫妻婚生子女。比如，妻子经丈夫同意进行 AID 受孕，丈夫为子女之父，丈夫不得以没有使妻子受孕、与子女没有血缘关系提起否认之诉。反之，妻子未经丈夫同意进行 AID，丈夫并不当然为子女之父。对此，《最高人民法院关于夫妻关系存续期间以人工授精所生子女的法律地位的复函》（已失效）中明确规定："在夫妻关系存续期间，双方一致同意进行人工授精，所生子女应视为夫妻双方的婚生子女。"由此，人工授精所生子女视为婚生子女应符合两项条件：一是授精应在夫妻关系存续期间，该复函对异质授精的精确规定是"在夫妻关系存续期间受胎或出生"；二是经双方一致同意，这里的一致同意可以选择书面或口头协议方式完成，除此之外还能通过双方当事人的行为进行推断。妻子在未经丈夫同意的情况下，擅自进行异质人工授精，是为对丈夫生育权的侵犯；夫妻双方虽经合议作出异质人工授精之决定，但该决定可在进行授精之前撤回，如妻方无视夫方撤回之意思而仍为授精者，与前者同。

综上所述，在夫妻关系存续期间，双方一致同意进行人工授精，所生子女的法律地位应为夫妻双方的婚生子女。

（二）人工授精之共同意愿能否单方终止

《宪法》第 49 条规定，夫妻双方有实行计划生育的义务。《人口与计划生育法》第 17 条规定，公民有生育的权利。生育权是指自然人拥有的依法决定是否生育子女及如何生育子女的一种资格或自由，包括生育或不生育的自由及选择生育方式的自由。生育权的内容也就是权利主体所享有的权利和应当履行的义务。生育权从本质上讲是权利，以权利为中心，单就夫妻之间而言，生育权包含生育方式选择权、生育请求权、生育决定权、生育调节权四项内容。

1. 生育方式选择权。生育主体可以依法自由选择生育的方式，具体言之，生育主体有权根据自身的情况选择传统的自然生育方式或是现代人工生育技术方式（克隆技术除外）生育子女，在分娩之时可以选择自然生产或是剖腹生产。

2. 生育请求权。生育请求权，是指权利主体有请求对方帮助自己生育的权利。根据生育的自然属性，完成生育的过程必然要求有男女自然的结合。选择自然生殖方式生育子女的，有权向对方提出通过性交受孕生育的意思表示；选择人工生殖方式的，有权向对方请求同意借助人工生殖方式生育子女。男女双方有权共同向精子(或卵子)的生产者或所有者、有关医疗机构、代孕者、法律规定的审批机构提出意思表示。[1]

3. 生育决定权。生育决定权是指权利主体有权决定是否生育。生育决定权由男女共同享有，以合意行使为前提，一方不行使，不构成违约或侵权。但在不生育问题上，女性具有最终的决定权，包括决定不生育子女以及采取避孕及流产措施以达此目的，女方的不生育决定权，系法律赋予女性的专有权利，不构成侵权诉因，男方不能以此为由提起侵权之诉。在现实生活中，堕胎的理由包括三种：一是优生学上的理由，如胎儿患有疾病、先天缺陷等；二是道德上的理由，如乱伦、女性被强奸等；三是个人方面的理由，如经济上的原因、婴儿出生时机不成熟、女性不愿意生育等。在早期鼓励生育的政策下，堕胎被视为违法行为，但在节制生育的政策下，随着性道德标准的改变，立法趋势及学说均主张合法化。例如，我国台湾地区“优生保健法”第9条规定：“怀孕妇女经诊断或证明有左列情事之一者，得依其自愿，施行人工流产：(1)本人或其配偶患有碍优生之遗传性、传染性疾病或精神疾病者。(2)本人或其配偶之四亲等以内之血亲患有碍优生之遗传性疾病者。(3)有医学上理由，足以认定怀孕或分娩有招致生命危险或危害身体或精神健康者。(4)有医学上理由，足以认定胎儿有畸形发育之虞者。(5)因被强制性交、诱奸或与依法不得结婚者相奸而受孕者。(6)因怀孕或生产将影响其心理健康或家庭生活者。”[2]此外，国际立法亦将生育的决定权赋予妻子，如英国、澳大利亚、加拿大的有关法律和判例都明确规定，丈夫没有阻止妻子堕胎的权利。之所以赋予女性对堕胎几乎完全的自由，主要原因在于女性在生育过程中的天然作用，女性是生育活动的主要承担者。而从怀孕到分娩的整个过程中，女性不仅要忍受生理上的痛苦，还要承受精神压力，生育权应当包括女性“支配自己身体”的权利，不能将怀孕后是否生育的决定权交予男性。

4. 生育调节权。夫妻有权根据个人或夫妻的生理特点选择避孕节育的措施，如避孕、终止妊娠、绝育。

对于生育权的规定，《婚姻法司法解释(三)》将生育决定权赋予女方，该解

---

〔1〕 参见王旭霞：《夫妻生育权的实现与救济》，载《甘肃政法学院学报》2009年第2期。
〔2〕 马强：《论生育权——以侵害生育权的民法保护为中心》，载《政治与法律》2013年第6期。

释第9条〔1〕规定:“夫以妻擅自中止妊娠侵犯其生育权为由请求损害赔偿的,人民法院不予支持;夫妻双方因是否生育发生纠纷,致使感情确已破裂,一方请求离婚的,人民法院经调解无效,应依照婚姻法第三十二条第三款第(五)项的规定处理。”据此,是否生育子女之权利为妻子所专享,夫妻合意受胎,妻子在受胎后单方终止妊娠,非对丈夫生育权的侵犯,不构成侵权行为,丈夫不能据此请求赔偿,但因单方终止妊娠致夫妻感情破裂的,丈夫可以据此请求离婚。从该规定可以看出,夫妻双方合意异质人工授精后,在人工授精手术进行之前,夫方可以撤回;如一旦授精成功,妻方可以单方作出终止妊娠的表示,而夫方则无权要求终止妊娠,因为授精之表示是经过双方协商的,夫方不能出尔反尔,其无权控制妻方的身体,如赋予其要求妻方堕胎之权利,无异于将妻方变为其生育的工具,妻方对身体权的绝对支配也就无从谈起。所以,男方提议终止妊娠,除非妻方同意并实施终止妊娠行为,否则男方无权决定。人工授精子女出生后,夫方应当同妻方一样,担负养育监护职责,夫方死亡后,子女作为第一顺序继承人享有继承权。

本案中,薛小某应为薛某之婚生子女。首先,薛某于薛小某出生前死亡,其与杨某的夫妻关系也随之消灭,但薛小某的受胎过程是在薛某死亡之前完成的,此时二人的夫妻关系尚存,薛小某属“在夫妻关系存续期间受胎”。其次,采用人工授精的方式受孕是薛某与杨某在商议一致的情况下决定的。尽管事后薛某反悔,在遗嘱中要求对胎儿进行引产,杨某不同意而坚持生育,是其对生育决定权的行使,我们不能据此认为孩子的出生属杨某单方意志的结果。根据一般情理推断,双方合议受孕就意味着对孩子出生的允许;受胎在双方合议的情况下完成,对胎儿进行引产当然同样也需双方一致同意;另外,鉴于对胎儿权益及妇女身体权保护的需要,薛某无权单方要求对胎儿进行处理。薛某的事后反悔,并不会改变人工授精属双方一致同意这一事实。所以,薛小某应视为薛某与杨某的婚生子女。

(三)薛某未为薛小某特留继承份额的遗嘱部分效力

民事权利能力始于出生,原则上不认可胎儿作为民事主体。但涉及胎儿利

---

〔1〕 具体规定参见《最高人民法院关于适用〈中华人民共和国民法典〉婚姻家庭编的解释(一)》第23条。

益时,根据相关规定,涉及遗产继承、接受赠与等胎儿利益保护的,胎儿视为具有民事权利能力。事实上,从生理学的角度来说,胎儿已经获取自然人的大部分特征,具备作为自然人的完整性,如果单纯以出生作为取得民事权利能力的起点、具备民事主体资格的前提,是违反人的生理发展规律的,是不科学的。从人的诞生角度来说,胎儿作为自然人诞生的最初始阶段,法律仅保护自然人而忽略作为自然人最初始阶段的胎儿的保护是不合理的,是对自然人保护不充分、不完整的体现。[1]

出于对胎儿出生后的保护,为保障其生活有所依靠,在遗产分割时,应当保留胎儿的继承份额。当时的《继承法》虽没有承认胎儿在出生前的民事权利能力,但从"无论是利益还是民事权利,只能为民事主体所享有,而要成为民事主体,必须具有民事权利能力"[2]的角度出发,该条胎儿所享有的特留份是其享有的继承权的一种体现,而继承权也是一种民事权利。既然胎儿享有民事权利,就应当具备民事权利能力,具备民事权利能力就应当具备民事主体资格。当时的《继承法》实际上在继承的范围内肯定了胎儿的民事权利能力和民事主体资格。在遗嘱继承和法定继承中,涉及胎儿利益的,视为胎儿已出生,其继承权应得到保护,应保留其应继承份额、由其监护人代管。如果胎儿出生时为死体的,其权利按自始不发生对待,由其他继承人按法定继承办理;如果胎儿出生后不久即死亡的,虽然它的民事主体资格终归消灭,但依据民事权利能力始于出生的规定,它已实际取得继承权,其应继份额由它的法定继承人继承。

立遗嘱属民事法律行为,当然不得违反法律的强制性规定。本案中,薛某在遗嘱中并没有为胎儿保留遗产,这明显与该规定相违背,公证遗嘱侵犯胎儿权益的部分无效。薛某死亡后遗嘱继承即完成,薛某的父母据此取得遗产,但《最高人民法院关于贯彻执行〈中华人民共和国继承法〉若干问题的意见》第45条[3]第1款规定"应当为胎儿保留的遗产份额没有保留的应从继承人所继承的遗产中扣回"。法院可据此从薛某父母继承的遗产中扣回应为胎儿保留的份额,至于具体份额应为多少,首先应当考虑与其他继承人均分,但是不足以保障其必要生活所需的,可参照《最高人民法院关于贯彻执行〈中华人民共和国继承

---

〔1〕 参见杨志祥:《论胎儿利益的民法保护》,载《法学杂志》2010年第9期。

〔2〕 马俊驹、余延满:《民法原论》,法律出版社2005年版,第78页。

〔3〕 具体规定参见《最高人民法院关于适用〈中华人民共和国民法典〉继承编的解释(一)》第31条。

法〉若干问题的意见》第37条[1]的规定:“遗嘱人未保留缺乏劳动能力又没有生活来源的继承人的遗产份额,遗产处理时,应当为该继承人留下必要的遗产,所剩余的部分,才可参照遗嘱确定的分配原则处理。”考虑薛小某可以多分遗产,剩余部分才能为薛父、薛母所继承。

裁判精要

在夫妻关系存续期间,双方一致同意进行人工授精,所生子女的法律地位应为夫妻双方的婚生子女。夫妻之间的生育权包含生育方式选择权、生育请求权、生育决定权、生育调节权四项内容,其中生育决定权归属于女方,男方要求终止妊娠,女方拒绝的,所生子女的婚生子女地位不变,其享有受抚育、教育、继承的权利。

本案例主要讨论的是损害人工授精遗腹子权益部分的公证遗嘱的效力问题。当时的《民法通则》第9条的规定,公民从出生时起到死亡时止,具有民事权利能力,依法享有民事权利,承担民事义务。当时的《继承法》第28条规定,遗产分割时,应当保留胎儿的继承份额。胎儿出生时是死体的,保留的份额按照法定继承办理。《民法典》第16条规定,涉及遗产继承、接受赠与等胎儿利益保护的,胎儿视为具有民事权利能力。但是,胎儿娩出时为死体的,其民事权利能力自始不存在。根据上述法律条文可以看出,《民法典》的上述规定与《民法通则》《继承法》的相关规定精神是一致的,对于本案例研究的主要问题和结论并无影响。

四、确定探望权主体范围应以子女利益最大化为核心

实务难题

《民法典》第1086条规定,离婚后,不直接抚养子女的父或者母,有探望子女的权利,另一方有协助的义务。可见,探望权,是指离婚配偶中不与子女共同生活一方,按照法院的裁定或双方的约定,定期或不定期探望、会见子女的权利。[2] 这是我国首次在法律中规定探望权,探望权由此成为一项法定权利。此后,探望权制度

---

〔1〕 具体规定参见《最高人民法院关于适用〈中华人民共和国民法典〉继承编的解释(一)》第25条。

〔2〕 参见杨大文:《亲属法》,法律出版社2003年版,第193页。

在我国运行了十几年。随着社会的飞速发展和人们对家庭、子女及人生观念的变化,探望权的理念及制度设计也应随之进步。就探望权主体而言,该规定将主体范围限定在解除婚姻关系后的父或母,没有充分考虑子女的探望权主体地位、非婚生子女的探望及(外)祖父母在特定情况下的探望权利,不利于解决司法实践中的问题,也不利于充分保障未成年子女的合法权益,应当在实践中加以修正。

疑难案例

刘某和牛某于2010年4月6日登记结婚,二人婚后于2010年11月17日育有一女刘小某。双方婚后感情失和,并于2013年1月23日协议离婚。双方在离婚协议中对于探望权作如下约定"在男方提前通知女方的情况下,男方或刘小某祖父母可每月探望女儿刘小某两次。女方应配合男方或刘小某祖父母探望刘小某,不得故意阻拦。女儿刘小某年满6岁前,考虑到女儿年龄较小,男方或女儿祖父母探视女儿时,可由女方陪同女儿出席;女儿刘小某年满6岁后,男方或女儿祖父母探视女儿,须女方陪同。女儿刘小某年满10岁后,在女儿同意前提下,男方每年可携女儿旅游一次,旅游时间不超过7天",协议第五条约定"任何一方不按本协议约定履行各项义务的,应付违约金50 000元给对方,如有不可抗拒情况发生例外"。

2013年7月,刘某向一审法院诉称:我和牛某于2010年4月6日结婚,2010年11月17日育有一女刘小某。结婚初期双方感情尚可,后不断发生矛盾。2012年9月双方发生矛盾后,牛某将我赶出家门,要求离婚并拒绝我和我父母探望孩子。为了能够尽快看到孩子,我被迫仓促同意牛某提出的全部离婚条件,并达成了内容显失公平的离婚协议,协议约定双方自愿解除婚姻关系,婚姻存续期间全部共同财产留给女方,刘小某由牛某抚养。双方按照协议办理离婚手续后,我按照约定将应付款项全部支付给牛某。自2012年9月至今,无论是平日或国庆、春节、孩子生日等重大节日,虽经我多次努力,但牛某均以本人另有安排等各种理由拒绝我探视。故诉至法院,请求:(1)刘某于判决生效后第一、第二月每周周六9时将刘小某接走行使探视权,并于当日20时将刘小某送回;(2)刘某从判决生效之日起的第三个月起,于每月的第二、第四周的周六9时将刘小某接走行使探视权,并于次日16时将刘小某送回;(3)刘某可于每年1月19日、1月22日、10月14日、11月17日9时将刘小某接走行使探视权,并于当日20时前将刘小某送回；(4)刘某可于每年元旦、清明、端午、中秋节假日的最后一天9时将刘小某接走行使探视权，并于20时前将刘小某送回；(5)刘某可于每年春节、国庆节假日的第五天9时将刘小某接走行使探视权，并于次日20时前将刘小某送回；(6)刘某可于每年寒假第五日9时将刘小某接走行使探视权，并于第12日20时前将刘小某送回；(7)刘某可于每年暑假第十六日9时将刘小某接走行使探视权，并于第30日20时前将刘小某送回；(8)牛某支付我违约金50 000元。

牛某辩称并反诉称：刘某诉讼请求中的探视时间不合理，也不符合离婚协议中双方的约定。刘小某有自己的生活及学业，应从有利于孩子的生活学习的角度出发来定探视时间。造成双方没有履行探视权是因为双方离婚时间比较短，刘某没有很好地按照协议约定履行相关抚养费及保险费，孩子小，应由牛某陪同，刘某没有遵守其约定；牛某由于工作原因，经常需要出差，会存在和刘某探视时间有冲突；刘某诉求的探视时间过长，孩子从出生，与刘某感情并不深厚，刘某争取探视权的主要原因是满足老人的愿望。没有进行探视，是客观原因造成的，并不是牛某主观原因造成的。我方也不存在违约。因为刘某没有按照协议支付医疗保险费用及按照探视规则行使探视权利，故我提起反诉，要求刘某支付我违约金50 000元。

刘某针对反诉辩称：不同意牛某的反诉请求。我从未违反过双方的约定，一直按照协议约定支付各项费用。牛某称我不同意其陪同导致无法见到孩子是不成立的。

法院观点

一审法院认为，离婚后不直接抚养子女的父或母，有探望子女的权利，另一方有协助的义务。行使探望权利的方式、时间由当事人协议；协议不成时，由人民法院判决。刘某对子女享有探望权，但探望权的行使应以有利于子女身心健康为度，牛某对刘某行使对刘小某的探望权，应给予必要的协助；刘某行使对刘小某探望权，以不影响刘小某的正常生活起居为准。故对刘某提出的行使探望权的诉讼请求，予以部分支持。关于刘某及牛某分别要求对方给付违约金50 000元的诉讼请求及反诉请求，因双方证据均无法证明一方有不按协议约定履行探望义务的行为，故刘某该项诉讼请求及牛某该项反诉请求均难以支持。

依照当时的《婚姻法》第38条之规定，一审法院于2013年10月判决：(1)刘某自判决书生效之月起，于每月第一、第三周周六9时将刘小某从其居住处接走并于当日19时之前送回，行使探望权；牛某对刘某的探望予以协助配合。(2)驳回刘某的其他诉讼请求。(3)驳回牛某的反诉请求。

一审法院判决后，刘某不服原判，以原判认定事实错误为由上诉至二审法院，请求撤销原判，依法改判支持其所提诉讼请求，诉讼费用全部由牛某承担。牛某同意原判。刘某的上诉理由为：刘某与牛某签订有离婚协议，该协议第6条、第7条中有明确约定，刘某的诉讼请求是探望孩子时间、地点、接送方式的具体明确，牛某在原审法院审理中也表示尊重离婚协议，刘某的诉讼请求应得到支持，请求依法改判；刘某在原审法院审理中提交的手机短信内容及自双方离婚起长达10个多月牛某未让刘某见到孩子的客观事实，可证明牛某未履行探视协助义务，刘某要求牛某给付50 000元违约金的请求应得到支持；原判受理牛某以未支付孩子保险金为由的反诉，属程序错误，牛某的反诉与本案并非同一法律关系；刘某变更诉讼请求：刘某2013年8月26日提交原审法院的《落实探望权的法律、事实依据及我们对落实探望权方式与时间的具体诉讼请求》第2条第1～8款规定，探望刘小某的要求合法、有效，离婚协议说明双方认可探望主体是刘某及其父母，刘某及其父母探望刘小某的诉讼请求应得到支持。刘某就所称内容未提供新的证据。牛某对原判认定的事实无异议，同意原判，不认可刘某所述内容，不同意刘某所提上诉意见及要求；离婚后刘某没有打过任何一个电话，没有看到刘某真心想看孩子的想法，刘某也从来没有在法庭出现过，刘某探望刘小某还要保障刘小某成长和生活的需要。刘某与牛某在审理中未能就双方纠纷的解决达成一致意见。

二审法院认为，刘某与牛某双方的争议在于对刘小某的探望问题。本案纠纷为刘某与牛某双方间的探望权纠纷，刘小某为出生于2010年11月17日的刘某与牛某之女，刘小某在刘某与牛某离婚后由牛某抚养，刘某探望刘小某的时间、方式等项内容，应据刘小某现阶段生活状况及成长需要的实际情况确定。现刘某所提探望请求的多项内容为其据离婚协议提出，且提出探望刘小某的主体为其与其父母，述称内容难以表明符合现有事实情况，亦不足以表明符合刘小某现阶段生活学习的实际情况，不能表明其所提该项内容的上诉主张成立。刘某就牛某给付违约金的主张无新的证据能够予以证实，亦无相应证据能够表明其所称内容即为相应事实情况，不能表明其所提该项内容的上诉主张成立。

刘某与牛某均据离婚协议主张对方给付违约金 50 000 元,刘某提出牛某的所提反诉主张不属同一法律关系,认为原审法院审理程序错误,并无相应依据,不应予以确认。已有事实和证据不能表明刘某所提上诉主张成立,牛某亦表示不同意刘某所提意见及要求,故对刘某所提上诉请求,不予支持。原审法院依据所查明的事实所作判决并无不当,应予维持。应予指出,刘某与牛某均应调整好履行义务的方式方法,满足刘小某生活、学习的客观需要,以有利于刘小某身心健康成长。依照《民事诉讼法》第 170 条第 1 款第 1 项之规定,判决驳回上诉,维持原判。

法官点评

探望权基于父母子女的身份关系而产生,其权利客体不是特定身份关系的对方当事人,而是受法律保护的、作为精神慰藉的身份利益,即亲属之间的情感需求。探望权不仅要满足非直接抚养子女的父母对子女的关心、抚养、教育的情感需要,更应满足子女对父母之关爱的情感需要。从国际法律理念的发展来看,亲子法的价值取向经历了从"家族本位"到"父母本位"再到"子女本位"的转变,世界上许多国家在婚姻家庭的立法或司法实践中都确立了儿童利益最大化的基本原则,[1]以强化父母对子女的照顾、保护和教育责任。可见,儿童利益最大化原则已成为时代精神和亲子法的发展趋势,也理应成为我国探望权制度的核心理念和价值取向。在离婚自由成为当前世界各国婚姻法的发展趋势的背景下,涉及未成年人切身利益的探望权制度更应从子女利益最大化的角度出发,尽可能地降低婚姻破裂对子女成长带来的负面影响,以确保其能够在健康、正常的状态和自由的条件下得到身体、心智、道德、精神和生活的全面发展。

(一)在特定情况下可以赋予(外)祖父母一定的探望权

如前所述,探望权的权利客体是受法律保护的亲属之间的情感需求,总是发生在与未成年子女有密切联系和深厚感情基础的亲属之间。从当前我国的

[1] 例如,《法国民法典》第 371 - 1 条规定亲权是"以子女的利益为最终目的的各项权利与义务的整体";《澳大利亚家庭法》第 64 条规定:"在有关婚姻的子女之保护、监护或探视的诉讼中,法院应首先考虑子女的福利。"

社会现实来看，许多未成年子女都是在（外）祖父母的协助抚养甚至完全照料下长大的，在“北上广”等一线城市尤为突出。在这种朝夕相处中，（外）祖父母和（外）孙子女之间建立了深厚的、有时甚于父母的隔代亲情。将探望权的权利人范围限于父母，将与未成年子女有着密切感情联系的（外）祖父母排除在外，不利于祖孙两辈的亲情交流，不符合我国伦理亲情的公序良俗，也不利于未成年子女家庭破裂后的心灵关怀和感情修复。

同时，《民法典》规定了在父母死亡、无力抚养或不能行使监护权时，（外）祖父母可以作为未成年（外）孙子女的监护人行使监护权，有义务抚养其未成年的（外）孙子女。还规定了孙子女有代位继承（外）祖父母遗产的权利。（外）祖父母的监护权和（外）孙子女的遗产继承权均是基于双方的身份关系产生，既然（外）祖父母与（外）孙子女之间有抚养的义务和继承的权利，那么（外）祖父母在一定条件下也应享有探望权，作为探望权的权利主体对（外）孙子女进行探望。

从国外立法来看，世界各国以法律形式赋予（外）祖父母探望权的情形也较为常见，只是都设定了子女利益最大化的适用前提。[1] 上海市高级人民法院2013年出台的《上海法院审理未成年人探望权纠纷案件的意见（试行）》第4条就明确规定了（外）祖父母间接行使探望权的内容。[2] 具体主要分为三种：一是在探望权人即父母行使探望权时随同探望；二是在探望权人死亡或丧失行为能力时代为行使探望权；三是在探望权人客观上无法行使探望权时受探望权人委托行使探望权。这三种情况下，（外）祖父母行使的探望权为“随同”、“代为”或“受托”，均不是独立行使探望权。北京市高级人民法院民一庭2016年8月4日发布的《关于审理婚姻纠纷案件若干疑难问题的参考意见》中，关于探望权的

---

〔1〕 例如，美国有40多个州的法律规定在父母一方死亡或离婚时，（外）祖父母有法定的权利申请探视。但他们必须出示其探视有利于子女最大利益的证据（参见熊金才：《美国州制定法祖父母探视权制度研究》，载《法律适用》2010年第6期）。《俄罗斯联邦家庭法典》第67条规定：“祖父母、外祖父母、兄弟姐妹和其他近亲属有权与未成年子女来往。”《瑞士民法典》第274条规定：“在特殊情况下，如果有利于子女的利益，个人交往的权利也可以给予其他人，尤其是子女的亲属。”

〔2〕《上海法院审理未成年人探望权纠纷案件的意见（试行）》第4条规定：“……探望权人的父母可以随同探望权人一并探望。探望权人死亡或者丧失行为能力的，其父母可以代为行使探望的权利。探望权人长期生活、工作在境外或者因其他原因无法行使探望权的，可委托其父母行使探望权。”

特殊范围也有明确规定。[1] 其中,(外)祖父母行使探望权需要满足两个条件:一是探望权人即父母因死亡或丧失行为能力等情况而无法行使探望权;二是请求行使探望权的(外)祖父母需要与(外)孙子女存在抚养事实。与上海市高级人民法院的规定不同,此时(外)祖父母具有单独的探望权请求权,无须依附于于父母的探望权。最高人民法院民一庭审判业务意见也认为,代替死亡或丧失民事行为能力的子女对(外)孙子女尽抚养义务的(外)祖父母,有权主张对(外)孙子女的探望权。[2]

因此,在处理探望权纠纷类案件时,应当对(外)祖父母在特定条件下的探望权主体地位予以考虑,而不能将其绝对排除在外。当然,如果将探望权的主体范围界定过宽,会使未成年子女面临过多主体的频繁探望,同样不利于子女的身心健康。因此,在赋予(外)祖父母探望权主体地位时,应严格把握其适用的限制性条件,例如,父或母死亡或丧失民事行为能力;(外)祖父母长期与(外)孙子女共同生活且感情融洽;父或母长期处于境外无法行使探望权;等等。上海市高级人民法院的试行意见和北京市高级人民法院的参考意见对此均有体现。本案中,刘某主张其父母享有探望权的主要依据为其与牛某签订的《离婚协议》,由于刘某不存在丧失民事行为能力、长期生活在境外等无法行使探望权的情形,法院结合刘小某的年龄、生活状况、成长需要等因素,判决驳回了刘某的该项诉讼请求。

(二)父母的探望权也应及于非婚生子女

随着人们婚姻观念的变化,无合法婚姻的情况日益增多,必然会出现更多的非婚生子女。根据相关规定,非婚生子女同样适用法律关于父母子女的规定,享有与婚生子女同等的权利。既然父母子女关系是以血缘而非合法婚姻关系为存在前提,那么不直接抚养非婚生子女的父母也应享有法律保护的探望

---

〔1〕《北京市高级人民法院民一庭关于审理婚姻纠纷案件若干疑难问题的参考意见》第9条规定:探望权原则上属于未直接抚养子女一方享有;享有探望权的一方因死亡或丧失行为能力等情况无法行使探望权的,对孙子女、外孙子女有抚养事实的祖父母、外祖父母请求单独行使探望权的,人民法院可予以支持。

〔2〕参见刘德权主编:《最高人民法院司法观点集成·民事卷》(第2版),人民法院出版社2014年版,第161页。

权。非婚生子女主要包括父母不存在婚姻关系时出生的子女,以及婚姻被宣告无效、婚姻被撤销、解除同居关系及因通奸、强奸、卖淫或嫖娼等情况下出生的非婚生子女。

关于探望权的行使均以离婚为前提,没有包含父母没有合法婚姻时或者父母虽有合法婚姻关系但不在一起共同居住时探望权的行使。父母没有解除婚姻关系但已实际长期分居,未与子女共同生活一方也应享有探望子女的权利。将探望权适用范围限于婚姻关系解除后,不利于保护前述当事人的合法权益,不利于未成年子女的身心健康成长。

关于非婚生子女的探望问题,美国许多州也明确规定,如果父母及子女曾经生活在事实上的家庭之中,品行良好的父亲有权要求维持恰当的探视权,可见,未婚父亲的探视权已经得到了该州法律上的认可和保护。《上海法院审理未成年人探望权纠纷案件的意见(试行)》第 4 条也已明确规定,探望权人包括离婚后或者解除同居关系后不直接抚养未成年子女的父或母。当前,非婚生子女的探望权纠纷尚不多见,但是需要明确,非婚生子女的父母,其探望权同样受到法律保护。

关于探望权问题,《民法典》沿袭了此前《婚姻法》的规定,其第 1086 条规定的内容与《婚姻法》第 38 条规定的内容基本一致,仅在表述上,将“父或者母”改为“父或母”,将“协议不成时”改为“协议不成的”,并将中止探望中“探望的权利”改为“探望”。“权利”的删除弱化了探望的权利属性,强化了探望的亲权性质。因相关法律条文内容无实质变化,故适用要点在《民法典》实施之后亦无不同。

裁判精要

传统探望权理论将子女视为探望权制度的客体或对象,子女处于消极的、受探望的被动地位,不利于尊重和保护子女的真实意思表示,也为父母提供了滥用探望权利或怠于履行探望义务的机会。在德国民法中,交往对子女而言是权利而非义务;对父母而言则既是权利更是义务。[1] 国内也有学者认为,将未成年子女置于探

---

〔1〕《德国民法典》第 1684 条规定:“子女有与父母任何一方交往的权利;父母任何一方有义务并有权与子女交往。父母必须不做任何侵害子女同父母另一方的关系或使教育变得困难的一切。”《德国民法典》(第 3 版),陈卫佐译,法律出版社 2010 年版,第 498 页。

望权的客体位置，不利于其健康成长。[1] 因此，在审理探望权纠纷类案件时，应当以未成年子女利益最大化为核心，以保护未成年子女身心健康成长为出发点，充分尊重和保护子女的合法权益。

五、约定夫妻共同财产归子女所有的协议的性质认定

实务难题

夫妻双方与子女签署协议，约定夫妻共有财产归子女所有，但子女须承担一定的义务。就这一抽象事实而言，该协议的性质似乎非常清晰，无讨论之必要，但现实生活十分复杂，当事人的用语亦不规范，多有歧义，又加之协议双方的身份在法律上亦具有特殊性，[2] 种种情形相叠加，虽可从具体案件中抽象归纳出如上述所说的情况，但由于具体案情间存在些许不同，最终导致法院对协议性质的认定亦有所差异，从而导致截然不同的法律后果，因此，确立关于此类协议的性质如何认定的标准实有必要。

疑难案例

海甲与喜某之姐原系夫妻关系并育有一女海乙。喜某之姐于1969年因车祸去世。海甲与喜某于1970年登记结婚，婚后共育有二女即海丙和海丁。2002年3月22日，海甲家院落拆迁，获得安置房屋三套，海甲与喜某获得一套，海丙与海丁各一套。2003年3月，海甲与喜某经法院调解离婚，法院作出民事调解书，约定，双方自愿离婚，海甲处共同存款15 000元，5000元归喜某所有，10 000元归海甲所有，双方共同财产已自行分割完毕。2003年9月22日，海甲、喜某、海乙在本村村委会签署协议一份，载明："现某小区某室原本是海甲和原妻喜某共同居住，因现与离婚双方一致同意该房屋给其长女海乙所有，

---

〔1〕"未成年子女处于客体的地位使得他们消极地等待，享有探望权的父或母一方可以工作忙或其他事由怠于或拒绝行使探望权，这会伤害到未成年子女的心灵"。刘义柱：《新型探望权主体制度的构建——域外经验与中国国情的综合考量》，载《广西政法管理干部学院学报》2009年第6期。

〔2〕实际上，其中涉及夫妻、父母、子女三种身份，此三种身份在法律上均有其特殊意义，在家事领域内更是如此，该特殊性古已有之，纵然现代民法经历了从身份到契约的转变，但对于这三种身份的特殊规定，从罗马法时期一直延续至今。

现由海甲居住自现在起一切费用由海甲担负，等到海甲去世以后再由喜某居住，喜某死后再由海乙继承。现房屋产权尚未办理，到时办完产权手续由海乙继承。特此证明。”协议上有海甲、喜某、海乙的签字。2013 年，海甲去世。之后，海乙诉至法院要求确认其对涉案房屋的权利，喜某对该协议的效力不予认可。

法院观点

法院最终认定该协议真实合法有效，认为喜某与海甲在 2003 年已经对房屋进行了处分，对喜某的主张未予支持。

法官点评

关于约定夫妻共同财产归子女所有的协议，在法律概念上对此种协议的性质大体上有两种认定结论——赠与和遗嘱，而在认定为赠与的情况下，由于存在夫妻这一身份关系的特殊性，又可进一步区分为婚姻关系存续期间的赠与和婚姻关系终结时的赠与。〔1〕

而认定的性质不同，会导致适用的法律不同，随之导致法律后果上亦有所不同。例如，遗嘱属于单方法律行为、死因行为，遗嘱人在其死亡之前可对遗嘱不断进行变更与修改，遗嘱在其死亡后方发生效力。而赠与属于诺成性合同，受赠人接受赠与的表示到达赠与人时合同即产生效力。〔2〕 因此，明确此类协议性质认定的标准对于统一裁判思路，引导当事人规范准确表达内心真意具有重大意义。

至于标准如何确定，笔者认为，可从遗嘱与赠与各自的特点入手通过比较二者的差异来寻找一个明确且易于操作的标准。

遗嘱是遗嘱人生前依法定形式对其个人所有的财产进行处分，并于其死亡时发生效力的单方民事法律行为。〔3〕 从遗嘱的概念可知遗嘱主要具有如下三

---

〔1〕 一般而言，婚姻关系终结时的赠与通常体现在离婚协议中。

〔2〕 就此，虽亦有人认为赠与合同属于实践性合同，但无论是在实务界抑或理论界，赠与合同属于诺成性合同均为主流观点。

〔3〕 参见王利明主编：《民法》（第 5 版），中国人民大学出版社 2010 年版，第 537 页。

个重要特征:单方民事法律行为、死因行为、要式法律行为。[1] 其中最为明显的特征即是死因行为这一点。

而赠与则是双方法律行为,赠与合同是赠与人将自己的财产无偿给予受赠人,受赠人表示接受赠与的合同。[2] 赠与主要具有如下特征:单务合同、诺成性合同、非要式法律行为。其最为明显的特征即是其无偿给予财产这一点。

基于二者的定义与特征似乎可以选择出多种不同的区分与认定的方式,例如单方还是双方、要式还是非要式,但笔者认为,无论是赠与还是遗嘱,立法上均更为重视对遗嘱人与赠与人的保护,[3]在讨论二者区别时也应从遗嘱人或赠与人的角度出发,探究其内心真意,而当事人做出一定行为的目的必定是为了取得相应的法律效果,因此,笔者认为应主要从当事人意欲取得的法律效果来对遗嘱与赠与进行区分与认定。而二者在法律效果上的最大不同即是"协议"中涉及的财产所有权转移的时间。就遗嘱而言,遗嘱系在遗嘱人死亡后方发生效力,也只有遗嘱人死亡之后,继承人才能获得"协议"涉及的财产的所有权。而赠与合同在受赠人接受赠与的表示到达赠与人时合同即产生效力,经过交付或登记,受赠人即可获得"协议"涉及的财产的所有权。

因此,在探求当事人意欲取得的法律效果的基础上,笔者认为通过考察协议如何约定财产所有权转移的时间能够更为直观地对此种协议的性质加以判断:若协议中的约定表现的意思是在夫妻死亡时或之后所有权方才发生转移,则可认定该协议实际为遗嘱;若无此类约定,则可认定该协议实际为赠与。[4]

就本案而言,针对本案中涉及的协议,须加以讨论的问题如下:首先是该份协议的性质为何,其次在确定协议性质之后,在妻子反悔的情况下,可否对该份协议的效力予以认可。

就本案所涉及的协议,该份协议既约定房屋归大女儿所有,又有诸如房屋先由丈夫居住,丈夫死后由妻子居住,妻子死后再由大女儿继承等内容。

而对于协议中存在的"继承"这一词应作何理解关系到本案协议性质究竟

---

〔1〕 参见郭明瑞、张平华:《遗嘱解释的三个问题》,载《法学研究》2004年第4期。

〔2〕 参见《民法典》第657条。

〔3〕 例如,遗嘱人在死亡前可任意变更、修改其遗嘱,赠与人享有任意撤回权与法律规定的撤销权。

〔4〕 当然,在赠与中亦存在死因赠与的情况,但是在死因赠与的场合,仅在受赠人为法定继承人之外的人时方有讨论的意义,而在受赠人为法定继承人之时,其实际的法律效果与遗嘱并无区别,由于本文讨论的协议为夫妻与子女签署的协议,子女一般而言均为父母的第一顺位继承人,因此在本文中就死因赠与相关问题并不加以讨论,本书所指称的赠与均仅指一般赠与。

如何认定,在一般意义上,按照语义解释,继承即是指将死者生前的财产和其他合法权益转归有权取得该项财产的人所有,继承发生在被继承人死亡之后,[1]按此理解,协议中既然写有“继承”的字样,自然协议中涉及的房屋所有权的转移也应在海甲与喜某死亡之后方才发生。由此看来,就外在表征而言,本案涉及的协议中的约定似乎表现的是在夫妻死亡之后所有权才发生转移,按照前述确立的标准,本案中的协议似乎应认定为遗嘱,但是,前文确立的判断标准,仅是简单总结归纳而出的一个易于操作的标准,如前文所述,判断的基础仍是探求当事人意欲取得的法律效果,即使按照可操作的标准作出了判断,仍然需要检验这一判断是否确系当事人的内心真意,而这就涉及对本案协议的文字与内容的解读与解释。

在进行解释之前,需要先行确立解释的原则与标准,民法属于私法,意思自治是民法的核心内容,在近代私法中与自己责任、所有权绝对一并构成了近代私法的三项基本原则,“确保私法自治与契约自由最重要的目的在于成就个人的自我决定”,[2]尤其在涉及赠与和遗嘱的场合,更应坚持私法自治或曰私人自治的原则,帮助实现行为人个人的自我决定。

其原因主要在于,首先,赠与的无偿性,导致了立法在价值判断上对赠与人予以优待,[3]又由于赠与并不涉及交易安全,因而相对人信赖利益的保护也不像在其他类型合同中那样作为一个非常重要的考虑因素。其次,与之类似,由于遗嘱具有单方法律行为与死因行为的特性,因而无相对人信赖利益保护的问题,[4]对其解释应以探求遗嘱人表示行为的主观意义为准,既非取决于某个特定的受领人的理解可能性,也不取决于遗嘱人针对多数人的理解可能性,原则上以探求遗嘱人内心意思为准。[5] 基于此,笔者认为,在对本案涉及的协议进行解释时,可以意思主义为原则,以探求行为人内心、主观上的意思为解释

---

[1] 《民法典》第1121条第1款规定:“继承从被继承人死亡时开始。”

[2] 参见易军:《私人自治与法律行为》,载《现代法学》2005年第3期。

[3] 参见陈小君、易军:《论我国合同法上赠与合同的性质》,载《法商研究》2001年第1期。

[4] 参见[德]迪特尔·梅迪库斯:《德国民法总论》,邵健东译,法律出版社2000年版,第567页。

[5] 参见[德]卡尔·拉伦茨:《德国民法通论》(下册),王晓晔等译,法律出版社2003年版,第471页。

标准。[1]

因而，在对本案协议进行考察时不应拘泥于文字表面上的含义，而应深入探索隐藏在文字背后，当事人的内心真意。[2] 在对其中的文字进行解释时，由于文义解释的主观性的存在，所以解释并不以明白无误的文义为限，正如丹宁勋爵所说："不要把一个语言学家加给这些词句的意思加在上边，并且，为了找出他的意图，你不要过多地依靠字典，他可能根本不用什么字典，更不太可能和你用同一种字典。你所应该做的是尽可能使你自己处于他的地位，注意他当时所了解的事实和各种情况，然后讲出他的词句所要表达的意思。"[3]

在此前提下，本案协议中的"继承"倘若作为法律专业术语加以理解，自然可如同前述的理解，将本案协议认定为遗嘱，但是，基于探求当事人的内心真意的目的，需要设身处地进行思考，本案当事人首先并非法律职业工作者，其次其文化程度也并不高，很有可能其根本并不知晓"继承"一词在法律上的特定含义，所以不能局限在"继承"这一字眼本身所表示的含义，而应着重于从整体上把握当事人的意图。

本案中夫妻共有三个女儿，而在拆迁时已将分得的三套房分给了另外两个女儿各一套，从公平角度考虑，为人父母当然是想让每个女儿均可获得一套房，而本案协议第一句即对是这一想法的印证，但由于除此涉案房屋之外，二老亦

---

〔1〕 一般而言，法律行为的解释目的或宗旨可分为形式主义与意思主义两种，前者以探求法律行为形式上的、客观的意思为解释目的，形式主义的解释主要是出于保护信赖利益的考量，在未作出对待给付的情形下，一般而言相对人的利益并非一定必须得到保护，因而只需考虑表意人的利益并查明其真实意思。参见［德］汉斯·布洛克斯、［德］沃尔夫·迪特里希·瓦尔克：《德国民法总论》（第33版），张艳译，中国人民大学出版社2012年版，第94页。

〔2〕 就此，亦有人认为当事人的内心真意实际并无法探求，最后作出判断的往往是裁判者自身，所谓探求当事人内心真意，实际只是裁判者自由裁量的借口，对此，笔者不敢苟同，虽然在客观意义上裁判者可能确实无法毫无差异地探求出当事人的真意，但相同的情况在客观解释或称形式主义的解释方法中亦是如此，形式主义的解释虽号称以表示行为的客观意义为标准，但该客观意义的确定亦是建立在一个假定的多数人的理解或一般理性人的理解的基础之上，实际该假定的多数人或一般理性人也仅是裁判者自行创设的一个概念。在需要进行解释的场合，完全的客观是几乎不存在的，其原因在于解释本身的作出即需要有主体的存在，而主体必然会带有其个人的价值取向与思想，因此，解释的结果或多或少会与作出解释的人有所关联，但这并不代表解释的结论具有极大的不确定性，原因在于作为解释主体的人，除了存在个体上个性的差异之外，亦有作为集体或社会的一分子的共性存在，进而人与人之间才会有理解与同情的存在，而这也就是解释的结论具有一定程度的确定性的基础，也因此对于解释的结论是否合理，人们亦会有所评价。就此而言，主观解释与客观解释均有其合乎理性之处，二者并无优劣之分，仅是切入的角度不同而已。

〔3〕 ［英］丹宁勋爵：《法律的训诫》，杨百揆等译，法律出版社1999年版，第27页。

无其他房屋，所以可能两老亦担心将房屋完全交给大女儿之后，会没有人养老送终，所以又在协议中加上了由二老居住使用的内容，倘若二老是打算留一份遗嘱，则首先，无须让大女儿在其上签字；其次，也无须在协议中载明须先由二老居住使用的内容，因为遗嘱仅在遗嘱人死亡后方发生效力，在二老在世之时，房屋的所有权仍未转移，自然其有权居住使用；最后，遗嘱或遗书的含义，基本已经广为人知，普通人可能不太清楚继承的含义，但是对于遗嘱或遗书的含义，多是了解的，因此，假若二老真是想要订立遗嘱，也应会标注上遗嘱或遗书，而二老起草拟定的却是一份协议，其上还有大女儿的签名。据此，可以推测二老的内心真意并非想要拟定一份遗嘱，而是希望在将房屋赠与大女儿之后，也让自己有房可住。

通过如上分析，笔者认为可以认定该份协议实际属于附负担（附义务）的赠与。既然是赠与，赠与人与受赠人在协议上签字的行为自然也表明了双方对协议内容的认可，该赠与协议已经生效，而法院的判决最终也认定了该份协议已经生效。

既然已经确认该份协议属于赠与协议且已经生效，接下来本案涉及的问题即是夫妻双方对于子女的赠与，在夫妻一方死亡后，在房屋变更登记之前，另一方可否行使任意撤销权。由于本文的主题在于探讨如何认定夫妻与子女签署的协议的性质，篇幅所限，就此问题本文不会专门展开讨论。[1]

裁判精要

在对夫妻与子女签署的协议的性质进行认定时，应以意思自治为原则，探求当事人内心真意。在具体操作中，可先通过考察协议如何约定财产所有权转移的时间来初步判断协议的性质：若协议中的约定表现的意思是在夫妻死亡时或之后所有权方才发生转移，则可认定该协议实际为遗嘱；若无此类约定，则可认定该协议实际为赠与。之后，再考察这一判断是否符合当事人内心真意，而判断的结论仍应以当事人内心真意为准。

《民法典》第657条继续沿用了《合同法》对于赠与合同的定义即“赠与合同是

---

〔1〕 实际就此问题理论与实践中均有许多讨论，虽然论证的过程与理由不尽相同，但大多结论是认为不得撤销。

赠与人将自己的财产无偿给予受赠人，受赠人表示接受赠与的合同”，而其中第1121条第1款关于“继承从被继承人死亡时开始”、第1122条第1款关于“遗产是自然人死亡时遗留的个人合法财产”以及第1133条第1款关于“自然人可以依照本法规定立遗嘱处分个人财产，并可以指定遗嘱执行人”的规定亦实质上沿用《继承法》的规定，仅将《继承法》中所表述的“公民”变更为“自然人”，并没有改变遗嘱作为单方法律行为、死因行为的特征以及赠与合同作为单务合同、诺成性合同的特征。本案所阐释的内容即是通过明晰遗嘱与赠与合同之间存在的不同特征，为二者确立一个实践中可以区分以及审查标准，因相关法律条文并无实质性变化，故适用要点在《民法典》实施之后并无不同。

六、离婚纠纷中赠与子女农村房产能否撤销的判定

实务难题

离婚纠纷中，夫妻双方在订立关于分割共同财产的离婚协议时，除了纯粹的利益考虑外，必然掺杂一些感情因素。衡量这类协议是否公平，不能像对待其他民事合同一样，将等价有偿作为唯一标准，尤其是离婚协议中将夫妻共同财产赠与子女的条款，是对双方婚姻关系存续期间财产进行分割的一种方式，此种赠与合同与一般赠与合同相比，有两点特殊性：一是离婚时所达成的赠与条款往往涉及夫妻双方及子女，并关涉身份关系的变更；二是离婚时所达成的赠与条款具有一定道德义务性质，如果支持一方当事人撤销赠与的请求，可能导致其恶意利用赠与达到既离婚又占有财产的目的，对此类赠与的处理，除了运用《民法典》合同编上的规定外，还须适用《民法典》婚姻家庭编上的相关法律规定。

由于目前农村私房转让中存在大量买卖、赠与等合同，这类合同名义上是买卖、赠与房屋，在房地一体的格局下，实际上处分房屋的同时不可避免地牵涉到宅基地使用权的处分问题，因此，应当对该转让行为是否损害了集体经济组织的权益进行审查，在探讨该赠与条款的效力问题时应结合宅基地使用权转让的相关规定综合进行分析。实践中，如一方反悔要求撤销赠与时，往往提出房产未经登记备案，房屋产权尚未转移，但根据《土地管理法》等相关规定，并未将农村房屋必须进行备案登记作为权属转移的生效要件，因此农村房屋不应适用物权法的登记生效原则，只要赠与人已将房屋交给受赠人占有使用，即视为物权发生转移。

疑难案例

张某与孔某原系夫妻关系,二人生育二女一子,孔某奇系二人之子。三人均为北京市平谷区平谷镇甲村村民。2012 年 11 月 6 日,张某诉至法院要求与孔某离婚,诉讼期间二人均同意离婚,张某提出将其和孔某坐落于北京市平谷区平谷镇甲村前二街×号宅院房屋、北京市平谷区某新村×号楼×单元×号楼房及 CJU 桑塔纳轿车一辆(以下简称诉争财产)全部赠与孔某奇所有,离婚后张某在北京市平谷区平谷镇某村前二街×号宅院的房屋居住,孔某在坐落于北京市平谷区某新村×号楼×单元×号的楼房居住,孔某对此表示同意。二人虽对于保险问题存在分歧,但在孔某的调解下协商一致。该案诉讼期间二人均同意诉争财产的赠与问题不在调解书中表述。2012 年 12 月 4 日法院为张某和孔某出具调解书,文书中未涉及赠与财产。二人离婚后,分别在约定的房屋居住。张某与孔某离婚后不久孔某奇结婚。2013 年 5 月 8 日,张某与孔某奇因生活琐事产生争执并动手,孔某奇将张某致伤。此后张某离开甲村在外居住,孔某奇将门换锁(孔某奇称换锁原因是张某离开后家里丢了东西)。此后,孔某奇电话与张某联系,张某拒接。2013 年 12 月 24 日,张某诉至法院,要求撤销赠与合同,孔某奇和孔某均不同意撤销赠与。

法院观点

一审法院经审理后认为,赠与人要求撤销赠与需要受赠人存在严重侵害赠与人或者赠与人的近亲属、对赠与人有扶养义务而不履行、不履行合同约定的义务等行为,而且需要在自知道或者应当知道撤销原因之日起一年内行使。张某与孔某约定将诉争财产赠与孔某奇系二人真实意思表示并已履行,合法有效。张某与孔某奇因家务琐事产生矛盾,孔某奇致伤张某,属于侵害赠与人的行为。孔某奇将张某致伤虽属侵害行为,但孔某奇并非蓄谋有意进行伤害,而且亦未造成严重后果,故孔某奇的行为不属于严重侵害张某的侵权行为。因此,驳回张某的诉讼请求。

张某不服原审判决,提起上诉,请求撤销原审判决,改判诉争房产归张某和孔某共有。上诉理由主要为:(1)张某与孔某离婚时同意将诉争财产赠与孔某奇是附有条件的,赠与行为自始没有发生法律效力,所附条件包括孔某奇要保证张某的居住权，要孝顺张某并尽赡养义务，如遇房屋拆迁要保证张某的份额，张某在孔某奇不孝顺时可撤销赠与；(2)孔某奇动手将张某打伤，更换房屋门锁导致张某在外租住，孔某奇侵害了张某的权益，张某享有法定撤销权；(3)根据相关法律规定，房屋赠与合同必须订立书面合同，并在赠与房屋所在地的房管部门登记备案后才能生效，张某与孔某奇未签订书面赠与协议，孔某奇亦未做不动产登记；(4)赠与撤销权行使的法定期限为自知道或者应当知道撤销原因之日起1年内行使。

二审法院经审理认为，首先，鉴于离婚协议主要是为解除双方婚姻关系的目的而设，其所涉及的财产分割、子女抚养条款等均系出于解除双方身份关系的动机，因此，夫妻或夫妻一方基于离婚事由将夫妻共有财产或夫妻一方的婚前个人财产赠与给子女的行为，可认定是一种目的赠与行为，这种发生在特定身份关系当事人之间的、有目的的赠与，并不违反法律的规定。本案中，张某与孔某达成的离婚协议合法有效且已实际履行，孔某奇已接受赠与，故张某诉称赠与合同附有条件且未生效、赠与财产未到有关部门备案登记为由否认赠与合同效力，于法无据。其次，本案赠与合同已实际履行，赠与财产的权利已转移给孔某奇，孔某奇虽曾与张某发生肢体冲突，但系因家庭琐事而起，亦未造成严重后果，故原审法院认定孔某奇对张某侵害程度不足以构成严重侵害正确。张某主张行使法定撤销权，于法无据，遂判决驳回上诉，维持原判。

法官点评

综合当事人的诉辩主张和法院查明的事实，本案的争议焦点主要有两个方面：一是夫妻一方对双方离婚时约定的房屋赠与条款能否任意撤销；二是农村房屋赠与条款的效力以及产权转移问题。

(一)夫妻一方对离婚时达成的赠与条款一般情况下不能行使任意撤销权

1. 关于赠与条款的一般法律规定

《民法典》第657条规定，赠与合同是赠与人将自己的财产无偿给予受赠人，受赠人表示接受赠与的合同。在合同形式上，可以采用口头形式、单纯的未经公证的书面形式，或者采用公证这一具有很强法律证明力的形式。

赠与合同具有如下法律特征:(1)是双方法律行为,赠与必须在双方当事人意思表示一致时才能成立;(2)赠与人将其财产无偿转让给受赠人,赠与合同是转移财产所有权的合同;(3)是单务无偿合同,赠与人对于受赠人负无偿给予财产的义务,受赠人不负担义务,且受赠人在取得受赠财产的所有权时不需要付出任何对价,当然此处的无偿,亦不能绝对化,如受赠人负担较其所取得的利益甚为微小,仍属于赠与,如附义务的赠与;(4)是诺成合同,即赠与合同自受赠人表示接受该赠与时生效,无须实际交付标的物,以便对赠与人有所约束。

我国《民法典》将赠与合同规定为诺成合同,旨在加强对受赠人的保护和对赠与人的约束,但由于赠与合同是无偿合同,如果对赠与人与受赠人给予同等保护,对于赠与人而言显然过于苛刻。因此,根据赠与合同的特点,从利益衡量的角度出发,《民法典》第658条规定了赠与人的撤销权,这是《民法典》对赠与合同规定的一个特色,即撤销权的任意性,不需要任何理由,在赠与物的权利转移之前均可以撤销,以减轻赠与人的义务。一般情况下,赠与人行使撤销权的时间是在赠与财产的权利转移之前,而财产的权利转移时间一般以标的物的交付为准。但如果赠与的财产需要办理登记等手续的,则只有在办理完相应手续后,财产权利才能转移给受赠人。此外,《民法典》根据赠与合同所具有的社会意义不同,采用的合同形式不同,在赠与人行使撤销权方面又进一步作了特殊规定。对于以下三类合同,只要合同生效,赠与人就无权撤销:一是具有救灾扶贫等社会公益性质的合同;二是具有道德义务性质的合同;三是经过公证的合同。

2. 离婚时所达成的赠与条款的特殊性及相关特别法律规定

离婚时所达成的赠与条款与一般赠与合同相比,有两点特殊性:一是离婚时所达成的赠与条款往往涉及夫妻双方及子女,并关涉身份关系的变更;二是离婚时所达成的赠与条款具有一定道德义务性质,如果支持一方当事人撤销赠与的请求,可能导致其恶意利用赠与达到既离婚又占有财产的目的。对此类赠与的处理,除了运用《民法典》合同编上的规定外,还须适用《民法典》婚姻家庭编上的相关法律规定。

根据《婚姻法司法解释(二)》第8条第1款的规定:"离婚协议中关于财产分割的条款或者当事人因离婚就财产分割达成的协议,对男女双方具有法律约束力。"即双方离婚后,一方当事人反悔请求法院变更或者撤销财产分割协议的,如果不能举证签订协议时有欺诈、胁迫的情形,一般很难得到法院的支持。该条规定强调了离婚协议中财产分割条款的法律约束力,不可擅自变更或撤销。以离婚协议中赠与条款的法律约束力对抗《民法典》第658条规定的任意撤销权的任意性。

关于如何处理《民法典》合同编与其他相关法律之间的关系。婚姻、收养、监护等有关身份关系的协议,适用其他法律的规定。《民法典》合同编之所以规定婚姻、收养、监护等有关身份关系的协议排除适用合同的相关规定,是因为婚姻、收养、监护等协议的约定内容直接牵涉身份关系的变动,而身份关系的变动对当事人的影响甚大,法律应更加慎重处理,而不能像对待财产关系的变动一样给予当事人更大的处分自由。[1] 鉴于离婚案件中越来越多的财产分割问题亟待解决,双方往往通过达成协议的方式对财产进行处理,因此,在处理此类案件时,应根据具体情况进行处理。

3. 不支持单方行使任意撤销权的理由

首先,根据特别法优于一般法的原则,此类纠纷应当优先适用司法解释的规定,不应当随意进行撤销。赠与合同是赠与人将自己的财产无偿给与受赠人,受赠人表示接受赠与的合同,赠与人在赠与财产的权利转移之前可以撤销赠与。而本案中,双方离婚时达成的财产分割协议中所涉及的赠与,不是张某一方将其个人所有的财产无偿赠与孔某奇,而是张某与孔某二人为解除婚姻关系对其婚后共同财产作出的分配和处理,与身份关系的解除密不可分,即使该赠与财产的权利并未转移,亦不应当适用当时的《合同法》上一般的撤销权条款予以处理。

其次,即使适用《民法典》第658条的相关规定,本案中所达成的赠与条款亦属于目的性赠与行为,带有道德义务的性质,赠与人不得任意撤销。

双方离婚时达成的口头赠与条款,是在整个婚姻解除协议中达成的其中一项,是对其婚姻关系存续期间财产进行分割的一种方式,具有法律约束力,不应当割裂开来单独进行评判和处理,应结合双方离婚时的其他约定,一并进行考虑。因此,夫妻双方为解除婚姻关系将共同财产处分给子女的行为,与整个离婚协议是一个整体,不能单独撤销。第一,该赠与条款应视为赠与人为发生解除婚姻关系的结果而为的一种赠与,是一种有目的的赠与行为,在双方婚姻关系解除的情况下,应认为赠与房产的目的已经实现,赠与房产条款不能随意撤销。本案中,张某与孔某是在综合考虑各种因素的前提下才同意离婚的,附加

---

[1] 参见秦方:《离婚协议中〈合同法〉适用及效力》,载《法制与社会》2009年第6期。

的条件之一就是把房产无偿赠与孔某奇。该赠与行为，在双方婚姻关系已经解除的前提下，基于诚信原则，不能允许任意撤销赠与。第二，根据《民法典》第658条、第660条的规定，结合张某与孔某在离婚时将夫妻共有财产有目的性的赠与之事实，证明离婚协议中赠与条款严格来说是具有一定道德义务性质的诺成约定。如果支持当事人要求撤销赠与的诉讼请求，可能导致其恶意利用赠与的撤销达到既离婚又占有财产的目的，不仅给子女或原配偶造成经济损失和新的精神伤害，也给社会带来不诚信反而受益的负面影响。

本案中，张某与孔某达成的离婚协议中的赠与条款符合《民法典》第143条所列举的生效条件，故该赠与合同合法有效且已实际履行，孔某奇已接受赠与，故张某诉称赠与合同附有条件且未生效，法院认定于法无据，不予支持，是适当的。张某虽对离婚时达成的赠与条款反悔，但经审查，未发现订立财产分割协议时存在欺诈、胁迫等情形的，应当依法驳回张某的诉讼请求。

（二）农村房屋赠与条款的效力及产权转移是否以登记为生效要件

本案的特殊之处在于夫妻离婚时赠与子女的房产是农村私有住房，而非城镇住房。目前农村私房转让中存在大量买卖、赠与等合同，这类合同名义上是买卖、赠与房屋，在“房地一体”的格局下，实际上处分房屋的同时不可避免地牵涉到宅基地使用权的处分问题，因此，应当对该转让行为是否损害了集体经济组织的权益进行审查，在探讨该赠与条款的效力问题时应结合宅基地使用权转让的相关规定综合进行分析。

1. 关于农村私有房屋赠与条款效力的认定

《民法典》将登记作为不动产物权变动的必要条件，因此，商品房的交付必须以办理产权过户为标准。但是，对于农村的房屋，由于没有推行不动产登记，在买卖实践中通常以转移占有作为交付的标准。当然不排除个别地方办理宅基地的变更。首先，根据《民法典》第363条的规定，宅基地使用权的取得、行使和转让，适用土地管理的法律和国家有关规定。宅基地使用权是农民安身立命之本，关于宅基地使用权的转让问题，现行法律和国家有关规定一直采取原则禁止的态度，《土地管理法》虽未明确规定宅基地使用权不得转让和抵押，但有关“农村村民出卖、出租住房后，再申请宅基地的，不予批准”的规定，也反映出不允许宅基地使用权向集体经济组织之外的城镇居民转让的本意。其次，宅基地使用权是集体经济组织成员享有的权利，与特定的身份关系相联系，不允许转让。目前，农村私房转让中买房人、受赠人名义上是获取房屋，实际上是变相获得房屋所在宅基地的使用权，尤其是买房人、受赠人是非集体经济组织成员的转让行为，必然损害了该集体经济组织其他成员的权益，是法律法规明确禁止的。

但关于本集体经济组织内部是否允许宅基地使用权转让问题，根据《土地管理法》上述有关"农村村民出卖、出租住房后，再申请宅基地的，不予批准"的规定，表明农民是可以出卖、赠与住房的，而按照我国现行的房地产制度，转让房屋的，宅基地使用权也应当一并转移。《土地管理法》第63条规定，农民集体所有土地的使用权不得出让、转让或者出租用于非农业建设。该条旨在加强土地用途管制，限制农用地转为建设用地，以保持农用地的数量。而宅基地本身即为建设用地，如在同一集体经济组织成员之间发生赠与行为，该土地使用权主体的变更并不会改变宅基地的性质，因此该条显然也没有禁止宅基地使用权的流转问题。另外，《物权法（草案）》中曾规定，宅基地使用权人经本集体同意，可以将合法建造的住房转让给本集体内符合宅基地使用权分配条件的农户；住房转让时，宅基地使用权一并转让。《物权法》正式颁行时虽然删去了这一规定，但该精神显然与《土地管理法》的规定是一致的，可以在处理此类纠纷中作为参考。因此有条件的允许宅基地使用权转让符合我国宅基地使用现状的，而且也不为法律所禁止。

综上分析，目前我国在认定此类合同的效力时，擅自转让农村住房和宅基地的以认定无效为原则，以认定有效为例外。具体而言，应把握以下原则：(1)农村村民向城镇居民转让农村住房和宅基地的，因违反国家有关规定，应认定为无效；(2)向本集体经济组织以外的农村村民转让农村住房和宅基地的，违反了集体经济组织的成员权属性，应当认定无效；(3)双方都是同一集体经济组织成员的，可以认定合同有效，但宅基地使用权不得单独转让，须与合法建造的房屋一并转让，且转让行为须征得集体组织同意。

本案中，张某、孔某赠与孔某奇的房屋系北京市平谷区平谷镇西鹿角村农村私有房屋，张某、孔某、孔某奇均为该村村民，双方就该村房屋达成的赠与条款并未违反法律强制性规定，应属有效合同。

2. 农村房屋赠与不应适用物权法的登记生效原则

本案中，张某上诉的理由之一即赠与房屋应在房管部门登记备案后才能生效,本案房产未做不动产登记,应当视为赠与合同并未生效,房屋产权未发生转移。

首先,尽管《土地管理法》规定,农民集体所有的土地依法用于非农业建设的,由县级人民政府登记造册,核发证书,确认建设用地使用权,但该条款是针对集体经济整体而言的,并没有规定每户的宅基地都必须登记。其次,当时的《物权法》第153条规定,宅基地使用权的取得、行使和转让,适用《土地管理法》等法律和国家的有关规定。而《土地管理法》等相关法律并没有规定宅基地的转让要以登记为生效要件,《土地管理法》中的登记更类似于一种备案手段。最后,在实践中,在《物权法》出台后,没有登记的宅基地仍大量存在,宅基地登记正在逐步普及的过程中,不能因为没有登记就将宅基地使用权及转让协议的效力否定。

农村房屋转让行为不应适用《民法典》的登记生效原则,审判中,不能仅以房屋所有权和宅基地使用权未办理登记为由,否定农村房屋产权转让的效力。当双方系同村村民,讼争房屋也在该村,赠与行为在法院见证下进行便具有了一定的公信力和公示效应,应认定该赠与条款已经生效,在双方履行交接手续,受赠人实际占有房屋后,应认定物权转让发生效力。

本案中,赠与的标的物中的农村私有房屋,系张某与孔某所有的房产,在双方达成赠与条款后,已经法院调解离婚,并由孔某奇实际居住使用,应视为张某已经履行赠与条款,将该房屋赠与孔某奇,虽然未登记至孔某奇名下,但并不影响该赠与条款的生效,该房屋的所有权已经转移归孔某奇所有。现张某又以赠与标的物未交付为由要求撤销赠与,缺乏事实及法律依据,法院未予支持,并无不当。

此外,赠与人行使法定撤销权须受赠人具备如下情形:严重侵害赠与人或赠与人的近亲属,对赠与人有抚养义务而不履行,不履行赠与合同约定的义务。本案中,虽然张某与孔某奇确曾发生肢体冲突,但系因家庭琐事而起,亦未造成严重后果,孔某奇亦已向张某道歉并书面保证不再发生肢体冲突,孔某奇对张某侵害程度不足以构成严重侵害;张某主张孔某奇故意更换门锁致其在外长期租住,对此,孔某奇称更换门锁系因其他原因,并书面保证张某能进入家门,张某以此为由主张孔某奇侵害其权益,法院认为依据不足,亦不予支持,处理适当。

裁判精要

离婚纠纷中夫妻双方将私有住房赠与其子女，是对双方婚姻关系存续期间财产进行分割的一种方式，此种赠与合同属关涉身份方面的协议，且是具有道德义务性质的合同，赠与人一方不得随意撤销。而对于未登记备案的农村房屋的赠与不应适用《物权法》的登记生效原则，只要赠与人已将房屋交给受赠人占有使用，即视为物权发生转移。

《民法典》关于赠与合同的撤销问题沿袭了之前《合同法》《民法总则》的规定，其第658条规定："赠与人在赠与财产的权利转移之前可以撤销赠与。经过公证的赠与合同或者依法不得撤销的具有救灾、扶贫、助残等公益、道德义务性质的赠与合同，不适用前款规定。"第659条规定："赠与的财产依法需要办理登记或者其他手续的，应当办理有关手续。"第660条第1款规定："经过公证的赠与合同或者依法不得撤销的具有救灾、扶贫、助残等公益、道德义务性质的赠与合同，赠与人不交付赠与财产的，受赠人可以请求交付。"上述条文与之前法律规定是一致的。关于夫妻离婚协议的部分条款的撤销问题，《婚姻法司法解释（二）》第8条规定："离婚协议中关于财产分割的条款或者当事人因离婚就财产分割达成的协议，对男女双方具有法律约束力。当事人因履行上述财产分割协议发生纠纷提起诉讼的，人民法院应当受理。"第9条规定："男女双方协议离婚后一年内就财产分割问题反悔，请求变更或者撤销财产分割协议的，人民法院应当受理。人民法院审理后，未发现订立财产分割协议时存在欺诈、胁迫等情形的，应当依法驳回当事人的诉讼请求。"《民法典》第1076条规定："夫妻双方自愿离婚的，应当签订书面离婚协议，并亲自到婚姻登记机关申请离婚登记。离婚协议应当载明双方自愿离婚的意思表示和对子女抚养、财产以及债务处理等事项协商一致的意见。"第1077条规定："自婚姻登记机关收到离婚登记申请之日起三十日内，任何一方不愿意离婚的，可以向婚姻登记机关撤回离婚登记申请。前款规定期限届满后三十日内，双方应当亲自到婚姻登记机关申请发给离婚证；未申请的，视为撤回离婚登记申请。"第1078条规定："婚姻登记机关查明双方确实是自愿离婚，并已经对子女抚养、财产以及债务处理等事项协商一致的，予以登记，发给离婚证。"就本案例而言，在当事人的请求权基础、法院处理思路、法律路径的解析，均不因《民法典》的实施而受到影响。

七、处理双胞胎子女的抚养问题应以"未成年子女最佳利益"为原则

实务难题

随着当前人工辅助生育技术的日渐成熟，夫妻生育双胞胎的情形增多，基于双胞胎子女的特殊性，对于离婚案件中双胞胎子女的抚养问题如何处理，成为司法实践中的难题。加之2016年生育政策的整体改变，作为审判中考虑的重要因素之一，对涉及双胞胎子女抚养问题的离婚案件审判原则及处理方式也应相应地作出调整。因此，关于离婚案件中双胞胎子女的抚养处理，成为审判实务中的一个难题。

本案是一起离婚纠纷案件，双方二审中对双胞胎子女的抚养权有争议，双胞胎子女是由夫妻双方各抚养一个还是由夫妻一方抚养？由夫妻中的哪一方抚养？对此，审判实践中应当遵循"未成年子女最佳利益"原则，根据夫妻双方的具体情况与案件事实，确定双胞胎子女的抚养权。若按照平等原则，父母条件相当的情况下，各抚养一个孩子更能体现公平，按照传统民事审判，这是以往审判实践中较为普遍的做法。但从未成年子女健康成长的角度思考，这样的结果是否是未成年子女最佳利益的体现？未成年子女最佳利益怎样进行判断？这一系列问题值得思考。

疑难案例

王某与李某于2011年5月经人介绍相识，二人于2011年6月确立恋爱关系，并于2011年9月28日登记结婚，王某系再婚，第一段婚姻未生育子女，李某系初婚。婚后双方于2012年9月1日育有一对双胞胎女儿，现已满3周岁，两个女儿在2013年7月之前随双方共同生活，2013年7月之后随王某生活，其间，曾于2014年春节与李某共同生活过一段时间。

经询问，双方均表示双方自2013年7月开始分居，在2014年春节期间双方曾短暂一起居住，3月2日住处发生火灾，双方又重新分居至今。2014年，李某起诉至北京市东城区人民法院（以下简称东城法院），要求与王某离婚，王某不同意离婚，东城法院于2014年5月27日作出判决，驳回李某的诉讼请求。

庭审中，王某提交2015年7月13日北京市海淀区××居委会出具的居住证明，内容载明：该社区居民邢某之女王某自2013年年初以来，携其双胞胎女

儿居住在邢某家。李某对该居住证明真实性认可,但不认可证明目的。

庭审中,李某提交如下证据:(1)其与王某父母的通话录音,欲证明王某的父母带着孩子,且不让作为父亲的他见孩子。(2)2015 年 4 月 21 日王某通过微信向李某要钱记录、李某给王某转款 8900 元的网银记录及李某为孩子在网上购买必需品之网页,欲证明王某抚养两个女儿有经济压力,尽管王某不让其见孩子,但其仍在履行父亲职责。(3)李某父母在孩子出生时汇款 200 000 元给孩子,备注为"送给宝宝的款",欲证明李某及其家庭有能力抚养孩子。(4)姓名为"王某"之慈瑞门诊诊断证明单,诊断意见为"怀孕六周",未载明日期,姓名为"王某"之第二炮兵总医院(现火箭军总医院)诊断证明,检查所见"B 超显示孕八周",处理意见"无痛人流术",亦未载明日期,欲证明王某违反忠实义务。(5)2015 年 10 月 12 日北京市海淀区××社区居委会出具的情况说明,载明:经查实王某双胞胎女儿未住在北京市海淀区××街道××路××号××号楼××单元××室,该社区房屋系军产房,居委会无权出具居住证明。

王某对证据一真实性认可,但对证明目的不认可,表示通话里王某父母并没有说不让李某见孩子;对证据二的真实性不予认可;对证据三真实性认可,表示不清楚该笔款项,如果该款项还有的话应当是夫妻共同财产,要求分割,如果没有的话就不主张了;对证据四真实性与证明目的均不予认可,表示上面所写的"王某"不是本案中的王某;对证据五真实性认可,但对内容不认可。

诉讼过程中,李某申请法院调查令核实慈瑞门诊诊断证明单及第二炮兵总医院(现火箭军总医院)诊断证明的详细信息,法院予以准许,李某持令调查后表示慈瑞门诊地址搬迁,没有找到新址,第二炮兵总医院(现火箭军总医院)表示证明是他们开的,但叫"王某"的有多人,必须提供就医时的 ID 号才能查询其他信息,ID 号李某不清楚,因继续查询时间太长,故其撤回该项调查取证申请。

庭审中经法院释明,王某仍坚持表示不接受两个女儿由其和李某分别抚养,如果法院判决两个女儿由其和李某分别抚养,则互不给付抚养费。李某表示如果法院判决两个女儿归王某抚养,其每月给付抚养费 1000 元,如判决归其和王某分别抚养,其抚养任一个都可以,抚养费互不给付。

法院观点

一审法院经审理认为,婚姻关系的维系以夫妻感情为基础。李某曾于 2014

年在东城法院起诉王某要求离婚，王某当时不同意离婚，故东城法院判决驳回李某诉讼请求。现王某将李某诉至法院要求离婚，李某亦同意离婚，足见在上次离婚诉讼之后双方感情并未好转，夫妻感情确已破裂且无和好可能，故对于王某要求离婚的诉请，法院予以准许。

关于子女抚养问题，因王某与李某生育子女为双胞胎女儿，根据我国现行的生育政策，现双方均不具备再生育其他子女的可能。从客观条件来看，王某与李某均系北京户口，可以保障两个女儿在京入学，同时根据庭审查明的情况显示，双方均可为女儿提供正常生活和健康成长的条件。另在本案中双方都在积极争取两个女儿的抚养权，可见双方对于孩子的关心及要求抚养权之诚意。法院认为离婚后子女无论由父或母直接抚养，仍是父母双方的子女。两个女儿的健康成长离不开母亲王某的精心呵护，同时也需要父亲李某的父爱关怀，双方应当求大同存小异，共同努力为两个女儿的健康成长营造良好环境，尽量弥补因为父母婚姻破裂给子女造成的伤害。因此，从保障两个女儿的健康成长出发，基于公平的考虑和对当事人利益的权衡，法院认为由王某抚养大女儿，由李某抚养小女儿为宜，抚养费双方互不给付，分别自行抚养。

原审法院判决后，王某不服，上诉至二审法院，认为原审判决认定事实不清、适用法律错误，根据本案的实际情况，将两个女儿均判由王某抚养更有利于双胞胎姐妹的健康成长，请求二审法院撤销原判第二项，改判两名婚生女均由王某抚养，李某每月支付每个孩子抚养费 1600 元。李某同意原判。

本案二审中，王某陈述其每月收入为 6000 元，李某对此予以认可；李某陈述其每月收入为 8000 元，王某对此予以认可。

二审法院经审理后认为，王某将李某诉至法院要求离婚，李某亦同意离婚，原审判决准予双方离婚并无不当，法院予以确认。本案二审争议焦点为双方的两名婚生女的抚养问题。

人民法院审理离婚案件，对子女抚养问题，应当依照法律规定，从有利于子女身心健康，保障子女的合法权益出发，结合父母双方的抚养能力和抚养条件等具体情况妥善解决。《最高人民法院关于人民法院审理离婚案件处理子女抚养问题的若干具体意见》第 3 条规定，对 2 周岁以上未成年的子女，父方和母方均要求随其生活，一方有下列情形之一的，可予优先考虑：……（2）子女随其生活时间较长，改变生活环境对子女健康成长明显不利的。该意见第 4 条规定，父方与母方抚养子女的条件基本相同，双方均要求子女与其共同生活，但子女单独随祖父母或外祖父母共同生活多年,且祖父母或外祖父母要求并且有能力帮助子女照顾孙子女或外孙子女的,可作为子女随父或母生活的优先条件予以考虑。

本案中,首先,虽然王某、李某均表示要求抚养两个女儿的意愿,且双方对抚养两个女儿均具备抚养能力及抚养条件,但双胞胎女儿年龄尚幼,自出生起一直未曾分开生活,且大部分时间均随王某及王某父母生活,并由王某及王某父母进行照料。如若将两个孩子分开,改变现有的抚养环境及生活状况,对两个孩子的健康成长显然不利。

其次,根据2016年3月24日重新修订的《北京市人口与计划生育条例》第17条的规定,提倡一对夫妻生育两个子女。符合下列情形之一的,夫妻双方可以要求再生育一个子女:……(2)再婚夫妻婚前生育两个以上子女,婚后未共同生育子女的。若李某在与王某离婚后再行与他人结婚,按照现行生育政策,其仍然享有再生育子女的权利。故原审判决依据的北京市生育政策规定已发生变更改变。

最后,李某主张在双方分居两年多期间,王某及其父母不让李某看孩子,侵害了李某对孩子的监护权,对其造成严重精神伤害,李某称若两个女儿均判由王某抚养,将会产生李某无法探望孩子的后果。当时的《婚姻法》第36条[1]规定,离婚后,子女无论由父或母直接抚养,仍是父母双方的子女。离婚后,父母对于子女仍有抚养和教育的权利和义务。当时的《婚姻法》第38条规定,离婚后,不直接抚养子女的父或母,有探望子女的权利,另一方有协助的义务。行使探望权利的方式、时间由当事人协议;协议不成时,由人民法院判决。故有关李某行使子女探望权的问题,日后其可以通过与王某协商、另行诉讼等途径进行解决。王某也应意识到对于孩子的健康成长而言,父爱是不可缺失的,故其应与李某多协商沟通,尽最大努力协助李某行使探望权,尽力将离婚给孩子造成的伤害降至最低。

在此基础上,法院认为判令两个双胞胎女儿均由母亲王某抚养,更符合孩子成长的客观需要,亦体现了未成年子女最佳利益原则及照顾妇女、儿童权益的原则。原审法院基于公平的考虑和对当事人利益的权衡,将两个双胞胎女儿判由王某、李某分别抚养,并不利于两个双胞胎女儿的成长,判决不妥,法院予

---

〔1〕 本条内容已废止,具体规定参见《民法典》第1084条,后文不再另作说明。

以调整。故对王某要求改判两个双胞胎女儿均由其抚养的上诉请求,本院予以支持。李某应当依法支付两个女儿的抚养费,具体数额,法院结合李某的工资收入、两个女儿的实际需要及北京市的消费水平,认定王某主张的数额合理,其诉讼请求应当予以支持。

当然,虽然目前法院将两个女儿的抚养权判归王某,但如果日后王某抚养孩子比较困难或者出现不利于孩子成长的情况时,李某可以依法主张抚养权的变更。应当指出,王某、李某均主张两个女儿的抚养权,殷殷父母爱心可鉴,要看到,父母对子女的抚养不仅是法定的权利,更是无条件的义务。作为父母,应该勇于承担照顾子女的责任和义务,积极为子女的健康成长创造良好的环境。

综上所述,根据处理子女抚养问题应以未成年子女的健康成长为中心的原则,法院对原审判决予以调整。依照当时的《婚姻法》第 36 条、第 37 条、第 38 条,《最高人民法院关于人民法院审理离婚案件处理子女抚养问题的若干具体意见》第 3 条、第 4 条,《民事诉讼法》第 170 条第 1 款第 2 项之规定,判决如下:(1)维持原审判决第一项、第四项;(2)撤销原审判决第二项、第三项;(3)王某与李某的两名婚生女儿均由王某抚养,李某自 2016 年 7 月起,每月支付两个女儿抚育费共计 3200 元,至两个女儿年满 18 周岁时止;(4)驳回王某的其他诉讼请求。

法官点评

本案件二审的争议焦点为李某与王某的婚生双胞胎女儿的抚养问题如何处理。对双胞胎子女抚养问题的审判原则及审判思路,本文梳理如下。

(一)确立“未成年子女最佳利益”原则

父母离婚后的未成年子女是一个特殊群体,他们的利益保护是一个重要问题。“未成年子女最佳利益”原则在司法审判中体现为:在诉讼活动中,凡涉及未成年人民事权益,都应当从最有利于未成年人健康成长的角度优先予以考虑。1989 年联合国大会通过的《儿童权利公约》正式确定了儿童最佳利益原则。该公约第 3 条第 1 款规定:“关于儿童的一切行动,不论是由公私社会福利机构、法院、行政当局或立法机构执行,均应以儿童的最大利益为一种首要考虑。”“未成年子女最佳利益”原则确立了未成年人作为独立个体的权利主体地位。为了保障实现未成年人的全面发展，该原则要求立法、司法、行政机关或其他社会机构不仅要考虑未成年人的利益，而且要优先考虑他们的最大利益，体现了未成年人权利立法保护的价值取向，也为在实践中解决未成年人权益问题提供了法律原则。以该公约的生效为契机，各国修订了本国亲子法律制度，逐渐将子女最佳利益作为亲子法的基本原则，确立了子女本位的父母子女关系立法。

1991年我国加入《儿童权利公约》，2007年《未成年人保护法》确立了“最大限度地保护未成年人利益”和“未成年人利益优先”两大基本原则。《民法典》第1041条第3款亦明确规定：“保护妇女、未成年人、老年人、残疾人的合法权益。”可见，我国立法亦规定未成年子女最佳利益原则为处理离婚案件时应遵循的基本原则。在离婚案件中，当未成年子女利益与父母利益、妇女利益等其他利益发生冲突时，未成年子女利益应当处于优先地位。坚持“未成年子女最佳利益”原则，也可以保障未成年子女作为独立民事主体所应享有的受抚养权、家庭生活权利、受教育权、交往权、表达自己意见的权利、姓名权、财产权利等民事权利。

具体到离婚案件中子女抚养问题的处理，法院在抚养权人的确定、抚养费的给付以及探视权的履行等方面应遵循未成年子女的最大利益原则，对案件作出合理的判决，保障父母离婚后未成年子女权利的正常实现。未成年子女在父母离婚后到自己成年前还要度过一段成长期，这一时期也是人生的关键期。在这段成长期中，未成年子女在生活、学习上都需要一定的物质与精神条件。物质需求表现为成长过程所需的物质基础和经济支持，如教育费、生活费和医疗费等，而精神需求表现为父母亲对未成年子女在生活、学习上的关心、照顾和鼓励等。因此，法院在确定未成年子女的抚养权时，不仅应考虑到未成年子女的年龄、性别、生活与教育环境等各种客观因素，而且还要考虑到他们的心理需求、精神需求、自身意愿及情感等各种主观因素，以有利于未成年子女心身健康成长为出发点，去实现他们的最大利益。

在本案中，李某与王某关于双胞胎子女抚养的争议，应当坚持未成年子女最佳利益原则，全面考虑双胞胎子女成长中生理、心理及人格道德方面的需要，结合他们的居住生活环境与父母双方的抚养条件等具体情况进行解决。

(二)"未成年子女最佳利益原则"在案件处理中的具体体现

"未成年子女最佳利益原则"要求法院在处理案件过程中,应当从最有利于未成年人健康成长的角度优先予以考虑。鉴于"最有利于未成年人健康成长"的界定比较模糊,需要进行具体的细化。国外凡立法中确定了"儿童最大利益原则"或"未成年人最佳利益原则"等,一般均详细规定法院认定"未成年人最大利益"应当考虑的因素,从而增强法律的可操作性,以期最大限度地保护未成年人权益。尤其在家事案件中,具体细则的规定显得尤为重要。目前,无论是司法实践的共识还是学术主流观点,均将"未成年子女最佳利益原则"确立为一般家事审判,尤其是离婚案件中未成年子女抚养问题的处理原则。借鉴国外的规定,结合我国司法实务,在家事案件的审判当中如何掌握"未成年人最佳利益"原则。可以从以下几个方面予以考虑:(1)未成年子女的意愿。(2)父母的意愿,以及证明其具备对未成年子女的最优条件。(3)子女的年龄、性别、就学、受教育以及健康情况。(4)未成年子女与父母共同生活的状况。(5)父母的一贯表现、品行、有无刑事污点、吸毒、酗酒、不良行为和不诚信的行为。(6)父母的工作、收入状况、文化程度。(7)子女生活环境的变化可能对其产生的影响,包括父或母,其他与之共同生活的人。(8)法院应当考虑的其他因素。

1. 从双胞胎子女的生活、学习环境与条件分析。双胞胎女儿自出生后一直未曾分开,在王某与李某分居后,一直独自随王某及其父母在王某父母的居所生活,其已经熟悉了该居所的生活环境。如果将两个双胞胎女儿分开,其中一名女儿由父亲李某带走随其一起生活,生活环境会突然发生改变,又需要一个不断适应熟悉的过程,不利于其身心健康成长。因此,由王某继续抚养两名双胞胎女儿,更符合《最高人民法院关于人民法院审理离婚案件处理子女抚养问题的若干具体意见》第3条[1]"子女随其生活时间较长,改变生活环境对子女健康成长明显不利的"的规定。

2. 从夫妻双方与双胞胎子女的生活时间分析。一般认为,父母有足够的时间照顾与教育未成年子女,更有利于他们的健康成长。首先,根据双方的陈述

---

[1] 具体规定参见《最高人民法院关于适用〈中华人民共和国民法典〉婚姻家庭编的解释(一)》第46条。

及所提供的证据，王某作为孩子母亲曾经历较为困难的怀孕及生产过程才得以生育两个双胞胎女儿，可以认定其在生育双胞胎子女过程中作出了巨大的精神和肉体牺牲。其次，根据法院查明的夫妻收入情况及家庭经济情况，王某有足够的经济条件抚养双胞胎子女。事实上，双胞胎子女自出生后一直跟随王某生活，由王某及其父母进行照料。再次，至一审判决时，两名双胞胎女儿仅为3岁多，尚为年幼，与母亲一起生活能享受到母亲细心的照顾，更有利于其身心健康。最后，从双方工作情况来看，双方均为公务员，收入稳定，但通过法官与当事人的多次接触，发现女方王某的工作与休息时间较固定，有足够的时间照顾与教育小孩；而男方李某工作繁忙，法官多次给其打电话联系均无法接听，双方尚未分居之前其也很少能晚上早回家陪伴孩子，并没有太多的时间陪伴和照顾子女。因此，在双方离婚以前及以后，王某均有更多的时间照顾双胞胎子女，由其抚养双胞胎子女对他们成长有利。

3. 从双胞胎子女与外祖父母或祖父母共同生活的情况分析。根据《最高人民法院关于人民法院审理离婚案件处理子女抚养问题的若干具体意见》第4条〔1〕“父方与母方抚养子女的条件基本相同，双方均要求子女与其共同生活，但子女单独随祖父母或外祖父母共同生活多年，且祖父母或外祖父母要求并且有能力帮助子女照顾孙子女或外孙子女的，可作为子女随父或母生活的优先条件予以考虑”的规定，李某和王某分居后，两个双胞胎女儿一直跟随王某在王某父母（也就是孩子的外祖父母）家中居住生活，由王某及其父母进行照料，这一点应当作为两名双胞胎女儿随王某生活的优先条件予以考虑。

4. 从双胞胎子女分开抚养是否有利于他们身心健康成长分析。从20世纪20年代开始，有关双胞胎的研究开始成为人类学家、社会学家关注的新焦点。20世纪60年代末70年代初，人类学、社会学在关于双胞胎的研究中取得较大的成果。从研究成果可以看出，双胞胎子女的成长有其特殊性，他们彼此依赖程度更高，共同生活比分开生活更有利于他们健康成长。对于此，有地方法院（如广州市越秀区人民法院）曾在案件审理中接受专家证人出庭，证实了以上学术研究观点。在本案中，两个双胞胎女儿自出生以后一直共同生活，未曾分开，通过当事人的陈述及提供的证据可以证实双胞胎女儿在王某及其父母处共同

---

〔1〕 具体规定参见《最高人民法院关于适用〈中华人民共和国民法典〉婚姻家庭编的解释（一）》第47条。

生活期间，生活愉快，成长健康，显然继续共同生活对她们来说更为有利。证人袁某在一审作为专家证人也出庭陈述意见证实了这一点。

（三）考虑计划生育政策的变化

自2016年起，我国在计划生育政策上全面放开“二胎”，在此基础上，北京市于2016年3月24日重新修订并颁布了《北京市人口与计划生育条例》。按照原来旧的《北京市人口与计划生育条例》，如果再婚，原来已经有过两个孩子的，就不能再生育孩子，即使两个孩子抚养权都判给对方也是这样规定的。故在本案中，按照原来的政策，如果两个孩子都判给同一方，另一方就不符合条件再要孩子，一审判决也是考虑了这个因素，认为判两个孩子一边一个更符合公平原则。事实上，在父母的抚养能力及抚养条件相当的情况下，双方分别各抚养一个孩子更能体现公平，按照传统民事审判，这是较为普遍的做法。

而按照2016年3月24日重新修订并颁布了《北京市人口与计划生育条例》第17条的规定，“提倡一对夫妻生育两个子女。符合下列情形之一的，夫妻双方可以要求再生育一个子女：……（二）再婚夫妻婚前生育两个以上子女，婚后未共同生育子女的。”也就是说，本案中若李某、王某任一方在离婚后再行与他人结婚，按照现行生育政策，其二人均仍然享有再生育子女的权利。故原审判决依据的北京市生育政策规定已发生重大变化。结合该计划生育政策的改变，二审中对该案件涉及的子女抚养问题更多的是从孩子健康成长的利益考虑，在不对李某再婚后生育子女的权利构成影响的基础上，改判两名双胞胎子女均由王某抚养。

（四）在处理子女抚养问题时应考虑的例外因素

诚然，“未成年子女最佳利益”原则并非法官审理案件中唯一考虑的因素，实践中亦存在例外的情形。虽本案中并不涉及，但按照有关规定，案件中有下列情形的应予以特殊考虑。

1. 对2周岁以上未成年的子女，父方和母方均要求随其生活，如一方已做绝育手术或因其他原因丧失生育能力的，应予优先考虑将子女判归其抚养；

2. 一方无其他子女，而另一方有其他子女的，应优先考虑将子女判归无其他子女的一方抚养；

3. 一方患有久治不愈的传染性疾病或其他严重疾病，或者有其他不利于子女身心健康的情形，不宜与子女共同生活的，法院不宜将子女判归其抚养。

以上均是现行法律及司法解释中规定的例外情形。除法律明确规定的情形以外，法官在处理涉及子女抚养的离婚案件时，应当始终贯彻“家事审判”的理念，考虑的因素尽可能全面，充分查明案件中有无其他未成年子女利益以外应当考虑的特殊因素，在此基础上慎重作出裁判。

裁判精要

针对本案中李某与王某争议的双胞胎女儿抚养权的问题，依照我国法律规定与“未成年子女最佳利益”原则，双胞胎子女确定由女方王某抚养更为合法合理，同时亦体现了我国立法中照顾妇女、儿童权益的精神。当然，目前法院将两名双胞胎女儿的抚养权判归王某，但如果日后王某抚养孩子比较困难或者出现不利于孩子成长的情况等其他事由出现时，李某可以向法院请求变更子女的抚养权。

《民法典》中关于子女抚养权的判定规则，见于第1084条。该条文规定，“父母与子女间的关系，不因父母离婚而消除。离婚后，子女无论由父或者母直接抚养，仍是父母双方的子女。离婚后，父母对于子女仍有抚养、教育、保护的权利和义务。离婚后，不满两周岁的子女，以由母亲直接抚养为原则。已满两周岁的子女，父母双方对抚养问题协议不成的，由人民法院根据双方的具体情况，按照最有利于未成年子女的原则判决。子女已满八周岁的，应当尊重其真实意愿”。

不难看出，该条规定主要吸收和延续了现行法律及司法解释的相关精神，在法律层面明确了法院在处理子女抚养问题时应遵循未成年人利益最大化的审判规则。

八、涉家暴离婚案，不宜判决施暴方直接抚养未成年子女

实务难题

我国法律针对离婚后子女抚养归属如何确定问题涉及较少，仅规定从有利于子女身心健康，保障子女的合法权益出发，结合父母双方的抚养能力和抚养条件等具体情况妥善解决。其中《最高人民法院关于人民法院审理离婚案件处理子女抚

养问题的若干具体意见》第3条规定了一方有不利于子女身心健康的情形，不宜与子女共同生活的，对另一方要求子女随其生活给予优先考虑，而对于哪些属于不利于子女身心健康、不宜直接抚养子女的情形未具体明确。同样地，在2016年3月1日实施的《反家庭暴力法》中，亦未明确指出实施家庭暴力者在子女抚养方面所应承担的相关法律责任。因此，在涉家庭暴力离婚案件中，家庭暴力是否应作为首要考量因素，归结为不利于子女身心健康、不宜直接抚养子女的情形，有待于进一步明确。

疑难案例

陈某（女）和胡某（男）于2008年9月22日登记结婚，2009年2月22日育有一子胡某2，自2014年1月起分居。陈某曾于2014年诉至法院要求离婚，后撤回起诉。2016年陈某再次诉至人民法院，主张胡某对其实施家庭暴力，提交病例及照片为证，要求法院判决双方离婚，婚生子由陈某抚养，胡某赔偿陈某精神损害抚慰金50 000元。胡某认可曾对陈某实施过殴打行为，但主张夫妻感情并未破裂，不同意离婚，亦不同意婚生子由陈某抚养。

一审法院经查：双方均无住房，胡某2目前就读于北京市朝阳区××××小学，陈某系江西籍，胡某系北京籍，胡某2和胡某同一户籍。陈某每月工资3000～4000元，胡某每月工资为3000元。双方均表示没有要求法院分割的共同财产。

二审法院经查：婚生子除与陈某、胡某共同生活外，单独随陈某生活的时间较长；陈某文化程度相对较高，无不良嗜好，且在北京有稳定的工作及收入，居住在婚生子就读小学附近的承租房屋；胡某除在与陈某共同生活期间多次实施家庭暴力外，还曾因伤害他人被刑事处罚。

法院观点

一审法院认为：双方因琐事导致感情失和，且分居已满两年，故判决双方离婚；关于子女抚养权问题，一审法院考虑婚生子目前跟随胡某生活，其和胡某系同一户籍，且其就读学校在其户籍地，故判决婚生子由胡某抚养；关于陈某主张的精神损害抚慰金，由于陈某提交病历、照片等证据证明胡某对其进行了殴打，胡某亦认可存在殴打行为，故一审法院判决胡某赔偿陈某精神损害金50 000元。

一审判决后，陈某不服一审法院关于子女抚养权的判项，上诉至北京市第三中级人民法院，请求改判婚生子由陈某抚养。

二审法院认为陈某在抚养婚生子的条件上具有一定优势，而胡某脾气较为暴躁，不能良好控制自己的行为，其个性特征不适合直接抚养未成年子女。另考虑到施暴人存在的不良习气与暴躁性格，有可能对未成年子女的健康成长产生不良影响，故判令婚生子由陈某抚育，更符合未成年子女成长的客观需要，亦体现了“未成年子女最佳利益”原则及照顾妇女、儿童权益的原则。二审法院作出终审判决，维持一审关于准予离婚及精神损害抚慰金的判项，改判婚生子由陈某抚养。

法官点评

该案例涉及离婚纠纷案件中，如人民法院认定父母一方存在家庭暴力行为，则家庭暴力是否应作为首要考量因素，从而直接影响到未成年子女抚养权的归属问题。笔者认为，应从未成年子女利益最大化原则出发，将家庭暴力作为确定子女抚养权归属的首要考量因素，在受害方具备抚养条件的情况下，一般不宜判决施暴方直接抚养未成年子女。

本案中，在已查明胡某存在家庭暴力行为的情况下，一审法院未将家庭暴力作为考量因素，仅依据胡某2的户籍地与胡某相同，以及目前随胡某共同生活，即判决胡某2归胡某抚养，二审法院予以纠正。二审法院认为胡某曾因伤害他人被刑事处罚，多次实施家庭暴力行为，上述情形可以认定胡某脾气较为暴躁，不能良好控制自己的行为，对未成年子女的身心健康会产生不良影响，在陈某具备抚养条件的前提下，改判胡某2由陈某抚养，更符合子女利益最大化原则。

该案例对于司法实践中，如何确定涉家庭暴力的子女抚养权归属问题，具有指导意义。该案例作出裁判后，最高人民法院发布的《第八次全国法院民事商事审判工作会议（民事部分）纪要》亦明确了与该案例相同的处理原则，即在审理婚姻家庭案件中，应注重对未成年人权益的保护，特别是涉及家庭暴力的离婚案件，从未成年子女利益最大化的原则出发，对于实施家庭暴力的父母一方，一般不宜判决其直接抚养未成年子女。

(一)子女利益最大化是确定抚养权归属的基本原则

根据《婚姻法》第36条规定,离婚后,哺乳期内的子女,以随哺乳的母亲抚养为原则。哺乳期后的子女,如双方因抚养问题发生争执不能达成协议时,由人民法院根据子女的权益和双方的具体情况判决。根据《最高人民法院关于人民法院审理离婚案件处理子女抚养问题的若干具体意见》的规定,人民法院审理离婚案件,对子女抚养问题,应当依照有关法律规定,从有利于子女身心健康,保障子女的合法权益出发,结合父母双方的抚养能力和抚养条件等具体情况妥善解决。从上述法律规定中可以看出,“根据子女的权益”,“从有利于子女身心健康,保障子女的合法权益出发”是法院在确定子女抚养权时应考虑的首要和核心因素。即应以子女利益最大化原则为确定抚养权归属的首要基本原则,综合考虑父母双方的抚养能力、抚养条件、子女年龄、生活环境等因素,予以判断。

(二)家庭暴力对未成年子女的危害

根据联合国秘书长2006年发布的《关于侵害妇女的一切形式的暴力行为的深入研究》,生活在暴力家庭中的未成年子女,至少会在心理健康、学习和行为四个方面出现障碍:

一是学习时注意力难以集中。学校的差生,包括逃学和辍学的学生,有相当一部分来自暴力家庭。他们往往处于担心自己挨打和(或)担心一方家长挨打的焦虑中。其症状经常被误诊为多动症伴注意力集中障碍。然而,这些问题产生的根源往往在于使他们恐惧且缺少关爱的家庭暴力环境。

二是即使未成年子女并不直接挨打,他们目睹一方家长挨打时所受到的心理伤害一点也不比直接挨打轻。家庭暴力发生时,孩子陷入极不安全和冲突的心理状态中。通常,他们一方面对加害人感到愤怒,另一方面又需要来自加害人的关爱。孩子无法理解,自己生活中最重要、也是最亲近的两个人之间,为什么会出现暴力。

三是未成年子女挨打,不仅皮肉受苦,自信心和自尊心也受到很大打击。他们可能变得胆小怕事,难以信任他人,也可能变得蛮横无理、欺侮弱小、人际关系不良。心理上受到家庭暴力严重伤害的子女,还有可能在成年后出现反社会暴力倾向。加拿大的研究显示,目睹家庭暴力的孩子,出现严重行为问题的可能性,比起无暴力家庭中的孩子,男孩要高17倍,女孩要高10倍。

四是家庭暴力行为的习得,主要是通过家庭文化的代际传递而实现的。根据联合国秘书长2006年《关于侵害妇女的一切形式的暴力行为的深入研究》,50%~70%的成年加害人是在暴力家庭中长大的。他们从小目睹父母之间的暴力行为,误以为家庭暴力是正常现象,并在不知不觉中学会用拳头解决问题。[1]

(三)判由施暴方直接抚养未成年子女的不利影响

考虑到家庭暴力行为的习得性特点,将未成年子女判决由施暴方抚养,不符合子女利益最大化原则,不利于未成年子女的身心健康,特别是不利于切断家庭暴力的代际传递。

首先,子女可能成为家庭暴力的控制替代对象。据统计,大部分施暴者,在殴打配偶的同时,也会殴打子女。离婚使施暴者失去了配偶这个暴力控制对象,未成年子女往往会成为替代品,成为家暴的直接受害者。其次,施暴者往往缺乏关爱孩子的能力,且拥有较强的控制欲,更关注自己在家庭中的权威,特别是其他家庭成员是否对其服从,因此会扼杀未成年子女的自主能力和独立发展,严重影响子女的心理健康。再次,施暴者的言行对未成年子女的负面影响不容忽视。有施暴行为的家长,缺少男女平等意识。其言行均会对子女形成潜移默化的影响。例如,施暴者通过施暴使其他家庭成员服从,男孩子可能认为,这就是解决家庭纠纷的途径,于是,在他长大后建立的家庭中,也采取同样的办法迫使其配偶、子女服从。又如,有的施暴者一边殴打自己的配偶,另一边指责其语言或者行为上的“错误”,使未成年子女认为,妈妈做错了事,所以才挨打,以后,在他认为别人有错误的时候,也采取暴力行为惩罚对方。这种做法,常常被移植到他未来建立的家庭中。最后,施暴方可以利用对未成年子女的直接抚养权继续控制其原配偶。如果施暴者得到了未成年子女的直接抚养权,则常常利用这一权利,向原配偶提出种种不合理要求。例如,有的离婚案件中,女方请求离婚的原因本来就是不堪忍受丈夫的暴力和经济控制,但施暴者利用女方对

---

〔1〕 参见最高人民法院中国应用法学研究所:《涉及家庭暴力婚姻案件审理指南》第13条。

探望未成年子女的渴求，要求其继续“自愿”提供经济帮助。否则，就设置种种障碍，不让其探望未成年子女。

（四）应注意的问题

子女利益最大化原则始终是确定抚养权归属的基本原则。法院应结合具体施暴方式、次数、严重程度等，分析其个性特征与品格，确定其是否具有适当的精神抚养能力，是否会由于言传身教而影响子女健康成长，谨慎确定其是否适合抚养子女，施暴方一般不适宜直接抚养子女。但需注意的是，在施暴人并非有性格缺陷，而受害人确实不具备抚养条件，如自身没有基本的生活来源保障，或者患有不适合直接抚养子女的疾病等特殊情形下，也可以作为例外处理。

裁判精要

涉及家庭暴力的离婚案件，应从未成年子女利益最大化原则出发，将家庭暴力作为确定子女抚养权归属的首要考量因素，在受害方具备抚养条件的情况下，一般不宜判决施暴方直接抚养未成年子女。

图书在版编目(CIP)数据

婚姻家庭案件疑难问题裁判精要 / 安凤德主编. --
北京：法律出版社，2021(2022.7 重印)
(民商事审判疑难问题裁判精要系列)
ISBN 978-7-5197-4961-3

Ⅰ. ①婚… Ⅱ. ①安… Ⅲ. ①婚姻法-审判-案例-中国 Ⅳ. ①D923.95

中国版本图书馆 CIP 数据核字(2020)第 180141 号

婚姻家庭案件疑难问题裁判精要
HUNYIN JIATING ANJIAN YINAN WENTI CAIPAN JINGYAO

安凤德 主编

策划编辑 冯雨春 李沂蔚
责任编辑 冯雨春 张 颖
装帧设计 李 瞻

出版发行 法律出版社
编辑统筹 法律应用出版分社
责任校对 王晓萍 王语童
责任印制 刘晓伟
经　　销 新华书店

开本 710 毫米×1000 毫米 1/16
印张 19.25　**字数** 350 千
版本 2021 年 7 月第 1 版
印次 2022 年 7 月第 2 次印刷
印刷 天津嘉恒印务有限公司

地址：北京市丰台区莲花池西里 7 号(100073)
网址：www.lawpress.com.cn
投稿邮箱：info@lawpress.com.cn
举报盗版邮箱：jbwq@lawpress.com.cn

销售电话：010-83938349
客服电话：010-83938350
咨询电话：010-63939796

书号：ISBN 978-7-5197-4961-3
定价：86.00 元
凡购买本社图书，如有印装错误，我社负责退换。电话：010-83938349